国家自然科学基金项目（71602118）

"十四五"规划应用型系列教材

上海市应用型本科试点专业系列教材

国家级一流本科专业建设点配套教材

适用于MPAcc MAud MV和本科高年级学生

审计理论与实务

（第二版）

主　编　何　芹　高前善

立信会计出版社

LIXIN ACCOUNTING PUBLISHING HOUSE

内 容 提 要

本教材的主要内容包括审计理论概述、审计环境与审计目标、审计核心概念与审计理论结构、审计规范体系、审计责任等审计理论,并按照风险导向审计业务流程对其理论与实务进行了介绍。同时,本教材对内部控制评价与审计、政府审计、内部审计、信息系统审计等专题审计的理论与实务进行了阐述。

本教材既可作为高等院校 MPAcc、MAud、MV 审计学课程的教材,又可用作审计及相关专业本科生学习审计理论与实务的参考教材。另外,本教材对于参加全国 CPA"审计"科目考试的考生、审计实务人员与从事审计教学的人员也具有较好的参考价值。

图书在版编目(CIP)数据

审计理论与实务/何芹,高前善主编. -- 2 版.

上海:立信会计出版社,2025.6. --(国家级一流本科专业(审计学)建设点配套教材). -- ISBN 978-7-5429-7817-2

Ⅰ. F239.0

中国国家版本馆 CIP 数据核字第 2025S5A491 号

策划编辑　　　孙　勇
责任编辑　　　孙　勇
美术编辑　　　吴博闻

审计理论与实务(第二版)

SHENJI LILUN YU SHIWU

出版发行	立信会计出版社		
地　　址	上海市中山西路 2230 号	邮政编码	200235
电　　话	(021)64411389	传　真	(021)64411325
网　　址	www.lixinaph.com	电子邮箱	lixinaph2019@126.com
网上书店	http://lixin.jd.com		http://lxkjcbs.tmall.com
经　　销	各地新华书店		

印　　刷	常熟市人民印刷有限公司		
开　　本	787 毫米×1092 毫米		1/16
印　　张	24.25		
字　　数	502 千字		
版　　次	2025 年 6 月第 2 版		
印　　次	2025 年 6 月第 1 次		
书　　号	ISBN 978-7-5429-7817-2/F		
定　　价	59.00 元		

如有印订差错,请与本社联系调换

第二版前言

自本教材第一版出版以来，国内外审计环境发生了较大的变化。2022年，财政部修订了部分中国注册会计师审计准则。经十四届全国人大常委会第七次会议表决通过，新修订的《中华人民共和国公司法》（以下简称《公司法》）已于2024年7月1日起正式生效实施。同时，资本市场的监管更趋严厉。面对新的审计环境，审计理论与实务也在变化和发展中。因此，我们根据这些变化和发展修订了本教材。此次修订主要体现在以下几个方面：

（1）修订后的本教材体现了新修订的《公司法》以及《中国注册会计师审计准则》，编者根据其他相关的准则对教材内容进行了一致性修订。

（2）对第一版的瑕疵或不当之处进行了修改。第二版的逻辑框架更趋合理，内容更加完善与规范。例如，我们对教材所附案例进行了修订，使案例更契合相关章节内容，更适合课堂教学，更贴近当下资本市场的审计实务。同时，各章增加了相关的课程思政阅读资料，便于课程思政教学。

（3）对教材所附教学资源进行了修订与完善，包括教学大纲、授课计划、课件与习题答案等。

本教材既适用于MPAcc、MAud、MV等专业学位研究生的审计学课程，又适合作为审计学、会计学、资产评估、财务管理及其他经济管理类相关专业的高年级本科生的审计学课程教材，还可供审计实务人员或从事审计教学与科研的同仁使用。同时，参加注册会计师全国统一考试"审计"科目考生也可以把本教材作为助考资料。

编者在本教材编写过程中参考了大量文献与资料，在此特向这些文献的作者一并致谢！编者也向对本教材编写提出宝贵意见的同仁与实务专家表示诚挚的感谢！本教材的编写和出版得到立信会计出版社相关编辑的热情帮助和专业指导，感谢立信会计出版社的大力支持！

由于编者水平与时间限制，本教材难免存在不当之处，恳请同行和读者批评指正，以便后续修订时改进与完善。

编　　者
2025年6月

前言

随着资本市场的发展,注册会计师的外部治理与信息鉴证功能愈发重要。2019 年修订的《中华人民共和国证券法》(以下简称《证券法》)实施后,我国的审计市场监管机制日趋完善,注册会计师审计面临着更大的审计法律责任。2021 年 11 月,全国首例证券集体诉讼案宣判,ST 康美因年报等虚假陈述侵权赔偿证券投资者损失达 24.59 亿元,审计机构因未能恰当实施审计程序被判决承担 100% 的连带赔偿责任。时代在发展,社会在进步,注册会计师行业的未来发展面临着前所未有的机遇与挑战。2021 年 8 月 23 日,《国务院办公厅关于进一步规范财务审计秩序 促进注册会计师行业健康发展的意见》(国办发〔2021〕30 号)发布,明确提出了规范财务审计秩序,促进注册会计师行业健康发展的总体要求、工作原则和具体措施。

政府审计作为国家治理体系中的"免疫系统",具有揭示、预防、抵御等功能。近年来,我国政府审计受到党和国家的空前重视。2018 年 3 月,中共中央成立了中央审计委员会。2021 年 10 月 23 日,全国人大常委会通过了新修正的《中华人民共和国审计法》(以下简称《审计法》),新修正的《审计法》规定,国家实行审计监督制度,坚持中国共产党对审计工作的领导,构建集中统一、全面覆盖、权威有效的审计监督体系。

作为公司治理的重要基石和保障,内部审计在推动国有企业完善中国特色现代企业制度和其他性质企业完善公司治理的进程中发挥着重要作用。在科学技术与企业管理不断创新的背景下,中国内部审计协会不断修订完善内部审计具体准则,旨在充分发挥内部审计的确认与咨询职能,实现传统型内部审计向增值型内部审计的转型。

培养高素质、复合型审计人才是当前高等院校审计人才培养的紧迫任务。经典教材是高校专业人才培养的重要基石。为适应审计人才培养的新形势与新要求,基于审计理论与实务前沿,结合我国最新出台的与审计相关的法律、法规,我们精心编写了这本《审计理论与实务》教材。本教材具有以下主要特点。

(1)博采众长、紧贴现实、跟踪发展。本教材由编者参考同类经典教材,根据我国 2020 年实施的《证券法》、2021 年修正的《审计法》、2021 年发布的《中华人民共和国注册会计师法修订草案(征求意见稿)》(以下简称《注册会计师法(征求意见稿)》),以及相关的审计执业规范等,结合审计理论前沿与审计实务的最新发展编写而成。

（2）基本知识全面、重点与难点突出。本教材力求"说理透彻浅显,说事提炼升华",尽量涵盖审计基本知识与专业术语,力求将审计知识的难点与重点说透、说清,使读者加深对审计理论的理解、熟悉审计的话语体系、提升审计理论素养。

（3）简明扼要、删繁就简,易读、易懂。在当前网络信息爆炸、人们生活节奏加快的背景下,本教材尽量将审计理论知识与审计规范图表化,最大限度地减少文字篇幅,尽量将晦涩的专业术语表达得浅显易懂,力求易读、易懂。

（4）突出资格考试与人才培养的统一。本教材尽量以简明扼要的形式将我国注册会计师"审计"科目考试的主要内容、重点及难点条理化、逻辑化,并浓缩其中,便于读者对审计重要知识点的理解与记忆。在不同类型审计中,注册会计师审计标准化程度最高、审计职业风险最高,注册会计师审计的基本理论与方法为其他类型审计提供了参考,因此掌握注册会计师审计的基本理论与方法是大多数审计工作者的必要素质。

（5）突出案例教学、启发教学的特点。本教材旨在提高学生的职业判断能力与知识应用能力。编者精心选择了大量新颖的、典型的实务案例或延伸阅读资料,供课堂案例教学和课堂讨论使用,其中的案例大部分是经典案例或近期发生的典型案例。案例与延伸资料可拓展学生知识与视野,案例教学可锻炼学生的职业思维与知识应用能力,培养学生的职业素养。

（6）产学研相结合。本教材的两位编者长期从事本科和审计专硕的审计学相关课程的教学与审计研究,通过产学研项目、企事业单位委托项目、审计实务调研等多种途径了解、掌握审计实务的现状与发展,并将其融入教材中。

本教材由上海立信会计金融学院审计学专业何芹教授、高前善副教授编写。何芹负责拟订大纲并总纂。两位编者共同探讨,反复推敲,在吸收同类教材优点的基础上,力求使本教材知识更加全面、逻辑更加严谨。何芹负责第四、第五、第九、第十、第十二、第十三章的编写,高前善负责第一、第二、第三、第六、第七、第八、第十一章的编写。

本教材既适用于 MPAcc、MAud、MV 等专业学位研究生的审计学课程,又适用于相关专业本科生的审计理论与实务学习。本教材既可作为参加全国注册会计师考试"审计"科目考生的助考资料,又可作为审计实务人员或立志从事审计事业人员的参考资料。

编者在本教材编写过程中参考了大量文献与资料,特在此向这些文献的作者一并致谢!编者也向对本教材编写提出宝贵意见的同仁与实务专家表示诚挚的感谢!本教材的编写和出版得到立信会计出版社相关编辑的热情帮助和专业指导,感谢立信会计出版社的大力支持！

本教材是上海立信会计金融学院"一流研究生创新人才培养项目"与"立信产学研究项目"、国家自然科学基金项目(71602118)的研究成果。

尽管编者在逻辑架构、资料收集、内容梳理、表达形式等方面做了大量工作，但由于水平有限，本教材可能存在疏漏和表述的不当之处，恳请读者批评指正，帮助我们不断完善。我们也期待使用本教材的同仁和读者对本教材提出宝贵建议，从而提高《审计理论与实务》教材的水平与价值。

编　者

目录

第一章　审计理论概述

┌───┐

学习目标

○ 掌握审计的概念、分类,了解审计的产生与发展

○ 理解审计需求的动因理论,了解审计服务的需求分析

○ 熟悉会计师事务所的组织形式、业务以及审计服务的供给分析

○ 理解审计理论的含义及其作用

└───┘

第一节　审计的产生与发展

一、审计的概念与分类

美国会计学会于 1972 年将审计定义为:审计是一个系统过程,即通过客观地获取和评价有关经济活动与经济事项认定的证据,以证实这些认定与既定标准的符合程度,并将结果传达给有关使用者。

阿尔文·A.阿伦斯等著的《审计学——一种整合方法》将审计定义为:审计是由有胜任能力的独立人员为确认和报告特定信息与既定标准间的符合程度而收集与评价证据,以确定和报告这些信息与既定标准的符合程度[①]。该定义强调了审计人员的独立性与胜任能力。

审计可按不同的标准进行分类,其主要分类如下。

(一)审计的基本分类

1. 按审计主体分类

审计主体是执行审计的专职机构或专职人员,即审计的执行者。按审计主体分类,审计可分为政府审计(又称国家审计)、内部审计、注册会计师审计(又称社会审计、民间审计或独立审计等)。

---

① 阿伦斯等.审计学:一种整合方法(第 16 版中文版)[M].李璐,张龙平,译.北京:中国人民大学出版社,2021.

(1) 政府审计：由国家审计机关所实施的审计。

(2) 内部审计：由部门或单位内部设置的审计机构或专职审计人员对本部门、本单位及其下属单位进行的审计。

(3) 注册会计师审计：由依法成立的社会审计组织（主要是会计师事务所）接受委托人委托所实施的审计。

2. 按审计目的与内容分类

(1) 财务报表审计：对被审计单位的财务报表，包括财务报表附注及相关附表进行的审计。

(2) 合规审计：为了查明和确认被审计单位财务活动或经营活动是否符合有关法律、法规、规章制度、合同、协议和有关控制标准而进行的审计。

(3) 绩效审计：为了评价某个组织的经济活动在业务、经营、管理方面的业绩，找出改进的机会并提出改善的建议而实施的审计，包括企业经济效益审计与政府绩效审计等。

（二）审计的其他分类

1. 按审计范围分类

(1) 全面审计：又称全部审计，是对被审计单位一定时期的全部财政财务收支及有关经济活动进行的审计。

(2) 局部审计：对被审计单位一定时期的部分财政财务收支及有关经济活动进行的审计。专项审计是局部审计的一种特殊形式，是对被审计单位某一特定项目或特定人员所进行的审计。

全面审计与局部审计，详细审计与抽样审计，这两对概念容易混淆：全面审计与局部审计是根据审计范围进行的审计分类，而详细审计与抽样审计是两种审计方法；全面审计可采用抽样审计方法，局部审计也可采用详细审计方法。

2. 按审计实施的时间分类

(1) 事前审计：在被审计单位经济业务发生之前进行的审计，如对项目决策的审计。

(2) 事中审计：在被审计单位经济业务发生之中进行的审计，如在基建过程中实施的审计。

(3) 事后审计：在被审计单位经济业务完成之后进行的审计，如财务报表审计。

3. 按审计实施的周期分类

(1) 定期审计：按照预先规定的时间进行审计，如注册会计师对上市公司年报实施的每年一次的审计。

(2) 不定期审计：根据需要临时安排的审计。

4. 按审计执行地点分类

(1) 送达审计：审计人员在审计组织所在地对被审计单位报送的资料进行的审计。

（2）就地审计：审计人员直接到被审计单位现场进行的审计。

5. 按接受审计的方式分类

（1）强制审计：根据法律规定，被审计单位必须接受某个审计组织所实施的审计，如政府审计。

（2）任意审计：被审计单位根据自身需要，自愿委托某个审计组织实施的审计，如某企业自愿委托注册会计师对其财务报表所实施的审计，就是任意审计。

6. 按是否预先通知分类

（1）预告审计：在审计实施前，通过下发审计通知书或签订业务约定书的方式通知被审计单位，然后再实施的审计。

（2）突击审计：在被审计单位不知情的情况下，突然实施的审计，如对怀疑存在贪污盗窃和其他违法乱纪行为的人员或单位所进行的审计，通常采用这种方式。

二、西方审计的产生与发展

纵观世界各国的审计发展史，我们可以发现，基本都是政府审计最早产生，然后内部审计与民间审计相继产生，这个历史过程在西方审计的产生与发展中表现得尤为典型。

（一）西方政府审计的产生与发展

审计史学家理查德·布朗（Richard Brown）曾指出，审计的起源可追溯到与会计起源相距不远的时代。在古埃及、古巴比伦、古希腊和古罗马这些人类文明的发源地进入奴隶制发展阶段，奴隶主统治者授权各级官吏管理国家事务，进而产生了专门负责对各级官吏受托经济责任履行情况进行监督的审计官员。在古罗马时期，国家的财政收支情况由主管人员在元老院大声地宣读，接受贵族长老们的问询与监督，即所谓"听审"。英语中的"audit"（审计）一词即来源于此。它由拉丁语"audive"或"auditio"演化而来，意思是"听"。审计人员（auditor）的意思是"听的人"，即负责审计的人员。

1. 资本主义制度下西方政府审计制度的建立

在西方，随着资本主义制度的建立，社会化大生产促进了社会经济的巨大发展，相应地，各国也就需要加强对国家财政和其他领域的经济监督。因此，各国纷纷建立和完善了政府审计制度。西方国家大多在议会下设专门的审计机构，由其对政府及公共事业单位的财政财务收支进行独立的审计监督。1866年英国《国库和审计部法案》在伦敦议会通过，这标志着英国政府审计制度的建立。根据英国1984年生效的《国家审计法》，英国取消国库审计部，成立国家审计署（National Audit Office，NAO）。美国早期没有独立的财政监督机构，只在财政部设审计官进行财政审计，直至1919年，政府财政账目审计才从财政部分离出来。1921年，美国颁布《预算与会计法》，并根据该法建立了美国的最高审计机关——美国联邦审计总署（General Accounting Office，GAO），也译为"会计总署"。

2. 经济大危机后西方政府绩效审计的产生与发展

1929—1933 年,资本主义国家发生了经济大危机,各国为缓解经济危机,促进经济增长与社会稳定,对经济的干预越来越多,公共投资与社会保障支出等逐步增加。公共资金的有效使用及其控制成为政府审计的一个新课题。1945 年,美国国会通过《政府公司控制法》,规定美国联邦审计总署不仅审查联邦政府支持企业财务活动的合法性,而且应对其管理效率和内部控制系统的效果进行评价。

20 世纪 70 年代,西方政府审计正式进入绩效审计(performance audit)时代。1972 年,美国联邦审计总署发布《政府机构、计划项目、活动和职责的审计标准》,首次提出"绩效型审计"一词,并将绩效审计加入政府审计之中。2004 年 7 月,美国联邦审计总署更名为美国政府问责署(U. S. Government Accountability Office,USGAO)。加拿大、澳大利亚、英国等许多国家在财务合法性审计目标的基础上,相继确立了"3E"审计,即经济性(economy)、效率性(efficiency)、效果性(effectiveness)审计,建立了现代政府审计目标体系。英国的政府绩效审计称为货币价值审计(value-for-money audit)。1979 年撒切尔夫人执政以后,英国保守党政府推行了西欧最激进的政府改革计划,开始了在公共管理领域内以注重商业管理与市场竞争机制和顾客导向为特征的新公共管理(new public management)改革,这就是新公共管理运动。在新公共管理运动的背景下,货币价值审计备受关注。加拿大审计署将绩效审计与财务审计相结合,并称之为综合审计(comprehensive audit)。德国联邦审计院开创了横向审计这种独特的绩效审计方式。横向审计主要就同一审计题目或问题,对有可比性的不同的公共部门和单位进行比较分析,找出被审计单位间的绩效差距,查明产生问题的原因,并提出处理办法和建议。现在"3E"审计呈现出向包含公平性(equity)审计和环境(environment)审计的"5E"审计发展的趋势。

3. 当代可持续发展审计逐步受到广泛重视

随着全球环境保护形势愈发严峻,世界组织与各国开始提出"碳达峰"和"碳中和"远景目标。2007 年 11 月,世界最高审计机关国际组织(International Organization of Supreme Audit Institutions,INTOSAI)发布了《世界可持续发展峰会:最高审计机关指南》。该指南旨在为各国最高审计机关如何对可持续发展承诺的落实情况进行审计提供指导和工作思路,以促进各国履行在世界可持续发展峰会上作出的承诺。2020 年 3 月,世界最高审计机关国际组织发展培训委员会发布了《可持续发展审计手册(试行)》。该审计手册是实用操作指南,旨在支持各国最高审计机关根据最高审计机关国际准则,在可持续发展目标下开展高质量审计。

(二)西方内部审计的产生与发展

1. 内部审计的萌芽

内部审计活动的萌芽最早出现在奴隶社会。奴隶主建立大庄园,使用大批奴隶种植葡萄、谷物、橄榄和开展畜牧业方面的生产,并将自己的私有财产委托给精明能干的代理人去经营管理。同时,他们委派亲信审查财产经营管理者是否切实地为奴隶主的利益诚实经营。这些亲信实际上就充当了内部审计人员的角色。特别是进入中世纪后,西欧诸国先后出现了寺院审计、行会审计、庄园审计等内部审计形式,并开始有了独立的内部审计人员。

2. 工业革命后内部审计的快速发展

从 18 世纪 60 年代后期开始,内部审计迎来了快速发展的时期,并先后出现了以会计与财务事项为主要关注点的财务导向内部审计、以业务活动为主要关注点的业务导向内部审计、以高层决策和外部受托责任为主要关注点的管理导向内部审计。在这一时期,英国工业革命爆发,机器大工业在国民经济中占统治地位,英国出现了股份制企业形式。1844 年英国国会颁布的《公司法》,明确规定公司董事会对财务资料的真实性负责,还要求由董事会以外的第三者(监事)对财务资料的准确性和合理性作出报告,从而确立了内部审计制度。19 世纪中叶至 20 世纪初,资本主义进入垄断阶段,托拉斯、康采恩等垄断组织迅速发展。由于经营规模庞大、经营地点分散、经营业务复杂,高层管理人员不能事必躬亲地管理所有经营活动,垄断企业只能实行分权管理和多级控制,从而在客观上需要有一个专门的职能部门去审查、评价和报告各级管理层和部门履行经济管理责任的情况。在这个时期,外部审计虽有很大发展,但是由于职业的限制,外部审计人员不可能像企业高管期望的那样经常性地对企业经营管理和财务状况作深入的检查,并提出切实可行的建议。同时,审计费用也比较高。在这种情况下,内部审计人员和内部审计组织作为独立的内部监督系统得到了大规模的发展。1941 年,国际内部审计师协会(The Institute of Internal Auditors, IIA)成立,这在很大程度上推进了内部审计理论和实务的发展。1941 年,美国学者维克多·Z. 布瑞克出版了第一部论述内部审计的专著《内部审计——程序的性质、职能和方法》,这标志着内部审计学的诞生和内部审计理论体系的形成。

3. 20 世纪 90 年代后增值型内部审计的发展

20 世纪 90 年代后,随着世界经济的多元化以及新技术产业革命的加快,企业外部经营环境复杂多变,企业规模与分权管理的程度扩大。此时,内部审计仅局限于传统的对内部控制的再控制已经不能满足企业发展的需要。企业内部审计部门需要更多关注组织的战略目标,在战略管理中发挥作用。在这种趋势下,内部审计部门被视为帮助企业改善治理、风险管理与内部控制的重要机制,增值型内部审计成为内部审计发展的必然方向。1999 年 6 月,IIA 重新定义内部审计,认为内部审计是一种独立、客观的保证与咨询活动,目的是为机构增加价值并提高机构运作效率,它采取系统化、规范化的方法来对风险管理、控制及治理程序进行评估和改善,从而帮助机构实现目标。

21 世纪初,安然(Enron)、世通(Worldcom)等公司的财务丑闻催生了一部重要法案——《萨班斯—奥克斯利法案》(Sarbanes-Oxley Act,简称 SOX 法案),内部审计从此被提升到公司治理层面,并对整个公司治理产生作用。

纵观西方内部审计的发展历史,其从最初的查错防弊、执行控制制度,演进到了评价控制流程和改进风险管理、内部控制和公司治理过程的阶段。在这一过程中,内部审计职业的关注点也逐步从财务导向、经营导向、管理导向演进到治理导向,其服务的对象也逐步从财务部门、管理部门演进到董事会和利益相关者。

(三) 西方民间审计的产生与发展

民间审计又称注册会计师(Certified Public Accountant,CPA)审计、社会审计、独立审计等。公元 9 世纪后,地中海沿岸一些主要城市,如威尼斯、热那亚等成为东西方集散贸易的中心。由于商品到岸后商人核对账单与货单的工作十分紧迫而繁重,一批专职的查账员担当此任,出现了"民间会计师"的萌芽。

在十五六世纪的意大利合伙制企业中,通常只有少数几人充当执行合伙人,负责企业的经营管理,其他合伙人则只出资而不参加经营管理。非执行合伙人需要了解合伙企业的经营情况和经营成果,执行合伙人希望能证实自己经营管理的业绩,因此双方都希望能从外部聘请独立的会计专业人员来担任查账和监督工作。这些会计专业人员被看作是现代注册会计师的起源。1720 年,英国发生了南海公司(The SouthSea Company)破产事件,公司股东和债权人遭受了巨大经济损失。会计师查尔斯·斯内尔受议会聘请对南海公司会计账目进行了检查,并以"会计师"的名义出具了一份"查账报告书",指出南海公司财务报告显示其存在严重的舞弊行为,这标志着独立会计师——注册会计师的正式诞生。如果说南海公司破产事件揭开了民间审计走向现代的序幕,那么 1844 年英国《合股公司法》的颁布则标志着现代西方注册会计师审计的开端。1853 年,在苏格兰的爱丁堡创立了世界第一个注册会计师专业团体——爱丁堡会计师协会(Society of Accountants in Edinburgh)。

从审计对象的演变过程看,注册会计师审计可以分为会计账目审计、资产负债表审计以及财务报表与内部控制审计三个阶段。

1. 会计账目审计阶段

该阶段大致从 19 世纪中叶至 20 世纪初。由于英国的《合股公司法》确立了注册会计师的法律地位,英国的注册会计师审计得到了迅速发展,并对其他国家产生了重要影响,在这一期间,英国的审计模式占据主导地位。该阶段注册会计师审计的主要特点是:注册会计师审计逐渐由任意审计转变为法定审计;审计的目标在于查错防弊,保护企业财产的安全完整;审计的方法是对会计账目进行逐笔的详细审计;审计报告的使用人主要是企业股东。

2. 资产负债表审计阶段

该阶段大致包括 20 世纪的前 30 年。在此期间,全球经济发展的重心由欧洲转向美国。金融资本向产业资本的渗透更加广泛,企业与银行间的利益关系更加密切。银行通常要求企业提供经过注册会计师审计的资产负债表,以判断企业的偿债能力。企业也希望借助注册会计师对其资产负债表进行审查,以更好地获取银行信用。在这种情况下,早先由英国传入的注册会计师审计在美国受到了严峻的挑战。首先,英国式的逐项详细检查的审计方法难以适应规模日益扩大的股份公司和庞大金融企业的审计需要;其次,查错防弊的审计目标不适应股东与债权人对企业偿债能力判断的要求。因此,资产负债表审计成为此阶段注册会计师的主要业务。这一阶段的基本特点是:审计对象由会计账目扩大到资产负债表;审计的主要目标在于通过审查资产负债表来判断企业的信用状况;审计方法从详细审计初步转向基于内部控制的抽样审计;审计报告的使用人从企业股东扩大到企业的债权人。

3. 财务报表审计与内部控制审计阶段

这一阶段从 20 世纪 30 年代延续至今。20 世纪 30 年代以后,美国的证券市场得到了快速发展。为保护投资者的权益,美国 1933 年《证券法》和 1934 年《证券交易法》相继颁布,明确规定企业在发行有价证券之前,必须先向美国证券交易委员会(Securities and Exchange Commission,SEC)报送经注册会计师审计的财务报表,从而使注册会计师审计在美国获得了法律强制性。而且企业股东与债权人开始不仅关注资产负债表,还关注企业的盈利能力,到 19 世纪 60 年代又开始关注现金流。为顺应这种需要,注册会计师审计从资产负债表审计逐步扩大到利润表与现金流量表等整套财务报表审计。在此阶段,注册会计师财务报表审计的主要特点为:审计对象扩大到企业的全部财务报表及相关资料;审计的主要目标在于对财务报表发表审计意见;审计范围扩大到测试会计相关的内部控制制度;抽样抽计和计算机辅助审计技术逐渐被运用,大数据审计、人工智能审计等现代审计技术逐步得到应用与探索;审计报告的使用人进一步扩大,包括股东、债权人、潜在的投资者、证券交易机构、政府及社会公众等。

有效的财务报告内部控制是保证财务报表信息可靠性的基础。2002 年 7 月,美国 SOX 法案正式生效。该法案 404 节要求公众公司管理当局编制内部控制报告,并由注册会计师对财务报告内部控制的有效性进行审计。

三、中国审计的产生与发展

(一) 中国政府审计的产生与发展

1. 中国古代政府审计

中国是世界四大文明古国之一,具有悠久的历史、灿烂的文化。中国古代审计亦源远流长。对于中国古代审计活动是从何时开始的,人们很难断定。舜继位后,命皋陶作刑。《左传·昭公十四年》载:"己恶而掠美为昏,贪以败官为墨,杀人不忌为贼。《夏书》曰:'昏、墨、贼、杀。'皋陶之刑也。"可见,远在夏禹时代之前,我国就有关于惩治官吏贪污受贿的法律,初步形成了对官吏进行某种经济监督的立法。

我国古代的政府审计演进大致贯穿两条主线:一条是以勾考账簿为主,审查钱粮收支的真实性;另一条是以考核官吏财经方面的政绩为主,与相关机构的行政监察职能紧密结合。我国古代政府审计不同发展阶段的情况如表 1-1 所示。

表 1-1　我国古代政府审计不同发展阶段的情况

历史时期	典型的审计制度或职能	主要审计人员或机构	主要特点
夏商西周时期	西周官计制度：对官吏财经方面的政绩进行考核监督，包括每年一"岁计"、三年一"大计"	司会总管全国财会，负责对全国财会的稽核审计；宰夫主要检查监督百官执掌的财政财务收支	司会与宰夫双线并行的审计模式
春秋战国和秦汉时期	上计制度：重在稽查考核官吏，主要对官吏财经方面的政绩和经济责任进行审查	秦汉监察体系中一些职员开始履行审计职责	审计监督得到较快发展；审计与对官吏的日常监督开始相互结合
魏晋南北朝、隋及唐前期	财务勾检制度；御史监察在对官吏的监督中也行使部分审计职能	独立的审计机构——比部；勾检官主要负责行政效率勾检与财务审计	审计向独立、专职化方向发展
唐后期和五代宋时期	比部勾检制度；财政管理机构行使审计职能；五代的御史台行使部分审计职能	北宋三司的三部勾院、都磨勘司、马步军专勾司；南宋户部的提举账司等；南宋建炎元年（公元1127年），诸军诸司专勾司更名为诸军诸司审计司，也称"审计院"	财政管理机构行使审计职能的体制逐步确定下来；南宋审计院是我国古代第一个以"审计"命名的专职审计机构；宋代的地方审计组织及职官建设有所加强，如路监司、州府判官、县主簿等也被赋予一些审计职能
元明清时期	科道审计制度；元代御史台进行财政财务审计，同时负责财经法纪监督；明代废御史台设都察院，创建了科、道相互独立，又相互配合、相互监督的审计制度；清代承继这一制度并有新的发展，将科、道合一，统归都察院	元代御史台；明清的都察院、御史；户部、工部也负责部分审计工作	监察机关集监察和审计职权于一身，形成了高度集权、机构庞大、制约严密的强有力的监察体系；审计独立性和权威性都有所增强

2. 中华民国时期的政府审计

1912 年，中华民国临时大总统孙中山公布的《中华民国临时约法》规定实行国家预决算制度，为建立审计监督制度奠定了基础。部分独立省份设置了审计机关，以开展审计工作。1912 年 9 月，北洋政府在国务院下设立了临时审计机关——审计处，隶属于国务总理，后根据《中华民国临时约法》将其改为审计院，隶属于大总统。1914 年，近代有关审计法律的公布，确立了审计监督的法律地位。1927 年 9 月，南京国民政府正式建立，并于 1928 年设置审计院。南京国民政府从"军政时期"转入"训政时期"后，正式确立行政、立法、司法、考试、监察五院制的政权架构，审计院改组为监察院审计部，审计职权由监察院掌理。1947 年，国民政府公布《中华民国宪法》，确定监察院是国家最高监察机关，行使同意、弹劾、纠举及审计权，改审计部部长为审计长，由总统提名，经立法院同意任命。

3. 中华人民共和国的政府审计

1）高度集中的计划经济体制下的经济监督

在中华人民共和国成立初期,我国实行高度集中的计划经济体制,国有资源、财产的所有权与经营管理权一体化,国家没有设立独立的审计机构,基本上是以会计检查代替了审计监督。财政部门、税务部门、银行、国营企业的财务部门都负有监督职能。

2）改革开放后至中共十八大以前政府审计的建立与发展

中共十一届三中全会以后,党和政府的工作重点转移到经济建设上来,开始探索尊重市场规律的经济体制,改革经济监督体系成为历史必然。1982 年修订的《中华人民共和国宪法》(以下简称《宪法》)规定,我国建立审计机构,实行审计监督制度。1983 年 9 月,国务院设立了我国最高审计机关——中华人民共和国审计署(以下简称审计署),并在全国县级以上的各级政府相继成立各级审计机关。之后,政府审计法规体制建立并不断完善。1988 年 12 月,国务院颁布了《中华人民共和国审计条例》。在此基础上,我国于 1994 年8 月颁布了《审计法》。2000 年 1 月 28 日,时任审计长李金华签署审计署第 1 号令,发布了《中华人民共和国国家审计基本准则》《审计机关审计处理处罚的规定》《审计机关审计复议的规定》《审计机关审计项目质量检查暂行规定》等。随着政府审计地位的提高与作用的增强,全国人大于 2006 年修订了《审计法》。我国政府审计的范围不断扩展,对一些社会公共资金,如环保资金、社会保障资金等也开展了审计。随着经济环境的日益复杂,2006 年《审计法》的一些规定已不能适应社会的需要,政府审计权力有限,限于事后监督的问题没有从根本上得到改变。国务院于 2010 年 2 月 2 日颁布的《中华人民共和国审计法实施条例》(以下简称《审计法实施条例》)更细化和明确,具有更强的可操作性。

2011 年,为了规范和指导审计机关和审计人员执行审计业务,保证审计质量,防范审计风险,发挥审计保障国家经济和社会健康运行的"免疫系统"功能,时任审计长刘家义签署审计署第 8 号令,颁布了修订后的《中华人民共和国国家审计准则》(以下简称《国家审计准则》),同时废止了 2000 年颁布的《中华人民共和国国家审计基本准则》和《审计机关审计处罚的规定》。《国家审计准则》的修订和颁布,是继《审计法》和《审计法实施条例》修订后我国审计法治建设的又一件大事,是完善我国审计法律制度的重大举措,是国家审计准则体系建设史上一个重要的里程碑。

3）中共十八大后政府审计的理论突破及体制变革

中共十八大以来,党和政府对社会经济发展作出重大战略部署,政府审计面临新的任务与挑战。2013 年,中共十八届三中全会提出,全面深化改革的总目标是完善和发展中国特色社会主义制度,推进国家治理体系和治理能力现代化。这一论述引发了学术界和实务界对"国家审计与国家治理"议题的高度重视和广泛讨论。国家审计机构作为国家权力监督的执行机构和国家权力制衡的组成部分,无疑成为新形势下推进国家治理体系和治理能力现代化的重要力量。我国政府审计的基础理论最初套用西方现代审计学理论的"看门狗说"(watchdog)和"经济卫士说"。至中共十八大前,我国学者提出"免疫系统说"和"国家治理论"。中共十八大以来,政府审计的本质是国家治理系统中一个"免疫系统"的理论得以确立。

中共十九大以来,党和国家更加重视审计工作,中共中央于 2018 年 3 月成立了中央审计委员会。组建中央审计委员会,是加强党对审计工作领导的重大举措。

2021 年 10 月 23 日,全国人大常委会通过了新修订的《审计法》,并于 2022 年 1 月 1 日正式实施。修订后的《审计法》第二条规定:"国家实行审计监督制度,坚持中国共产党对审计工作的领导,构建集中统一、全面覆盖、权威有效的审计监督体系。"《审计法》的修订有利于更加全面贯彻落实党中央、国务院关于审计工作的决策部署;有利于政府审计更好地服务经济、社会发展和推进国家治理体系、治理能力现代化;有利于审计机关依法全面履行审计监督职责,规范审计行为,提高审计质量,防范审计风险,推动新时代审计工作高质量的提高。

(二) 中国内部审计的产生与发展

总的来说,我国的内部审计制度起步较晚。19 世纪下半叶,随着民族资本主义工商业的产生和发展,我国出现了按照西方企业管理模式建立的银行、造船厂、矿山、兵工厂等较大型的企业,它们纷纷在企业内部设立"稽核"岗位和部门,实行内部审计制度。

1. 改革开放后中国内部审计的产生与规范化

1978 年后,随着我国改革开放的不断深入、经济社会的日益进步及企业组织的发展变化,我国的内部审计开始得到较快的发展。自 1983 年审计署成立后,我国有关内部审计的法律法规相继出台,标志着内部审计向着规范化、法治化的道路前进。1985 年 8 月,国务院发布《国务院关于审计工作的暂行规定》(现已废止),为内部审计工作的开展提供了法规依据,要求政府部门和大中型企事业单位实行内部审计监督制度,根据审计业务的需要,设立内部审计机构或配备审计人员。内部审计机构或审计人员在本部门、本单位主要负责人的领导下,负责对本部门、本单位的财务收支及经济效益进行审计。1985 年 12 月,审计署发布《关于内部审计工作的若干规定》,具体规定了内部审计的机构、任务、职权及其他有关事项,这也是审计署成立后发布的第一个关于内部审计的法规文件。1987 年 4 月,中国内部审计学会成立,并于同年加入国际内部审计师协会,将我国的内部审计推向国际化。1988 年《中华人民共和国审计条例》的颁布实施,推动了内部审计工作的开展。1989 年 12 月,审计署发布《审计署关于内部审计工作的规定》,对内部审计机构的隶属关系、审计范围、主要职权、工作程序、干部任免、职责要求等又作了具体的规定。

2. 内部审计的组织与职能的拓展

1993 年 11 月,中共十四届三中全会召开,明确了我国建立社会主义市场经济的总基调。围绕国有企业经营机制的转换,我国内部审计已由财务审计逐步扩展为包括财务事项和非财务事项在内的业务审计,除了具有传统的查错防弊经济监督功能,还具有积极参与管理、建言献策的咨询功能。1995 年 7 月,审计署再次发布《审计署关于内部审计工作的规定》,对内部审计定义、机构设置、职责、权限、审计程序、职业道德,以及审计机关对内部审计的指导、监督职责等作了新的具体规定。该规定中增加了一条:"非国有经济组织开展内部审计工作,可参照本规定的有关条款执行。"这说明当时非国有经济组织也开始注重内部审计。2002 年 5 月,中国内部审计学会正式更名为中国内部审计协会,成为对企事业单位、行政机关和其他组织的内部审计机构进行行业自律管理的全国性社会团体组织,我国也逐步正式形成了以政府审计为指导、内部审计行业协会为自律组织的中国特色内部审计运行机制。

2003 年,审计署发布了新的《审计署关于内部审计工作的规定》。此后,内部审计领域、内部审计职责及审计内容都得到了拓展。同时,中国内部审计协会陆续颁布了《中国内部审计基本准则》、20 项具体准则和两个内部审计实务指南,对人们理解内部审计的基本概念,内部审计活动的目标、宗旨、范围、性质与功能等皆有所指导,也为内部审计活动和工作的有效开展提供了一套完整、科学、权威的准则。

3. 内部审计进入快速发展的新阶段

2008 年 5 月,财政部、证监会、审计署和当时的银监会、保监会五部委联合发布了《企业内部控制基本规范》,此规范的颁布是中国内部审计发展的一个重要里程碑。2010 年,五部委再次联合发布了《企业内部控制配套指引》。至此,内部审计的独立性和客观性已被视为企业内部控制是否完善的必要评估条件之一。

2013 年,新修订的《中国内部审计准则》发布。此次修订将内部审计具体准则分为作业类、业务类和管理类三大类。随着我国内部审计的转型和发展,内部审计的理念、目标和定位也逐渐由查错纠弊向防范风险和增加价值方向转变。2016 年 1 月 18 日,为了进一步完善内部审计准则体系,指导内部审计实践,中国内部审计协会制定印发了《第 2205 号内部审计具体准则——经济责任审计》与《第 2308 号内部审计具体准则——审计档案工作》两项具体准则,其中,《第 2205 号内部审计具体准则——经济责任审计》适用于各类组织的内部审计机构、内部审计人员所从事的经济责任审计活动。至此,我国的内部审计进入了一个快速发展的新阶段。2018 年,审计署再次修订了《审计署关于内部审计工作的规定》,进一步拓展了内部审计职责范围,强化了内部审计独立性,明确了内部审计结果运用范围,明确了政府审计机关对内部审计的业务指导和监督职责以及责任追究等。

未来随着"大智移云物区"(大数据、人工智能、移动互联网、云计算、物联网、区域链)等技术的发展以及企业经营管理的变革,内部审计的方式与技术也将不断更新,内部审计将不断拓展其服务功能,为企业完善治理、风险管理与内部控制及经营决策提供更好的价值增值服务。

（三）中国注册会计师审计的产生与发展

1. 1949 年前的注册会计师审计

中国注册会计师审计的历史没有西方的历史长。中国早期的注册会计师审计始于辛亥革命之后，当时一批爱国会计学者鉴于外国注册会计师包揽我国注册会计师业务的现实，为了维护民族利益与尊严，积极倡导创建中国的注册会计师职业。1918 年 9 月，北洋政府农商部颁布了我国第一部注册会计师法规——《会计师暂行章程》，并于同年批准著名会计学家谢霖先生为中国的第一位注册会计师。谢霖先生创办了中国第一家会计师事务所——正则会计师事务所。此后，我国注册会计师和会计师事务所越来越多。1925 年，全国会计师公会在上海成立。1927 年，潘序伦先生创办潘序伦会计师事务所(后改称为立信会计师事务所)。1930 年，国民政府颁布了《会计师条例》，确立了会计师的法律地位。之后，上海、天津、广州等地也相继成立了多家会计师事务所。1933 年，全国会计师协会成立。至 1947 年，全国已拥有注册会计师 2 619 人[①]。当时我国会计师事务所主要集中在上海、天津、广州等沿海城市。注册会计师主要为企业设计会计制度、代理申报纳税、培训会计人才和提供其他会计咨询服务。

2. 1949 年后的注册会计师审计

在中华人民共和国成立初期，注册会计师审计在经济恢复中发挥了积极作用。当时，一些不法资本家囤积居奇、投机倒把、偷税漏税，导致新生的人民政权的财政状况极为紧张。负责财经工作的陈云同志大胆聘用注册会计师，依法对工商企业查账，这对平抑物价、保证国家税收、争取国家财政经济状况好转作出了突出贡献。但后来由于我国推行高度集中的计划经济模式，注册会计师便悄然退出了经济舞台。

1978 年，中共十一届三中全会以后，我国开始实行改革开放，把工作重点转移到社会主义现代化建设上来，商品经济得到迅速发展，为注册会计师制度的恢复重建创造了客观条件。随着外商来华投资日益增多，1980 年 12 月 14 日，财政部颁布了《中华人民共和国中外合资经营企业所得税法施行细则》，规定外资企业财务报表要由注册会计师进行审计，这为恢复我国注册会计师制度提供了法律依据。1980 年 12 月 23 日，财政部发布《关于成立会计顾问处的暂行规定》，标志着我国注册会计师职业开始复苏。1981 年 1 月 1 日，上海会计师事务所宣告成立，成为新中国第一家由财政部批准独立承办注册会计师业务的会计师事务所。我国注册会计师制度恢复后，注册会计师的服务对象主要是"三资"企业。这一时期的涉外经济法规对注册会计师业务作了明确规定。1984 年 9 月 25 日，财政部印发《关于成立会计咨询机构问题的通知》，明确了注册会计师应当办理的业务。1985 年 1 月实施的《中华人民共和国会计法》规定，经国务院财政部门批准组成会计师事务所，可以按照国家有关规定承办查账业务。1986 年 7 月 3 日，国务院颁布《中华人民共和国注册会计师条例》，自

---

① 　陈汉文，廖义刚，张玲. 审计[M]. 北京：中国人民大学出版社，2016.

同年 10 月 1 日起实施。随着会计师事务所数量的增加、业务范围的拓宽,如何对注册会计师和会计师事务所实施必要的管理,有效组织开展注册会计师职业道德和专业技能教育,加强注册会计师行业管理,保证注册会计师独立、客观、公正执业,成为行业恢复重建面临的重大问题。1988 年 11 月 15 日,财政部借鉴国际有关组织形式成立了中国注册会计师协会(以下简称中注协)。随后各地方相继组建省级注册会计师协会。1991 年,我国设立注册会计师全国统一考试。1993 年 10 月 31 日,第八届全国人大常委会第四次会议审议通过了《中华人民共和国注册会计师法》(以下简称《注册会计师法》),该法自 1994 年 1 月 1 日起实施。

在国家法律、法规的规范下,我国注册会计师行业得到了快速发展,除了不断拓展服务领域、加强人才培养,在执业标准建设、完善监管制度、会计师事务所发展等方面均取得了迅速发展。同时,中注协不断加强国际合作,先后加入亚太会计师联合会(The Confederation of Asia and Pacific Accountants,CAPA)和国际会计师联合会(International Federation of Accountants,IFAC),并多年担任其理事;向国际审计与鉴证准则理事会等有关国际组织选派代表,与多个国家和地区会计师职业组织建立了交往和合作关系,国际影响力和国际地位日益提高。

2021 年 10 月,财政部对《注册会计师法》进行了修订,形成了《注册会计师法(征求意见稿)》。《注册会计师法》的修订,是财政部贯彻党中央和国务院决策部署,进一步规范财务审计秩序的重要举措,是建立注册会计师行业健康发展的长效机制,是注册会计师行业实现规范与发展并重的客观要求,是顺应注册会计师行业发展新形势的需要。征求意见稿修改条数众多,增加了许多与时俱进的新内容,对注册会计师行业当前面临的突出问题和监管机构、社会公众对该行业的期望与要求进行了全面回应,在日常监督管理、特定实体审计监管、优化执业环境、责任追究机制、跨境事项管理等方面作出了体制性、机制性的安排。

第二节　审计供求的理论分析

一、审计需求理论

(一) 审计需求动因理论

审计需求动因理论或审计动因理论,是指审计产生或存在的根本的经济动因的理论。审计动因理论主要包括受托责任理论、代理理论、信息理论、保险理论、冲突理论等。理解审计的需求动因,可以更好地帮助我们理解审计产生与发展的客观依据,审计的本质、目标、规范,以及审计的社会角色等。

1. 受托责任理论

受托责任理论认为,受托责任关系是审计产生的前提条件,审计因受托责任的产生而产生,并伴随着受托责任的发展而发展。当受托责任关系确立后,客观上就可能存在授权委托人对受托人实行监督的需要。该理论认为审计的本质是一项独立的经济监督活动。

受托责任关系主要是经济的委托受托关系。詹姆斯·布坎南(James Buchanan)首次把经济人假定和经济学的成本—收益计算引入政治决策的分析,创立了公共选择理论。该理论认为政治领域也存在委托—代理关系。现代社会条件下的受托责任已经不再局限于财产的托付,还包括社会资源的委托,受托人不仅要承担依照授权合法经营管理财产,保护财产安全、完整的责任,还要努力提高管理效率,履行相应的社会责任。受托责任的内容可以通过法律、协议和惯例,甚至口头合约来确定。

其实,在委托受托关系中,除了委托人对受托人实行监督需要审计,受托人有时为了证明自己没有机会主义行为,让委托者和其他利益相关者相信自己履行受托责任报告的真实性,也需要审计机构提供受托人履责情况的鉴证报告,以证明受托责任已经履行。

2. 代理理论

代理理论产生于20世纪30年代,美国经济学家伯利(Berleand)和米恩斯(Means)因为洞悉企业所有者兼经营者的做法存在着极大的弊端,于是提出了代理理论。他们提出将企业所有权和经营权分离,企业所有者保留剩余索取权,而将经营权利让渡给经营者。当今,代理理论已成为现代公司治理的逻辑起点。

代理理论是建立在非对称信息博弈论的基础上的。非对称信息(asymmetric information)指的是某些参与人拥有另一些参与人不拥有的信息。非对称信息可从以下两个角度进行划分:一是非对称信息发生的时间,二是非对称信息的内容。从非对称信息发生的时间看,非对称信息可能发生在当事人签约之前,也可能发生在签约之后,分别称为事前非对称信息和事后非对称信息。研究事前非对称信息博弈的模型称为逆向选择模型,研究事后非对称信息博弈的模型称为道德风险模型。从非对称信息的内容看,非对称信息可能是指某些参与人的行为,研究此类问题的模型称为隐藏行为模型;也可能是指某些参与人隐藏的信息,研究此类问题的模型称为隐藏信息模型。

现代产权经济学家詹森(Jensen)和梅克林(Meckling)把代理关系定义为一种契约。在这种契约下,一个人或者更多的人(即委托人)聘用另一人(即代理人)代表他或他们来履行某些服务,包括把若干决策权托付给代理人。如果这种关系的双方当事人都是效用最大化者,人们就有充分的理由相信,代理人不会总以委托人的最大利益为目标而行动。为了解决代理人的道德风险问题,降低代理人偏离委托人目标的利益差距,就必须付出代理成本。代理成本是一种交易成本。代理成本包括三种:其一,委托人的监督成本(包括对代理人的激励成本);其二,代理人为担保不损害委托人的利益或者对委托人遭受损害的补偿成本,即保证成本;其三,代理人决策和行为偏离委托人目标,而导致的委托人利益损失,称为剩余损失。根据代理理论,企业的股东、债权人和管理层之间的关系,各级管理层之间的关系是一种代理关系。代理理论认为审计的本质就是对企业中各种代理关系进行监督、保证、协调的机制。

3. 信息理论

经济决策离不开对信息的获取和利用,在经济活动中,各经济主体之间占有信息的质量和数量不同,存在信息不对称问题。

信息理论产生于20世纪60年代。信息理论认为由于审计可以提高企业财务信息质量并且可以传递企业有效配置财务资源的信号,人们对审计产生了需求。在该理论框架下,审计的本质功效是提高财务信息的可信性和增进财务信息价值,审计可以降低信息风险,缓解信息不对称,降低信息不对称可能导致的投资损失的成本。注册会计师通过评估财务报表的信息质量,帮助信息使用者作出合理的经济决策。

信息理论又可具体分为信号传递理论(signaling theory)与信息系统理论(information system theory)。信号传递是一方将信号传递给另一方,以缓解信息不对称;信息系统理论中的信息系统观是会计信息决策有用观的延伸,它认为审计的本质功效在于增进财务信息的可信性和决策有用性。

股份制制度下,财务报告外部使用者不参与企业内部管理与经营活动,且受时空与专业限制,对企业的内部经济信息及管理层报告的信息的真实、完整性无法把握。外部注册会计师可以以独立的、专业的身份对财务报告的信息进行鉴证,从而提高财务信息的可靠性,降低信息不对称成本。

4. 保险理论

保险理论自20世纪80年代开始在美国流行。保险理论认为审计是降低风险的活动,即审计是一个把财务报表使用者的信息风险降低到社会可接受的风险水平之下的过程。该理论甚至认为审计是分担风险的一项服务。该理论认为审计的本质在于分担风险。

保险理论有别于代理理论与信息理论。代理理论与信息理论都将审计看作纯粹的鉴证机制,认为财务信息的使用者希望注册会计师提高财务信息质量。而保险理论则是从财务报表风险转移的角度来看待审计,认为审计增添了保险机制的作用。在保险机制下,信息使用者不一定需要注册会计师在实质上降低或者消除财务信息中存在的错误和舞弊风险,而一旦财务报表使用者因信赖审计后的财务报表遭受损失,可以起诉审计财务报表的注册会计师,以弥补损失。

5. 冲突理论

冲突理论认为,审计存在的根本原因是人与人之间存在利害冲突,就是因为财务报表的提供者和使用者之间、使用者和使用者之间的利益并不一致,他们之间存在实际或潜在的利益冲突。正是利益冲突导致了财务报表存在不实的可能性,而审计是协调冲突的活动。审计的本质在于通过独立地合理保证业务来协调各个利益集团的冲突。

美国著名会计学家迈克尔·查特菲尔德(Michael Chatfield)认为:"17世纪,公司的出现使利害关系者对与账簿分离的、独立的财务报表的需求更为强烈,这是因为,债权人和股东均需要得到与他们投资有关的资料。但是,公司管理部门与股东之间潜在的利害冲突,股东对公司管理部门提供的财务报表常常抱有怀疑态度,因此需要对此进行审查,以证实其可靠性。"[①]外部独立的注册会计师对财务报表进行审计,使财务报表保持中立,不受利益冲突的影响,从而有助于财务报表使用者作出适当的决策。

审计需求动因理论比较如表1-2所示。

表1-2　审计需求动因理论比较

审计需求动因理论	主要观点	对审计本质的认识
受托责任理论	受托责任关系是审计产生的基础,审计伴随着受托责任的发展而发展。当受托责任关系确立后,客观上就可能存在委托人对受托人实行监督的需要	审计是一项独立的经济监督活动
代理理论	注册会计师是为了减少股东或债权人与管理层之间委托代理关系的代理成本,监督委托代理双方签订一系列契约条款并实施的外部独立的第三方。独立注册会计师在审计中理应独立于委托者和代理人	审计是一种鉴证机制,是企业中各种代理关系的监督、保证、协调机制
信息理论	审计的结果可以使信息更加可靠,减少管理层和债权人、投资者之间潜在的信息不对称,使市场更具效率	审计是一种鉴证机制,一种用于增进财务信息可靠性和决策价值的鉴证机制
保险理论	审计是降低风险的活动,甚至是分担风险的一项服务。财务报表使用者不一定需要实质上降低信息风险	审计不是纯粹的鉴证机制,而是财务报表风险转移的保险机制
冲突理论	审计存在的根本原因是人与人之间存在利害冲突。财务报表的提供者和使用者之间、使用者和使用者之间的利益并不一致,这种实际或潜在的利害冲突导致财务报表存在不实的可能性,而审计是协调冲突的活动	审计是协调财务报表各方使用者利益冲突的、独立的协调机制

(二)审计服务的需求分析

审计需求理论还包括审计服务的需求分析。我们可以将审计服务需求定义为审计服务需求者在某个特定时间内愿意且有能力购买的审计服务数量。影响审计服务需求量的因素很多,除了随机因素,经常起作用的因素有审计服务的价格、相关服务的价格、审计服务需求者的支付能力、审计服务需求者的偏好。这里的审计服务需求者与审计信息需求者并不是同一概念,两者可能存在差异。例如,公司管理层向商业银行提供审计过的财务报表,用于贷款需求,这时管理层不是审计信息的需求者,而是审计服务的需求者,商业银行才是审计信息的需求者。两者有时也是重合的,且审计信息需求通常对审计服务需求会有

---

① 迈克尔·查特菲尔德. 会计思想史[M]. 文硕,董晓柏,王骥,等,译. 北京:中国商业出版社,1989.

直接的影响。例如,为迎合外部广大中小股东对经注册会计师审计的财务信息的需求,股份公司管理层需要注册会计师对财务报表的审计服务。审计服务需求与其主要的影响因素的关系是:①审计服务的价格。审计服务的价格是决定审计服务需求量的重要因素。在一般情况下,审计服务价格与需求量呈负相关。②相关服务的价格。资本市场上存在不少提供经济信息服务的竞争者。例如,证券投资分析报告提供者、财务分析师、媒体等。如果与审计服务具有替代关系的相关服务的价格上升,就会引起审计服务的需求量增加。③审计服务需求者的支付能力。一般来说,审计服务需求者的支付能力与审计服务的需求量是正相关关系。④审计服务需求者的偏好。审计服务需求者对某种审计服务的偏好程度增强,则这种审计服务的需求量就会增加;偏好程度减弱,需求量就会降低。需求者的审计服务需求偏好有时纯粹是为了满足自身需求,如通过注册会计师审计验证企业核算是否规范、获得审计专家的指导、博取企业管理规范的声誉等。审计信息需求者对审计的偏好受其审计信息需求的直接影响。

根据以上分析,可以确定审计服务的需求函数,即在某一特定时期内审计服务的各种可能的需求量和决定这些需求量的因素之间的关系。假定审计服务的需求量是由上述四种经常起作用的因素决定的,那么审计服务的需求函数如下:

$$Q_d = f(p, p_r, y, w) \tag{1-1}$$

式(1-1)中　Q_d——审计服务的需求量;

　　　　　p——审计服务的价格;

　　　　　p_r——相关服务的价格;

　　　　　y——审计服务需求者的支付能力;

　　　　　w——审计服务需求者的偏好。

根据新古典微观经济学供求理论,在其他三种因素不变的情况下,只研究审计服务价格和需求量的关系,则审计服务的需求量是价格的函数,可以将审计服务的需求函数表示为:

$$q_d = f(p) \tag{1-2}$$

式(1-2)中　q_d——审计服务需求量;

　　　　　p——审计服务价格。

二、审计供给理论

审计主体是审计服务的提供者。审计主体就是审计的组织及其审计人员。审计供给理论分析主要包括审计组织理论分析与审计供给的经济分析。由于政府审计供给和内部审计供给的特殊性,这里仅论述民间审计的组织及其业务、民间审计服务的供给分析。

（一）会计师事务所的组织及其业务

1. 会计师事务所的组织形式

会计师事务所的组织形式可分为以下四种形式。

（1）独资型会计师事务所。独资型会计师事务所是由具有注册会计师执业资格的个人独立开创，并承担无限责任的一种事务所组织形式。独资会计师事务所一般规模较小、人员较少，在法律上不具有相对独立的法律人格。该组织形式的优点是，注册会计师执业灵活，能够在代理记账、代理纳税等方面很好地满足小型企业对注册会计师服务业务的需求。其缺点是，作为会计师事务所单一所有者的注册会计师，应对其行为承担无限责任，因而无力承担大型业务。

（2）合伙型会计师事务所。合伙型会计师事务所，又称合伙制会计师事务所，是指由两名或两名以上注册会计师组成的合伙组织。合伙制分为普通合伙制和特殊普通合伙制。普通合伙制会计师事务所中合伙人之间承担无限连带责任，有利于注册会计师执业风险意识和执业质量的提高，但注册会计师之间相互承担无限连带责任限制了事务所的扩张。特殊普通合伙制修正了普通合伙企业的无限连带责任制度。在这种形式中，一个合伙人或数个合伙人在执业活动中因故意或者重大过失造成合伙企业债务的，应当承担无限责任或者无限连带责任，其他没有参与该项目的合伙人仅以其在合伙企业中的财产份额为限承担责任。但合伙人在执业活动中因非故意或非重大过失造成的合伙企业债务，由全体合伙人承担无限连带责任。特殊普通合伙制是当前国内外大型会计师事务所流行的组织形式。

（3）有限责任公司型会计师事务所。有限责任公司型会计师事务所是指其成员以出资额为限对公司的债务承担责任，但是为了增强社会公众的信任度，会计师事务所成员还可以选择承担其出资限额以外的个人连带责任。该种形式的会计师事务所可以扩大规模，承接大型业务，但会计师事务所承担有限责任降低了注册会计师的执业风险，不利于执业质量与会计师事务所声誉的提高。

（4）职业公司型会计师事务所。职业公司型会计师事务所主要集中在美国，我国并没有职业公司型会计师事务所。职业公司可以由一个或一个以上的股东发起成立，它为客户提供职业服务。在美国，一些州议会通过立法，许可专业人士组建职业公司，而合伙人则转变为公司的雇员。职业公司型会计师事务所是一种名为公司、实为合伙企业的新兴组织形式。它是设立者出于税收目的而设立的，令合伙人获得雇员的地位，以抵扣为合伙人拨备的退休金准备。美国各州对职业公司型会计师事务所责任的规定有很大的不同。某些州规定职业公司型会计师事务所与普通公司一样，由股东承担有限责任，而某些州却要求股东承担无限责任。

我国现行《注册会计师法》将我国会计师事务所组织形式规定为合伙制和有限责任制两种。2021年，我国财政部发布《注册会计师法（征求意见稿）》，将我国会计师事务所组织形式规定为普通合伙制和特殊普通合伙制两种，其他会计师事务所形式将退出我国会计师事务所的历史舞台。

2. 会计师事务所的结构

由于不同会计师事务所可能具有不同的结构,我们很难对会计师事务所的组织结构进行归纳。有些设立分支机构的会计师事务所按照业务类别或地区来组织,每个业务类别或地区都有一个合伙人全权负责该类业务或该地区各个分所的事务。业务或地区合伙人可能需要向指定合伙人报告。每个分所都由一个合伙人领导,由其负责分所的日常经营,这个合伙人通常被称作主管合伙人或主任合伙人。每个分所可能有专门的部门分别从事鉴证业务、税务、资产评估、咨询服务等一种或多种特定业务。除了专业人员,每个分所还聘有行政管理人员负责处理人事管理事宜(包括员工招聘),并完成分所的会计核算和报告职能。

除了分所,许多大规模的会计师事务所都会设有一些专门的业务部门,这些业务部门通常是作为全国性分所的一部分,其目的是为分所的注册会计师执业提供支持。这类业务部门包括行业专门化部、营销和规划部、职业教育部、会计和审计政策制定部、研究部、咨询部。在不同国家开展业务的会计师事务所会有国际化部门,通常由一个代表委员会来负责国际层面的事宜,组成该委员会的代表一般来自各个成员事务所或不同的地域。

会计师事务所的权力结构设置应摒弃完全由出资额决定的原则。会计师事务所应当重视注册会计师的智力劳动和专业价值,充分发挥其专业和知识在会计师事务所内部决策和管理中的主导作用,树立起"人合、事合、心合、志合"的治所理念,引进非合伙人的核心员工参与管理,以"共同占有、权力共使、利益共享、风险共担"的共享利益原则设置会计师事务所的权力结构。会计师事务所应明确合伙人的权力和责任,以及合伙人会议、合伙人管理委员会、监事会的职权和运作规则。

2021年8月,国务院办公厅印发《关于进一步规范财务审计秩序 促进注册会计师行业健康发展的意见》,强调会计师事务所应当在人员调配、财务安排、业务承接、技术标准和信息化建设方面实行实质性一体化管理,完善会计师事务所的内部管理制度。

3. 会计师事务所的业务

注册会计师的业务分为鉴证业务和非鉴证业务两类。鉴证业务是指注册会计师对鉴证对象信息提出结论,以增强责任方以外的预期使用者对鉴证对象信息信任程度的业务。鉴证业务包括审计、审阅和其他鉴证业务。非鉴证业务可称为相关服务业务。相关服务包括代编财务信息、对财务信息执行商定程序、税务咨询和管理咨询等。

鉴证业务也可看作是保证业务中的一种①,保证服务是为决策者提高信息质量或改善其背景(context)的独立的专业服务。保证服务不仅注重信息的可靠性和真实性,还注重决

① 小威廉·F.梅西尔.审计与保证服务:一种系统的方法[M].3版.刘明辉,译.北京:经济科学出版社,2008.

策信息的相关性和及时性。保证服务不一定涉及三方关系人。保证、鉴证与审计的关系如图 1-1 所示。

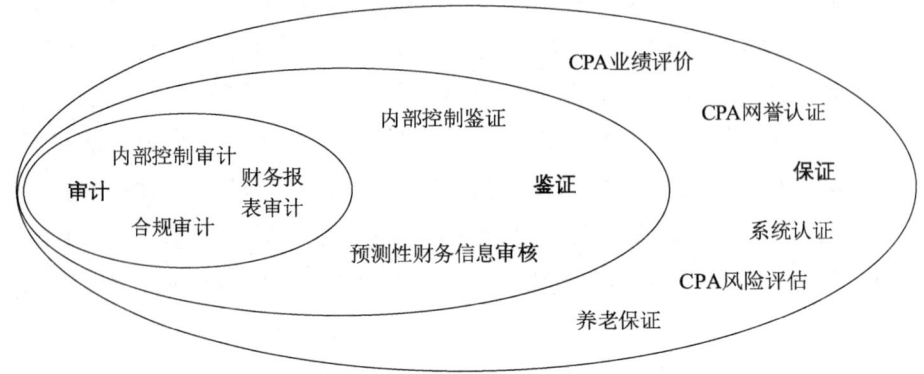

图 1-1　保证、鉴证与审计的关系

有学者将会计师事务所业务分成增信服务与非增信服务①。所谓增信服务就是可为决策者改进信息或信息内容的质量的独立的专业服务。增信服务不一定涉及三方关系人。验证是一种增信服务,验证业务是就某一方向另一方提供的特定信息的可靠性进行增信的过程,验证业务涉及三方关系人。审计是一种验证业务。增信、验证与审计的具体关系如图 1-2 所示。

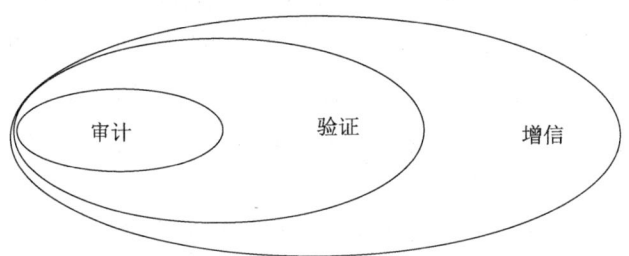

图 1-2　增信、验证与审计的关系

国际四大会计师事务所(以下简称国际"四大",包括德勤、普华永道、安永和毕马威)的业务收入基本分为审计与鉴证、税务与其他、咨询三大类。我国会计师事务所不仅总收入规模较低,而且主要依赖审计与鉴证类收入,业务比较单一,在非审计与鉴证业务方面与国际"四大"还有较大差距。国际"四大"2023 财年收入总额分别为:德勤(Deloitte)651 亿美元,普华永道(PwC)531 亿美元、安永(E&Y)494 亿美元、毕马威(KPMG)364 亿美元。我国内地会计师事务所(含国际"四大"中国内地分所)2023 年总收入为人民币 1 106.75 亿元。国际"四大"

---

①　W. 罗伯特·克涅科,史蒂文·E. 索尔特里奥,布莱恩·巴卢. 审计:增信服务与风险[M]. 3 版. 刘霄仑,李晓慧,刘凤芝,译. 大连:东北财经大学出版社,2001.

2023 财年的收入构成及我国内地会计师事务所 2023 年收入构成分别如表1-3、表1-4。

表 1-3 国际"四大"2023 财年收入构成

金额单位：亿美元(四舍五入,取整数)

收入类别	审计与鉴证类		税务与其他类		咨询类	
	金额	占比	金额	占比	金额	占比
德勤(DTT)	201	31%	154	24%	296	45%
普华永道(PwC)	187	35%	118	22%	226	43%
安永(E&Y)	151	31%	182	37%	161	32%
毕马威(KPMG)	126	35%	79	22%	159	43%

资料来源：和讯网：图解"四大"2023 财年总收入超 2 000 亿美元德勤续列榜首,2024 年 4 月 8 日。

表 1-4 我国内地会计师事务所 2023 年收入构成

金额单位：人民币亿元

收入类别	业务金额	占总收入比重
审计与鉴证	885.81	80%
非审计与鉴证类(资产评估、会计服务、税务、咨询服务等)	220.94	20%
其中：咨询服务	145.97	13%

资料来源：邵楠等：《2023 年注册会计师行业业务收支分析报告》,《中国注册会计师》,2024 年第 9 期,第 38—47 页。

会计师事务所的业务仍在不断拓展和多元化,当前国际"四大"开始介入 ESG 业务。ESG 是英文 environmental(环境)、social(社会)和 governance(公司治理)的缩写。ESG 概念是一种关注企业环境、社会、治理绩效而非财务绩效的投资理念和企业评价标准。基于 ESG 评价,投资者可以通过观测企业 ESG 绩效,评估其投资行为和企业投资对象在促进经济可持续发展、履行社会责任等方面的贡献。但财务报表审计仍然是会计师事务所的传统核心业务,因为财务报表审计是会计师事务所的多数其他业务的基础,很多其他业务只是财务报表审计的拓展与延伸。

(二)审计服务的供给分析

供给和需求是相对的概念,审计供给是指注册会计师在某一特定时期内在每一价格水平下愿意而且能够提供审计服务的数量。只有注册会计师既有能力又有意愿提供的审计服务才构成有效的审计供给。

审计服务的供给量是由许多因素决定的。在随机因素之外,通常起作用的因素有审计服务的价格、相关服务的价格、审计供给能力、提供审计服务的成本。以上各因素与审计服务供给的关系是：①审计服务的价格。在一般的情况下,审计服务的供给量与审计服务价格呈正相关。②相关服务的价格。通常情况下,相关服务价格与审计供给量呈负相关。如果与审计服务具有替代关系的相关服务的价格上涨而审计服务的价格没有变动,或者审计服务的价格上涨的幅度小于其他服务价格的涨幅,那么注册会计师就会减少审计服务的供给量,转而投产于其他的相关服务。③审计供给能力。审计供给数量除了受审计需求限制,还受审计服务供给能力的限制,而供给能力取决于审计主体的人力资源数量与质量,以及审计技术方法。④提供审计服务的成本。注册会计师是否愿意提供审计服务,还取决于审计的成本效益,审计成本与审计供给数量呈负相关。

根据以上分析,可以确定审计服务的供给函数,即在某一特定时期内审计服务的各种可能的供给量和决定这些供给量的因素之间的关系。假定审计服务的供给量是由上述四种经常起作用的因素决定的,那么审计服务的供给函数如下:

$$Q_s = f(p, p_r, t, c) \tag{1-3}$$

式(1-3)中 Q_s——审计服务的供给量;

  p——审计服务的价格;

  p_r——相关服务的价格;

  t——审计的供给能力;

  c——提供审计服务的成本。

进一步假定,在其他三种因素不变的情况下,只研究审计服务的价格和供给量的关系,则审计服务的供给量是价格的函数。审计服务的供给函数表示为:

$$q_s = g(p) \tag{1-4}$$

式(1-4)中 q_s——审计服务供给量;

  p——审计服务价格。

理论上,在审计供需的均衡点上审计服务实际供给量等于实际需求量,即市场实现的供需量。图1-3中,q^* 所指的量为市场供需的均衡量。

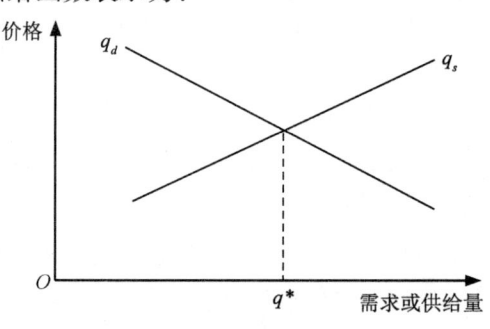

图1-3 审计供需均衡

现实中审计供求的各种因素是由审计环境决定的,尤其是相关法律法规与监管制度对审计供需的影响最为直接。关于审计环境对审计的影响,第二章将进行详细论述,这里不再赘述。

案例分析

审计需求动因分析

以下是一个家族玩具制造公司的发展历程。

王强与其妻子运用自有资金创办了一家小型玩具制造公司,在公司初创的第 1 至第

3年,公司的业务和财务管理等都由夫妻二人打理,该公司属于小业主经营的公司。

在第4至第7年,公司初具规模,业务发展迅速,王强夫妇的儿子王飞加入公司,并担任公司总经理助理。

在第8至第10年,王强夫妇退居二线,王飞担任总经理,全权经营该公司。

在第11至第15年,由于公司处于高速扩张期,规模开始扩大,公司产生了向商业银行借款的需求。公司管理逐步规范化,并聘请了业务和财务等部门经理。

在第16至第18年,公司准备上市,计划引进战略投资者,对股权进行整合,完善公司治理。王飞担任董事长,并持有60%股权,同时聘用了职业经理担任总经理,聘用了财务总监和各业务部门和管理部门的经理。最终,公司引进4个战略投资者,由其共同持有剩余的40%股权,并建立了董事会、监事会、内部审计等治理与管理机构。

在第19年,该公司成功公开发行股票,发行数量6 000万股,募集资金6.5亿元,总股本1.5亿股,其中王飞持有6 000万股,持有40%股权,为第一大股东;先期入股的4个战略投资者共享有3 000万股,持有20%股权,分别为第二至第五大股东;其他机构和社会公众持有公开发行的6 000万股,均为中小股东,总共持有40%股权。公司虽然募集了大量资金,但仍然有银行借款3亿多元,用于日常经营周转。同时,公司对采购尽量采用赊购策略。

讨论:

(1) 运用审计需求动因理论,说明该公司在前10年、第10至第18年,以及上市后是否需要注册会计师审计?如需要,说明审计需求的动因分别有哪些?

(2) 说明第19年股票发行后案例公司存在哪些主要的利益冲突。

(3) 结合案例说明公司存在委托受托关系是否一定需要审计?为什么?

第三节　审计理论的含义与作用

一、审计理论的含义

一门学科成熟与否的标志是其理论研究的深度,一套系统的理论也是评估其实务正确性的指南。虽然审计实务工作已有悠久的历史,但直到19世纪末至20世纪中叶,审计理论才基本形成体系。

审计理论是从审计实践中总结出的有关审计概念和原理,可以用来解释审计现象、预测审计行为和审计结果的理论。审计理论与审计实务的关系如图1-4所示(刘明辉,2018①)。

---

① 刘明辉.高级审计研究[M].3版.大连:东北财经大学出版社,2018.

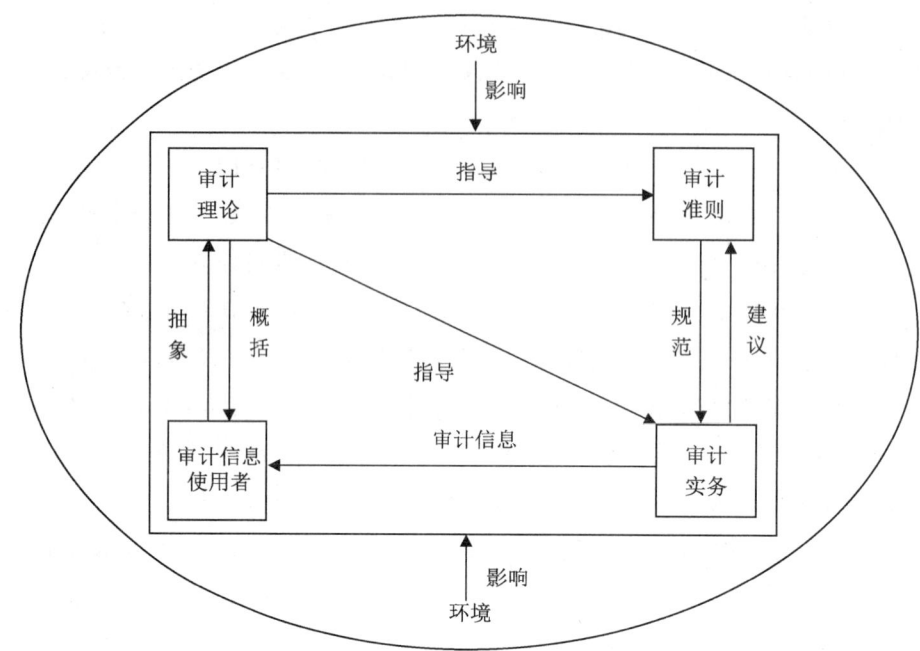

图 1-4　审计理论与审计实务的关系

从图 1-4 可以看出,人们可以用审计理论直接指导审计实务,也可用其指导审计准则的制定,而审计准则是用来规范审计实务的,审计理论也可间接指导审计实务。因为审计准则相对于审计理论是机械、滞后的规则,对一些复杂的审计实务和新出现的审计实务,只能由审计理论来指导。

我们对审计理论的来源及其与审计实务的关系进行分析后,可得出如下结论:

(1) 审计理论、审计准则和审计实务的产生和发展,均受到外部环境(尤其是社会经济环境)变化的影响,同时也必须能够满足社会上各个阶层对审计信息的需求。当社会经济环境或者各个阶层对审计信息的需要发生了变化,而审计准则或审计实务仍然处于落后状态并不能满足信息需要时,审计理论的任务就是指导审计实务,并推动审计准则的制定与修订,以适应社会经济的发展。

(2) 审计理论与审计实务是矛盾的统一体。一方面,审计理论与审计实务相互依存。审计理论可以指导审计实务,同时,审计实务也为审计理论提供生存的土壤。另一方面,审计理论与审计实务又相互制约,审计理论必须以审计实务为基础,并正确地反映审计实务,同时,审计实务工作又需要审计理论为其提供各种方法、技术等。

(3) 审计信息使用者所获得的审计信息是由审计实务工作者或审计准则制定者(政府或专业团体)提供的。如果审计信息提供者不能正确认识审计理论和审计实务的发展方向,审计信息使用者就不可能得到他们所需要的审计信息,从而大大降低审计信息的使用效能。

二、审计理论的作用

通过对审计理论含义的分析,可以看出审计理论的作用主要表现在两个方面:一是解释现存的审计实务;二是预测和指导未来的审计实务。其具体表现在以下方面:

(1)解释审计的职责和范围。在不断发展变化的社会经济环境下,注册会计师要依据审计理论确定审计的职责和范围,如审计的基本目标是什么、审计报告的使用者有哪些、注册会计师应就哪些方面发表意见、如何搜集审计证据、如何发表审计意见等。

(2)指导审计准则和审计程序的制定。负责制定审计准则和审计程序的政府机构、专业团体及事务所的管理人员必须正确理解审计理论,以审计理论作为制定准则和程序的依据。

(3)指导并推动审计实务的发展。审计准则是评价审计工作质量的权威标准,但审计准则多是原则性的规定,运用审计准则需要注册会计师的职业判断,且审计准则无法涵盖所有复杂实务情形和新出现的实务问题,因此,审计理论也是评价审计工作质量优劣的重要准绳,可以帮助注册会计师发现审计实务工作中存在的缺陷,从而推动审计实务不断改进。

(4)解释审计实务。审计理论的一个主要任务就是解释审计实务,有利于审计实务工作者、投资者、社会公众更好地理解现有的审计实务。

(5)增强审计报告的有用性。审计报告的编写过程需要审计理论的指导,这有助于审计报告的使用者或利害关系者了解审计实务与审计报告的一些基本概念和原理,从而增加对审计工作和审计报告的信任。

总之,有效的审计实务是建立在健全的审计理论基础之上的,而审计理论需要接受审计实务的检验。

案例分析

安达信创始人对未规范事项的处理

2002年因安然事件而倒闭的当时"五大"之一的安达信会计师事务所的创始人亚瑟·安达信(Arthur Andersen)坚持一个座右铭——"直接想、直接说"。1908年,23岁的亚瑟·安达信成为伊利诺伊州最年轻的注册会计师。几年之后,亚瑟·安达信和一位朋友——克拉伦斯·德拉尼(Clarence Delany)合伙成立了一家名为安达信-德拉尼(Andersen Delany)的会计师事务所,专门提供会计、审计和其他相关服务。不久,德拉尼决定离开事务所另谋出路,安达信就将事务所改名为亚瑟·安达信会计师事务所(以下简称安达信)。1915年,亚瑟·安达信遇到了一个进退两难的问题。他的审计客户中有一家货运公司,这家公司拥有并运营几艘将各种货物运抵密歇根湖港口的内河货船。这一年,在这家公司的会计年度结束之后,安达信出具其年度财务报表审计报告之前,公司的一艘货船在密歇根湖沉没了。当时,对于公司发生的这些特殊事项,公司在编制财务报表时还没有正式规范可遵循,当然也没有相关的规定要求公司在财务报表中披露发生在会计年度之后的重大期后事项,如主要资产毁损。然而,安达信坚持要求它的客户在财务报表中披露货船的毁损事项。安达信的理由是,使用公司财务报表的第三者,包括公司的借款银行,应当知悉公司资产的毁损情况。尽管这家公司对安达信的决定并不满意,但最终还是同意在财务报表的脚注中披露了该项损失。

资料来源:

迈克尔·C.克纳普.当代审计学真实的问题与案例[M].5版.孟焰,曾铁兵,译.北京:经济科学出版社,2006.

讨论:

(1) 结合审计需求动因理论,谈谈安达信坚持披露期后重大损失的审计意义。

(2) 结合案例,谈谈审计理论的作用。

课程思政

新中国审计制度的创建者和奠基人——阮啸仙

阮啸仙(1897—1935年),广东河源人,中国共产党早期的党员之一,广东青年运动的先驱。大革命时期,阮啸仙领导下的中央审计委员会,卓有成效地开展审计工作,通过审计实践为人民审计制度的建立奠定了坚实的基础,而阮啸仙和全体审计人员则被誉为"苏区经济卫士"。

1934年1月,阮啸仙当选为中央执行委员会委员、中央审计委员会主任。他上任后的第一件事,就是对审计工作建章立制,组织起草了中央苏区第一部完整的审计法律文献——《中华苏维埃共和国中央政府执行委员会审计条例》,制定和颁布了一系列与审计工作相关的法律法规,建立和健全预决算制度和会计制度。阮啸仙还牵头组建了严密的审计机构,除了中央设审计委员会,省及中央直辖市之下亦设审计委员会。他对审计人员制定"六不准"工作纪律,即不准偏听偏信,不准弄虚作假,不准漏查和作不精确统计,不准徇私用情,不准吃馆子或吃公饭、外出审查一律自带干粮,不准收受被审人员任何物品。在阮啸仙的努力和带领下,中央苏区审计工作有章可循、有规可依、有人负责、有人监督,逐步走上依法审计轨道。

苏维埃中央政府成立之初,有少数混进革命队伍的投机分子消极怠工、奢侈浪费、贪污腐化,有些甚至还是工农出身的领导干部。阮啸仙说:"这是关系到中央苏区经济建设的成败、关系到红色政权能否巩固的大事,绝对马虎不得!"于是,他与中央工农检察部密切配合,组织肃贪"突击队"和清腐"轻骑队",在中央苏区掀起了一场没有硝烟的审计风暴。阮啸仙遵循"有一点小的表现就要跟着去查"的原则,不放过任何蛛丝马迹,严审细核,跟踪督办,相继查处了左祥云、唐仁达、熊仙璧、刘仕祥等一批贪污腐败分子,初步彰显了国家审计权威,这既充分展示了党和苏维埃政府反腐肃贪的坚定决心,也极大地震慑了那些试图以身试法的贪污腐败分子。

资料来源：

根据金台资讯"苏区经济卫士"阮啸仙整理。

讨论：

结合中国共产党领导的艰苦卓绝的新民主主义革命,谈谈阮啸仙建立的审计制度的重要意义。

第二章 审计环境与审计目标

学习目标

○ 掌握审计环境的概念
○ 了解审计宏观环境的构成及其对审计的影响
○ 理解审计目标的概念及其影响因素
○ 掌握注册会计师财务报表审计目标

第一节 审计环境

一、审计环境的概念

审计环境是指影响审计行业以及审计理论与实务发展的各种环境因素的集合,包括宏观环境、行业环境和理论研究环境等。其中,宏观环境包括政治、经济、法律法规、技术和社会文化等各种因素。行业环境是指审计行业自身执业状况,如行业竞争状况、行业人力资源状况、执业质量等。理论研究环境是指审计理论研究的理论基础、研究资料可获取性、研究手段和研究风格等。

审计环境决定着审计的供求。研究审计环境的现实意义主要有:①审计环境是决定审计目标的主要因素,审计环境决定了审计应达到的目标,而审计行业环境决定了审计能否有效实现这一目标。②研究审计环境是审计理论研究和审计准则制定的基础。③研究审计环境可以促使审计实务不断变革,适应审计环境的变化,提高审计的效率和效果。

二、审计宏观环境的构成及其对审计的影响

宏观环境是审计行业的外部环境,审计的产生与发展从根本上说是由审计宏观环境决定的。同时,审计本身也对审计宏观环境具有一定的反作用。以下阐述审计宏观环境的构成要素及其对审计的影响。

（1）政治环境：政治环境包括一个国家或地区的政治体制、国家体制、政府治理结构与每阶段的政治任务等。政治环境直接决定了政府审计的产生、目标与任务等，对社会审计与内部审计也具有一定的影响。

（2）经济环境：经济环境包括经济发展状况、财政货币政策、外贸情况等经济状况。经济环境对审计具有根本的影响，既对审计的需求产生直接影响，也对审计的供给能力产生一定的影响。同时，审计对经济环境也会产生反作用。

（3）法律法规环境：这里的法律法规包括影响审计供求的所有法律法规，如《注册会计师法》《中华人民共和国证券法》（以下简称《证券法》）、金融法规以及其他监管法规等。法律法规对审计的影响主要体现在三个方面：一是法定审计业务；二是审计执业规范与职业道德；三是审计法律责任。注册会计师审计监管对注册会计师审计的需求与供给的意愿及成本、审计风险与审计质量等具有重大的影响。以下就我国注册会计师行业的监管问题进行扼要阐述。

注册会计师的审计监管包括行业自律监管和政府监管。行业协会主要通过制定行业规范，对违规行为进行处罚、协调、监督等形式进行行业自律监管。例如，美国注册会计师协会（American Institute of Certified Public Accountants，AICPA）制定了审计准则。我国的注册会计师审计准则由中注协拟订，由财政部颁发实施。我国注册会计师审计制度是政府主导的产物，历史上代表政府实施监管的财政部、证监会、审计署、司法部门和其他监管部门在注册会计师审计制度的发展变革中分享着此消彼长的监管权。目前我国注册会计师行业监管体系大致可概括为：行政监管主要由省级以上财政部门实施，中国证监会对公开发行证券公司的注册会计师审计的监管；行业自律监管是由省级以上注册会计师协会负责，但中国注册会计师协会接受财政部委托行使部分行政监管权；另外，审计署核查社会审计机构对依法属于国家审计监督对象的单位出具的相关审计报告。

目前我国政府对注册会计师行业的监管趋严，2021年，国务院办公厅颁布了《关于进一步规范财务审计秩序　促进注册会计师行业健康发展的意见》，2021年修正的《〈中华人民共和国注册会计师法〉（征求意见稿）》加大了对注册会计师违规执业的处罚力度。2021年11月，我国证券市场上第一例特别代表人诉讼案——ST康美财务造假案一审宣判，总共涉及赔偿投资者损失金额24.5多亿元，判决包括独立董事在内的高管和审计ST康美的会计师事务所及签字注册会计师承担的巨额连带赔偿责任，2022年1月10日，广东省高院对该案二审维持原判。2024年2月，上海思尔芯技术股份有限公司提交科创板首发上市申请未能如愿，却因证券发行文件编造虚假内容而被判为欺诈发行，公司及主要管理人员被合计罚没1 650万元，开启了"申报即担责"的处罚先例。

（4）技术环境：技术包括科学技术、社会生产技术与审计技术等。技术影响经济与企业管理，同时，技术直接或间接影响着审计模式与方法。大数据、人工智能、移动互联网、云计算、物联网、区块链等技术的发展给审计带来了重大的影响，这些技术将改变审计模式、审计取证方法、审计分析方法等，对审计人员的素质要求也产生了极大的影响。目前，由于大中型企业的管理基本实现了信息化,信息系统审计成为大多数审计的基础,了解信息系统、评估信息系统的风险成为审计的一个重要基础工作。

(5)社会文化环境:社会文化包括影响审计的社会习俗、观念、心理等。社会文化通过审计主体、被审计者、委托者和财务报表使用者等各主体影响审计。例如,被审计单位对审计工作的接受程度、配合程度,审计人员的独立性、法治观点及公众的维权意识等,进而影响审计质量、审计责任等。

审计宏观环境的所有要素都不同程度地影响着国家审计、民间审计与内部审计。但不同的审计宏观环境要素对不同类别审计的影响程度是不同的。例如,政治与法律对国家审计的影响最为直接;企业管理对内部审计会有直接的重大影响;法律法规直接决定了民间审计的法定业务和审计责任;经济对民间审计的需求具有直接的重大影响;技术对三类审计的方式、方法都有直接的影响;文化及其他因素对三类审计都具有或多或少、直接或间接的影响。

审计宏观环境的构成要素及其与审计的关系如图 2-1 所示。

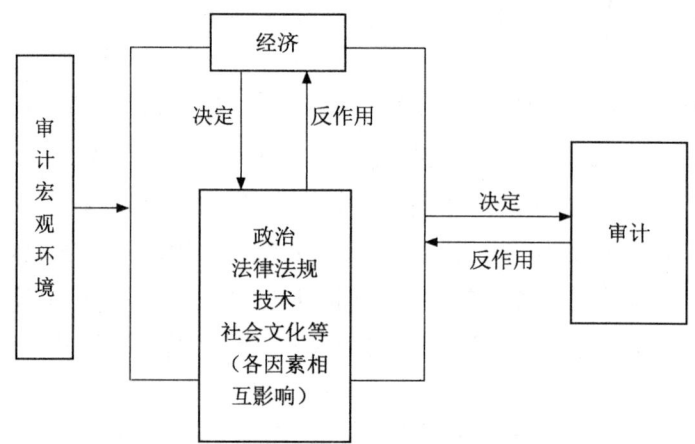

图 2-1　审计宏观环境的构成要素及其与审计的关系

案例分析..

瑞幸咖啡财务造假案

瑞幸咖啡总部位于厦门,是中国最大的连锁咖啡品牌。瑞幸咖啡以"从咖啡开始,让瑞幸成为人们日常生活的一部分"为愿景,充分利用移动互联网和大数据技术的新零售模式,与各领域顶级供应商深度合作,致力为客户提供高品质、高性价比、高便利性的产品。

2019 年 5 月 17 日,瑞幸咖啡登陆纳斯达克,融资 6.95 亿美元,成为世界范围内从公司成立到 IPO 最快的公司。

2020 年 4 月 2 日,瑞幸咖啡宣布,在审计机构发现 2019 年年报问题后,董事会成立了一个特别调查委员会。该委员会发现,公司 2019 年第二季度至第四季度,伪造了 22 亿元人民币的交易额,相关的成本和费用也相应虚增。4月2日,因虚增交易额22亿元,瑞幸咖啡开盘前暴跌85%。

事情似乎早有端倪。在此之前,浑水(Muddy Waters Research),公开了一份匿名的做空报告,指控瑞幸咖啡涉嫌财务造假,指出其门店销量、商品售价、广告费用、其他产品的净收入都被夸大,2019年第三季度瑞幸的门店营业利润被夸大3.97亿元。

一位做空产业链上的人士指出,浑水只是一个公开的做空平台,真实的做空势力(对冲基金)都会把自己隐藏在浑水后面——这份做空报告是对冲基金匿名提交的,只是由浑水代为发布。对冲基金做空一家公司的目的是获利。做空的常见操作是:在发布做空报告之前,它们会向券商借入股票并高价卖出,然后发布报告对相应公司进行打压,在股价下跌后便以较低价格买入相应的股票归还券商,获取的利润便是买卖的价差。不过,对冲基金显然不会亲自在中国做实地调查工作。当锁定一家可能存在问题的公司之后,它们一般会委托国内的调查公司寻找相关证据,具体方式包括实地考察(蹲点统计订单量、计算门店流水)、秘密访谈等。据悉,国内调查公司除了实地考察和秘密访谈,还有一种做空调查手段是爬取数据。其可能只爬取公开数据,它们可以将任何来源的数据整合为单一、连贯的数据,不然做空报告不可能做得这么详细。

一位长期研究美股的资产管理公司的CEO表示,瑞幸咖啡是被迫自曝,因为年报审计出了问题,如果不能按时递交经审计的年报,会直接导致退市。公司发现问题后,如果妥善解决,或许还能避免最坏的结果。

资料来源:

百度百科.瑞幸咖啡造假事件[EB/OL].[2022-08-25][2024-05-20]. https://baike. baidu. com/item/%E7%91%9E%E5%B9%B8%E5%92%96%E5%95%A1%E9%80% A0%E5%81%87%E4%BA%8B%E4%BB%B6.

讨论:

(1)结合案例谈谈在美上市中概股的审计环境。

(2)谈谈"新技术、新产业、新模式、新业态"等对审计环境的影响。

第二节 审 计 目 标

一、审计目标的概念及其影响因素

(一) 审计目标的概念

审计目标是审计人员对完成审计工作所期望达到的结果,是一切审计工作的指南。关于审计目标的概念,这里要强调两点:一是审计目标是审计人员要达到的目标,不是审计委托者的审计目的,审计目的通常是指审计委托者使用审计报告的目的,如注册会计师财务报表审计的目的可能是委托者为了满足中小股东的信息需求,也可能是为了满足商业贷款或其他融资的需求,还可能是为了满足对管理层业绩考核的需求等。而注册会计师财务报表审计目标的主要内容是注册会计师对财务报表在所有重大方面是否按照适用的财务报告编制基础编制发表审计意见(详细参见本节关于注册会计师财务报表审计目标的内容)。二是审计目标具有客观性,是有经验的专业人士[1]能够预期到的审计结果。而审计目的具有主观性,是无法预期的,同一审计项目的审计目的可能是不同的。当然,实务中也存在审计目标与审计目的基本一致的情况,如经济效益审计的审计目标是鉴证、评价与改善被审计单位经济效益,审计委托者的审计目的可能也是通过经济效益审计达到鉴证、评价与改善被审计单位经济效益的目的,在这种情况下,可以不区分"审计目的"与"审计目标"两个概念。另外,在审计理论研究中,通常无须特别关注审计委托者的个别审计目的,所以有些学者将"审计目标"直接称为"审计目的"[2]。

审计目标具有以下特点:①审计目标的差异性。不同种类的审计目标是不同的,如政府审计目标、内部审计目标与注册会计师审计目标存在本质差异。②审计目标的动态发展性。审计目标会随着政治、经济、社会等对审计需求的发展而发展,同时,审计目标还会随着审计技术与审计能力的发展而发展。③审计目标的层次性。一般情况下,审计目标是分层次的,审计目标通常包含审计总目标和审计具体目标两个层次。审计总目标指导、规范审计具体目标,审计总目标通过审计具体目标的完成而得以实现,审计具体目标则是审计总目标的具体化。在理论与实务中,在明确"审计总目标"或"审计具体目标"的背景下,可将二者都简称为"审计目标"。还有些审计目标可以分成根本目标、现实目标、直接目标等层次,这三个目标之间也是上级目标规范、指导下级目标,下级目标是上级目标的阶段目标与具体化,如政府审计目标,具体可参见第十一章中关于政府审计目标的内容。

为了更好地理解审计目标的概念,这里再对审计职能(或功能)、审计任务、审计作用等几个概念进行扼要介绍,以体现它们与审计目标之间的区别与联系。审计职能(或功能)是审计工作在政治、经济、社会中起到的固有功效,如审计存在的经济监督、鉴证与评价等职能。审计任务是审计主体为完成审计目标而要完成的实际审计工作,如注册会计师为达到财务报表审计目标,必须对一定期间内的财务报表实施必要的审计程序,获取充分、适当的审计证据,得出审计结论与审计意见,这些工作就是审计任务。审计作用是审计在政治、经济与社会等方面产生的实际影响,包括直接影响、间接影响,长期影响和短期影响等。审计作用的好坏与程度不仅受审计职能、审计目标、审计任务等完成情况(主要体现为审计质

---

[1] 有经验的专业人士是指在审计组织内部或外部的具有审计实务经验,并对以下方面有合理了解的人士:审计过程;审计准则和相关法律法规的规定;被审计单位所处的行业环境;与被审计单位所处行业相关会计和审计问题。

[2] 例如,郭华平:《中国审计理论体系发展研究》,经济管理出版社,2007年版,第187—192页;冯均科:《审计学的科学结构初探》,《财经理论与实践》,1990年第2期;萧英达:《比较审计学》,中国财政经济出版社,1991年版,第24—25页。

量）的影响，还受其他审计环境因素的影响。例如，注册会计师财务报表审计的作用是合理保证企业提供的财务报表信息的质量，在一定程度上保证了经济资源的合理配置，维护了资本市场的秩序，但这一审计作用的发挥情况不仅取决于注册会计师的审计质量，还受相关法律法规、资本市场的成熟度以及财务信息在经济决策中的重要程度等因素的影响。

最后，我们以通常情况下的财经法纪审计项目为例，对以上各要素进行示例说明。财经法纪审计的主要职能是经济监督，审计总目标是查处可能存在的违反财经法纪问题（具体目标是各具体经济事项是否存在违反财经法纪问题），审计任务是完成一定期间内所有经济事项涉及财经法纪的执行情况的审计工作，审计目的是审计委托者拟通过审计查处被审计单位可能存在的违反财经法纪问题，以维护财经法纪，审计作用是维护财经法纪，合理保证经济的合法与健康运行。

（二）审计目标的影响因素

审计目标并不是一成不变的，它是特定社会宏观环境的产物。审计目标的确定主要受两方面因素的影响：一是社会需求；二是审计能力。前者是政府、企业、社会公众等对审计目标的期望，起着根本性的导向作用，后者则是审计主体能够完成的目标。此外，法律、司法判例和会计师职业团体是影响现实审计目标的直接因素。

1. 社会需求是确定审计目标的根本因素

社会中的任何生产和服务总是为满足某些社会需求而产生和发展的，生产或服务的目标也随着社会需求的变化而变化。审计作为一种服务职业，其目标的确定首先自然要考虑并适应社会的需求。例如，国家治理、相关法律法规的要求是确定政府审计目标的根本因素，组织的管理要求是确定内部审计的根本因素，注册会计师审计报告的使用者，主要是社会公众的信息要求，是确定注册会计师审计目标的根本因素。总之，社会需求的发展一直在引导审计目标的发展，社会需求对审计目标的确定起着根本性的作用。

2. 审计能力是确定审计目标的制约因素

审计目标一方面受审计需求的发展引导，另一方面又受审计能力的制约。自审计产生至今，审计能力始终处于一种被动状态，始终在为满足社会需求而调整，但也始终无法达到完全满足社会需求的程度。影响审计能力的因素是多方面的，主要有审计技术方面的原因、审计人员数量与素质方面的原因、审计时间限制方面的原因，以及审计委托人所能承担的费用方面的原因等。其中既有主观原因，也有客观原因。审计能力的有限性制约了审计满足社会要求的程度。

3. 法律、司法判例、会计师职业团体等对审计目标的直接影响

理论上，审计目标是由审计需求和审计能力决定的，但审计现实目标最终是由相关法律法规、司法判例、审计准则等规定的，因为法律规定和司法判例是有审计需求的公众与审计供给主体博弈的结果。同时，会计师职业团体和审计准则制定机构通过准则制定将审计目标进一步明晰化。

基于以上影响审计目标的因素,我国政府审计的根本目标是维护人民群众的根本利益,内部审计的总目标是完善组织的管理与治理、提高组织的运营效率、合理保证组织财务信息的真实完整。关于政府审计目标、内部审计目标以及注册会计师内部控制审计目标的详细内容参见后面相关章节。由于财务报表审计是注册会计师的传统核心业务,本节以下内容就注册会计师财务报表审计目标进行重点介绍。

二、注册会计师财务报表审计目标

(一) 注册会计师财务报表审计总目标的发展演变

注册会计师财务报表审计总目标既反映社会对审计的要求,也反映注册会计师财务报表审计作用于社会的实质内容。注册会计师财务报表审计总目标的历史演进基本可划分为四个阶段。

1. 揭弊查错阶段

这一阶段起始于 1720 年的"南海事件",结束于 20 世纪 30 年代。在该阶段,注册会计师财务报表审计的主要目标是揭露差错和舞弊。相关审计的法律责任主要集中于注册会计师在揭弊查错方面是否存在过失。这一阶段的注册会计师财务报表审计目标适用于经济业务较为简单、企业规模较小的情况。

随着经济的发展,人们逐渐认识到,注册会计师不可能也无法承担揭露所有的欺诈、差错和舞弊的责任。公司管理部门有责任采取措施预防欺诈、差错和舞弊的发生。就像当时的法官对审计作用的认识,他们认为注册会计师仅是"门卫"而不是"侦探",但对重大的差错和舞弊,注册会计师有责任予以揭露,否则注册会计师就没有履行其职责,没有达到独立审计的目标,要承担相应的风险。

2. 财务报表真实性、公允性验证阶段

随着社会环境的变化,注册会计师财务报表审计目标开始扩展,逐渐向验证财务报表的真实性、公允性方面转换。这一阶段起始于 20 世纪 30 年代,结束于 20 世纪 80 年代。在这一阶段,注册会计师财务报表审计的主要目标是对财务报表在所有重大方面的真实性、公允性进行验证。注册会计师财务报表审计的职责侧重对财务报告是否公允反映公司财务状况与经营成果发表具有专家权威性的鉴证意见。

促使注册会计师财务报表审计目标转换的原因是多方面的。首先是社会经济环境的变化。进入 20 世纪以后,以美国为代表的资本主义经济开始迅速发展,特别是股份有限公司的大量涌现,使经济生活出现了两个新的变化:一是企业管理的责任范围扩大。企业管理不再局限于对股东和债权人负责,而且需要对其他许多利益相关者负责。这些企业利益相关者对企业会计信息的需求日益增加。二是企业的筹资渠道逐渐由银行转向证券市场。这使企业风险的承担者由银行转为广大的股东,而股东对会计信息很关注,且更注重关于企业盈利能力的信息。自 20 世纪 20 年代开始,投资者的盈利欲望以及对投资安全的考虑,使整个社会对企业财务报表的关心超过了对查错纠弊的关心。特别是广大投资者,重点关注投资企业的盈利能力,而不太关注一些金额不大的舞弊行为。其次是审计能力的有限性。对注册会计师来说,由于企业规模的扩大和经济业务的日益复杂,再要进行像以前那样查错纠弊所需要的全面而又详细的审计已极为困难,社会也支付不起详细审计所需的审计费用。受审计能力的限制,审计行业为了避免审计风险,也极力把查错纠弊的责任推向企业管理部门,强调审计仅对财务报表发表一个意见,不可能去揭露贪污、盗窃和其他舞弊。最后,内部控制的理论与实务发展使在抽样审计基础上对财务报表真实性和公允性发表鉴证意见已经成为可能。20 世纪 30 年代内部控制理论的发展,使注册会计师们开始认为,欺诈舞弊可通过建立完善的内部控制制度来予以控制,如汤姆·李(Tom Lee)所说,在 20 世纪 30 至 40 年代,公司的管理部门,特别是大公司的管理部门正式接受查错纠弊的责任,他们通过在公司内部建立内部审计和会计控制制度使舞弊行为发生的可能性降到最低程度。

3. 揭弊查错与财务报表真实性、公允性验证并重阶段

这一阶段起始于 20 世纪 80 年代,至 2002 年美国公众公司会计监督委员会(PCAOB)成立时结束。在该阶段,注册会计师财务报表审计的主要目标是揭弊查错与财务报表真实性、公允性验证并重。从 20 世纪 60 年代开始,随着财务舞弊案例渐多,注册会计师通过对财务报表真实性、公允性的验证,排除查错揭弊责任,导致审计职业责任与审计公众期望的差距扩大,法院对审计诉讼的判决几乎一致向社会公众倾斜,审计责任扩大。"深口袋"理论(the deep pocket theory)加重了该种趋势。"深口袋"理论认为注册会计师除了承担降低审计风险的责任,还间接承担了保险人角色。由于实践中区分注册会计师的审计责任与被审计单位的会计责任存在困难,法院多倾向于判定注册会计师给予赔偿。会计师职业界为了应对社会公众的诉求,也为会计师职业界的生存与发展考虑,在强调财务报表真实性、公允性验证的同时,强调了对揭弊查错的审计责任。

4. 高强度保证阶段

这一阶段为自 2002 年《SOX 法案》提出高强度保证审计目标要求与 PCAOB 成立至今。在该阶段,审计鉴证对象更加注重财务报告和其他信息中的非财务信息,审计责任的对象不断扩大。除了审计欺诈、重大过失,甚至一些普通过失也会导致注册会计师承担责任。导致注册会计师财务报表审计目标发生这一变化的主要原因如下:一是经济决策需要的信息更加多样,有些非会计信息在预测企业经营趋势时更加重要。注册会计师面临着其他信息提供者的竞争,如证券分析师,注册会计师以公认会计原则对财务报表的复核鉴证不能很好地满足公众需求。二是经过长期审计实践,注册会计师已具备了拓展审计信息范围的能力,如企业战略、公司治理、内部控制、风险管理等,对企业的经营趋势变化导致的企业资产负债的价值估计、对企业的持续经营能力的评价等更加准确全面。三是伴随着经济的高速发展,注册会计师的法律责任在日益扩大,为有效降低审计风险,必须多维度审计被

审计单位经营信息,提高审计的保证程度,降低审计风险。

(二) 注册会计师财务报表审计目标的准则规定

实务中,注册会计师财务报表审计目标的直接依据是审计准则。《中国注册会计师审计准则第 1101 号——注册会计师的总体目标和审计工作的基本要求》规定,注册会计师财务报表审计的总体目标是:第一,对财务报表整体是否不存在由于舞弊或错误导致的重大错报获取合理保证,使注册会计师能够对财务报表是否在所有重大方面按照适用的财务报告编制基础编制发表审计意见。第二,按照审计准则规定,根据审计结果对财务报表出具审计报告,并与管理层、治理层沟通。

适用的财务报告编制基础,是指法律法规要求采用的财务报告编制基础;或者管理层和治理层(如适用)在编制财务报表时,依据被审计单位性质和财务报表目标,采用的可接受的财务报告编制基础。财务报告编制基础分为通用目的编制基础和特殊目的编制基础。通用目的编制基础,是指旨在满足广大财务报表使用者共同的财务信息需求的财务报告编制基础,主要是指会计准则和会计制度。特殊目的编制基础,是指旨在满足财务报表特定使用者财务信息需求的财务报告编制基础,包括计税核算基础、监管机构的要求和合同约定等。

这里要强调的是,如果财务报告编制基础同时也是为了实现公允列报,那么注册会计师财务报表审计总体目标在实现以上第一条的基础上,还要合理保证财务报表在所有重大方面实现了公允反映,即对财务报表在所有重大方面是否实现公允反映发表鉴证意见。

注册会计师在审计财务报表时,需要就所审计的报表项目和相关内容完成具体审计目标。而注册会计师财务报表审计是对被审计单位管理层对财务报表认定的再次确认,所以在阐述审计具体目标前,应该先了解管理层对财务报表的认定。

认定,是管理层针对财务报表要素的确认、计量和列报(包括披露)作出的一系列明确或暗含的意思表达。如财务报表中显示"存货——200",则管理层对存货的"存在"和金额为"200"的认定就是明确的表达,而没有表外存货,存货是"完整"的认定就是暗含的表达。注册会计师审计的具体目标就是针对管理层的认定进行"再认定"。管理层对财务报表的认定与注册会计师审计的具体目标可从"交易"和"余额"两大类进行抽象细分。有关管理层对财务报表的认定及相应的具体审计目标如表 2-1 所示。

表 2-1 管理层对财务报表的认定及相应的具体审计目标

所审期间各类交易、事项及相关披露		期末账户余额及相关披露	
认定	具体审计目标	认定	具体审计目标
1. 发生(记录或披露的交易和事项已经发生,且与被审计单位相关)	1. 发生(确认已记录的交易是真实的。该目标针对财务报表的高估)	1. 存在(记录资产、负债和所有者权益是存在的)	1. 存在(确认记录的金额确实存在)

（续表）

所审期间各类交易、事项及相关披露		期末账户余额及相关披露	
2. 完整性（所有应当记录的交易和事项均已记录，所有应当包括在财务报表中的相关披露均已包括）	2. 完整性（确认已发生的交易确实已经记录，所有应当包括在财务报表中的相关披露均已包括。该目标针对财务报表的低估）	2. 权利与义务（记录资产是被审计单位拥有或控制，记录的负债是被审计单位应当履行的偿还义务）	2. 权利与义务（确认资产归属于被审计单位，负债属于被审计单位的义务）
3. 准确性（与交易和事项有关的金额及其他相关数据已恰当记录，相关披露已得到恰当计量和描述）	3. 准确性（确认已记录的交易是按正确金额反映的，相关披露已得到恰当计量和描述）	3. 完整性（所有应当记录的资产、负债和所有者权益均已记录，所有应当包括在财务报表中的相关披露均已包括）	3. 完整性（确认已存在的金额均已记录，所有应当包括在财务报表中的相关披露均已包括）
4. 截止（交易和事项已记录于正确的会计期间）	4. 截止（确认接近资产负债表日的交易记录于恰当的会计期间）	4. 准确性、计价与分摊（资产、负债和所有者权益以恰当的金额包括在财务报表中，与之相关的计价或分摊调整已恰当记录，相关披露已得到恰当计量和描述）	4. 准确性、计价与分摊（确认资产、负债和所有者权益以恰当的金额包括在财务报表中，与之相关的计价或分摊调整已恰当记录，相关披露已得到恰当计量和描述）
5. 分类（交易和事项已记录于恰当的账户）	5. 分类（确认被审计单位记录的交易经过适当分类）	5. 分类（资产、负债与所有者权益已记录于恰当的账户）	5. 分类（确认资产、负债与所有者权益已记录于恰当的账户）
6. 列报（交易或事项已被恰当地汇总或分解且表述清楚，相关披露在适用的财务报告编制基础下是相关的、可理解的）	6. 列报（确认被审计单位的交易或事项已被恰当地汇总或分解且表述清楚，相关披露在适用的财务报告编制基础下是相关的、可理解的）	6. 列报（资产、负债与所有者权益已被恰当地汇总或分解且表述清楚，相关披露在适用的财务报告编制基础下是相关的、可理解的）	6. 列报（确认资产、负债与所有者权益已被恰当地汇总或分解且表述清楚，相关披露在适用的财务报告编制基础下是相关的、可理解的）

理解注册会计师财务报表审计的具体目标非常重要，注册会计师财务报表审计实务的核心就是根据具体审计目标，设计相应的审计程序，获取充分适当的审计证据，以达到审计总目标。例如，注册会计师要确认报表上的存货"存在"认定，就需对存货实施监盘及其他相关审计程序，获取充分适当的审计证据。

注意以上认定与具体审计目标都是抽象、单独考虑的。例如，企业将次年1月2日发生的一笔销售收入提前计入了当年的销售收入，对当年财务报表来说，是违反了"截止"认定，并未违反"发生"认定，因为在考虑"发生"认定时，只要该交易确实发生了即可，并不需要考虑是哪个会计期间发生的。

当然，注册会计师也可以不按照上述分类运用认定，而采用其他方式表述认定，但应涵盖上述所有方面。例如，注册会计师可以选择将关于各类交易、事项及相关披露的认定与关于账户余额及相关披露的认定综合运用。又如，当发生和完整性认定包含了对交易是否记录于正确会计期间的恰当性考虑时,就可能不存在与交易和事项截止相关的单独认定。

 **案例分析**

注册会计师在财务报表审计中对财务舞弊的责任

瑞华会计师事务所(特殊普通合伙)(以下简称瑞华所)及相关注册会计师诉讼中国证监会案在2019年8月27日开庭。

此前,中国证监会对外通报了2018年20大稽查典型案例。*ST华泽(成都华泽钴镍材料股份有限公司)虚假陈述违规事件被排在了第二位。证监会在复述了*ST华泽的违规情况之后,特地对两家中介机构——国信证券和瑞华所进行了点名,这两家中介机构也收到了罚单。中国证监会指出,本案系一起上市公司实际控制人为掩盖资金占用的事实,指使上市公司违规披露的典型案件。2013年、2014年及2015年上半年,*ST华泽累计发生向关联方提供资金的关联交易8.9亿元、30.4亿元、14.9亿元,关联方资金占用余额达13.3亿元,导致*ST华泽2013—2015年年报严重失实。为掩盖关联方长期占用资金的事实,上市公司实际控制人王某等人先后通过虚构采购合同、虚构代付业务、凭空进行票据背书等违法手段,将37.8亿元无效票据入账充当还款。2018年1月,中国证监会依法对*ST华泽作出行政处罚;同年8月,将相关人员涉嫌证券犯罪案件移送公安机关依法追究刑事责任。

中国证监会指出,瑞华所在2013年、2014年年度财务报表审计过程中未勤勉尽责,出具了存在虚假记载的审计报告。2018年12月,中国证监会依法对瑞华所及相关从业人员作出行政处罚。

瑞华所不服中国证监会处罚的理由主要有以下三点。

第一,瑞华所对上市公司华泽钴镍(即*ST华泽)的财务造假没有任何异议,但瑞华所认为造成最后审计失败的原因,主要在于上市公司华泽钴镍的会计责任。瑞华所提出了关于区分会计责任与审计责任的问题,即提供真实的审计材料是上市公司的会计责任,按照审计准则的规定对这些材料进行审计才是审计机构的审计责任。

在此案中,上市公司华泽钴镍进行了大规模的应收票据造假,瑞华所对此没有任何异议。但是向审计机构提供真实的票据材料是上市公司的会计责任。即使上市公司提供的审计材料全部是假的,但只要这些材料是完整的,能把"财务故事讲完整",审计就只能在此材料的基础上进行审计,审计没有办法再去核实这个"完整的财务故事"是不是真的。如果"完整的财务故事"整体是假的,那是上市公司的会计责任,而不是审计机构的审计责任。

第二,瑞华所认为,在上市公司华泽钴镍提供审计材料的基础上,瑞华所已经完整执行了审计准则规定的程序,其审计工作已经尽责。例如,在此案中,瑞华所对上市公司提供的应收票据材料进行了审计,并向应收票据相关单位发出了询证函,也收到了相关单位的询证函回函。虽然事后发现上市公司华泽钴镍的应收票据以及询证函回函都是假的,但在事前审计材料的基础上,瑞华所已经算是完整执行了审计准则规定的程序,其审计工作就应算已经尽责了。

第三,瑞华所认为,监管方认为审计既有责任也有能力发现上市公司的财务造假,是不切实际的过高要求。审计准则虽然要求注册会计师充分关注财务造假引起的重大错报漏报,但也明确说明了注册会计师的审计并非为了发现财务造假。

资料来源:

顾志娟. 瑞华诉证监会结果如何? 败诉! 法院认定瑞华未勤勉尽责[EB/OL]. (2020-09-15)[2022-08-15]. https://baijiahao. baidu. com/s? id=1677905163788204735&wfr=spider&for=pc.

讨论:

(1) 结合注册会计师财务报表审计目标,讨论瑞华所的辩解是否合理。

(2) 结合审计目标的发展历史,讨论现代注册会计师财务报表审计的揭错查弊目标与真实性、公允性验证目标的关系。

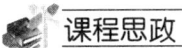 **课程思政**

儒家文化与我国审计环境

儒家文化是中国传统文化的重要组成部分,它以仁、义、礼、智、信为核心概念,强调了人的道德修养和社会责任。儒家文化的思想和价值观在中国历史上发挥了重要作用,对中国社会的发展和文化的传承产生了深远的影响。

讨论:

谈谈儒家文化对我国审计环境的影响。

第三章　审计核心概念与审计理论结构

第一节　审计假设

一、审计假设的内涵与意义

(一) 审计假设的内涵

几乎所有学科的研究都需要假设。亚里士多德在《形而上学》的开头第一句就说"求知是人的本性",但人们基于对奇异现象所问的"为什么",进而探索出"为什么",所获得的知识可能是经验的、偶然的、个别的和表象的,只有通过演绎推理才能获得必然的、普遍的知识。但演绎推理都要基于某种或某些假设。亚里士多德也说过,每一可论证的科学多半是从未经论证的公理开始的,否则,论证的阶段就永无止境①。

对于假设究竟是什么,人们的认识不尽一致。审计理论奠基者之一的莫茨(Mautz)和夏拉夫(Sharaf)在其成名之作《审计哲学》一书中指出,从逻辑学家和哲学家的著作中,我们能得出假设的五个一般特征,它们是:①假设是任何学科的发展所必需的;②假设是不能予以直接自我验证的;③假设是推论的基础;④假设是建立任何理论结构的基础;⑤假设面临知识更新的挑战。这些特征对我们理解假设及其作用是有益的。

审计假设是人们在审计实践中归纳总结出来的,但目前还无法对其本身从逻辑上加以证明的,对审计基本特征的理性化的感性认识。审计假设的这一定义认为,首先,审计假设并不是人们随意虚构的,而是具有审计实践基础的,它是人们在审计实践活动中对审计特

---

① 罗伯特·K.莫茨,侯赛因·A.夏拉夫.审计理论结构[M].杨树滋,文硕,译.北京:中国商业出版社,1990.

征的感性认识,是一种经验结晶,因此审计假设的正确与否可通过审计实践加以验证。其次,目前人们对审计假设还无法从逻辑上加以证明,只知道它是有用的或正确的,但不知道为什么它是有用的或正确的,即只知其然而不知其所以然,因而它最多只是一种公理,而不是定理。最后,审计假设是对审计感性认识的抽象,因而具有理性认识的特征。审计假设在实践中的有用性或正确性,使审计假设能成为研究客观事物发展内在规律的一个重要组成部分;而它在逻辑上未能得到证明的缺陷,故使人们对其内涵和外延的认识受到一定的影响。

(二) 审计假设的意义

审计假设,既具理论意义又具有实践性。从理论意义来看,审计假设是审计理论体系的一个重要组成部分,也是审计理论结构赖以建立的重要基础。没有审计假设,整个审计理论结构的逻辑联系就失去了基点。这是因为审计学科与其他所有学科一样,在学科领域内还存在着一些人们能感觉得到但无法加以确证的最基本认识。例如,内部控制对揭弊查错的作用、财务报表可验证性的特征等。由于这些最基本认识在审计实践中的不可或缺性,其自然成为开展审计工作所必须具备的前提条件,即审计假设。审计假设的实践性是指审计假设对实践的指导意义和对审计责任的有效衡量。例如,我们提出了审计人员具有独立性的假设,这就说明在审计实践中审计人员与被审计单位保持独立(或与委托者及被审计单位同时保持独立)是审计的前提条件,是保证审计质量、有效完成审计目标的前提。又如,财务资料可鉴证性假设,说明在审计实践中审计人员不能承接无法鉴证的财务资料,如混乱不堪、没有充分凭证的账目。同时,审计假设是合理确定审计责任,评价审计人员履行其职业责任情况的前提。例如,假设被审计单位递交的审计资料不存在串通舞弊和其他舞弊,但现实中企业提交审计的会计资料可能存在串通舞弊,这可能降低审计人员未查出财务资料中存在舞弊的审计责任。

对于审计假设,虽然其自身无法从逻辑上得到证明,但其正确性和有效性却可从以其为基点的整个理论体系所确立的逻辑推理中得到验证。即如果以其为基础无法通过适当的逻辑推理得出一套结构严谨的审计理论体系,则审计假设的正确性、有效性就会受到怀疑。

二、审计假设的代表观点

不少审计学家提出了自己的审计假设理论,如莫茨和夏拉夫、汤姆·李、杰克·罗伯逊(Jack Robertson)、戴维·费林特(David Flint)、尚德尔(Schandl)等,由于莫茨和夏拉夫对审计假设作出了开创性的贡献,且他们提出的审计假说是其他审计假设的基础,以下重点论述莫茨和夏拉夫的审计假设理论,对其他代表性观点仅作简要介绍。

(一) 莫茨和夏拉夫的审计假设

莫茨和夏拉夫在 1961 年提出的审计假设对审计假设的研究作出了开创性的贡献。他们认为审计的基本假设应包括以下八条。

1. 财务报表和财务数据是可验证的

该假设意味着作为审计验证的对象必须同时满足三个方面条件:一是财务报表和财务数据有充分的证据可以核实;二是存在客观的标准评价财务报表和财务数据形成过程的合法性或合理性;三是审计人员能在合理的时间、人力和其他成本范围内取得足够的证据并得出有效的结论。如果作为审计对象的财务报表和财务数据是不可验证的,则审计的存在就失去了根本。数据可核实才可以审计,这不言自明。至于其他两点,如一些绩效审计无法推广或绩效审计结论缺乏说服力的根源是绩效审计缺乏得到广泛认同的评价标准。财务数据虽可核实且具有评价标准,但审计成本无法承担该验证业务,则该财务数据也是不可验证的。这一基本假设确立了审计存在的意义及其主要目的,并为建立审计方法和审计程序提供了明确的目标。

2. 审计人员和被审计单位管理层之间没有必然的利益冲突

该假设认为被审计单位管理层也需要审计人员对财务报表进行验证,以证明其已履行受托责任,即被审计单位管理层和代表公众的注册会计师对财务报表的验证需求是相同的,不存在利益冲突。该假设意味着审计必须建立在可避免利益冲突的假设之上,审计的主体应保持超然独立的地位,才能公正地审查和对财务报表的公允性发表审计意见。如果审计人员与被审计单位之间存在必然的利益冲突,则审计的独立性就无法保障,审计的价值将不复存在。基于该假设,审计职业道德准则的发展和演变必然以独立性规则为核心。

然而,从20世纪80年代以来,这一假设正受到大量管理层欺诈诉讼案的冲击。大量管理层舞弊案件的产生导致人们对管理人员信任感的降低以及对审计目标的重新认识,使这条假设的现实意义和正确性受到怀疑。管理人员试图以舞弊的手段达到特殊的目的或获得更多的利益,而审计人员如查不出这种对报表使用者利益有重大影响的舞弊行为,就须承担法律责任。这种对财务报表的互不相容的目的,使他们的利益关系产生了严重的矛盾,因此如果说这条假设在当时是正确的,那么现在或今后将被淘汰,因为宏观环境对审计的要求以及人们对审计目标的认识发生了变化。

3. 被审计单位提交验证的财务报表和其他资料背后不存在串通作弊和其他异常行为

如果认为被审计单位存在共谋和其他舞弊行为,则其送审的资料必然不可能反映被审计单位的经济实质。串通舞弊现象虽然是存在的,但毕竟是少数的特殊现象。一般的审计程序和审计方法应建立在无共谋舞弊现象的假设之上。在很长一段时间内,审计职业界普遍认为,揭弊查错是企业管理当局的职责,采用抽样审计的方法难以揭露舞弊行为,即使采用详细审计的方法,要将舞弊和差错全部揭露出来也是不可能的。然而,自20世纪60年代后期开始涌现的大量企业管理人员欺诈舞弊案及针对注册会计师的诉讼表明,社会对审计人员应承担揭弊查错责任的呼声越来越高涨,该假设的合理性和正确性正面临严峻的挑战。

4. 完善的内部控制制度可降低舞弊发生的可能性

该假设对审计效率和审计方法的影响至关重要,只有在该假设基础之上,审计人员才可以通过控制测试减少对会计数据的实质性程序。该假设在当前审计实务中越来越重要。2002年7月,美国《SOX法案》第404条款再次重申,公司管理层应保持一套有效的内部控制制度并负有于会计年度末对其有效性进行评估的责任。

内部控制制度与揭弊查错之间如此密切的内在联系使审计人员对内部控制制度完善与否的关心程度越来越高,这种现象在揭弊查错重新成为审计的一个关注目标时尤为突出。因此,审计人员评价内部控制制度的目的已不仅是确定实施实质性程序的程度,而且在于揭露和防止舞弊差错,因为通过对企业内部控制制度的评价,审计人员可对企业存在重大舞弊差错的可能性作出有效的预测。

但是,我们也应认识到,完善的内部控制制度可减少单位管理层舞弊的机会,这只是审计实践的经验总结,人们还无法对其因果联系从逻辑上加以证明。这一假设的重要性使其已成为现代审计所必须具备的一个基本条件,没有它,在财务报表审计中一切有关对内部控制测试和评价的要求都将失去理论依据。因此,审计人员不仅在技术上需要而且有责任对内部控制制度进行检查评估。只有切实进行了这种评估和测试,审计人员才算是履行了职责。

同时,内部控制所能防范的舞弊主要是员工舞弊。对于高级管理层来说,他们常常可凌驾于内部控制之上,所以内部控制防范公司高级管理层舞弊的作用非常有限。对于公司高级管理层的欺诈舞弊,只有通过建立和强化有效的公司治理和强有力的外部监管及法律监督才能有效防范,所以在现实环境中,这一条审计假设的局限性也是明显的。

5. 会计原则的一贯应用可使被审单位的财务状况、经营成果和其他财务状况变动得到公允表达

会计原则通常是经政府或职业团体认可而被广泛接受的会计处理及财务报表编制的标准,遵循一般公认会计原则意味着财务报表能公允地反映企业的财务状况和经营成果。这一审计基本假设确立了对审计对象的衡量标准,否则审计工作对审计对象就无法作出是非优劣的判断。

6. 如果没有明确的相反证据,对被审计单位来说,过去被认为是正确的事项将来也将被认为是正确的

该假设与会计的持续经营假设及会计分期假设相对应,它意味着期初余额是可信的,审计人员一般只承担鉴证本期业务真实性的责任。这个假设说明,当期审计应以当期的审计对象为内容,只有在出现了相反的证据时,才有必要对期初余额进行追溯性审查。

7. 当为发表一个独立意见而对财务数据进行审查时,审计人员只唯一地充当注册会计师的角色

这一假设的含义是,职业会计师可提供多种服务,包括审计、会计服务、税务服务和管理咨询等,非鉴证服务只对客户负责,审计服务却要对整个社会负责,因此责任更大。为了确保职业会计师在提供审计服务时能保持独立性,虽然这条审计假设在 20 世纪八九十年代管理咨询大发展时期受到社会的广泛质疑,但 21 世纪初以来所发生的一系列重大欺诈舞弊案例,特别是安达信会计师事务所因同时向安然公司提供审计和管理咨询服务,没有充当唯一的注册会计师角色而丧失独立性导致的审计失败,证明了这是一条正确的并经得起实践验证的假设,是一条很有价值的假设。

8. 独立审计人员承担的职业责任与其职业地位相匹配

该假设意味着审计职业地位的取得与其所承担的职业责任具有高度的相关性,审计人员能够勇于承担职业责任,使其职业地位名副其实。该假设反映了审计质量是可以信赖的。如果没有这一假设,社会公众对审计没有基本的信赖,审计将失去存在的基础。当然,该假设并不意味着审计人员所承担的职业责任是无限的,而是与其职业地位相对应的。

另外,不同种类的审计可能存在不同假设,如上述假设 3,对舞弊审计来说就是相反的,即舞弊审计的假设是被审计单位提交验证的财务报表和其他资料可能存在舞弊或串通作弊行为。

(二)汤姆·李的审计假设

汤姆·李在莫茨和夏拉夫所建立的审计假设的基础上又增加了新的内容,并将审计假设分为审计必要性假设、审计人员的行为假设和履行审计职能的假设。

1. 审计必要性假设

(1)未经审计的年度会计信息缺乏充分的可信性。

(2)对年度会计信息可信性的鉴证是最迫切的审计要求。

(3)对年度会计信息可信性的鉴证最可能由法定审计实现。

(4)年度会计信息的可信性是可被验证的。

(5)股东和其他财务报告使用者自己通常不能验证年度会计信息的可信性。

2. 审计人员的行为假设

(1)审计人员和管理部门之间没有必然的利益冲突。

(2)对审计人员不存在不合理的法律约束。

(3)审计人员是适当独立的。

(4)审计人员具有足够的技能和经验。

(5)审计人员被要求对其意见的性质和工作质量负责。

3. 履行审计职能的假设

(1)审计人员可在合理的时间和成本范围内获取充分有效和可靠的证据材料。

(2)年度会计信息中不存在重大的舞弊和差错。

(3)具有计量和反映年度会计信息的公认会计原则和方法。

汤姆·李的审计假设的第一部分分析了产生公司审计的原因,第二部分分析了对审计人员的要求,第三部分分析了履行审计职能的基本条件。与莫茨和夏拉夫的审计假设不同,该审计假设的主要特点是增加了产生审计需求的原因假设,这也是许多审计学家所认为的必须作出的假设。例如,汉密尔顿(Hamilton)认为任何审计理论必须能解释产生审计需求和提供审计服务的原因。但是,对于汤姆·李的审计假设,也有人认为这些假设在莫茨和夏拉夫的审计假设的基础上是否有任何重大进步是不清楚的,事实上对它们不加鉴别地接受可能会损害审计理论的发展。因此,对汤姆·李的审计假设的积极意义,审计界的看法不尽相同。

(三) 杰克·罗伯逊的审计假设

杰克·罗伯逊并没有提出自己的全套审计假设,而是对莫茨和夏拉夫的审计假设作了一些重要的修改和补充。他认为,莫茨和夏拉夫的假设结构体现了当时的审计实务。例如,被审计单位提交验证的财务报表和其他资料背后不存在串通作弊和其他异常行为的假设以及审计人员与被审计单位管理层之间没有必然的利益冲突的假设都体现了这一特点。而根据目前的发展,这两个假设应予以重写并合并为,审计人员和被审计单位的管理人员之间始终存在潜在的利益冲突。而最重要的是,他提出了一条新的假设并将其作为对莫茨和夏拉夫的假设的补充,即审计过的信息比未经审计的信息更有用。他将此条假设称为经济效益的准则,因而被列在莫茨和夏拉夫的假设的最前面。虽然这条假设未明确指出"有用"的对象,但是它建立了审计理论与代理理论之间的直接联系,与汤姆·李的审计假设相比更简单明了。

(四) 戴维·费林特的审计假设

戴维·费林特一改上述专家只从财务审计角度研究审计假设的做法,他根据现代审计的发展,从社会的观点综合考察、研究了广义的审计假设,即这些假设不仅适用于财务审计,也适用于管理审计、经营审计和社会责任审计等。他提出的 7 条审计假设是:

(1) 产生审计需求的首要条件是经济责任关系或公共经济责任的存在。

(2) 经济责任的含义是如此的模糊、复杂,以及解除经济责任是如此的重要,以至于没有审计就无法予以解释。

(3) 审计必备的特征是其地位的独立性和在调查与拟写报告中的免受约束。

(4) 审计的主要内容,如行为、业绩、成果、事项的记录或实务的说明,以及与这些内容相关的事实或说明,都可被证据予以证实。

(5) 审计可为承担责任者制定经济责任的标准。例如,行为、业绩、成果和信息质量的标准,从而使实际的行为、业绩、成果和信息质量可予以计量,并可与确立的标准进行比较,计量和比较的过程需要专门的技能和实施判断。

(6) 审计应充分弄清被审财务报表和其他报表的意义、重要性和目的,以使作为成果的审计报告所给予的可信性能被清楚地表述和传递。

(7) 审计可产生经济效益或社会效益。

戴维·费林特的审计假设为建立广义的审计理论结构提供了一个可供参考的基础,但这些假设的完整性和有效性必须经受逻辑和实践的检验。

（五）尚德尔的审计假设

尚德尔在《审计理论：评价、调查和判断》一书中基于审计证据的评价过程提出了5条审计假设。

（1）审计目的假设：收集和评价证据的范围、性质与标准都取决于审计目的。

（2）审计判断假设：确定审计活动的目的要求有一个中间的或最终的决定，它使判断或意见成为必要。

（3）审计证据假设：过去、现在或预计的证据是进行一项审计所必需的，没有证据就不能形成审计意见。

（4）审计标准假设：存在一种抽象的，但能使注册会计师形成陈述、意见或判断的标准系统；标准是形成审计意见、进行审计的必要条件。

（5）审计传输假设：可以通过记忆或外界的存储将数据传输给其他人，且这些数据是有意义的。没有它们就不可能有理解、评价或判断。

以上我们列示了西方审计学界在审计假设方面的代表性理论。对这些假设作进一步分析，可以将它们分成两种类型。第一类是用以说明产生审计需求的社会原因的假设，如杰克·罗伯逊的"审计过的信息比未经审计的信息更有用"的假设，汤姆·李的说明审计必要性的假设，以及戴维·费林特的第一、第二和第七条假设。这类假设是推定审计目标的基础，即审计目标的确定是以这些假设为逻辑依据的。第二类是说明实现审计目标和实施审计程序所需具备的基本条件假设，如莫茨和夏拉夫的假设，汤姆·李的审计人员行为假设和履行审计职能的假设，戴维·费林特的第三至第六条假设，这类假设是保证审计准则的合理性和正确性，是审计目标得以实现的逻辑依据，没有这些假设就无法从理论上推定审计准则。

📠 案例分析

愿意干审计的年轻人，越来越少了

当下，曾经光鲜亮丽的"四大"事务所变得黯然失色，丑闻缠身，年轻注册会计师正在集体"出逃"。

2021年12月28日，普华永道董事长兼高级合伙人 Kevin Ellis 在接受《金融时报》采访时表示，审计行业对新员工没有吸引力，留住合格的注册会计师也变得更加困难。普华永道表示，近期合格注册会计师的人员流失率提高到了8%，同时在其他业务中离职率相比2020年上升了6%。在英国地区，未来3个月即将加入普华永道的注册会计师只有15%来自英国，其余则来自海外，该现象表明普华永道越来越难吸引当地的员工。

一、丑闻缠身

Ellis 表示，政界人士和监管机构对审计行业的批评和负面评价正在损害这个行业，使

人员流失率不断增加使审计行业雪上加霜，难以招聘到合适的新员工。

近年，"四大"会计师事务所德勤、安永、毕马威和普华永道丑闻缠身，陷入一连串负面新闻中。由于英国零售商 BHS 及其控股子公司的审计报告问题，普华永道被罚 650 万英镑，建筑商 Carillion 破产倒闭令毕马威引火上身，还有咖啡店 Patisserie Valerie、老牌旅游巨头 Thomas Cook……接连破产。"四大"在过去 3 年因审计问题被罚款总额约 4 200 万英镑。

英国工党议员、议会下议院选举主席 Rachel Reeves 曾在 2019 年表示，注册会计师是这些破产公司的"同谋"，并放话给"四大"的老板们称"我们不能指望你们做正确的事情"。英国财务报告委员会首席执行官 Sir Jon Thompson 表示，"四大"有时"不能很好地经营自己的业务"。而 Ellis 指出，监管机构提出的公众意见与私人反馈不一致。

受一次次审计报告欺诈指控以及法律诉讼和罚款等影响，"四大"的成本开支无疑会增加，更重要的是自身形象变得负面，进而影响到业务和 Ellis 提到的员工招聘。Ellis 指出，审计对刚入职的新人来说仍带有一种"光环"，因为新人认为审计从业培训是值得信赖的业务培训。然而，外部政客和监管机构的发言和关注点对准审计行业负面因素，而不是它本身对经济的重要性。审计对新人的吸引力逐渐降低。

二、"价值不在"

"价值不在"包含两点：其一是工资价值缩水，其二是工作内容价值减少。

在我国，20 年前是"四大"、外企的"黄金时代"，入职"四大"，可以实现 3 年买车、5 年买房。20 年后，物价走高、各行业工资普遍上涨，"四大"的起薪却几乎在原地踏步，年轻审计员的工资水平无法达到前辈那样。同时，随着科技的发展、互联网创业公司的兴起，社会价值观发生变化，工作内容的价值也在流动，正如此前华尔街投行忌妒加密货币、金融科技巨头那样。从事更有价值的工作，赚更高的工资，这两点促使了年轻注册会计师"出逃"。

三、突破口：ESG 业务

当 ESG 浪潮席卷全球，投资者希望从气候环境和社会责任方面评估企业时，审计行业抓住了这次机会，"四大"纷纷入局。

华尔街见闻此前提到，"四大"将 ESG 业务作为发展重点将为其提供两大机会：一是利于审计业务扩大；二是扭转自己的形象，使自己从丑闻缠身的公司转变为专注气候变化、企业多样性的"专家"，从而赢得客户的信任。普华永道计划扩招 10 万员工，并投资 120 亿美元用于 ESG 业务人员的招聘、培训、技术和交易方面；德勤面向 33 万员工，推出"气候学习计划"；安永率先推出行业内首个采用机器人技术的 ESG 管理平台；毕马威此前曾为印度发行的首只绿色债券提供咨询服务。

Ellis 也重点强调了，审计行业需要更多的注册会计师，而不是更少。《金融时报》报道，会计师事务所已经陷入了一场招募人才的大战中，他们希望扩大团队以提高审计质量和扩展 ESG 方面气候影响等领域的评估业务。同时，英国财务报告委员会也一直在扩大规模，从会计师事务所中招募大量的注册会计师从事监管业务。

资料来源：

华尔街见闻. 愿意干审计的年轻人,越来越少了[EB/OL]. (2018-12-28)[2022-07-30]. https://baijiahao. baidu. com/s?id=1720398371822381519&wfr=spider&for=pc.

讨论：

(1) 结合案例分析现实中哪些审计假设会受到挑战而使审计价值下降。

(2) 你认为目前合理的审计假设应该有哪些?

第二节　审计核心概念体系

一、审计核心概念体系概述

(一) 审计核心概念及审计核心概念体系的意义

概念是人们对事物本质的认识,是从观察结果和实践经验中归纳出来的对事物的抽象认识。概念的内涵反映事物本质属性的总和,也就是概念的内容。在任何完善的理论结构中,概念标志着某种知识意识的开端,对已形成的概念进行反复推敲和严格检查,则表明该知识领域的研究达到了相当成熟的阶段。若干核心的概念能使整个领域中的观察、实验和假设系统化或有所改进,形成一门科学。莫茨和夏拉夫认为,审计概念在审计理论结构中占有重要的地位。审计学要成为一门成熟的学科,就应该努力使其知识系统化和条理化,而在系统研究知识的过程中,最基本的就是形成概念并以概念为中心对知识加以系统化。审计概念不仅是构建审计理论结构的基石,而且是指导审计实践的路标。统一、规范的审计核心概念体系一经形成,人们便可采用逻辑推理的方法从中推导出实务可以遵循的规则、标准、程序、方法,用它来解决新问题,乃至预测将要发生的新现象,从而有效地指导和规范审计实践。

这里需要指出的一点是,审计概念有着广义和狭义之分。在广义上,所有和审计有关的名词或术语都可以被看作审计概念;但狭义的审计概念仅指审计理论结构中包含的概念,即审计核心概念。审计核心概念经系统化后就是审计核心概念体系。

(二) 审计核心概念体系的代表观点

审计核心概念在理论结构中处于承上启下的地位,其重要程度早已为众多学者所公认。但是,对于审计核心概念体系中究竟应该包含哪些内容,理论界却有着不同的理解。下面给出几种有代表性的观点:

(1) 莫茨和夏拉夫在其 1961 年出版的《审计理论结构》中提出了 5 个审计核心概念:证据、应有的审计关注、公允性、独立性和道德行为。

（2）尚德尔在 1978 年出版的《审计理论：评价、调查和判断》中提出的审计核心概念有 4 个，分别是目的、标准、判断和证据。

（3）安德森（Anderson）在 1984 年出版的《外部审计》中，从财务报表声明与既定标准的相符程度、证据的充分适当性、恰当评价取决的因素的角度进行了分析，提出了一个审计概念体系，如图 3-1 所示（刘明辉，2018①）。

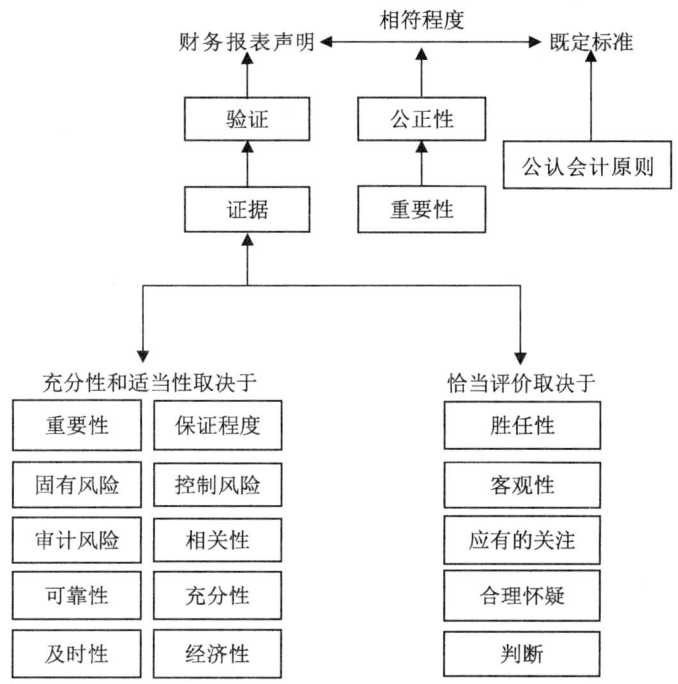

图 3-1 安德森审计概念体系

（4）戴维·费林特在 1988 年出版的《审计哲学与原理导论》中，从权威性、过程和准则三个方面提出审计概念，其中，权威性包括胜任性、独立性和道德概念，过程包括证据、报告和重要性，准则包括应有的关注和疏忽、实务准则和质量控制。

（三）审计核心概念体系的内容

参照以上有关审计核心概念的代表性观点，我们从注册会计师审计角度梳理审计核心概念体系，因为注册会计师审计是标准化、规范性要求最高的审计。其他类型审计涉及的核心概念可参照该概念体系。从审计取得社会信赖应具备的素质（可信性）、执业过程、职业思维三个方面列举出审计核心概念，形成如下审计核心概念体系：

（1）可信性方面的核心概念。该概念是有关注册会计师在品质和能力上应具有的、使其工作得到信赖的核心概念，包括专业胜任能力、独立性和职业道德。

---

① 刘明辉. 高级审计研究［M］. 3 版. 大连：东北财经大学出版社，2018.

（2）执业过程方面的核心概念。该概念是关于整个审计过程固有的客观因素的核心概念，包括审计证据、审计评价标准及反映财务报表质量特征的真实性与公允性三个概念。

（3）职业思维方面的核心概念，即关于审计职业应具有的职业态度与思维特点的核心概念。注册会计师在执业过程中应持有职业怀疑态度，视具体情况谨慎执业，即保持"应有的职业关注"。另外，审计执业过程中每个环节几乎都离不开注册会计师的职业判断，职业判断是注册会计师审计的精髓。

综上所述，审计核心概念体系如表 3-1 所示。

表 3-1　审计核心概念体系

核心概念分类	可信性	过程	职业思维
具体概念	独立性	审计证据	应有的职业关注
	职业道德	审计评价标准	职业判断
	专业胜任能力	真实与公允性	

二、审计核心概念具体介绍

以下对表 3-1 中的审计核心概念逐一介绍。

（一）独立性

1. 独立性的意义

独立性，是指注册会计师不受外来力量或自身利益控制、支配，按照既定的规则行事。独立性是审计的灵魂和审计价值的基础。1997 年 7 月，美国注册会计师协会发布了"注册会计师独立性白皮书"，其指导思想在于把独立性作为注册会计师职业的核心价值观，即独立性并非仅是对注册会计师的外在行为约束，而且是保障和提高注册会计师自身执业水平的基石。一个缺失独立性的注册会计师的工作成果对相关利益主体而言毫无意义。因此，注册会计师为实现社会价值，就必须时刻把独立性视为自身的核心价值，并养成一种基本的职业意识。美国注册会计师协会下属的审计准则委员会（Auditing Standards Board，ASB）成员对此作出了进一步的解释：独立性是注册会计师职业在市场经济中的存在价值的三个核心组成部分之一，另外两个是计量方面的专长和实施标准化规范的能力。

2. 独立性的分类

莫茨和夏拉夫认为，独立性包括实务人员的独立性和职业的独立性两个方面。实务人员的独立性是指注册会计师在实施审计过程中事实上的独立性，包括在制订审计计划、实施检查业务和编制审计报告时的独立性。职业的独立性是指注册会计师作为一种职业团体的外观上的独立性。

1962 年，托马斯·G. 番金斯将独立性概括为两种：实质上的独立性（精神上的独立性）和形式上的独立性，也称实质独立和形式独立。这一观念已为审计职业界所普遍接受。

实质独立是一种内心状态,要求注册会计师在执业过程中不受有损于职业判断的因素影响,能够诚实公正行事,并保持客观和职业怀疑态度。形式独立要求注册会计师避免出现这样重大的事实和情况:一个理性且掌握充分信息的第三方在权衡这些事实和情况后,很可能推定会计师事务所或项目组成员的诚信、客观或职业怀疑态度已经受到损害。形式独立包括组织独立、经济独立和人员独立三种。实质独立无形、抽象、难以评价,形式独立有形、具体且可以加以衡量,两者结合在一起,构成了审计独立性的概念。如果审计机构和审计人员仅与被审计单位保持独立,这是"单向审计独立",如果审计机构和审计人员既与被审计单位保持独立,又与委托者独立,这是"双向审计独立"。

3. 识别并评价威胁独立性的不利情形

独立性是注册会计师职业道德的基本原则,注册会计师在承接业务与审计过程中应识别并评价对职业道德基本原则产生不利影响的事实和情况。这些情形包括自身利益、自我评价、过度推介、密切关系和外在压力。

(1)因自身利益产生的不利影响,是指由于某项经济利益或其他利益可能不当影响注册会计师的判断或行为,而对职业道德基本原则产生了不利影响。例如,审计项目团队成员持有被审计单位股票或具有重大的间接利益是被禁止的。

这里要注意"审计项目组"与"审计项目团队"的区分,审计项目组是指执行某项审计业务的所有合伙人和员工,以及为该项业务实施审计程序的所有其他人员,但不包括外部专家,也不包括为审计项目组提供直接协助的被审计单位内部审计人员。审计项目团队是指所有审计项目组成员和会计师事务所中能够直接影响审计业务结果的其他人员,以及网络事务所中能够直接影响审计业务结果的所有人员。会计师事务所中能够直接影响审计业务结果的其他人员通常包括:①对审计项目合伙人提出薪酬建议,以及进行直接指导、管理或监督的人员;②为执行审计业务提供技术或行业特定问题、交易或事项咨询的人员;③对审计业务实施质量管理的人员,包括项目质量复核人员。

(2)因自我评价产生的不利影响,是指注册会计师在执行当前业务的过程中,其判断需要依赖其本人(或所在会计师事务所或工作单位的其他人员)以往执行业务时作出的判断或得出的结论,而该注册会计师可能不恰当地评价这些以往的判断或结论,从而对职业道德基本原则产生的不利影响。例如,注册会计师承接了被审计单位的内部控制设计业务,又承接对其内部控制的审计业务。

(3)因过度推介产生的不利影响,是指注册会计师倾向客户或工作单位的立场,导致该注册会计师的客观公正原则受到损害而产生的不利影响。例如,注册会计师推介审计客户的股票或在审计客户与第三方发生诉讼时,担任其辩护人。

(4)因密切关系产生的不利影响,是指注册会计师由于与客户或工作单位存在长期或密切的关系,过于偏向他们的利益或过于认可他们的工作,从而对职业道德基本原则产生的不利影响。例如,审计项目经理与审计客户的财务负责人之间存在直系亲属关系。

（5）因外在压力产生的不利影响，是指注册会计师迫于实际存在的或可感知到的压力无法客观行事而对职业道德基本原则产生的不利影响。例如，某重要审计客户因不满审计意见而威胁解除业务委托时注册会计师面临的压力。

注册会计师在识别出对职业道德原则可能存在威胁的情形后，应评估其严重程度，判断是否允许，如不可接受，应采取防范措施，如消除这种影响，或采取措施将不利影响降到可接受的水平。

（二）职业道德

审计职业需要独立性、公信力和权威性，因此审计职业道德对审计职业尤为重要。制定职业道德规范和审计人员遵循职业道德是审计人员及其工作结果具有可信性的一个重要前提。

这里简要介绍下美国注册会计师协会的《职业道德行为准则》和《国际会计师职业道德守则》规范。美国注册会计师协会从抽象原则逐步到具体规定，将审计职业道德分为四个层次：行为原则、行为守则、行为守则解释、职业道德裁决。美国注册会计师协会《职业道德行为准则》框架如图 3-2 所示。

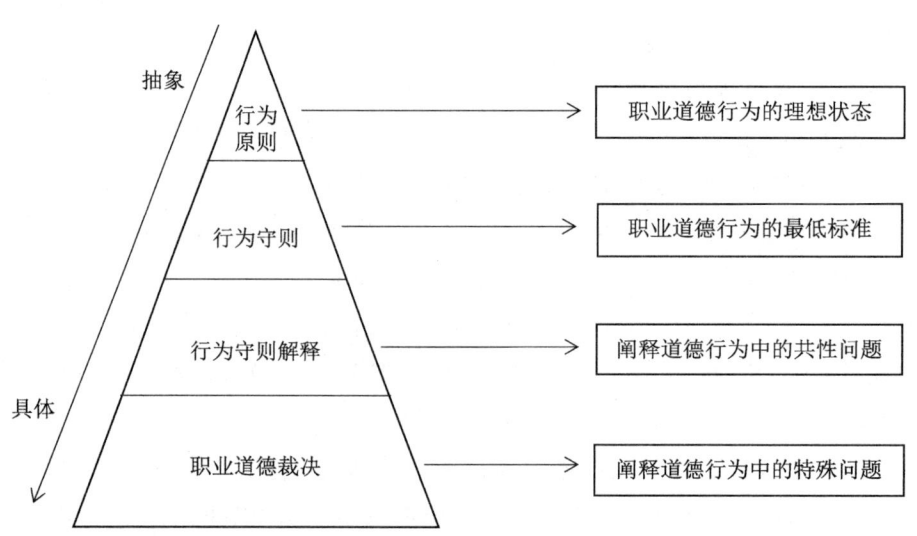

图 3-2　美国注册会计师协会《职业道德行为准则》框架

2023 年版《国际会计师职业道德守则》包括四个部分内容：第一部分是守则遵循、基本原则与概念框架，它规定了包括正直、客观性、专业胜任能力和职业关注、保密、职业行为在内的五项职业道德基本原则，并规定概念框架法是帮助职业会计师遵循原则的方法。第二部分是适用于工商业界执业会计师的职业道德规范。该部分涵盖了工商业界执业会计师可能面临的威胁与防护、潜在冲突、信息的表述与报告、充分的专业能力等。第三部分为仅适用于执行公共会计业务的会计师的职业道德规范。第四部分为仅适用于执行公共会计业务的会计师的独立性准则，它又分为审计与复核业务的独立性准则以及审计与复核业务以外的认证服务独立性准则。《国际会计师职业道德守则》每个部分的具体内容将在本书第四章第四节详细列示，这里不再赘述。

（三）专业胜任能力

1. 专业胜任能力的含义

专业胜任能力是注册会计师能够胜任执行审计业务的素质。从注册会计师个体角度来说，其应具有相应的专业知识和专业判断能力，以便能够对财务报表出具合格的专业鉴证意见；从职业团体角度来说，为了维持公众对注册会计师行业的信任，必须设定执业资格，以合理确定究竟具备什么样的能力的人可以成为注册会计师并执业。

需要指出的是，注册会计师并非所有方面的专家，审计业务涉及的特殊知识和技能可能会超出注册会计师的能力范围，此时，注册会计师可以利用专家的协助。例如，对信息系统审计或文物存货的鉴定，注册会计师可以利用信息技术专家或文物鉴定和估值专家的协助；当审计对象涉及非会计审计方面法律法规的遵循情况时，注册会计师可以利用法律专家的协助。在这种情况下，如果注册会计师确信包括专家在内的项目组整体已具备执行某项审计业务所需的知识和技能，且能够充分参与该项审计业务并了解专家所承担的工作时，也可以承接该项审计业务。

2. 专业胜任能力的基本内容

一般来说，注册会计师所应具备的专业胜任能力包括两个方面：专业知识和专业技能。前者通过接受教育来掌握并通过资格考试得以确认；后者主要来自业务培训和经验积累，包括逻辑推理、判断、人际关系、审计沟通等技能。当然，为使注册会计师在其职业生涯中不断获取和保持专业知识、提高专业胜任能力，还需要职业后续教育。后续教育主要通过行业协会、会计师事务所的培训教育或注册会计师的自我学习等形式完成。

社会经济环境的变化、新一代信息技术的迭代、会计准则和审计准则的修订、社会公众的期望等均对注册会计师的专业胜任能力提出了新的要求，在信息系统、数据安全、估值、精算、法律等领域，尽管注册会计师可以利用专家的工作，但也必须具备相应的知识。不仅如此，随着 ESG 报告及可持续发展报告鉴证业务的发展，注册会计师为开展此类鉴证业务，必须具备相应的知识和能力。国际会计师联合会也呼吁注册会计师行业储备数字化转型、ESG 报告、可持续发展报告鉴证方面的人才，并加强注册会计师能力建设。

（四）审计证据

1. 审计证据的定义与特征

审计证据是注册会计师为提出审计结论和形成审计意见而使用的信息，包括会计信息和其他的信息。审计证据的特征是数量上的充分性和质量上的适当性。适当性包括相关性与可靠性，其中相关性是指审计证据与审计目标的相关性，可靠性是指审计证据能够如实反映客观事实。

当审计证据的质量较高时，注册会计师可以获取较少数量的审计证据，但审计证据的数量不能弥补审计质量的缺陷。注册会计师获取审计证据时,可以考虑成本效益原则,但对于重要的审计项目和必需的审计证据,注册会计师不能以审计成本高低或获取审计证据的难易作为减少必要审计程序与必要审计证据的理由。对无法实施的必要程序,注册会计师应实施满意的替代程序,获取必要的审计证据,否则,将影响业务的可审性或出具的审计意见。

需要强调的是,大多数证据是说服性而非结论性的。不同类型的证据,其可靠程度存在着差异。影响审计证据可靠性的因素包括证据的来源、证据的形式以及审计证据的生成系统等。

2. 获取审计证据的基本程序

获取审计证据的基本程序包括以下 7 种。

(1)检查:注册会计师对被审计单位内部或外部生成的纸质、电子或以其他介质形式存在的记录或文件进行审查,或对实物资产进行审查。

(2)观察:注册会计师查看相关人员正在从事的活动或实施的程序。观察获取的证据仅限于观察的时点,而且被观察人员可能因被观察而受影响,这使观察获取的审计证据的效力受到限制。

(3)询问:注册会计师以书面或口头形式询问被审计单位内部或外部的知情人员,获取财务与非财务信息。通过询问获取的证据一般不能支持审计结论,但通过询问获得的证据能为审计提供线索,从而减少审计的盲目性。

(4)函证:注册会计师直接从第三方(被函证者)获取书面答复以作为审计证据的过程,书面答复可以采用纸质、电子或其他介质等形式。

随着信息技术的不断发展应用,电子函证正在逐渐普及。注册会计师根据具体情况可选择通过电子方式发送询证函,在发函前应基于特定询证方式所存在风险的评估,考虑采取相应的风险控制措施。为进一步规范银行函证及回函工作,提高银行回函效率与质量,财政部、银保监会①联合发布了《关于进一步规范银行函证及回函工作的通知》(财会〔2020〕12 号),并制定印发了《银行函证及回函工作操作指引》,自 2021 年 1 月 1 日起施行。该通知要求银行业金融机构应当指定专门部门负责函证回函工作,并于 2023 年 1 月 1 日前实现集中处理,鼓励具备条件的银行业金融机构和第三方平台按照国家有关规定,基于安全、可靠、效率的原则推动函证数字化工作。2021 年 4 月,中国金融认证中心建设的"会银通"第三方电子函证平台开始承办数字函证业务。

(5)重新计算:注册会计师对记录或文件中的数据计算的准确性进行核对。

(6)重新执行:注册会计师独立执行原本作为被审计单位内部控制组成部分的程序或控制。

(7)分析程序:注册会计师通过分析不同财务数据之间以及财务数据与非财务数据之间的内在关系,对财务信息作出评价。分析程序还包括在必要时对识别出的、与其他相关

---

① 2023 年国务院机构改革方案决定在中国银行保险监督管理委员基础上组建国家金融监督管理总局,不再保留中国银行保险监督管理委员。

信息不一致或与预期值差异重大的波动或关系进行调查。

对实物的监盘程序通常会涉及检查、询问、观察、重新计算和重新执行等基本程序,因此,监盘是基本程序的集合。

(五) 审计评价标准

审计评价标准是注册会计师用于评价审计对象(如企业财务状况、经营成果和现金流量)的基准。被审计单位对所审计信息作出确认、计量和列报时也离不开适当的标准,而注册会计师在评价所审计信息时,所使用的评价标准大多与被审计单位编制审计对象的标准是一致的。例如,对财务报表审计而言,审计评价标准和被审计单位编制财务报表所使用的标准都是会计准则和相关会计制度。有时注册会计师采用的审计评价标准与被审计单位编制所审信息采用的标准存在一定的差异,如政府财政支出的绩效审计中采用的评价标准,不仅包括被审计单位财政收支编制基础,而且还包括其他反映财政支出经济性、效率性和效果性的经济标准。

适当的审计评价标准应当具备下列所有特征:①相关性:评价标准必须与所评价的问题相关;②完整性:评价标准应当能够涵盖所有需要评价的问题;③可靠性:评价标准应客观且可以核实,具有可靠性;④中立性:评价标准必须是公正的,不偏向任何审计信息的相关利益者;⑤可理解性:评价标准必须清晰、易于理解,不会产生有重大歧义的结论。

针对政府审计、内部审计与社会审计的整个审计体系,审计标准可以分为五类三个层次。五类包括①法规类标准;②政策类标准;③规章制度类标准;④计划、预算标准;⑤经济合同、经济指标类标准。三个层次指:一是根本法、基本法,属于最高层次;二是行政法规,属于较高层次;三是地方性法规,属于一般层次。从规章制度类标准来看,有两个层次:一是上级部门制定的规章制度,属于较高层次;二是本单位制定的内部规章制度,属于低层次。从区域上看,审计标准有国际标准、国家标准和地方标准。

另外,要注意"审计评价标准"与"审计执业标准""审计标准""审计依据"等概念的区别与联系。"审计执业标准"是审计执业过程中应遵循的标准,包括规范如何实施审计及如何进行质量管理(或控制)的标准。我国注册会计师执业标准包括鉴证类业务相关准则、相关服务业务准则,以及会计师事务所质量管理准则;"审计标准"通常就是指"审计评价标准",在特定的语义下也可指"审计执业标准";"审计依据"的内涵最广,包括有权实施强制审计及审计处理或承接审计业务的法规依据、以及审计执业标准与审计评价标准等。如《审计法实施条例》(2010)第五条对我国政府审计依据的规定为:"审计机关依照审计法和本条例以及其他有关法律、法规规定的职责、权限和程序进行审计监督。审计机关依照有关财政收支、财务收支的法律、法规,以及国家有关政策、标准、项目目标等方面的规定进行审计评价,对被审计单位违反国家规定的财政收支、财务收支行为,在法定职权范围内作出处理、处罚的决定。"

(六) 真实与公允性

"真实和公允"最早出现在英国,1948 年的英国《公司法》规定:在会计年度结束时,公司必须按照"真实和公允"的标准提供资产负债表来表达公司的财务状况,提供损益表披露会计年度的利润和亏损。

1978 年,欧洲经济共同体在发布的第四号理事会令中,将"真实和公允"作为衡量财务报表的最高标准。这一文件指出,当执行某一条款无法达到"真实和公允"时,应当放弃执行这一条款,并在注释中进行说明。但是对于何为"真实和公允",欧洲经济共同体并没有在正式的文件中作出详细、清楚的定义。

国际会计准则委员会(International Accounting Standards committee,IASC,现为 International Accounting Standards Board,IASB,国际会计准则理事会)在其发布的《编报财务报表的框架》"财务报表的质量特征"部分提到了"真实和公允",但是对于什么是真实和公允,它同样没有进行定义和解释,只是指出:运用主要的质量要求和适当的会计准则,通常可以产生真实和公允的财务报表。

美国注册会计师协会的会计原则委员会(APB)认为,若财务报表符合公认会计原则(GAAP),那么就达到了所谓公允性。具体说来,它必须满足四点要求:①财务会计信息的搜集和处理符合公认会计原则;②账簿中信息的描述符合公认会计原则;③不同时期应用会计原则的情况得到了适当披露;④有限的财务报表格式和符合公认会计原则披露的财务信息要求之间的矛盾得到了解决。

1975 年,美国审计准则委员会(ASB)在第五号审计准则说明书"审计报告中所谓符合公认会计原则的公允反映的含义"中指出,公允性并没有一套较好的衡量标准,但注册会计师对公允性作出专业判断时,应当以下面五个方面作为判断基础:①所选择和应用的会计政策是否是公认的;②会计原则是否适用于环境;③财务报告包括相关附注是否包括了可能会影响它们的使用、理解和解释的丰富信息;④财务报告中所包含的信息是否以合理的方式进行分类、归纳,既不会太过详细也不会过于简单;⑤财务报告在反映基本事项和交易时,是否以一种可接受的范围内的方式来表述财务状况、经营成果和财务状况的变动。

从以上有关会计与审计职业机构对公允性的要求可看出,公允性是以财务报告编制符合公认会计原则为基础的,这符合公认会计原则是最广泛的财务报告编制基础这一现实,按照通用目的财务报告编制基础编制财务报表通常能够实现公允列报,但也有些特殊行业或存在特殊情况的企业,它们采用通用目的编制基础编制财务报表无法同时实现公允列报。特殊目的财务报告编制基础分为公允列报编制基础和严格遵循编制基础,对于严格遵循编制基础,按照其编制的财务报表也不能保证实现公允列报。

(七) 应有的职业关注

应有的职业关注(谨慎)的概念来源于法律领域,英国"Cooleyon Tort"一案的法官在判案时作出解释,认为应有的职业关注的法律含义包括三个方面:①拥有与其提供的服务相适应的技能;②小心谨慎地运用其技能;③保证忠诚和公正。在审计领域,1895 年英格兰"London and General Bank"①一案最早开始追究注册会计师责任,而对应有的职业关注的解释在早期也是法庭的特权。

审计职业界通常将应有的职业关注分为两部分:①对人的标准,即要求注册会计师树立谨慎的观点;②对事的标准,即要求注册会计师在不同情况下确立审计工作应关注的重点。

《中国注册会计师职业道德守则》中规定的一个重要的职业道德基本原则是专业胜任能力与勤勉尽责。勤勉尽责,要求注册会计师遵守法律法规、相关职业准则的要求并保持应有的职业怀疑,认真、全面、及时地完成工作任务。同时,注册会计师应当采取适当措施以确保在其授权下从事专业服务的人员得到应有的培训和督导。在适当时,注册会计师还应当使客户、工作单位和专业服务的其他使用者了解专业服务的固有局限。显然,"勤勉尽责"的内涵更为宽泛,包含"应有的职业关注"的要求,同时"专业胜任能力"也是勤勉尽责的前提,没有专业胜任能力无从谈起"认真负责地完成审计工作"。可以说,"专业胜任能力"与"应有的职业关注"或"职业怀疑"都是勤勉尽责的题中之义。

"职业怀疑态度"要求注册会计师审慎评价审计证据,以质疑的思维方式评价所获取证据的有效性,并对相互矛盾的证据,以及能够引起自己对文件记录或责任方提供的信息的可靠性产生怀疑的证据保持警觉。

职业怀疑应从以下四个方面理解:

(1)职业怀疑本质上要求注册会计师秉持一种质疑的理念,摒弃"存在即合理"的逻辑。

(2)职业怀疑态度要求注册会计师对引起疑虑的情形保持警觉。

(3)职业怀疑态度要求注册会计师审慎评价审计证据。

(4)职业怀疑要求注册会计师客观评价管理层与治理层,并不要求注册会计师假设责任方是不诚信的,但是注册会计师也不能假设责任方的诚信毫无疑问。

偏离职业谨慎包括过失和欺诈,可能导致审计人员的法律责任。欺诈是故意的,过失依据未遵循职业谨慎的严重程度可分为普通过失、重大过失。前者指在执业过程中缺乏合理的关注,即未严格按照审计准则要求从事审计工作,后者指审计过程中缺乏起码的关注,即在审计工作中未能遵循审计准则的最低要求。一些极端的重大过失可认定为推定欺诈。另外,审计人员过失行为中包含了受害方自己未能保持合理的关注,叫共同过失。偏离职业谨慎导致的审计责任种类及其含义如表 3-2 所示。

---

①　1895 年,英国发生了一起导致明确审计责任涉及审计意见书措辞的案件。案件中的银行主要为一些建筑公司提供贷款。注册会计师提醒银行董事会注意恶化的财务状况,并在 1891 年的审计报告中明确建议:鉴于财务状况不佳,不派发股息。但董事会未予听从,反而说服注册会计师将此建议从正式报告中删去,并实际上以投入资本派发了股息。案发后,股东们控告注册会计师滥用职权。法院裁决认为,注册会计师尽管不是财务报表的"责任人",但必须诚实、慎重,绝不能肯定不真实的状况,也不能未经审慎周密的检查,轻率发表意见。

表 3-2　偏离职业谨慎导致的审计责任种类及其含义

审计责任种类	含义
普通过失	缺乏合理谨慎,根据相同情况下具有专业胜任能力审计人员将如何作判断
重大过失	缺乏起码的谨慎,相当于草率行为
共同过失	审计行为过失中包含受害方的责任
推定欺诈	极端或不寻常过失,尽管无法证明注册会计师存在欺诈动机,但明知未执行充分审计,而仍然发表了审计意见
欺诈	明知存在虚假信息,审计过程与审计结论蓄意欺诈报表使用者

(八) 职业判断

职业判断,是指在审计准则、财务报告编制基础和职业道德要求的框架下,注册会计师综合运用相关知识、技能和经验,作出适合审计业务具体情况、有根据的行动决策。

从本质上讲,无论是财务报表的编制,还是注册会计师审计,都是由一系列判断行为构成的。职业判断对于适当地执行审计工作是必不可少的,如果没有运用职业判断将相关知识和经验灵活运用于具体事实和情况,仅靠机械地执行审计程序,注册会计师将无法理解审计准则、财务报告编制基础和相关职业道德要求,难以在整个审计过程中作出有依据的决策。

注册会计师职业判断的决策过程通常可划分为下列五个步骤:①确定职业判断的问题和目标;②收集和评价相关信息;③识别可能采取的解决方案;④评价可供选择的方案;⑤得出职业判断结论并进行书面记录。

注册会计师是职业判断的主体,职业判断能力是注册会计师胜任能力的核心。通常来说,注册会计师具有下列特征可能有助于提高职业判断质量:①丰富的知识、经验和良好的专业技能;②独立、客观和公正;③保持适当的职业怀疑。

衡量职业判断质量可以基于下列三个方面:①准确性或意见一致性,即职业判断结论与特定标准或客观事实的相符程度,或者不同职业判断主体针对同一职业判断问题所作判断彼此认同的程度;②决策一贯性和稳定性,即同一注册会计师针对同一项目的不同职业判断问题,所作出的判断之间是否符合应有的内在逻辑,以及同一注册会计师对相同的职业判断问题在不同时点所作出的判断是否结论相同或相似;③可辩护性,即注册会计师是否能够证明自己的工作,通常来说,理由的充分性、思维的逻辑性和程序的合规性是可辩护性的基础。

案例分析

奥林巴斯造假案

奥林巴斯是世界精密、光学技术的代表企业之一。在 2011 年前的数十年间,奥林巴斯的财务报表显示其业务盈利能力很强,但自有资本却在不断减少,财务报表无法解释资金的流向。

率先揭露奥林巴斯丑闻的是一家日本杂志。在舆论的倒逼下，2011 年 11 月，奥林巴斯公布了一份报告，承认通过财务造假，在 20 年间掩盖了约 18 亿美元的亏损。

报道披露，20 世纪 90 年代初日本经济泡沫破灭，奥林巴斯之前投资的有价证券等产品，以及投资的金融衍生品，造成了近 1 000 亿日元的损失。

为防止巨额亏损被披露，奥林巴斯公司决定通过在海外设立不需要并入合并报表的基金公司，然后由基金公司按账面价值买入奥林巴斯公司已亏损的金融产品来剥离那部分资产损失。该基金公司的资金来源于公司的国债等部分资产的抵押。但无论怎么腾挪，近 1 000 亿日元的损失总要消化。为此，奥林巴斯展开了一系列匪夷所思的收购交易。从 2005 年到 2010 年，奥林巴斯完成了多项收购交易，无一例外都是高价收购。奥林巴斯通过收购完成了约 1 100 亿日元的损失填补，随之，其所有者权益大幅度下降。

事件披露后，专门调查委员出具了详细的调查报告，对会计师事务所提出了质疑。

奥林巴斯长期以来聘请的是毕马威会计师事务所（简称"毕马威"），2009 年 5 月，毕马威被安永新日本会计师事务所接替，这两家大型会计师事务所为何都没有发现奥林巴斯近 20 年的造假行为？调查委员会在报告中对外部审计机构提出了以下质疑。

对前任毕马威会计师事务所的质疑主要有三点：

一是对早期奥林巴斯剥离资产的处理未作详细调查。资料显示，毕马威在 1999 年 9 月曾对奥林巴斯按账面价值将金融资产出售给基金公司的这几笔交易产生过疑虑，但最终放弃了疑虑。

二是未对境外银行账户进行详细查证。奥林巴斯以资产抵押的方式通过银行向投资基金提供贷款这一环节，注册会计师通过函证可以与境外银行进行余额核对，当时境外银行未就函证问题进行回复，而毕马威也就没有采取积极的方式再次履行函证程序。

三是存在会计处理分歧仍给出无保留意见。公司在一系列收购中支付的高价格引起审计方毕马威的质疑，但尽管对并购存在质疑，毕马威仍在审计报告中出具了无保留意见。毕马威完成了这一期审计，被替换为安永新日本。在替换审计机构后，毕马威也并未将这些分歧意见披露出来。

对接任的安永新日本会计师事务所的质疑主要是：奥林巴斯在 2010 年 3 月高价回购了之前收购某公司时作为部分咨询费用支付的优先股。这笔咨询费用超过了收购总价的 30%，一般比例通常只有 1%～2%，安永新日本会计师事务所对这部分的审计没有慎重考虑整个交易的详情。

资料来源：
顾文贤.审计漫行三十年[M].上海：立信会计出版社，2022.

讨论：
（1）结合案例，谈谈你对审计职业怀疑概念的理解。
（2）你认为毕马威审计存在普通过失、重大过失，还是推定欺诈？说明你的理由。

第三节　审计理论结构

一、审计理论结构的概念

理论结构是指理论系统中各要素之间相互联系、相互牵制形成的稳定的框架。系统论的观点认为,结构是指导系统内部各组织要素之间相互联系、相互作用的方式或秩序,也就是各要素之间在时间或空间上排列与组合的具体形式。审计理论结构是审计理论体系的基础架构,是审计理论体系的重要组成部分,是由一系列审计理论要素组成的具有相互联系、相互作用的框架结构。而审计理论体系是由审计一般概念、一般方法、标准规范、组织结构等形成的审计学科理论系统,审计理论体系一般应包括审计产生与发展的动因理论体系、审计基本理论体系、审计应用理论体系、审计发展理论体系等方面。审计理论结构属于审计基本理论体系的一个核心内容。构建审计理论结构可以为审计理论体系提供一个基础与平台,有利于规范与完善审计理论体系构建与研究。继莫茨与夏拉夫出版《审计哲学》后,审计理论界形成了多种基于不同逻辑起点的审计理论结构。

审计理论按照研究内容与方法可分为规范式审计理论与实证式审计理论。规范式审计理论主要是研究"审计应该是什么",拟构建一个全面、系统、有逻辑的理论体系,用以指导审计实践。而实证式审计理论采用实证主义研究范式,主要研究"审计现象是什么",拟为解释审计实践和预测未来审计实践提供依据。

二、规范式审计理论结构

（一）莫茨和夏拉夫构建的审计理论结构

《审计哲学》一书包括审计理论的探索、审计方法论、审计假设、审计理论中的概念、审计证据、应有审计关注、公允表达、独立性、职业道德与审计展望 10 章。莫茨和夏拉夫构建的审计理论结构如图 3-3 所示。

莫茨和夏拉夫在审计理论结构方面的主要理论贡献是第一次系统地阐述了审计理论问题,具体贡献表现如下。

（1）明确了会计与审计的关系。该理论结构提出了审计与会计是截然不同的学科的观点,这对于审计的学科独立性和后续发展具有十分重要的奠基性意义。

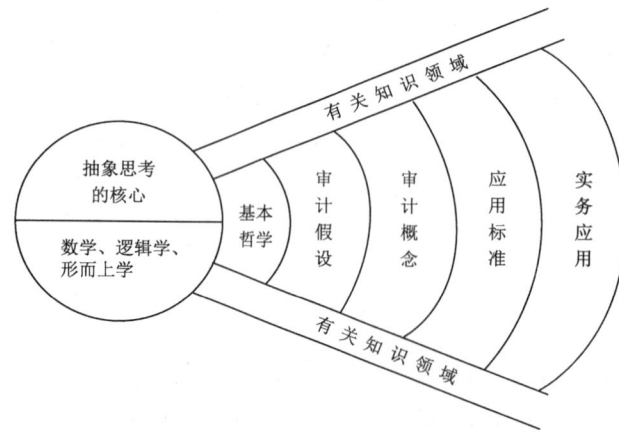

图 3-3　莫茨和夏拉夫构建的审计理论结构

（2）确认了审计理论的价值。传统上很多观点认为审计是实务性而不是理论性的，是一系列程序、方法和技术的集合，是一种无须多加论述、调整和论证以形成理论的行为。莫茨和夏拉夫认为，审计行为和思维背后，存在理论根据和基本原理，将这些理论和原理系统化以形成审计理论，对于解决审计实务问题是非常重要的。

（3）丰富了审计理论研究方法。莫茨和夏拉夫运用交叉研究方法，将数学、行为科学、逻辑学、沟通学和道德学的一些研究方法运用到审计中。

（4）阐述了重要的审计概念。莫茨和夏拉夫提出的许多审计概念对后续审计理论结构研究十分重要。

（5）首次构建了审计理论的基本框架。莫茨和夏拉夫论述了由基本哲学、审计假设、审计概念、应用标准、实务应用5个领域组成的审计理论基本结构。

（二）其他学者构建的审计理论结构

1. 尚德尔构建的审计理论结构

1978年，尚德尔在其《审计理论：评价、调查和判断》中提出"假设—定理—结构—原则—准则"模式。他认为，任何一门独立学科的形成和发展，都是以假设为逻辑起点的，并从语义哲学、传播理论和思维心理学的角度展开研究，其创新之处在于从假设中衍生出了"定理"这一要素，并将说明理论结构组成部分及其相互关系的"结构"作为一个要素。尚德尔的贡献主要在于：

（1）从信息论的角度对审计理论进行了全面的研究，将审计置于更为广阔的空间，并由信息传递过程给出一般意义上的审计定义，认为审计是"人们为了证实特定主体是否遵循某些标准而形成意见和判断的评价过程"。

（2）明确了理论概念和结构，研究了审计假设、审计概念和审计程序，提出了审计假设的质量要求及判断审计概念的原则。

（3）进一步区分了审计调查和查询，将审计调查延伸到未来，提出了计算变动风险的公式。

尚德尔的著作在审计理论结构研究方面进一步加强了论述的理论性和结构性，更注重逻辑思辨，将审计理论结构研究进一步深化。

2. 安德森构建的审计理论结构

1977年，安德森在其《外部审计学》中提出"目标—准则—概念—假设—方法—过程"的理论模式。安德森的框架并未停留在对基本要素的描述上，而是更注重分析这些要素的相互关系，通过特定线索将这些要素联系在一起，强调审计理论应由一系列的审计概念及其相互关系构成。安德森最大的贡献是用系统论的观点，以目标为基点建立审计理论体系，并将目标的要求与作用延伸到实务，即审计过程之中，形成了首尾相应的审计理论体系。

3. 汤姆·李构建的审计理论结构

1984年，汤姆·李在其《公司审计》中提出了"本质与目标—假设—概念"模式。汤姆·李从审计本质这一逻辑起点出发，以审计的目标为导向构建了审计理论体系。

4. 戴维·费林特构建的审计理论结构

1988 年,戴维·费林特在其《审计哲学与原理导论》中构建了"本质与目标—假设—概念—标准"的理论模式,并同时形成了具有突破意义的研究成果——审计控制机制论,认为审计作为一种特殊的控制行为活动,要实现其控制目标,必须拥有并遵循特定的规范标准。

(三) 美国会计学会构建的审计理论结构

1973 年,美国会计学会审计基本概念委员会发布了《基本审计概念说明》,《基本审计概念说明》提出的审计理论结构大致包括审计目标、审计职能、注册会计师属性、审计调查过程和审计报告过程,它从广度和深度两个方面将审计理论和审计准则制定向前推进了一大步,具有里程碑意义。《基本审计概念说明》的主要理论贡献如下:

(1) 提出了迄今为止较为权威的审计的定义。它认为审计是一个系统的过程,即客观地收集和评价有关经济活动与经济事项认定的证据,以便证实这些认定与既定标准的吻合程度,并将结果传达给利益相关者的系统过程。

美国会计学会审计基本概念委员会特别指出,其有意将审计概念界定得相当宽泛,从而涵盖审计业务可能需实现的各种不同目标以及特定审计业务所需关注的对象的多样性。

(2) 进一步明确了会计与审计的关系。它认为会计与审计同属于一个经济信息系统,两者在同一经济系统中发挥不同的作用。会计的目的在于提供关于资源利用、管理、控制和报告的信息,审计的目的则在于确定被审计信息与既定标准之间的符合程度。

(3) 明确了审计职能。会计信息使用者评价会计信息时面临着不同使用者之间利益冲突、对重要性的不同认识、会计信息的复杂性与获取信息的间接性,具有专业能力的注册会计师可帮助其完成对会计信息的评价。审计的功能在于增加会计信息的价值。

(4) 论述了注册会计师的属性。它认为注册会计师具有个人属性和结构属性。个人属性是注册会计师个人或内在的属性,包括独立性、胜任能力、正直和其他个人特征;结构属性包括会计信息使用者授权给注册会计师的属性,这是外部或结构的属性,包括权威性和可接受性。

(5) 提出了审计调查过程的一般程序。它认为审计目标的实现是通过审计调查完成的,对审计过程的种种风险提出了许多深刻的、有用的见解,为注册会计师正确评价审计证据提供合理的理论依据。

(四) 以审计环境为起点的审计理论结构

审计假设是构造系统的审计理论结构的基础,也是审计科学发展的前提。以审计假设为起点构建审计理论结构符合理性思维规律,但目前学术界没有统一的、坚实的审计假设体系。以审计目标为起点构建的审计理论结构虽然建立在审计需求基础上,但没考虑审计的职能和审计供给方面的限制。以审计本质为起点构建的审计理论结构,符合从感性认识到理性认识的认识路线,但审计的本质是个纯理论问题,对审计本质的认识也存在分歧。以审计目标与审计假设,审计本质与审计假设,审计环境与审计目标,审计本质、审计目标及审计假设等二元或三元要素为起点构建的"审计理论结构","审计理论结构"各要素之间缺乏明确的逻辑关系,理论结构的构建无所适从。以审计环境为起点构建审计理论虽不符合合理性推理的路径,但审计环境是现实存在的,同时反映了审计需求与审计供给。鉴于审计环境是最容易把握且具有直接现实性,这里给出一种以审计环境为起点的审计理论结构,如图 3-4 所示(刘明辉,2018①)。

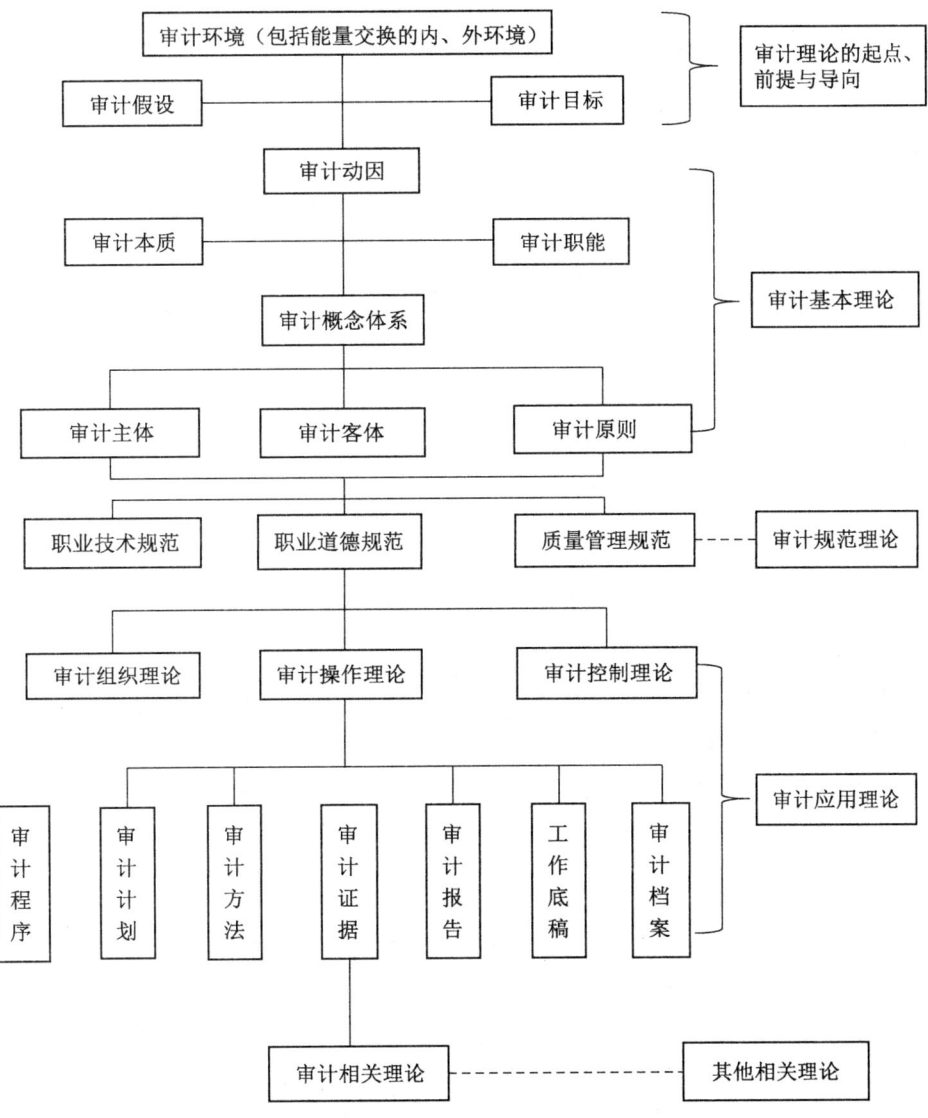

图 3-4 以审计环境为起点的审计理论结构

以审计环境为起点构建的审计理论结构存在经验性和滞后性。因此,在这种理论结构下,我们需要不断跟踪审计环境的发展变化,不断检验理论是否与审计环境相适应,以不断改进与完善审计理论结构。

---

① 刘明辉. 高级审计研究[M]. 3 版. 大连:东北财经大学出版社,2018.

从图 3-4 可以看出,审计理论的起点、前提与导向分别对应审计环境、审计假设和审计目标;审计基本理论包括审计动因、审计本质、审计职能,以及关于审计主体、审计客体与审计原则的审计概念体系四个方面;审计规范理论包括职业技术规范、职业道德规范和质量管理规范;审计应用理论包括审计组织理论、审计操作理论和审计控制理论。

三、实证式审计理论结构

从 20 世纪 80 年代开始,审计理论界从规范研究开始转向实证研究。实证审计理论研究以信息经济学和新制度经济学为理论基础,构建了基于代理(监督)假说、信息假说和保险假说这三大假设的审计理论结构模型。其中,基于代理假说的审计研究着重研究最优激励契约、信息系统,以及检验代理理论的预测结果。基于信息假说的审计研究着重研究财务报表信息经审计后是否降低了不确定性、增加了各方参与者的福利,以及影响审计信息价值的因素等。基于保险假说的审计研究验证了注册会计师是风险社会化的工具,即审计的保险功能,该类研究还提出政治保险假说,认为政府强制审计和对独立审计的管制是出于"免受社会责备"的政治利益,即审计对政府官员也有保险功能。以下介绍国际、国内两种具有代表性的实证审计理论结构的观点。

(一)国际具有代表性的观点

1987 年,瓦莱斯提出了实证审计理论结构。这是一种在竞争市场和有管制的环境下,基于各种需求理论,对审计的产品属性、审计的成本与收益、审计的供给与生产、审计行业的管制问题等进行研究的审计理论结构。审计的需求包括:代理人产生的审计需求基于委托人产生的信息需求,为损失提供财务保险的需求,保持应用关注的信号需求,减少与道德风险有关损失而有助于契约达到的需求,防止与道德风险有关的损失的需求。瓦莱斯实证审计理论结构如图 3-5 所示(陈汉文和韩洪灵,2019[①])。

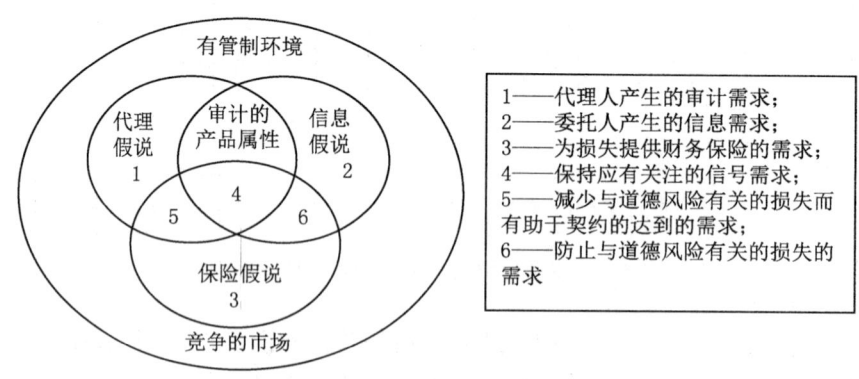

图 3-5 瓦莱斯实证审计理论结构

---

① 陈汉文,韩洪灵.审计理论与实务[M].北京:中国人民大学出版社,2019.

(二) 国内具有代表性的观点

陈汉文和韩洪灵(2012)①也提出了一种实证审计理论结构。这是一种在政府管制、法律责任、审计市场等的制度环境，以及新制度经济学、信息经济学、产业组织理论等理论基础上，研究微观上的审计产品、中观上的审计市场和宏观上的审计监管三大方面问题的审计理论结构。

审计产品主要是审计经济价值产品、审计服务生产产品、内部控制信息产品与审计产品质量产品；审计市场包括审计师变更市场、审计意见行为市场和审计市场结构市场；审计监管包括审计委员会事前监管、审计行为管制事前监管、审计失败与责任事后监管。实施审计理论结构国内代表性观点具体如图 3-6 所示(陈汉文和韩洪灵，2019②)。

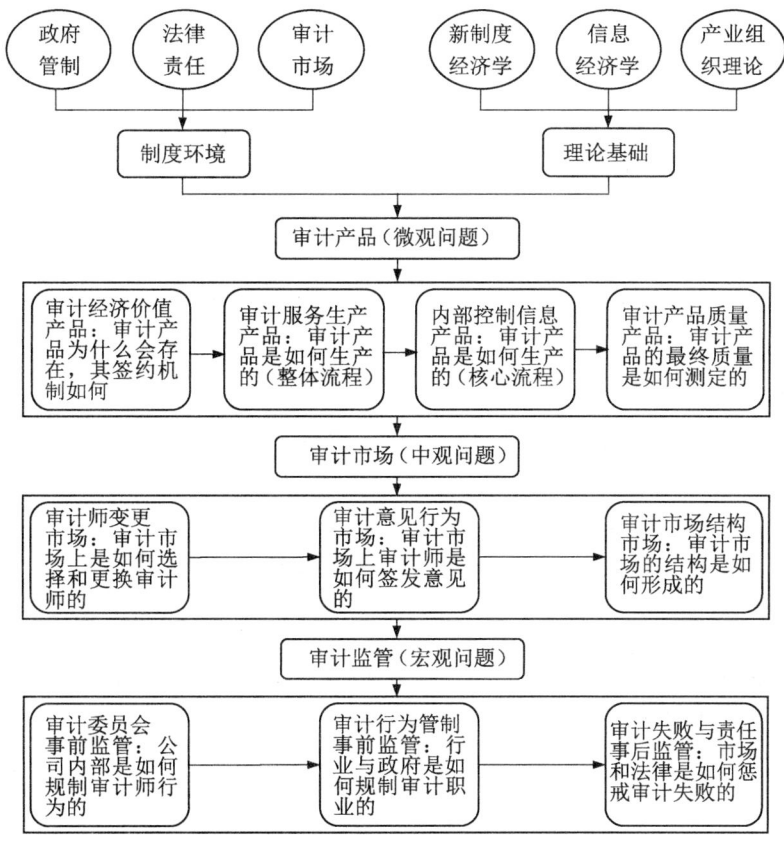

图 3-6 实证审计理论结构国内代表性观点

① 陈汉文，韩洪灵.实证审计理论[M].北京：中国人民大学出版社，2012.
② 陈汉文，韩洪灵.审计理论与实务[M].北京：中国人民大学出版社，2019.

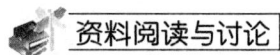 **资料阅读与讨论**

审计意见信息含量研究

针对审计意见能否为股票投资者提供决策有用的信息这一议题，Baskin（1972）最早采用超额收益法检验审计意见的信息含量。检验结果发现，因违反一贯性原则而被出具的保留意见对股价并无显著影响。随后，Banks和Kinney（1982）对因或有损失事项而导致的保留意见与股价的相关性进行了实证研究，发现因或有损失而被出具保留意见的公司与被出具无保留意见的公司累计非正常收益率存在差异，但该差异在统计上并不显著。Dodd等（1984）则进一步考虑了审计意见披露前后市场模型中β系数可能的差异对已有研究结论的影响，同时Dodd等还认为，审计意见的市场反应在很大程度上应该取决于最终被出具的审计意见类型是否为投资者所预期。若被出具的审计意见类型差于投资者的预期，市场反应将为负，反之将为正。改进研究设计后，Dodd等发现ST保留意见对股价有影响，但统计上并不显著，无法表明审计意见对股价有显著的负面影响。然而，通常审计意见和财务报告是同时发布的，因此实证研究必须有效控制财务报告信息的干扰。Frost（1991）以会计报表附注中披露了或有损失事项的公司为研究样本，以会计报表附注中未披露或有损失事项且收到无保留意见的公司作为控制样本，并进一步根据"附注披露"研究样本是否收到"ST保留意见"将样本分为无保留意见/附注披露和ST保留意见/附注披露两个子样本组。检验结果发现：①研究样本的CAR值（超额累计收益率）显著小于控制样本的CAR值；②无保留意见/附注披露和ST保留意见/附注披露两个子样本组的CAR值有差异但不显著。该研究在控制了财务报表附注信息的干扰之后，没有找到充分的证据证明ST保留意见具有信息含量。

资料来源：

陈汉文，韩洪灵.实证审计理论[M].北京：中国人民大学出版社，2012.

讨论：

结合以上资料，谈谈上市公司股价受公布的年报里财务报表与审计报告的哪些主要的具体信息的影响？投资者预期对注册会计师提高审计价值的启示是什么？

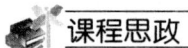 **课程思政**

我国古代思想家与马克思对"研究"的论述

方法在中国古代是规矩、规则的意思，《墨子·天志》篇把以"规"度量圆形之法称作圆法，把以"矩"度量方形之法称作方法。故"无以规矩，不成方圆"。

"正像关于人的科学将包括自然科学一样，自然科学往后将包括人的科学，这将是一门科学"——马克思：《1844年经济学哲学手稿》。这句名言表明，马克思很早就预见到了科学的交叉渗透和统一的整体化趋势，意识到思想理论中的人文性与科学性是相融合而不是相互对立。

马克思在 1873 年 1 月 24 日《资本论》第一卷德文版第二版跋中指出："研究必须充分地占有材料,分析它的发展形式,探寻这些形式的内在联系。只有这项工作完成以后,现实的运动才能适当地叙述出来。"

讨论:

谈谈以上论述对审计理论研究的指导意义。

第四章 审计规范体系

第一节 审计规范体系概述

一、审计规范的产生、内涵与性质

(一) 审计规范的产生

注册会计师审计起源于企业所有权和经营权的分离,是市场经济发展到一定阶段的产物。从西方国家的审计发展看,注册会计师审计的发展经过了起源、形成、发展、国际化等不同阶段。然而,在注册会计师审计出现后的相当一段时间内,并没有相应的审计规范。1845年,英国修订了《公司法》,规定股份公司的账目必须经董事以外的人员进行审计。1862年,英国《公司法》又以注册会计师作为法定破产清算人的形式奠定了注册会计师审计的法律地位,注册会计师作为一种职业,正式登上历史舞台,但是注册会计师职业界仍然没有一套完整的审计规范约束、指导审计人员的工作,注册会计师只是根据自己的经验实施审计,发表的审计意见往往无章可循。当时,审计人员的主要职责是对管理当局编制的财务报表提供可信性,然而,杂乱无章的审计很难让审计委托人产生信任,也影响了审计职业信誉与审计职业的发展。因此,审计委托人需要注册会计师按照规范的标准执行审计,提高财务报表可信性,审计职业界本身也需要审计规范提高审计委托人对审计工作的信任程度。

随着审计环境的不断发展、变化,建立权威、统一的审计规范已成为社会各界的共识。

1880 年,英格兰威尔士特许会计师协会成立,制定了道德标准以规范会计师事务所及注册会计师的职业行为。1882 年,该协会还通过了协会章程,旨在保证会员达到较高的专业熟练程度,高质量地遵守职业道德规范。1917 年,美国会计师协会(American Institute of Accountants,AIA)制定了第一个关于审计范围的公告《统一会计——联邦储备委员会暂定提案》,目的是促进资产负债表编制方法和资产负债表审计的标准化。从此以后,在美国以及世界范围内有关注册会计师工作方面的审计规范(即业务标准),开始不断地发展、完善起来。

(二)审计规范的内涵

孟子说,"不以规矩,不成方圆",告诫人们做人做事要遵循一定的标准、法则,只有以一定的规范来指导和约束自己,才能保持社会的稳定,保证社会有序发展。所谓规范,是指约定俗成或明文规定的标准,如道德规范、技术规范等。在审计领域,用来规范审计主体行为的标准构成了审计规范,审计规范同样体现在审计道德规范、审计技术规范等方面。注意,这里的"审计规范"是指针对审计职业的规范体系,不仅包括审计业务的规范体系,还包括审计以外的鉴证与非鉴证业务的规范。因此,本书将审计规范的含义概括地表述为:审计规范是审计主体在执业活动中应当遵循的审计法律法规、审计职业道德规范、质量管理准则及业务准则。

(三)审计规范的性质

审计作为一种无形商品,其质量难以观察,需求者(从审计业务委托方到社会公众)处于明显信息劣势地位,供给者(审计师)可能会利用其信息优势而作出损害审计服务需求者的机会主义行为(陈汉文和韩洪灵,2019[①])。例如,会计师事务所的合伙人与公司财务总监亲密的私人关系可能会影响审计独立性,进而导致注册会计师发表不恰当的审计意见。那么,如何在交易合约中对服务商品的质量作出周密完备的约定呢?实践证明,直接、明确、量化的约定无法达成,只能通过对该种无形商品的生产、提供程序加以约定,从而间接地实现对其质量的控制、保证与提高。因此,人们需要对审计服务的生产、提供程序进行约定。这一约定主要包括两方面内容,其一是对该商品生产、提供过程中供给者与相关利益当事人交互行为方面进行约定,界定注册会计师的行为空间;其二是对该商品生产、提供程序的方法方面进行约定,界定注册会计师的行为方式。

随着审计市场的长期发展,这些约定逐渐得到公认和标准化,分别形成审计职业道德标准和审计技术标准,并得以从各单位的交易合约中独立出来,由审计职业团体发布。审计职业道德标准和审计技术标准明确界定注册会计师的行为空间和行为方式,对全体注册会计师均具有约束力,成为一份隐性的公共合约。可以认为,审计规范的性质是一份审计市场中关于职业服务质量的隐性合约,其内容是对注册会计师与相关利益当事人交互行为以及审计标准的约定。从表面上看,审计规范这一隐性的公共合约仅是审计职业界自身共同

---

① 陈汉文,韩洪灵.审计理论与实务[M].北京:中国人民大学出版社,2019.

达成的,但实质上它是审计职业界作为职业服务的供给者与其需求者所共同签署的。审计规范减少了社会公众收集、获得和处理有关审计服务质量信息方面的时间和精力,有利于降低审计职业服务的生产成本,并有助于降低谈判、签约、诉讼等交易成本,还可以发挥信号显示的功能。遵守审计规范是审计职业界就职业信誉和质量作出的公开承诺。

如前所述,审计规范的产生是审计环境发展变化的结果,在其产生过程中,社会公众的广泛参与和推动起着关键性作用。审计职业界关于审计规范的每一步行动都是对社会公众参与的回应。社会公众对审计职业服务质量的不满意会使社会公众与注册会计师之间产生关于审计职业的期望差距,即社会公众认为可以从注册会计师那里获得的信息质量与他们实际获得的信息质量之间存在差别。审计职业的期望差距又会进一步引起社会公众对审计职业的信任差距,信任差距的产生则会对审计职业的生存与发展构成直接的威胁,从而促使审计职业界与社会公众之间就审计规范达成新的一致,弥补期望差距和信任差距。尽管审计规范的演进从形式上看是审计职业界自我修正的一种结果,但作为一种隐性的公共合约,审计规范的每一次修正都是合约双方(审计职业界与社会公众)博弈的结果。

二、审计规范体系的构成

根据审计规范内涵的界定,审计规范体系主要由审计法律法规、职业道德规范、质量管理准则与业务准则构成。审计法律法规是审计行业应遵守的法律与行政法规,如我国的《中华人民共和国审计法》(以下简称《审计法》)《注册会计师法》等;职业道德规范是审计人员必须遵守的职业行为规范;质量管理准则是审计组织为确保业务质量而建立和实施的控制政策和程序;业务准则是审计师在实施审计过程中必须遵守的专业标准。具体到我国注册会计师行业,注册会计师法、职业道德规范、质量管理准则和业务准则体现了审计法律法规的主要内容。注册会计师审计是标准化程度最高、规范最全面的审计,因此以下围绕注册会计师审计的规范体系进行阐述。

(一)国际审计规范体系

国际审计规范体系的核心内容是国际会计师职业准则,包括国际职业道德守则、国际质量管理准则以及鉴证业务准则与相关服务准则,职业准则由国际会计师联合会(IFAC)下属的国际审计与鉴证准则理事会(IAASB)和国际会计师职业道德准则理事会(International Ethics Standards Board for Accountants,IESBA)负责制定。IFAC 成立于1977 年,其成员单位包括来自美国、英国、中国等 100 多个国家的会计职业团体,其宗旨为通过制定和实施高质量的职业标准,促进标准的国际趋同,促进世界范围内会计行业发展,推动全球经济增长,服务公众利益。IFAC 下设的机构除了 IAASB 和 IESBA,还包括国际会计教育准则委员会(International Accounting Education Standards Board)、公立机构国际会计准则委员会(International Public Sector Accounting Standards Board)等机构。

IESBA 负责制定国际会计师职业道德守则,职业道德守则适用于会计师从事的各项业务,既适用于国际审计与鉴证准则规范的业务,也适用于国际审计与鉴证准则未规范的业务。IAASB负责制定国际质量管理准则、国际鉴证业务准则和国际相关服务准则,其中,国际鉴证业务准则包括国际审计准则、国际审阅准则、国际其他鉴证准则,不同类型的准则适用于不同类型的业务。

图4-1列示了国际审计规范体系的核心内容。

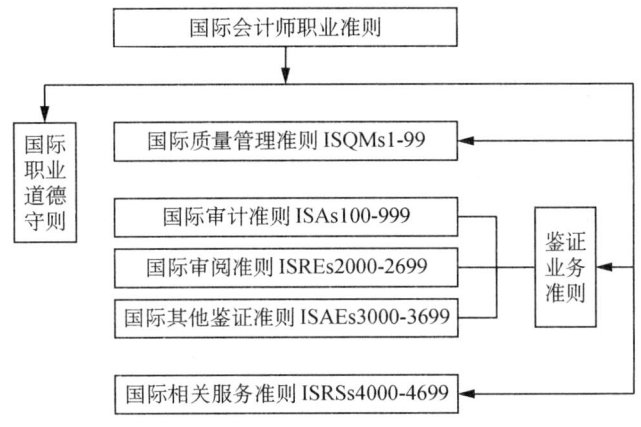

图4-1 国际审计规范体系

(二) 我国注册会计师审计规范体系

我国注册会计师审计规范体系的核心内容由《注册会计师法》与注册会计师职业准则构成。《注册会计师法》是我国注册会计师审计规范体系的最高层次,从根本上确立注册会计师行业的地位,为整个规范体系奠定法律基础,是其他规范制定和实施的依据;注册会计师职业准则由注册会计师职业道德守则与执业准则构成。

注册会计师执业准则是审计规范体系的核心内容,包括事务所质量管理准则、鉴证业务基本准则、审计准则、审阅准则、其他鉴证准则和相关服务准则。中注协在2006年对注册会计师执业准则进行了全面修订,引进风险导向审计理念,与国际审计准则保持趋同。此后,随着IAASB对审计准则与质量管理准则进行的一系列修订,如2008年国际审计准则明晰项目、2015年审计报告准则的重大修订、2020年质量管理准则的修订等,我国注册会计师职业准则也与国际会计师职业准则的不断修订保持持续趋同,中注协分别于2010年、2016年和2022年对相关审计准则与质量管理准则进行了修订。

职业道德守则从道德层面规范注册会计师的执业行为,对诚信、客观和公正、保密等提出严格要求,维护行业的良好形象和公信力。同样,我国在注册会计师审计职业道德规范制定方面也采用了与国际职业道德准则趋同的模式,并于2009年发布了《中国注册会计师职业道德守则》和《中国注册会计师协会非执业会员职业道德守则》,借鉴国际职业会计师道德守则的框架和思路,吸收国际上先进的职业道德理念和原则。与审计准则的修订完善相类似,职业道德规范也需要不断发展完善,2020年,财政部对职业道德守则进行了修订,发布了《中国注册会计师职业道德守则(2020)》和《中国注册会计师协会非执业会员职业道德守则(2020)》,全面吸收借鉴了国际职业会计师道德守则的最新成果,实现了与国际守则的持续全面动态趋同。

图4-2列示了我国注册会计师审计规范体系的核心内容。

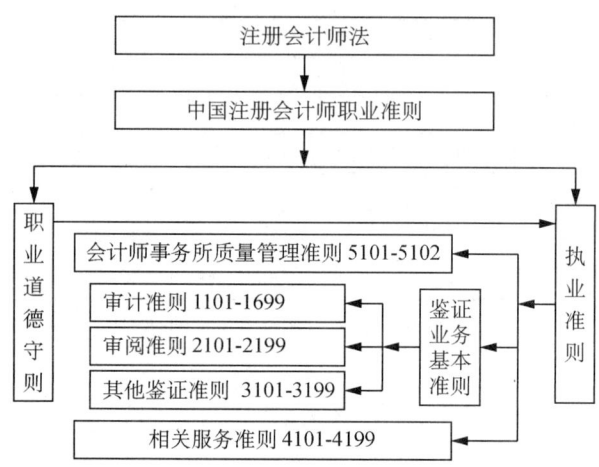

图4-2 我国注册会计师审计规范体系的核心内容

📖 **资料阅读与讨论** ··

不完全契约理论与审计规范

在现实生活中,由于社会和未来事件的复杂性和不确定性、交易双方的有限理性和机会主义以及存在着交易成本,在实际交易中,制定和执行的契约往往是不完全的,需要经常修正和谈判。不完全契约理论强调的一个重要概念是"专用性投资"。所谓"专用性投资",是指与某一特定背景或交易紧密相关的,能够带来潜在未来持续收益和服务的货币或其他资源支出(费方域,1998)。在具有专用性投资安排的契约关系中,产生了一种可占用的专用性准租(准租,指某项资产的最优使用者超过次优使用者的价值),将会引起一种事后当事人的机会主义行为。在不完全契约理论中,使用"敲竹杠"这一术语表达这种机会主义行为。克莱因(1990)认为,"敲竹杠"现象之所以发生,是由于契约的不完全性,契约中的一方当事人能够利用契约的漏洞占用另一方的准租。如何解决"敲竹杠"问题,成为契约经济学研究的前沿领域。由于有限理性、不确定性、机会主义和交易费用,在存在专用性投资的情况下,"敲竹杠"现象总有可能发生。为了解决这个问题,有必要创立一种自动履约机制,使交易顺利进行。在现实生活中,大多数契约是依赖习惯、诚信、声誉等方式完成的,付诸法律解决往往是不得已的事情(但是当签约双方利益无法协调时,尤其是存在利益集团的尖锐矛盾时,强制解决也可能是一种不得已的次优办法)。克莱因(1990)认为,依靠私人惩罚机制界定契约的自我履约范围是可能的。这种私人惩罚由两部分组成：一部分是直接与交易者结束交易关系，终止有关的未来损失。在给定交易者专用性投资无法收回的情况下，终止交易关系的威胁意味着一种潜在的资本损失。另一部分私人惩罚是与交易者在市场上的声誉贬值有关的损失，这种市场声誉效应导致了该交易者在未来交易时的成本增加。私人惩罚机制的重要性，就在于它能把资本成本强加在企图"敲竹杠"的交易者身上，它界定了契约关系的自我履约范围。除非事后的市场条件发生变化，导致对某一交易者而言，潜在的敲竹杠收益大于被惩罚引致的成本（此时，该交易者实施"敲竹杠"将有利可图），否则这种私人惩罚机制在不完全契约的自我履行上就是有效的。在不完全契约的自我履行上，法律的仲裁和强制执行起到了一种对私人惩罚机制的补充作用。诉讼机制和私人惩罚机制一道拓宽了不完全契约的自我履约边界，从而使交易双方的利益博弈在"帕累托"意义上得到改进。

资料来源：

潘琰、辛清泉：《论审计合约与审计质量——基于不完全契约理论的现实思考》，《审计研究》，2003 年第 5 期，第 38 至第 41 页。

讨论：

（1）根据不完全契约理论谈谈你对审计规范的认识。

（2）根据以上资料，你认为保证审计规范得到执行的机制有哪些？

第二节　审 计 准 则

一、国际审计准则

（一）国际审计准则全球趋同化现状

2004 年，国际会计师联合会发布成员义务声明（Statements of Membership Obligations，SMOs），明确规定了成员单位遵循国际审计准则、接受 IFAC 可能实施的调查甚至处罚等方面的义务。根据 SMOs 制定的成员单位遵循准则计划，成员单位应该在本国或本地区法律法规许可的范围内，最大限度地实施 IFAC 制定的准则。

2009 年，IFAC 公布《世界各国（地区）采用国际审计准则情况的报告》，报告指出，世界各国（地区）对国际审计准则的采用正在有条不紊地进行，具体来看，采用国际审计准则的情况分为以下四类：第一类是本国法律法规要求使用国际审计准则[1]，这类情况是指本国法律或法规要求在通用目的财务报表审计中使用国际审计准则，属于这一类的国家或地区包括罗马尼亚、保加利亚、哥斯达黎加、马耳他等。第二类是采用国际审计准则[2]，这类情况

---

① 本国法律法规要求使用国际审计准则——required by law or regulation。

② 采用国际审计准则——ISA are adopted。

是指本国准则制定机构采用国际审计准则作为本国的审计准则,不另行制定本国审计准则,属于这一类的国家或地区包括英国、加拿大、南非、匈牙利等。第三类是本国准则即为国际审计准则①,这类情况是指本国准则制定机构采用国际审计准则作为本国的审计准则,并对其作出必要调整,但所作的调整符合 IAASB 公布的调整政策,中国被认定为属于第三类,另外属于这一类的国家或地区还有澳大利亚、法国、德国、中国香港等。第四类属于其他情况②,这类情况是指根据现有的信息无法评价准则采用的具体情况,如某些国家或地区声称本国或本地区审计准则"基于"国际审计准则,但根据目前的信息尚不清楚对国际审计准则作出的调整是否符合 IAASB 调整政策的规定,或者某些国家或地区将与国际审计准则趋同作为目标,但是至今尚未实现这一目标,属于这一类的国家或地区包括美国、意大利、日本、西班牙、中国台湾等。

2017 年,IFAC 对国际准则在 80 个国家或地区的采用情况、IFAC 成员组织所发挥的作用以及对 SMOs 的履行情况进行了分析,发布了《2017 年度全球采用国际准则情况报告》,报告认为,得益于 IFAC 及其成员组织的大力推动,国际准则在全球得到广泛采用。具体情况如下:在国际审计准则采纳方面,大约在 79% 的国家或地区,国际审计准则适用于所有法定审计,其中 70% 采用的是 2009 年及以后的准则版本,9% 采用的是 2016 年的准则版本;在国际会计师职业道德守则采纳方面,大约有 61% 的国家或地区采用 2009 年及以后版本的国际会计师职业道德守则。报告结果还认为,国际财务报告准则适用于 90% 以上国家或地区的大多数公众利益实体,同时国际公共部门会计准则、国际教育准则也在全球范围内得到了不同程度的应用。

高质量国际准则是全球经济体系的重要支柱,是国际准则全球趋同化方面的巨大进展,反映了 IFAC 及其成员组织对高质量财务报告、审计和职业道德的大力探求,既有助于提升财务信息质量和可用性,改进社会公众决策过程,也有助于完善不同主体责任机制,助推全球经济持续健康发展。

(二) 国际审计准则具体内容

国际审计准则由 IFAC 下属的 IAASB 负责制定,属于国际业务准则体系中的一部分,主要包括六个方面、共 37 项国际审计具体准则。这六个方面具体是:一般原则和责任类准则(共 8 项)、风险评估与应对类准则(共 6 项)、审计证据类准则(共 11 项)、利用他人的工作类准则(共 3 项)、审计结论与报告类准则(共 6 项)、特殊领域审计类准则(共 3 项)。除了审计具体准则,国际审计准则体系还包括 1 项国际审计实务公告,即金融工具审计的特殊考虑。

国际质量管理及业务准则体系的具体内容如表 4-1 所示,审计具体准则和国际审计实务

---

① 本国准则即为国际审计准则——national standards are the ISAs。

② 其他情况——others。

公告的内容归属于表 4-1 中的"AUDITS OF HISTORICAL FINANCIAL INFORMATION"。

表 4-1 国际质量管理及业务准则体系①

INTERNATIONAL STANDARDS ON QUALITY Management

International Standard on Quality Management	ISQM 1, Quality Management for Firms that Perform Audits or Reviews of Financial Statements, or Other Assurance or Related Services Engagements
	ISQM 2, Engagement Quality Reviews

AUDITS OF HISTORICAL FINANCIAL INFORMATION

200－299 General Principles and Responsibilities	ISA 200, Overall Objectives of the Independent Auditor and the Conduct of an Audit in Accordance with International Standards on Auditing
	ISA 210, Agreeing the Terms of Audit Engagements
	ISA 220, Quality Management for an Audit of Financial Statements
	ISA 230, Audit Documentation
	ISA 240, The Auditor's Responsibilities Relating to Fraud in an Audit of Financial Statements
200－299 General Principles and Responsibilities	ISA 250, Consideration of Laws and Regulations in an Audit of Financial Statements
	ISA 260, Communication with Those Charged with Governance
	ISA 265, Communicating Deficiencies in Internal Control to Those Charged with Governance and Management
300－499 Risk Assessment and Response to Assessed Risks	ISA 300, Planning an Audit of Financial Statements
	ISA 315, Identifying and Assessing the Risks of Material Misstatement
	ISA 320, Materiality in Planning and Performing an Audit
	ISA 330, The Auditor's Responses to Assessed Risks
	ISA 402, Audit Considerations Relating to an Entity Using a Service Organization
	ISA 450, Evaluation of Misstatements Identified during the Audit
500－599 Audit Evidence	ISA 500, Audit Evidence
	ISA 501, Audit Evidence—Specific Considerations for Selected Items
	ISA 505, External Confirmations
	ISA 510, Initial Audit Engagements—Opening Balances
	ISA 520, Analytical Procedures
	ISA 530, Audit Sampling

① IAASB. Handbook of International Quality Control, Auditing, Review, Other Assurance, and Related Services Pronouncements[S]. 2022.

（续表）

500-599 Audit Evidence	ISA 540，Auditing Accounting Estimates and Related Disclosures
	ISA 550，Related Parties
	ISA 560，Subsequent Events
	ISA 570，Going Concern
	ISA 580，Written Representations
600-699 Using the Work of Others	ISA 600，Special Considerations—Audits of Group Financial Statements (Including the Work of Component Auditors)
	ISA 610，Using the Work of Internal Auditors
	ISA 620，Using the Work of an Auditor's Expert
700-799 Audit Conclusions and Reporting	ISA 700，Forming an Opinion and Reporting on Financial Statements
	ISA 701，Communicating Key Audit Matters in the Independent Auditor's Report
	ISA 705，Modifications to the Opinion in the Independent Auditor's Report
	ISA 706，Emphasis of Matter Paragraphs and Other Matter Paragraphs in the Independent Auditor's Report
	ISA 710，Comparative Information—Corresponding Figures and Comparative Financial Statements
	ISA 720，The Auditor's Responsibilities Relating to Other Information
800-899 Specialized Areas	ISA 800，Special Considerations—Audits of Financial Statements Prepared in Accordance with Special Purpose Frameworks
	ISA 805，Special Considerations—Audits of Single Financial Statements and Specific Elements，Accounts or Items of a Financial Statement
	ISA 810，Engagements to Report on Summary Financial Statements
International Auditing Practice Notes	IAPN 1000，Special Considerations in Auditing Financial Instruments

AUDITS AND REVIEWS OF HISTORICAL FINANCIAL INFORMATION

2000-2699 International Standards on Review Engagements	2400 Engagements to Review Financial Statements
	2410 Review of Interim Financial Information Performed by the Independent Auditor of the Entity

（续表）

ASSURANCE ENGAGEMENTS OTHER THAN AUDITS OR REVIEWS OF HISTORICAL FINANCIAL INFORMATION

3000-3699 International Standards on Assurance Engagements	3000-3399 Applicable to All Assurance Engagements	3000 Assurance Engagements Other than Audits or Reviews of Historical Financial Information
	3400-3699 Subject Specific Standards	3400 The Examination of Prospective Financial Information
		3402 Assurance Reports on Controls at a Service Organization
		3410 Assurance Engagements on Greenhouse Gas Statements
		3420 Assurance Engagements to Report on the Compilation of Pro Forma Financial Information Included in a Prospectus

RELATED SERVICES

4000-4699 International Standards on Related Services	4400 Agreed—Upon Procedures Engagements
	4410 Compilation Engagements

二、我国注册会计师审计准则

（一）注册会计师审计准则发展历程

作为规范注册会计师审计业务的权威性标准,我国注册会计师审计准则在提高审计质量、降低审计风险、维护社会公众利益方面发挥着重要的作用。概括来看,我国注册会计师审计准则的建设可以分为起步阶段、全面制定阶段和国际趋同阶段三个阶段。

1. 1980—1993 年为注册会计师审计准则制定的起步阶段

1980 年,注册会计师行业恢复重建后不久,针对当时的审计验资业务,我国启动了执业标准的制定工作,并陆续出台了相关执业规定。随着中国注册会计师协会的成立,专业标准建设工作得到了高度重视,进入快速发展时期。中注协设立了专业标准部,负责专业标准的研究制定工作,从 1991 年到 1993 年,先后发布了 7 个执业规则。这些执业规则为注册会计师开展审计工作提供了基本依据,对我国注册会计师行业走向正规化和专业化起到了积极作用,但这些规则相对比较零散,缺乏系统性和完整性。

2. 1994—2004 年为注册会计师审计准则的全面制定阶段

1993 年 10 月 31 日,第八届全国人民代表大会常务委员会第四次会议通过了《注册会计师法》,自 1994 年 1 月 1 日起执行,赋予中注协依法拟订执业准则、规则的职能。1994 年,我国开始起草独立审计准则。到 2004 年,中注协先后分 6 批制定了独立审计准则,共计发布 41 个项目,内容涵盖审计计划、审计证据和审计工作底稿等多个方面,基本建立起我国审计准则框架①。这些准则的发布,使注册会计师在审计过程中有了比较明确的规范和标准,有

---

① 中国注册会计师协会. 审计[M]. 北京：经济科学出版社,2011.

助于提高审计工作的规范性和科学性。

3. 2005年至今为注册会计师审计准则的国际趋同阶段

审计环境的变化和公司财务舞弊事件的频发，以及国际审计准则的大规模修改，迫切要求改进审计准则，增加审计的有效性，防范和化解审计风险，维护市场经济的稳定有序运行。在此背景下，财政部于2005年年初提出我国会计审计准则国际趋同的主张和中国会计审计准则建设的目标。根据这一目标，在遵循科学、民主、透明和公开的准则制定程序的基础上，审计准则实现了国际趋同的历史性突破，体系完备、内容丰富的中国注册会计师执业准则逐步建立。2006年，基于风险导向审计模式的新审计准则正式发布；之后，我国不断跟踪国际审计准则的变化，持续修订和完善本国审计准则。2009年，根据国际审计准则明晰项目要求，我国启动了对38项审计准则的修订，并于2010年正式发布；2015年，随着国际审计报告模式的改革，借鉴国际审计报告改革的最新成果，我国也对审计报告系列准则进行了调整与更新；2022年，基于国际质量管理准则的修订，我国对质量管理准则进行了全面修订。

（二）注册会计师审计准则具体内容

我国注册会计师审计准则是在《中国注册会计师鉴证业务基本准则》（以下简称《鉴证业务基本准则》）的框架指引下制定的，属于中国注册会计师执业准则体系的重要组成部分，一共包括45项审计具体准则。与国际审计准则类似，我国注册会计师审计准则也可以分为六大类，其中：一般原则和责任类准则共9项、风险评估与应对类准则共6项、审计证据类准则共11项、利用他人的工作类准则共3项、审计结论与报告类准则共6项、特殊领域审计类准则共10项。中国注册会计师执业准则体系的详细内容如表4-2所示，其中，注册会计师审计准则的内容为表4-2中"审计具体准则"部分。

表4-2　中国注册会计师执业准则体系

中国注册会计师鉴证业务基本准则	
审计具体准则	
1. 一般原则和责任类具体准则	中国注册会计师审计准则第1101号——注册会计师的总体目标和审计工作的基本要求
	中国注册会计师审计准则第1111号——就审计业务约定条款达成一致意见
	中国注册会计师审计准则第1121号——对财务报表审计实施的质量管理
	中国注册会计师审计准则第1131号——审计工作底稿
	中国注册会计师审计准则第1141号——财务报表审计中与舞弊相关的责任
	中国注册会计师审计准则第1142号——财务报表审计中对法律法规的考虑
	中国注册会计师审计准则第1151号——与治理层的沟通
	中国注册会计师审计准则第1152号——向治理层和管理层通报内部控制缺陷
	中国注册会计师审计准则第1153号——前任注册会计师和后任注册会计师的沟通

（续表）

2. 风险评估与风险应对类具体准则	中国注册会计师审计准则第 1201 号——计划审计工作
	中国注册会计师审计准则第 1211 号——重大错报风险的识别和评估
	中国注册会计师审计准则第 1221 号——计划和执行审计工作时的重要性
	中国注册会计师审计准则第 1231 号——针对评估的重大错报风险采取的应对措施
	中国注册会计师审计准则第 1241 号——对被审计单位使用服务机构的考虑
	中国注册会计师审计准则第 1251 号——评价审计过程中识别出的错报
3. 审计证据类具体准则	中国注册会计师审计准则第 1301 号——审计证据
	中国注册会计师审计准则第 1311 号——对存货、诉讼和索赔、分部信息等特定项目获取审计证据的具体考虑
	中国注册会计师审计准则第 1312 号——函证
	中国注册会计师审计准则第 1313 号——分析程序中国注册会计师审计准则第 1314 号——审计抽样
	中国注册会计师审计准则第 1321 号——会计估计和相关披露的审计
	中国注册会计师审计准则第 1323 号——关联方
	中国注册会计师审计准则第 1324 号——持续经营
	中国注册会计师审计准则第 1331 号——首次审计业务涉及的期初余额
	中国注册会计师审计准则第 1332 号——期后事项
	中国注册会计师审计准则第 1341 号——书面声明
4. 利用他人的工作类具体准则	中国注册会计师审计准则第 1401 号——对集团财务报表审计的特殊考虑
	中国注册会计师审计准则第 1411 号——利用内部审计人员的工作
	中国注册会计师审计准则第 1421 号——利用专家的工作
5. 审计结论和报告类具体准则	中国注册会计师审计准则第 1501 号——对财务报表形成审计意见和出具审计报告
	中国注册会计师审计准则第 1502 号——在审计报告中发表非无保留意见
	中国注册会计师审计准则第 1503 号——在审计报告中增加强调事项段和其他事项段
	中国注册会计师审计准则第 1504 号——在审计报告中沟通关键审计事项
	中国注册会计师审计准则第 1511 号——比较信息：对应数据和比较财务报表
	中国注册会计师审计准则第 1521 号——注册会计师对其他信息的责任
6. 特殊领域类具体准则	中国注册会计师审计准则第 1601 号——审计特殊目的财务报表的特殊考虑
	中国注册会计师审计准则第 1602 号——验资
	中国注册会计师审计准则第 1603 号——对单一财务报表和财务报表特定要素审计的特殊考虑

（续表）

6. 特殊领域类具体准则	中国注册会计师审计准则第 1604 号——对简要财务报表出具报告的业务
	中国注册会计师审计准则第 1611 号——商业银行财务报表审计
	中国注册会计师审计准则第 1612 号——银行间函证程序
	中国注册会计师审计准则第 1613 号——与银行监管机构的关系
	中国注册会计师审计准则第 1631 号——财务报表审计中对环境事项的考虑
	中国注册会计师审计准则第 1632 号——衍生金融工具的审计
	中国注册会计师审计准则第 1633 号——电子商务对财务报表审计的影响

审阅与其他鉴证具体准则

审阅与其他鉴证具体准则	中国注册会计师审阅准则第 2101 号——财务报表审阅
	中国注册会计师其他鉴证业务准则第 3101 号——历史财务信息审计或审阅以外的鉴证业务
	中国注册会计师其他鉴证业务准则第 3111 号——预测性财务信息的审核

相关服务具体准则

相关服务具体准则	中国注册会计师相关服务准则第 4101 号——对财务信息执行商定程序
	中国注册会计师相关服务准则第 4111 号——代编财务信息

质量管理准则

质量管理准则	会计师事务所质量管理准则第 5101 号——业务质量管理
	会计师事务所质量管理准则第 5102 号——项目质量复核

（三）我国注册会计师审计准则与国际审计准则的差异比较

概括来说，我国注册会计师审计准则体系与国际审计准则体系的差异主要体现在两个方面：

一是我国发布了《鉴证业务基本准则》，该准则规定了鉴证业务的定义和目标、业务承接、鉴证业务五要素等方面的内容，审计具体准则、审阅与其他鉴证具体准则都是基于《鉴证业务基本准则》制定的。而国际审计准则在序言部分对相关内容加以强调，没有以基本准则的形式单独列示。

二是我国具体审计准则比国际审计准则多了 8 项，分别是《中国注册会计师审计准则第 1153 号——前任注册会计师和后任注册会计师的沟通》《中国注册会计师审计准则第 1602 号——验资》《中国注册会计师审计准则第 1611 号——商业银行财务报表审计》《中国注册会计师审计准则第 1612 号——银行间函证程序》《中国注册会计师审计准则第 1613 号——与银行监管机构的关系》《中国注册会计师审计准则第 1631 号——财务报表审计中对环境事项的考虑》《中国注册会计师审计准则第 1632 号——衍生金融工具的审计》《中国注册会计师审计准则第 1633 号——电子商务对财务报表审计的影响》。其中，《第 1153 号——前任注册会计师和后任注册会计师的沟通》和《第 1602 号——验资》是我国特有的审计准则；《第 1632 号——衍生金融工具的审计》在国际审计准则体系中是以审计实务公告形式公布的。其他 5 项在我国审计准则体系中一直是以具体准则进行列示，而在国际审计准则体系中，相应内容在 2012 年之前是以审计实务公告的形式进行列示，但是在 2012 年之后，这 5 项实务公告已经没有再单独发布。

我国注册会计师审计准则与国际审计准则差异的具体表现如表 4-3 所示。

表 4-3 我国注册会计师审计准则与国际审计准则的差异比较

准则类型		差异比较	
		国际	中国
基本准则		未单独设置	单独设置
具体准则	一般原则和责任类准则	8 项具体准则	9 项具体准则，比国际准则多了 1 项：1153 号准则
	风险评估与应对类准则	无差异，均为 6 项具体准则	
	审计证据类准则	无差异，均为 11 项具体准则	
	利用他人的工作类准则	无差异，均为 3 项具体准则	
	审计结论与报告类准则	无差异，均为 3 项具体准则	
	特殊领域审计类准则	3 项具体准则	10 项具体准则，比国际准则多了 7 项，分别是：1602 号、1611 号、1612 号、1613 号、1631 号、1632 号、1633 号

三、我国注册会计师鉴证业务基本准则

2006 年，中注协制定了《鉴证业务基本准则》。2022 年 1 月，中注协对《鉴证业务基本准则》进行了一致性修订，这次修订只是作出文字调整，不涉及实质性修订。《鉴证业务基本准则》是鉴证业务准则概念框架，旨在规范注册会计师执行鉴证业务，明确鉴证业务的目标和要素，确定审计准则、审阅准则和其他鉴证业务准则适用的鉴证业务类型。从性质上看，审计业务属于鉴证业务，审计具体准则的制定、审计业务的实施应当符合《鉴证业务基本准则》的规定。

（一）鉴证业务的目标和分类

鉴证业务是指注册会计师对鉴证对象信息提出结论，以增强责任方以外的预期使用者对鉴证对象信息信任程度的业务。

1. 鉴证业务分为基于责任方认定的业务和直接报告业务

在基于责任方认定的业务中，责任方对鉴证对象进行评价或计量，鉴证对象信息以责任方认定的形式为预期使用者获取。在直接报告业务中，注册会计师直接对鉴证对象进行评价或计量，或者从责任方获取对鉴证对象评价或计量的认定，而该认定无法为预期使用者获取，预期使用者只能通过阅读鉴证报告获取鉴证对象信息。概括来说，基于责任方认定鉴证业务与直接报告鉴证业务的区别体现在获取信息的方式、提出结论的对象、责任方承担的责任、报告的内容和格式方面，具体如表4-4所示。

表4-4　基于责任方认定鉴证业务与直接报告鉴证业务的区别

区别	基于责任方认定鉴证业务 （甲公司财务报表审计）	直接报告鉴证业务 （乙公司信息系统鉴证）
获取信息的方式	预期使用者不通过审计报告便可获取责任方认定，即财务报表	可能不存在责任方认定，或虽然存在，但该认定无法为预期使用者获取；预期使用者只能通过鉴证报告获取上述信息
提出结论的对象	鉴证对象信息，即所审计的财务报表	鉴证对象，即 IT 系统可应用性、安全性、完整性、可维护性等方面控制的有效性
责任方承担的责任	责任方对鉴证对象信息负责，即对财务报表编制负责；责任方可能同时也要对鉴证对象负责	责任方对鉴证对象负责，即对 IT 系统可应用性、安全性、完整性、可维护性等方面控制的有效性负责
报告的内容和格式	以书面形式对财务报表出具审计报告，明确提及责任方认定。例如："我们审计了后附的甲公司编制的 20×3 年 12 月 31 日的资产负债表和 20×3 年度的利润表、股东权益变动表和现金流量表以及相关财务报表附注。"表明对管理层编制的财务报表（责任方认定）进行审计	以书面形式提供鉴证报告。直接提及鉴证对象和标准，无须提及责任方认定。例如："我们对乙公司 20×3 年×月×日至 20×3 年×月×日期间 IT 系统可应用性、安全性、完整性、可维护性等方面控制的有效性进行了审查。"表明是对信息系统本身进行鉴证，没有提及责任方认定

2. 鉴证业务的保证程度分为合理保证和有限保证

合理保证鉴证业务的目标是注册会计师将鉴证业务风险降至该业务环境下可接受的低水平，以此作为以积极方式提出结论的基础。有限保证鉴证业务的目标是注册会计师将鉴证业务风险降至该业务环境下可接受的水平，以此作为以消极方式提出结论的基础。

概括来说，合理保证鉴证业务和有限保证鉴证业务的区别体现在鉴证业务目标、证据收集程序、所需证据数量、可接受鉴证业务风险、鉴证对象信息的可信性及提出结论的方式等方面,具体如表 4-5 所示。

表 4-5 合理保证鉴证业务和有限保证鉴证业务的区别

区别	合理保证的鉴证业务 (财务报表审计)	有限保证的鉴证业务 (财务报表审阅)
鉴证业务 目标	在可接受的低审计风险下,以积极方式对财务报表整体发表审计意见,提供高水平的保证	在可接受的审阅风险下,以消极方式对财务报表整体发表审阅意见,提供有意义水平的保证。该保证水平低于审计业务的保证水平
证据收集 程序	通过一个不断修正的、系统化的执业过程,获取充分、适当的证据,证据收集程序包括检查记录或文件、检查有形资产、观察、询问、函证、重新计算、重新执行、分析程序等	通过一个不断修正的、系统化的执业过程,获取充分、适当的证据,证据收集程序受到有意识的限制,主要采用询问和分析程序获取证据
所需证据 数量	较多	较少
可接受鉴证 业务风险	较低	较高
鉴证对象信 息的可信性	较高	较低
提出结论 的方式	以积极方式提出结论。例如:"我们认为,ABC 公司财务报表在所有重大方面按照企业会计准则的规定编制,公允反映了 ABC 公司 20×3 年 12 月 31 日的财务状况以及 20×3 年度的经营成果和现金流量。"	以消极方式提出结论。例如:"根据我们的审阅,我们没有注意到任何事项使我们相信,ABC 公司财务报表没有按照企业会计准则的规定编制,未能在所有重大方面公允反映被审阅单位的财务状况、经营成果和现金流量。"

(二)鉴证业务的要素

1. 鉴证业务的三方关系

鉴证业务涉及的三方关系人包括注册会计师、责任方和预期使用者。注册会计师是指取得注册会计师证书并在会计师事务所执业的人员或注册会计师所在的会计师事务所。在直接报告业务中,责任方是指对鉴证对象负责的组织或人员。在基于责任方认定的业务中,责任方是指对鉴证对象信息负责并可能同时对鉴证对象负责的组织或人员。预期使用者是指预期使用鉴证报告的组织或人员,在上市公司财务报表审计中,预期使用者主要是指上市公司的股东。责任方与预期使用者可能是同一方,也可能不是同一方。

2. 鉴证对象

在注册会计师提供的鉴证业务中,存在多种不同类型的鉴证对象,相应地,鉴证对象信息也具有多种不同的形式。鉴证对象与鉴证对象信息具有多种表现形式,如表 4-6 所示。

表 4-6　鉴证对象与鉴证对象信息的表现形式

鉴证对象	鉴证对象信息
财务业绩或状况(如历史或预测的财务状况、经营成果和现金流量)	财务报表
非财务业绩或状况(如企业的运营情况)	反映效率或效果的关键指标
物理特征(如设备的生产能力)	有关鉴证对象物理特征的说明文件
某种系统和过程(如企业的内部控制或信息技术系统)	关于系统和过程有效性的认定
一种行为(如遵守法律法规的情况)	对法律法规遵守情况或执行效果的声明

鉴证对象具有不同的特征,可能表现为定性或定量、客观或主观、历史或预测、时点或期间形式。如果鉴证对象的特征表现为定量的、客观的、历史的、时点的,评价和计量的准确性相对较高,注册会计师获取证据的说服力相对较强,相应地,对鉴证对象信息提供的保证程度也较高。

3. 标准

标准是指用于评价或计量鉴证对象的基准。标准是对鉴证对象进行"度量"的"尺子",责任方和注册会计师可以根据这把"尺子"对鉴证对象进行"度量"。标准可以是正式的规定,如编制财务报表所使用的会计准则和相关会计制度;也可以是某些非正式的规定,如单位内部制定的行为准则或确定的绩效水平。

适当的标准应当具备的特征包括相关性、完整性、可靠性、中立性、可理解性。需要注意的是,注册会计师基于自身的预期、判断和个人经验对鉴证对象进行的评价和计量,不构成适当的标准。

4. 证据

注册会计师应当保持职业怀疑态度计划和执行鉴证业务,获取有关鉴证对象信息是否不存在重大错报的充分、适当的证据。

职业怀疑态度是指注册会计师以质疑的思维方式评价所获取证据的有效性,并对相互矛盾的证据,以及引起对文件记录或责任方提供的信息的可靠性产生怀疑的证据保持警觉。证据的充分性是对证据数量的衡量,主要与注册会计师确定的样本量有关。证据的适当性是对证据质量的衡量,即证据的相关性和可靠性。

5. 鉴证报告

注册会计师应当出具含有鉴证结论的书面报告,该鉴证结论应当说明注册会计师就鉴证对象信息获取的保证。

注册会计师应当考虑其他报告责任,包括在适当时与治理层沟通。注册会计师应当考虑就执行业务过程中注意到的与治理层责任相关的事项与治理层沟通的适当性。"与治理层责任相关的事项"是指在鉴证业务中发现的,与治理层相关并且重大的事项,相关事项仅包括执行鉴证业务过程中引起注册会计师注意的事项。

**案例分析** ....

堂堂所审计*ST新亿案

2021年11月2日，中国证监会对深圳堂堂会计师事务所(以下简称堂堂所)审计新疆亿路万源实业投资控股股份有限公司(以下简称*ST新亿)年报审计中存在的问题作出行政处罚：对堂堂所责令改正，没收堂堂所对*ST新亿2018年、2019年财务报表审计业务的收入199万元，并对其处以1 194万元的罚款，暂停其从事证券服务业务1年；对相关注册会计师给予警告并处30万元至100万元不等的罚款。处罚书列出的主要问题如下。

（一）未对应收账款、应付账款函证保持控制

对于重大的应收账款与应付账款，被审计单位因自然灾害的不可抗拒原因未能在询证函回函上盖章，函证程序无法实施，通过电子邮件函证的形式替代。

堂堂所函证前并未向公司获取邮箱地址并核实其真实性，而是将自己的邮箱给了*ST新亿，收到邮箱回复函证情况后，也未核实回复函证的邮箱的真实归属，未关注到询证函金额存在错误且对方予以确认的情况。在出具审计报告后，补充实施函证程序时，仍然通过*ST新亿将函证给被函证方，未对函证程序实施有效控制。

（二）其他应收款函证程序执行不到位

堂堂所在函证重大其他应收账款时，发现提供函证联系人、联系方式及联系地址的黄某、林某非*ST新亿员工，而且还存在林某代管部分被函证方的公章、账务资料、税务登记系统账号密码、网银等资料的情况，但是堂堂所未保持职业怀疑。堂堂所在发现函证回函并非函证对象寄出时，也未对被函证方真实身份进行核实，未对回函的真实性保持怀疑，也未将上述异常情形予以记录。

……

讨论：

（1）审计准则要求注册会计师应当对函证的全过程保持控制，其意义何在？

（2）指出应收账款函证回函存在差异的可能原因有哪些？

第三节　质量管理准则

一、国际会计师事务所质量管理准则变迁

（一）国际会计师事务所质量管理准则变迁过程概述

早在1981年9月，国际审计实务委员会(International Auditing Practices Committee,

IAPC)①颁布了第 7 号国际审计准则《审计工作的质量控制》,分别对单项审计质量控制和全面质量控制的内容和要求进行了规定。1991 年 3 月,IAPC 对原第 7 号准则进行了修订,颁布了第 220 号国际审计准则《历史财务信息审计的质量控制》(以下简称 ISA220)。2004 年 6 月,国际审计与鉴证准则理事会(IAASB)发布了第 1 号国际质量控制准则《会计师事务所执行历史财务信息审计和审阅、其他鉴证及相关服务业务的质量控制》(以下简称 ISQC1),并对 ISA220 进行了修订,通过 ISQC1 与 ISA220 对会计师事务所质量控制以及审计项目质量控制进行规范。虽然在以后的数年中 IAASB 对 ISQC1 与 ISA220 的修订、完善没有间断,但是 ISQC1 与 ISA220 在审计准则体系中并行的框架结构并没有打破。一直到 2019 年 2 月,IAASB 发布国际质量管理系列准则(征求意见稿),将原 ISQC1 分拆为《ISQM1——会计师事务所执行历史财务信息审计和审阅、其他鉴证及相关服务业务的质量管理》(以下简称 ISQM1)和《ISQM2——业务质量复核》(以下简称 ISQM2),同时对原 ISA220 进行修订,新修订的国际质量管理准则最终于 2020 年 12 月发布了准则正式稿,并要求会计师事务所于 2022 年 12 月 15 日之前按照新准则完成质量管理体系建设。至此,国际质量管理准则体系中形成了 ISQM1、ISQM2 和 ISA220 三者并行的格局,规范会计师事务所质量管理。

(二)审计质量框架制定的国际进展

在国际会计师事务所质量管理准则变迁过程中,审计质量框架的影响不容忽视。学术界尽管对于审计质量的研究已进行多年,对审计质量应该如何界定仍缺乏共识,更不用说如何去衡量审计质量了(Knechel 等,2013②)。审计质量难以直接观察和衡量,导致投资者和社会公众难以准确评价审计质量,会计师事务所质量控制系统的建立以及监管机构对会计师事务所质量控制系统的检查缺乏理论指导和着力点。为了从源头上保证审计质量、预防审计失败,英美等主要发达国家的监管机构和准则制定机构高度重视审计质量框架的研究工作,试图揭示审计质量根本性影响因素,以实现对审计质量的综合评价。国际上最早采取行动的是英国财务报告理事会(Financial Reporting Council,FRC),其于 2008 年正式发布了《审计质量框架》。美国公众公司会计监督委员会(PCAOB)在 2011 年正式启动了审计质量指标的制定工作,并于 2013 年发布了《审计质量指标讨论稿》。IAASB 于 2011 年启动了审计质量框架的研究项目,并于 2014 年正式公布了《审计质量框架》。《审计质量框架》并不是对审计准则、审计质量控制准则与其他审计法规的替代,而是对注册会计师实施审计业务时提出新的要求或标准。

根据 IAASB《审计质量框架》的内容,审计质量管理主要应该围绕"输入、过程、输出、互动和交流、背景因素"五要素展开,强调运用整体观、过程观来观察和理解审计质量,能避免

---

① 国际审计与鉴证准则理事会(IAASB)的前身,成立于 1978 年,于 2002 年进行重组并改为现名。

② KNECHEL W R, et al. Audit quality: insights from the academic literature[J]. Auditing: A Journal of Practice & Theory, 2013, 32(Supplement 1): 385-421.

"以管窥天"的局限性。《审计质量框架》一方面对审计质量影响因素进行了详细的描述，另一方面也对审计质量管理提出了新的要求并给出了新的指引和方向。《审计质量框架》既有助于会计师事务所完善质量控制系统并提高预防审计失败的能力，也有助于监管机构提高审计质量监管的有效性，同时还有利于促进注册会计师和利益相关者之间的有效沟通，方便投资者和监管者更为全面、准确地评价审计质量。因此，可以说，随着《审计质量框架》的颁布和实施，会计师事务所质量管理准则的修订既有必要性，也有可行性。

二、我国会计师事务所质量管理准则体系最新修订情况

（一）我国会计师事务所质量管理准则最新修订情况概述

国内准则的拟订和修订与国际准则基本一致，在 IAPC 发布原 ISA220 之后，中注协于 1996 年拟订了《中国注册会计师质量控制基本准则》；在 IAASB 发布 ISQC1 和修订 ISA220 之后，为了适应经济形势发展和国际趋同的需要，中注协于 2006 年相应拟订了《会计师事务所质量控制准则第 5101 号——业务质量控制》和《中国注册会计师审计准则第 1121 号——历史财务信息审计的质量控制》，分别对会计师事务所所有业务的质量控制和历史财务信息审计业务的质量控制进行规范。2010 年、2019 年中注协又对质量控制准则进行了修订完善，但主要内容框架未变。2020 年 1 月，与国际审计准则修订同步，中注协对质量控制准则修订发布征求意见稿，并于 2020 年 11 月 19 日发布了修订后的质量管理系列准则，分别是《会计师事务所质量管理准则第 5101 号——业务质量管理》（以下简称《5101 号准则》）、《会计师事务所质量管理准则第 5102 号——项目质量复核》（以下简称《5102 号准则》）和《中国注册会计师审计准则第 1121 号——对财务报表审计实施的质量管理》（以下简称《1121 号准则》），要求从事证券服务业务的会计师事务所应当自 2023 年 1 月 1 日起建立完成质量管理体系，不从事证券服务业务的会计师事务所应当自 2024 年 1 月 1 日起建立完成质量管理体系。

（二）我国会计师事务所质量管理准则修订的思路

2020 年我国会计师事务所质量管理准则修订的总体原则和思路可以概括为以下几个方面：

（1）坚持以维护公众利益为宗旨。修订后的准则从总体上强调，会计师事务所应当通过一贯高质量地执行业务来服务于公众利益，质量管理体系的目的在于为会计师事务所一贯高质量地执行业务提供支持，这为会计师事务所维护公众利益提供了制度基础，旨在督促会计师事务所将职业准则的要求落实到位，从而切实达到维护公众利益的目的。

（2）切合中国实际情况。修订后的准则特别注重将国际准则的先进成果与中国注册会计师行业的执业实践结合，针对我国会计师事务所质量管理中存在的突出问题，提出行之有效的解决方案。例如，针对我国部分会计师事务所"一体化"方面存在的突出问题，准则明确要求会计师事务所应当设计、实施和运行在全事务所范围内（包括分所或分部）统一的

质量管理体系,实现人事、财务、业务、技术标准和信息管理五方面的统一管理,对收购兼并的分所(或分部),要切实有效地执行全所统一的风险管理政策和质量管理体系。又如,针对项目合伙人投入审计项目的时间和精力不足的问题,强调项目合伙人应当制定合理的时间预算并投入充分时间参与项目。

(3)坚持原则和规则的有机结合。修订后的准则首先对会计师事务所质量管理体系从目标、总体思路、组成要素等方面作出原则性规定,为注册会计师的职业判断提供思维框架。在此基础上,针对具体方面也作出了细化规定,为会计师事务所和注册会计师实际执行提供具体指导。例如,在会计师事务所治理和领导方面,既规定了领导层的设置原则,又针对各不同领导角色规定了具体职责。又如,在项目质量复核人员的资格标准方面,既规定了具备专业胜任能力、遵守职业道德和法律法规等原则,又规定了项目质量复核人员应当满足的条件和复核的具体内容。

(4)保持与国际准则的持续全面动态趋同。修订后的准则涵盖了国际质量管理准则的所有要求和内容,绝大多数条款都与国际准则保持一致,某些条款与国际准则存在细微的差异,但都属于对国际准则的进一步解释和细化。

三、会计师事务所质量管理相关准则的具体内容

会计师事务所应当按照《5101号准则》的要求,结合事务所及其业务的实际情况,设计、实施和运行适合本所的质量管理体系,并定期对质量管理体系进行评价;作为质量管理体系的一部分,会计师事务所应当按照《5102号准则》制定与项目质量复核有关的政策和程序,并对符合特定条件的业务实施项目质量复核;财务报表审计是会计师事务所的核心业务,财务报表审计质量对注册会计师的生存发展和市场信誉尤为重要,因此,会计师事务所应当按照《1121号准则》的要求,针对财务报表审计业务严格实施质量管理,确保审计的高质量。《5101号准则》有关质量管理体系框架的规定是基础,本部分将根据《5101号准则》的规定,重点介绍会计师事务所建立质量管理体系的目标、要求和具体政策与程序,同时结合《5102号准则》和《1121号准则》的规定,对项目质量复核与审计项目质量管理的相关内容进行补充。

(一)会计师事务所质量管理体系的目标和总体要求

1. 质量管理体系的目标

质量管理体系是指会计师事务所设计、实施和运行的系统,目标是为以下方面提供合理保证:①会计师事务所及其人员按照法律法规和职业准则的规定履行职责,并根据这些规定执行业务;②会计师事务所和项目合伙人出具适合具体情况的业务报告。

2. 质量管理体系的总体要求

会计师事务所质量管理体系应当满足的总体要求包括:①会计师事务所应当在全所范围内统一设计、实施和运行质量管理体系,实现人事、财务、业务、技术标准和信息管理五方面的统一管理。②会计师事务所在设计、实施和运行质量管理体系时,应当采用风险导向

的思路。首先针对质量管理体系的各个要素设定质量目标,其次是识别和评估质量风险,最后是设计和采取措施应对质量风险。③会计师事务所应当根据本所及其业务的性质和具体情况"量身定做"质量管理体系。④会计师事务所应当根据本所及其业务在性质和具体情况方面的变化,对质量管理体系的设计、实施和运行不断优化和完善。

(二) 会计师事务所质量管理体系的框架

会计师事务所质量管理体系的框架应当包括以下八个要素:①会计师事务所的风险评估程序;②治理和领导层;③相关职业道德要求;④客户关系和具体业务的接受与保持;⑤业务执行;⑥资源;⑦信息与沟通;⑧监控和整改程序。这些要素应当有效衔接、互相支撑、协同运行,以保障会计师事务所能够积极有效地实施质量管理。

1. 会计师事务所的风险评估程序

会计师事务所应当设计和实施风险评估程序,以设定质量目标,识别和评估质量风险,并设计和采取应对措施以应对质量风险。在识别和评估质量风险时,会计师事务所应当了解可能对实现质量目标产生不利影响的事项或情况,包括相关人员的作为或不作为。这些事项或情况包括会计师事务所的性质和具体情况以及会计师事务所业务的性质和具体情况,具体如表 4-7 所示。

表 4-7 "风险评估程序"应当了解的事项或情况

事项或情况	内容
会计师事务所的 性质和具体情况	(1) 会计师事务所的复杂程度和经营特征
	(2) 会计师事务所在战略和运营方面的决策与行动、业务流程及业务模式
	(3) 领导层的特征和管理风格
	(4) 会计师事务所的资源,包括由服务提供商提供的资源
	(5) 法律法规、职业准则的规定以及会计师事务所运营所处的环境
	(6) 网络要求和网络服务的性质和范围(如适用)
会计师事务所业务的 性质和具体情况	(1) 会计师事务所执行的业务的类型和出具报告的类型
	(2) 业务执行对象属于哪种类型的实体

在了解这些事项或情况时,会计师事务所应当考虑这些事项可能对实现质量目标产生哪些不利影响,以及不利影响的程度。会计师事务所应当根据质量风险的评估结果及得出该评估结果的理由设计和采取应对措施,以应对质量风险。

2. 治理和领导层

治理和领导层在全所范围内营造一种"质量至上"的文化氛围,能够为会计师事务所质量管理设定良好的"高层基调",这将对质量管理体系的设计、实施和运行产生广泛和积极的影响。针对治理和领导层,会计师事务所应当设定的质量目标、质量管理政策和程序如表 4-8 所示。

表4-8 "治理和领导层"质量目标、质量管理政策和程序

质量目标、质量管理政策和程序	内容
"治理和领导层"的质量目标	(1) 会计师事务所在全所范围内形成一种质量至上的文化,树立质量意识
	(2) 会计师事务所领导层对质量负责
	(3) 会计师事务所领导层通过实际行动展示其对质量的重视
	(4) 会计师事务所领导层向会计师事务所人员传递质量至上的执业理念,培育以质量为导向的文化
	(5) 会计师事务所的组织结构以及对相关人员角色、职责、权限的分配是恰当的,能够满足质量管理体系设计、实施和运行的需要
	(6) 会计师事务所的资源(包括财务资源)需求有计划,并且资源的取得和分配能够保障会计师事务所履行其对质量的承诺
"治理和领导层"的质量管理政策和程序	(1) 会计师事务所应当加强对合伙人晋升、培训、考核、分配、转入、退出的管理,体现以质量为导向的文化,确保合伙人能够按照质量管理体系的要求,切实履行其在质量管理方面的责任,防范业务风险
	(2) 会计师事务所应当加强对其员工(包括外部转入人员)晋升合伙人的管理,综合考虑拟晋升人员的执业理念、职业价值观、职业道德、专业胜任能力和执业诚信记录,建立以质量为导向的晋升机制,不得以承接和执行业务的收入或利润作为晋升合伙人的首要指标。会计师事务所应当针对合伙人晋升建立和实施质量一票否决制度
	(3) 会计师事务所应当在全所范围内统一进行合伙人考核和收益分配。会计师事务所对合伙人的考核和收益分配,应当综合考虑合伙人的执业质量、管理能力、经营业绩、社会声誉等指标,不得以承接和执行业务的收入或利润作为首要指标,不得直接或变相以分所、部门、合伙人所在团队作为利润中心进行收益分配

3. 相关职业道德要求

注册会计师行业的宗旨是维护公众利益,围绕这一宗旨,注册会计师必须不断提高自身的职业道德水平,会计师事务所也必须制定相关政策和程序,对本所执业人员的职业道德水平给予充分关注并加强管理。针对会计师事务所执业人员按照相关职业道德要求(包括独立性要求)履行职责,会计师事务所应当设定的质量目标、质量管理政策和程序如表4-9所示。

表4-9 "相关职业道德要求"质量目标、质量管理政策和程序

质量目标、质量管理政策和程序	内容
"相关职业道德要求"的质量目标	(1) 会计师事务所及其人员充分了解规范会计师事务所及其业务的职业道德要求,并严格按照这些职业道德要求履行职责
	(2) 受职业道德要求约束的其他组织或人员,包括网络、网络事务所、网络或网络事务所中的人员、服务提供商,充分了解与其相关的职业道德要求,并严格按照这些职业道德要求履行职责
"相关职业道德要求"的质量管理政策和程序	(1) 识别、评价和应对遵守相关职业道德要求的不利影响
	(2) 识别、沟通、评价和报告任何违反相关职业道德要求的情况,并针对这些情况的原因和后果及时作出适当应对
	(3) 至少每年一次向所有需要按照相关职业道德要求保持独立性的人员获取其已遵守独立性要求的书面确认

对于公众利益实体审计业务,会计师事务所应当按照相关职业道德要求,建立并完善关键审计合伙人轮换机制,明确轮换要求,确保做到实质性轮换,防止流于形式。会计师事务所应当对关键审计合伙人的轮换情况进行实时监控,通过建立关键审计合伙人服务年限清单等方式,管理关键审计合伙人相关信息,每年对轮换情况实施复核,并在全所范围内统一进行轮换。

4. 客户关系和具体业务的接受与保持

基于"质量至上"原则,会计师事务所在作出是否承接与保持客户关系和具体业务的决策时,应当优先考虑质量方面的因素,而非商业利益。针对客户关系和具体业务的接受与保持,会计师事务所应当设定的质量目标、质量管理政策和程序如表4-10所示。

表4-10 "客户关系和具体业务的接受与保持"质量目标、质量管理政策和程序

质量目标、质量管理政策和程序	内容
"客户关系和具体业务的接受与保持"的质量目标	(1) 会计师事务所就是否接受或保持某项客户关系或具体业务所作出的判断是适当的,充分考虑了:①会计师事务所是否针对业务的性质和具体情况以及客户(包括客户的管理层和治理层)的诚信和道德价值观获取了足以支持上述判断的充分信息;②会计师事务所是否具备按照适用的法律法规和职业准则的规定执行业务的能力
	(2) 会计师事务所在财务和运营方面对优先事项的安排,并不会导致对是否接受或保持客户关系或具体业务作出不恰当的判断
"客户关系和具体业务的接受与保持"的质量管理政策和程序	(1) 会计师事务所在接受或保持某一客户关系或具体业务后知悉了某些信息,而这些信息如果在接受或保持该客户关系或具体业务之前知悉,将会导致其拒绝接受该客户关系或业务
	(2) 根据法律法规的规定,会计师事务所有义务接受某项客户关系或具体业务

对于风险较高的客户,会计师事务所应当设计和实施专门的质量管理程序,如加强与前任注册会计师的沟通、与相关监管机构沟通、访谈拟承接客户以了解有关情况、加强内部质量复核等。对于从其他会计师事务所转入人员带来的客户,会计师事务所应当严格执行与客户关系和具体业务的接受与保持相关的程序,审慎承接新客户。

5. 业务执行

1) 基本内容

会计师事务所的整体质量,是由每个项目组实际执行业务的质量决定的。针对业务执行,会计师事务所应当设定的质量目标、质量管理政策和程序如表4-11所示。

表4-11 "业务执行"质量目标、质量管理政策和程序

质量目标、质量管理政策和程序	内容
"业务执行"的质量目标	(1) 项目组了解并履行其与所执行业务相关的责任,包括项目合伙人对项目管理和项目质量承担总体责任,并充分、适当地参与项目全过程

（续表）

质量目标、质量管理政策和程序	内容
"业务执行"的质量目标	（2）基于项目的性质和具体情况、向项目组分配的资源，以及项目组可获得的资源，对项目组进行的指导和监督以及对项目组已执行的工作进行的复核是恰当的，并且由经验较为丰富的项目组成员对经验较为缺乏的项目组成员的工作进行指导、监督和复核
	（3）项目组恰当运用职业判断并保持职业怀疑（如适用）
	（4）对困难或有争议的事项进行了咨询，并已按照达成的一致意见执行
	（5）项目组内部、项目组与项目质量复核人员之间（如适用），以及项目组与会计师事务所内负责执行质量管理体系相关活动的人员之间存在的意见分歧，能够得到会计师事务所的关注并予以解决
	（6）业务工作底稿能够在业务报告日之后及时得到整理，并得到妥善的保存和维护，以遵守法律法规、相关职业道德要求和其他职业准则的规定，并满足会计师事务所自身的需要
"业务执行"的质量管理政策和程序	（1）对下列业务实施项目质量复核：①上市实体财务报表审计业务；②法律法规要求实施项目质量复核的审计业务或其他业务；③会计师事务所认为，为应对一项或多项质量风险，有必要实施项目质量复核的审计业务或其他业务
	（2）在全所范围内统一委派具有足够专业胜任能力、时间，并且无不良执业诚信记录的项目合伙人执行业务
	（3）对内部复核的层级、各层级的复核范围、执行复核的具体要求，以及对复核的记录要求等作出规定
	（4）制定与解决意见分歧相关的政策和程序，确保所执行的项目在意见分歧解决后才能出具业务报告
	（5）要求业务报告在出具前，应当经项目合伙人和项目质量复核人员复核确认，并由项目合伙人及其他适当的人员签署
	（6）加强对业务报告签发过程的控制，委派专门人员负责对报告的签章进行严格管理
	（7）会计师事务所应当制定政策和程序，接收、调查、解决相关的投诉和指控

2）项目质量复核

"项目质量复核"是"业务执行"的重要环节，会计师事务所应当在全所范围内统一委派项目质量复核人员，保证项目复核人员的资质符合要求。概括来说，项目质量复核人员的资质要求包括：①具备适当的胜任能力，包括充足的时间和适当的权威性以实施项目质量复核。项目质量复核人员的胜任能力应当至少与项目合伙人相当。②遵守相关职业道德要求，包括与项目质量复核人员如何应对其客观性和独立性产生的不利影响相关的职业道德要求，并在实施项目质量复核时保持独立、客观、公正。③遵守与项目质量复核人员任职资质要求相关的法律法规规定。

项目组内部复核和项目质量复核的工作内容具体参见本书第九章第一节部分的介绍，这里不再赘述。

6. 资源

会计师事务所的资源的概念很宽泛,既包括财务资源等各种有形资源,也包括人力资源、知识资源和技术资源等无形资源。针对资源管理,会计师事务所应当设定的质量目标、质量管理政策和程序如表 4-12 所示。

表 4-12　"资源"质量目标、质量管理政策和程序

质量目标、质量管理政策和程序	内容
"资源"的质量目标	(1) 会计师事务所招聘、培养和留住具备在执业和质量管理方面胜任能力的人员
	(2) 会计师事务所应该重视、培养和保持适当胜任能力的人员以履行职责,并通过及时的业绩评价、薪酬调整、晋升和其他奖惩措施对这些人员进行问责或认可
	(3) 会计师事务所能够从外部(如网络、网络事务所或服务提供商)获取必要的人力资源支持
	(4) 会计师事务所为每项业务分派具有适当胜任能力的项目合伙人和其他项目组成员,并保证其有充足的时间持续、高质量地执行业务
	(5) 会计师事务所分派具有适当胜任能力的人员执行质量管理体系内的各项活动,并保证其有充足的时间执行这些活动
	(6) 会计师事务所获取、开发、维护、利用适当的技术资源,以支持质量管理体系的运行和业务的执行
	(7) 会计师事务所获取、开发、维护、利用适当的知识资源,以为质量管理体系的运行和高质量业务的持续执行提供支持,并且这些知识资源符合相关法律法规和职业准则的规定
	(8) 会计师事务所从服务提供商获取的人力资源、技术资源或知识资源能够适用于质量管理体系的运行和业务的执行
"资源"的质量管理政策和程序	(1) 投入足够资源打造一支专业性强、经验丰富、运作规范的质量管理体系团队,以维持质量管理体系的日常运行
	(2) 建立与专业技术支持相关的政策和程序,配备具备相应专业胜任能力、时间和权威性的技术支持人员,确保相关业务能够获得必要的专业技术支持
	(3) 建立和运行完善的工时管理系统,确保相关人员投入足够的时间执行业务,并为业绩评价提供依据
	(4) 建立和完善与业务操作规程、业务软件等有关的指引,把职业准则的要求在实质上执行到位,确保执业人员恰当记录判断过程、程序执行情况及得出的结论

7. 信息与沟通

会计师事务所质量管理体系能够流畅、有效地运行,有赖于会计师事务所与项目组以及各项目组之间能够有效地进行双向沟通,传递相关、可靠的信息。针对信息与沟通,会计师事务所应当设定的质量目标、质量管理政策和程序如表 4-13 所示。

表 4-13　"信息与沟通"质量目标、质量管理政策和程序

质量目标、质量管理政策和程序	内容
"信息与沟通"的质量目标	(1) 会计师事务所的信息系统能够识别、获取、处理和维护来自内部或外部的相关、可靠的信息,为质量管理体系提供支持
	(2) 会计师事务所的文化认同并强化会计师事务所人员与会计师事务所之间,以及这些人员彼此之间交换信息的责任
	(3) 会计师事务所内部以及各项目组之间能够交换相关、可靠的信息
	(4) 会计师事务所向外部各方传递相关、可靠的信息
"信息与沟通"的质量管理政策和程序	(1) 在执行上市实体财务报表审计业务时,应当与治理层沟通质量管理体系是如何为持续高质量地执行业务提供支撑的
	(2) 确定在何种情况下向外部各方沟通与质量管理体系相关的信息是适当的
	(3) 确定在进行外部沟通时应当沟通哪些信息,以及沟通的性质、时间安排、范围和适当形式

8. 监控和整改程序

会计师事务所通过监控和整改程序,对质量管理体系的运行情况定期和持续监控,及时发现质量管理体系存在的缺陷,评价该缺陷的严重程度和广泛性,并设计和采取整改措施。针对监控和整改程序,会计师事务所应当设定的质量目标、质量管理政策和程序如表 4-14 所示。

表 4-14　"监控和整改程序"质量目标、质量管理政策和程序

质量目标、质量管理政策和程序	内容
"监控和整改程序"的质量目标	(1) 就质量管理体系的设计、实施和运行情况提供相关、可靠、及时的信息
	(2) 采取适当的行动以应对识别出的质量管理体系的缺陷,以使该缺陷能够及时得到整改
"监控和整改程序"的质量管理政策和程序	(1) 设计和实施监控活动,包括定期和持续的监控活动
	(2) 设计和采取整改措施,以应对识别出的缺陷
	(3) 针对监控中出现的缺陷的性质和影响,对相关人员进行问责
	(4) 就监控的实施情况,发现的缺陷,评价、补救和改进措施、问责等形成监控报告。存在缺陷的,应当及时修订完善质量管理体系

(三) 审计项目质量管理的领导责任

财务报表审计是会计师事务所的核心业务,审计项目合伙人的领导责任对于审计项目质量管理至关重要。具体来说,项目合伙人应当对管理和实现审计项目的高质量承担总体责任,包括为审计项目组营造强调会计师事务所文化和审计项目组成员行为期望的环境。在此过程中,项目合伙人应当充分、适当地参与整个审计过程,从而能够根据审计项目的性质和具体情

况,确定审计项目组作出的重大判断和据此得出的结论是否适当。审计项目合伙人可以将设计或实施某些审计程序、执行某些审计工作或采取某些行动的任务分配给审计项目组其他成员,但审计项目合伙人仍然应当通过指导、监督这些审计项目组成员并复核其工作,对管理和实现审计项目的高质量承担总体责任。审计项目质量管理的领导责任如表 4-15 所示。

表 4-15 审计项目质量管理的领导责任

责任分解	具体内容
总体责任	项目合伙人应当采取明确、一致和有效的行动,以体现会计师事务所对质量的重视,并确定和沟通对审计项目组成员的行为期望,包括强调下列方面:①审计项目组所有成员都有责任为在项目层面管理和实现业务的高质量作出贡献;②审计项目组成员的职业价值观、职业道德和职业态度的重要性;③在审计项目组内部进行开放、顺畅、深入沟通的重要性,同时,进行沟通能够支持审计项目组成员提出自己的质疑,而不怕遭受报复;④审计项目组成员在整个审计项目中保持职业怀疑的重要性
审计过程参与责任	审计项目合伙人应当充分、适当地参与整个审计过程,从而能够根据审计项目的性质和具体情况,确定审计项目组作出的重大判断和据此得出的结论是否适当
审计结果报告责任	在签署审计报告前,审计项目合伙人应当确定其已经对管理和实现审计项目的高质量承担责任。审计项目合伙人应当确定下列事项:①审计项目合伙人已经充分、适当地参与了审计项目的全过程,能够确定审计项目组作出的重大判断和据此得出的结论是适当的;②考虑了审计项目的性质和具体情况、发生的任何变化,以及会计师事务所与之相关的政策和程序

案例分析

会计师事务所质量管理中存在的问题

自 2014 年,我国证监会组织系统单位开始,对审计机构及其具体项目进行全面检查和专项检查,通过检查,证监会提示审计机构高度重视证券业务风险,加强内部管理,健全质量控制体系,确保项目执业质量。

2019 年,证监会组织系统单位对 2 家审计机构实施了全面检查,合计抽查了 19 个审计项目,对 15 个审计项目实施了专项检查,分别抽查了 131 个商誉减值审计项目、125 个商誉减值评估项目和 85 个内部控制审计项目。全面检查主要针对业务规模较大或质量问题频发的审计机构,专项检查主要针对多方线索反映、执业风险集中的审计项目,专题检查主要针对市场关注度高、业务风险突出的业务领域。

从全面与专项检查情况看,在事务所内部管理方面,部分机构对分所、分支机构缺乏一体化管控,甚至存在大量聘用非本机构人员执行证券业务的情况;在质量控制方面,部分机构质量控制制度不完善、质量控制工作流于形式,一些从业人员每年签发的证券业务报告数量明显超出行业平均水平;在独立性方面,违规买卖股票屡禁不止,个别机构有数十人违反内部管理要求买卖客户股票,还有个别人员违反证券法买卖本人参与项目的股票。

从审计执业方面看,关键审计程序执行不到位、重要审计证据获取不充分的问题较多,审计意见类型不恰当的问题有所增加,特别是有些审计机构未恰当识别和评估舞弊风险,对异常资金流转、异常银行账户等重要事项缺乏必要的职业谨慎,有关收入、成本费用、银行存款、往来款项、存货等重要项目的分析程序、截止性测试、函证、监盘等实质性审计程序执行不到位,导致在个别项目执业过程中未能发现审计客户存在的资金占用、财务舞弊等情况。此外,还有些审计机构工作流于形式,未留存必要的审计证据,甚至个别项目有审计人员"放飞机"的情况,记录的审计结论与事实明显不符。

从专题检查情况看,在商誉减值的审计与评估方面,关于资产组认定、减值测试方法、重要参数选取、与商誉减值相关信息披露等方面的问题较集中,尤其是个别审计、评估机构与上市公司缺乏必要的沟通与协调,相关工作底稿记录不完善,直接影响相关审计、评估工作的有效性。在内控审计方面,审计工作流于形式、控制测试执行不到位、关键审计证据缺失、审计意见不恰当、质量控制复核未发挥风险把控作用等执业问题较为突出,在实施审计工作、评价控制缺陷方面的问题最为集中。

以中审众环会计师事务所对神雾节能股份有限公司 2019 年年报审计为例,江西省证监局检查发现,主要存在以下问题:①预付款项的审计程序执行不到位。未实施函证程序,也未在底稿中说明不函证的理由;未对计提资产减值准备的合理性实施审计程序。②未在存货底稿中记录现场勘察重点工程项目的相关情况。③部分审计底稿不完整。《项目组全体成员独立性声明书》的项目组成员签名与项目组被委派人员不一致,现场负责人罗某未签名,未签署日期;《业务复核核对表及声明》中未见项目负责经理、项目合伙人、项目质量控制复核经理、项目质量控制复核合伙人等复核记录;未见取得企业工商查档资料,未见公司章程、管理制度等资料。

讨论:

(1)结合证监会针对事务所的检查情况,讨论被检查事务所质量管理体系的哪些要素存在问题。

(2)结合中审众环案例资料,分析事务所业务执行和质量管理中主要违背了审计规范中的哪些规定。

第四节　职业道德规范

一、国际会计师职业道德守则

(一)国际会计师职业道德守则的发展

道德是社会为了调整人与人之间、个人与社会之间的关系所提倡的行为规范的综合,它通过各种形式的教育和社会舆论力量,使人们具有真诚与虚伪、善与恶、正义与非正义等概念,并逐渐形成一定的习惯和传统,以指导和控制自己的行为。职业道德指某一职业组织以公约、守则等形式公布的,会员自愿接受的一系列道德标准、行为规范和价值观。注册会计师职业道德是指注册会计师职业品德、职业纪律、专业胜任能力、职业责任等的总称。随着社会经济的发展,注册会计师行业发挥着日益重要的作用。由于信息不对称和信息复杂程度的加剧,社会公众对注册会计师行业依赖程度在不断提升,与其他行业相比较,注册会计师行业需要更高的执业水准,必须坚持诚实、守信、客观和公正的原则,在具备专业能力的同时应该关注会计师的职业道德规范并且要确保机密性和良好的职业行为。

在制定会计师职业道德规范时,每个国家都有各自的不同要求,国际会计师联合会(IFAC)为了协调各国差异,着力制定并推行国际会计师道德规范,在 1996 年 7 月发布了《国际会计师职业道德守则》,并先后于 1998 年 1 月、2001 年 11 月、2006 年 7 月和 2009 年 7 月对该准则进行了修订。注册会计师在向客户提供专业服务的过程中,很可能遇到违反或疑似违反法律法规的事件,及时而正确地应对违反法律法规行为,更好地维护公众利益,是注册会计师的责任。然而,该问题的处理对会计师来说具有一定的困难,甚至有可能受到来自上级主管、经理、董事或工作单位内部其他人员的压力,如果没有一套规范的职业道德守则可以遵循,在面对外部压力的情况下,注册会计师可能会陷入困境。因此,国际会计师职业道德准则理事会(IESBA)于 2010 年起批准对职业道德守则进行修订,以指导职业会计师在面对执业困境尤其是遇到违反法律法规行为时作出最好的决策。

2012 年 8 月,IESBA 发布国际会计师职业道德守则第一次征求意见稿,当时得到了广泛的关注,特别是监管机构的支持。然而,有一些利益相关者对征求意见稿的可操作性和可能导致的潜在后果等问题提出了疑问。为了实现维护公众利益的目标,进一步提高职业道德守则在全球范围内的可操作性,IESBA 再一次广泛征求利益相关者的意见,并于 2015 年 5 月发布了第二次征求意见稿。

在经过多次征询意见后,2018 年 4 月,IESBA 发布了修订后的《国际会计师职业道德守则》,自 2019 年 6 月 15 日起施行。同时,之后又分别于 2022 年、2023 年在具体内容方面实现了完善(如无特别说明,下文中的《国际会计师职业道德守则》是指 2023 年最新修订的守则)。修订后的国际会计师职业道德守则整合了 IESBA 过去若干年在职业道德标准建设方面的重要成果,更清晰地规范了职业会计师的职业道德和独立性问题;同时,在结构方面,也进行了全面改写,更易于使用者阅读、理解和执行。

概括来说,修订后的《国际会计师职业道德守则》主要有以下改进[①]:一是对旧守则的篇章结构和写作体例进行优化,使之更易于理解和执行。每一节都由引言、要求和应用材料三部分构成,篇章结构更加清晰。其中,"引言"部分用于介绍该节内容所要阐明的事项,并在运用概念框架的背景下引出该节的要求和应用材料;"要求"部分针对该节中所要阐明

---

① 期刊简讯. IESBA 发布新修订的国际会计师职业道德守[J]. 中国注册会计师,2018(6):43.

的事项,明确职业会计师应当履行的一般义务或具体责任;"应用材料"部分用于提供相关背景信息、解释、行动建议或考虑事项、示例及其他指引,以帮助职业会计师更好地遵守要求。二是分别针对注册会计师在执业中应遵循的基本原则、执行各类业务可能面临的不同问题,以及执行审计和审阅业务、其他鉴证业务等不同情形下,如何运用职业道德概念框架提供了具体指引,并明确要求注册会计师在运用职业道德概念框架时对新获取的信息以及情况的变化保持警觉,从而强化了职业道德概念框架。三是整合了"防范措施"项目的最新成果,使守则中规定的防范措施能够与职业道德不利影响更好地匹配起来。四是针对工商业界职业会计师在编制和列报财务信息以及遇到违反职业道德基本原则的压力时如何处理的情形,增加了新的规定或修订了原有的规定。五是针对工商业界职业会计师某些条款同样适用于注册会计师的情形提供了明确的指引。六是增加了会计师在遇到职业道德相关事项时如何运用职业判断的相关指引。七是增加了会计师在审计或其他鉴证业务中如何运用职业怀疑的相关指引。

(二)国际会计师职业道德守则的具体内容

《国际会计师职业道德守则》主要包括四个部分:第一部分,守则遵循、基本原则与概念框架;第二部分,工商业界职业会计师的职业道德规范;第三部分,执行公共会计业务的会计师职业道德规范;第四部分,执行公共会计业务的会计师独立性准则,具体分为"审计和审阅业务对独立性的要求"和"其他鉴证业务对独立性的要求"。

《国际会计师职业道德守则》的具体内容如表 4-16 所示。

表 4-16　国际会计师职业道德守则①

Part 1 Complying with the Code, Fundamental Principles and Conceptual Framework

Section 100 Complying with the Code

Section 110 The Fundamental Principles

Section 120 The Conceptual Framework

Part 2 Professional Accountants in Business

Section 200 Applying the Conceptual Framework

Section 210 Conflicts of Interest

Section 220 Preparation and Presentation of Information

Section 230 Acting with Sufficient Expertise

Section 240 Financial Interests, Compensation and Incentives Linked to Financial Reporting and Decision Making

Section 250 Inducements, including Gifts and Hospitality

Section 260 Responding to Non—compliance with Laws and Regulations

Section 270 Pressure to Breach the Fundamental Principles

① IESBA. Handbooks of the International Code of Ethics for Professional Accountants[S]. 2023.

（续表）

Part 3 Professional Accountants in Public Practice

Section 300 Applying the Conceptual Framework

Section 310 Conflicts of Interest

Section 320 Professional Appointments

Section 321 Second Opinions

Section 325 Objectivity of an Engagement Quality Reviewer and Other Appropriate Reviewers

Section 330 Fees and Other Types of Renumeration

Section 340 Inducements，Including Gifts and Hospitality

Section 350 Custody of Client Assets

Section 360 Responding to Non—compliance with Laws and Regulations

Part 4 International Independence Standards

Part 4A Independence for Audit and Review Engagements

Section 400 Applying the Conceptual Framework to Independence for Audit and Review Engagements

Section 405 Group Audits

Section 410 Fees

Section 411 Compensation and Evaluation Policies

Section 420 Gifts and Hospitality

Section 430 Actual or Threatened Litigation

Section 510 Financial Interests

Section 511 Loans and Guarantees

Section 520 Business Relationships

Section 521 Family and Personal Relationships

Section 522 Recent Service with an Audit Client

Section 523 Serving as a Director or Officer of an Audit Client

Section 524 Employment with an Audit Client

Section 525 Temporary Personnel Assignments

Section 540 Long Association of Personnel (Including Partner Rotation) with an Audit Client

Section 600 Provision of Non—Assurance Services to an Audit Client

Section 800 Reports on Special Purpose Financial Statements that Include a Restriction on Use and Distribution (Audit and Review Engagements)

Part 4B Independence for Assurance Engagements other than Audit and Review Engagements

Section 900 Applying the Conceptual Framework to Independence for Assurance Engagements Other than Audit and Review Engagements

Section 905 Fees

Section 906 Gifts and Hospitality

Section 907 Actual or Threatened Litigation

Section 910 Financial Interests

（续表）

Section 911 Loans and Guarantees
Section 920 Business Relationships
Section 921 Family and Personal Relationships
Section 922 Recent Service with an Assurance Client
Section 923 Serving as a Director or Officer of an Assurance Client
Section 924 Employment with an Assurance Client
Section 940 Long Association of Personnel with an Assurance Client
Section 950 Provision of Non－Assurance Services to Assurance Clients Other than Audit and Review Engagement Clients
Section 990 Reports that Include a Restriction on Use and Distribution（Assurance Engagements Other than Audit and Review Engagements）

二、中国注册会计师职业道德守则

（一）注册会计师职业道德守则制定历程

为了规范中国注册会计师职业行为，提高道德水准，维护职业形象，中注协一直非常重视注册会计师的职业道德教育和职业道德标准建设。1992 年，中注协发布了《中国注册会计师职业道德守则》。1997 年 1 月 1 日，经财政部、审计署批准，中注协颁布了《中国注册会计师职业道德基本准则》，用它代替 1992 年的《中国注册会计师职业道德守则》，但是中注协当时没有制定职业道德具体准则。由于《中国注册会计师职业道德基本准则》对注册会计师职业道德只进行了原则性规定，针对行业当时的突出问题，中注协于 2002 年 6 月发布《中国注册会计师职业道德规范指导意见》，作为注册会计师行业的自律规则，对注册会计师在执业过程中如何遵循职业道德的要求进行具体指导。

2009 年 10 月，中注协发布了《中国注册会计师职业道德守则》和《中国注册会计师协会非执业会员职业道德守则》，自 2010 年 7 月 1 日实施。与 2002 年 6 月发布的《中国注册会计师职业道德规范指导意见》相比，2009 年发布的两项守则在结构和内容上都有了很大的变化，内容更加丰富，体系结构上分执业会员和非执业会员职业道德守则两部分，更有利于指导执业和非执业人员开展实务工作。

（二）注册会计师职业道德守则的持续修订

中注协于 2009 年 10 月发布的《中国注册会计师职业道德守则》和《中国注册会计师协会非执业会员职业道德守则》，适应了我国市场经济发展和注册会计师行业诚信建设的需要，实现了与国际职业道德守则的全面趋同，对提升注册会计师职业道德水平和诚信水平发挥了积极作用。然而，随着注册会计师行业的不断发展，涌现出了一些新的职业道德问题，迫切需要监管部门在职业道德守则中作出相应规范。2020 年，中注协对《中国注册会计师职业道德守则》和《中国注册会计师协会非执业会员职业道德守则》进行了全面修订,修订后的守则自 2021 年 7 月 1 日起施行(如无特别说明,下文中的《中国注册会计师职业道德守则》是指 2020 年最新修订的守则)。

中国注册会计师职业道德守则修订的总体原则和思路可以概括为以下几个方面[①]:①坚持以维护公众利益为宗旨。维护公众利益意味着注册会计师在作出各种决策、采取各种行动时,应当从公众利益出发,而不应仅为满足个别客户和自身的利益。首先,从总体上强化了维护公众利益的要求,对公众利益作出定义,并要求注册会计师始终牢记维护公众利益,就是在最高程度上维护行业利益和客户利益。其次,强化了独立性要求,以保障审计质量。最后,针对报告被审计单位违反法律法规行为、利益冲突等涉及公众利益较多的方面,提供了更为详尽、具体的指引。②体现中国传统文化与社会主义核心价值观。道德与文化密不可分,中国注册会计师职业道德要想具有生命力,必须深深扎根于中华优秀传统文化之中。2020 年中国注册会计师职业道德守则的修订特别考虑将中华优秀传统文化和社会主义核心价值观写入职业道德基本原则。例如,诚信是中华民族的传统美德,是我国社会主义核心价值观的重要组成部分,也是注册会计师行业存在和发展的基石,因此,中国注册会计师职业道德守则特别强调诚信在职业道德基本原则中的首要地位;又如,将社会主义核心价值观中的爱岗敬业写入职业道德基本原则中的"良好职业行为"原则。③切合中国实际情况,特别注重将国际守则的先进成果与中国注册会计师的执业实践相结合。例如,在"经济利益""商业关系""为审计客户提供非鉴证服务"等章节中,中国注册会计师职业道德守则在国际守则的基础上,增加了一些有利于我国注册会计师理解和执行的细化规定;又如,针对我国审计报告实务中由两名注册会计师签字的情况,特意增加了与第二签字注册会计师轮换和"冷却期"相关的规定。④保持与国际守则的持续全面动态趋同。修订后的守则涵盖了国际守则的所有要求和内容,绝大多数条款都与国际守则保持一致,只有个别条款与国际守则存在细微的差异,但这些条款中的要求都比国际守则更加严格。

顺应经济社会发展对注册会计师诚信执业和独立性的更高要求,为进一步提升审计质量,保持与国际职业会计师道德守则的持续动态趋同,中注协起草了《中国注册会计师独立性准则第 1 号——财务报表审计和审阅业务对独立性的要求》(以下简称《独立性准则》),并于 2024 年 12 月对外发布。这将独立性内容从职业道德守则中提取出来,突出独立性要求在职业道德规范体系中的重要地位,提升了独立性要求的权威性和强制力。概括来说,《独立性准则》的制定主要遵循以下三项原则:一是坚持以提升审计质量、维护公众利益为目标。贯彻落实党中央、国务院关于促进注册会计师行业高质量发展和进一步加强财会监督工作的决策部署,充分考虑行业当前面临的新情况,提出进一步强化独立性要求、提升审计质量的措施。二是坚持立足国情与国际趋同。一方面注重独立性要求与我国现行法律法

---

① 此处作者主要参考了 2020 年中国注册会计师职业道德守则的修订说明。

规体系的有机衔接,在具体规定上保持一致或予以细化;另一方面注重将国际守则的先进成果与我国注册会计师的执业实践相结合,涵盖了国际守则的要求和内容,某些条款比国际守则更加严格,体现我国严肃财经纪律、从严打击资本市场财务造假的决心。三是坚持准则闭环管理。特别注重归纳总结行业监管中发现的注册会计师独立性缺失、保持独立性不足等典型案例,有针对性地提出解决方案,确保能够解决制约行业高质量发展的实际问题。

(三) 注册会计师职业道德守则的具体内容

1. 注册会计师职业道德守则的构成

我国注册会计师职业道德守则包括《中国注册会计师职业道德守则》和《中国注册会计师协会非执业会员职业道德守则》。其中,《中国注册会计师职业道德守则》包括五号守则,具体为《中国注册会计师职业道德守则第 1 号——职业道德基本原则》《中国注册会计师职业道德守则第 2 号——职业道德概念框架》《中国注册会计师职业道德守则第 3 号——提供专业服务的具体要求》《中国注册会计师职业道德守则第 4 号——审计和审阅业务对独立性的要求》和《中国注册会计师职业道德守则第 5 号——其他鉴证业务对独立性的要求》。

具体内容如表 4-17 所示。

表 4-17　中国注册会计师职业道德守则

中国注册会计师职业道德守则
中国注册会计师职业道德守则第 1 号——职业道德基本原则
第一章　总则
第二章　职业道德基本原则
第三章　职业道德基本原则与职业怀疑
第四章　违反职业道德守则
中国注册会计师职业道德守则第 2 号——职业道德概念框架
第一章　总则
第二章　职业道德概念框架
中国注册会计师职业道德守则第 3 号——提供专业服务的具体要求
第一章　总则
第二章　利益冲突
第三章　专业服务委托
第四章　第二意见
第五章　收费
第六章　利益诱惑(包括礼品和款待)
第七章　保管客户资产

第八章　应对违反法律法规行为
第九章　与治理层的沟通

中国注册会计师职业道德守则第 4 号——审计和审阅业务对独立性的要求

第一章　总则
第二章　基本要求
第三章　收费
第四章　薪酬和业绩评价政策
第五章　礼品和款待
第六章　诉讼或诉讼威胁
第七章　经济利益
第八章　贷款和担保
第九章　商业关系
第十章　家庭和私人关系
第十一章　审计项目团队成员最近曾担任审计客户的董事、高级管理人员或特定员工
第十二章　兼任审计客户的董事或高级管理人员
第十三章　与审计客户发生雇佣关系
第十四章　临时借出员工
第十五章　与审计客户长期存在业务关系
第十六章　为审计客户提供非鉴证服务
第十七章　含有使用和分发限制条款的特殊目的财务报表审计报告

中国注册会计师职业道德守则第 5 号——其他鉴证业务对独立性的要求

第一章　总则
第二章　基本要求
第三章　收费
第四章　礼品和款待
第五章　诉讼或诉讼威胁
第六章　经济利益
第七章　贷款和担保
第八章　商业关系
第九章　家庭和私人关系
第十章　鉴证业务项目团队成员最近曾担任鉴证客户的董事、高级管理人员或特定员工
第十一章　兼任鉴证客户的董事或高级管理人员
第十二章　与鉴证客户发生雇佣关系

中国注册会计师协会非执业会员职业道德守则

2. 注册会计师职业道德基本原则和概念框架及其应用

注册会计师应当遵守职业道德基本原则，并能够运用职业道德概念框架解决职业道德问题。

根据《中国注册会计师职业道德守则第 1 号——职业道德基本原则》的规定，注册会计师应当遵守的基本原则包括：诚信、客观公正、独立性、专业胜任能力和勤勉尽责、保密、良好职业行为。职业道德基本原则的内涵和具体要求如表 4-18 所示。

表 4-18　职业道德基本原则的内涵和具体要求

职业道德基本原则	内涵	具体要求
诚信	在所有的职业活动中保持正直、诚实守信	注册会计师如果认为业务报告、申报资料、沟通函件或其他方面的信息存在下列问题，不得与这些有问题的信息发生关联：①含有虚假记载、误导性陈述；②含有缺乏充分根据的陈述或信息；③存在遗漏或含糊其词的信息，而这种遗漏或含糊其词可能会产生误导。注册会计师如果注意到已与有问题的信息发生关联，应当采取措施消除关联如果注册会计师按照职业准则规定出具了恰当的业务报告（如在审计业务中出具恰当的非无保留意见审计报告），则不被视为违反上述要求
客观公正	公正处事，实事求是，不得由于偏见、利益冲突或他人的不当影响而损害自己的职业判断	如果存在对职业判断产生过度不当影响的情形，注册会计师不得从事与之相关的执业活动

（续表）

职业道德基本原则	内涵	具体要求
独立性	在执行审计和审阅业务、其他鉴证业务时,注册会计师应当遵循独立性原则,从实质上和形式上保持独立性,不得因任何利害关系影响其客观公正	独立性是鉴证业务的灵魂,是专门针对注册会计师从事审计和审阅业务、其他鉴证业务而提出的职业道德基本原则
专业胜任能力和勤勉尽责	注册会计师应当获取并保持应有的专业知识和技能,确保为客户提供具有专业水准的服务;同时做到勤勉尽责	注册会计师应当通过教育、培训和执业实践获取和保持专业胜任能力。勤勉尽责要求注册会计师应当遵守法律法规、相关职业准则的要求并保持应有的职业怀疑,认真、全面、及时地完成工作任务;同时,应当采取适当措施以确保在其授权下从事专业服务的人员得到应有的培训和督导;在适当时,应当使客户、工作单位和专业服务的其他使用者了解专业服务的固有局限
保密	对执业活动中获知的涉密信息保密	警觉无意中泄密的可能性;对所在会计师事务所内部的涉密信息保密;对职业活动中获知的涉及国家安全的信息保密;对拟承接的客户向其披露的涉密信息保密;在未经客户授权的情况下,不得向会计师事务所以外的第三方披露其所获知的涉密信息,除非法律法规或职业准则规定注册会计师在这种情况下有权利或义务进行披露;不得利用因职业关系而获知的涉密信息为自己或第三方谋取利益;不得在职业关系结束后利用或披露因该职业关系获知的涉密信息;采取适当措施,确保下级员工以及为注册会计师提供建议和帮助的人员履行保密义务
良好职业行为	爱岗敬业,遵守相关法律法规,避免发生任何可能损害职业声誉的行为	注册会计师在向公众传递信息以及推介自己和工作时,应当客观、真实、得体,不得损害职业形象。注册会计师应当诚实、实事求是,不得有下列行为:①夸大宣传提供的服务、拥有的资质或获得的经验;②贬低或无根据地比较他人的工作

根据《中国注册会计师职业道德守则第2号——职业道德概念框架》的规定:"职业道德概念框架,是指解决职业道德问题的思路和方法,用以指导注册会计师:(一)识别对职业道德基本原则的不利影响;(二)评价不利影响的严重程度;(三)必要时采取防范措施消除不利影响或将其降低至可接受的水平。"概括来说,可能对职业道德基本原则产生不利影响的因素包括自身利益、自我评价、过度推介、密切关系和外在压力。如果识别出对职业道德基本原则的不利影响,注册会计师应当从性质和数量两个方面考虑该不利影响的严重程度是否处于可接受的水平。同时,不利影响的严重程度还会受到专业服务性质和范围的影响,如果注册会计师确定识别出的不利影响超出可接受的水平,应当通过消除该不利影响或将其降低至可接受的水平来予以应对,这些措施包括:①消除产生不利影响的情形,包括利益

或关系;②采取可行并有能力采取的防范措施将不利影响降低至可接受的水平;③拒绝或终止特定的执业活动。职业道德概念框架提出的工作思路如图 4-3 所示。

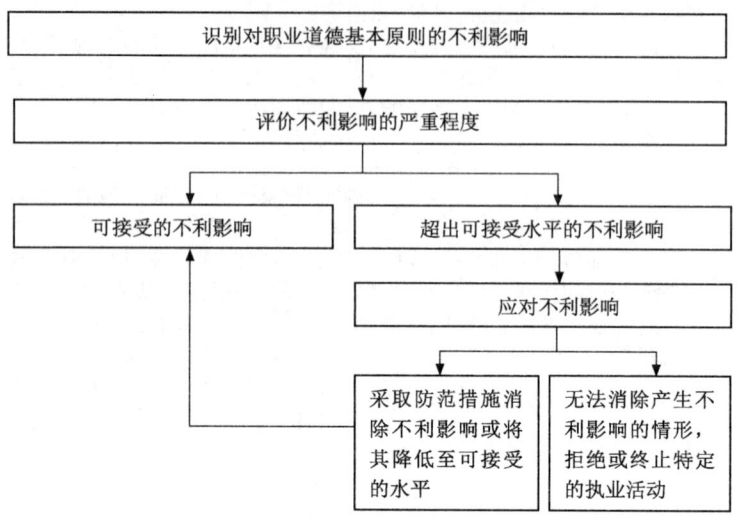

图 4-3 职业道德概念框架提出的工作思路

在提供专业服务的过程中,可能存在许多对职业道德基本原则产生不利影响的情形,《中国注册会计师职业道德守则第 3 号——提供专业服务的具体要求》对注册会计师如何运用职业道德概念框架解决提供专业服务时遇到的具体职业道德问题进行了详细规范。在执行审计和审阅业务以及其他鉴证业务时,注册会计师还需要特别遵循独立性原则的要求,《中国注册会计师职业道德守则第 4 号——审计和审阅业务对独立性的要求》和《中国注册会计师职业道德守则第 5 号——其他鉴证业务对独立性的要求》指导注册会计师运用职业道德概念框架,解决执行审计和审阅业务以及其他鉴证业务时遇到的独立性问题。

三、职业道德守则的比较分析

(一)中国新旧职业道德守则比较分析

与 2009 年旧守则相比较,2020 年注册会计师职业道德守则的变化主要体现在以下几个方面①:①完善了职业道德概念框架;②扩展了与"礼品和款待"相关的规定;③增加了与应对违反法律法规行为相关的规定;④强化了与会计师事务所长期审计某一客户相关的规定;⑤修订了与关键审计合伙人任职及冷却期相关的规定;⑥增加了与为审计客户提供非鉴证服务相关的规定;⑦细化了非执业会员在编制和列报信息方面的规定;⑧增加了与非执业会员面临违反职业道德基本原则的压力相关的规定。具体比较分析内容归纳

---

① 此处作者主要参考了 2020 年版注册会计师职业道德守则的修订说明。

如表 4-19 所示。

表 4-19　中国新旧职业道德守则比较分析

变动事项	具体内容
(1) 完善了职业道德概念框架	新守则强化要求注册会计师应当运用职业道德概念框架来识别、评价和应对对职业道德基本原则的不利影响。全面梳理了旧守则中关于应对不利影响的防范措施，对旧守则中不具有针对性的防范措施进行了修改；更加强调不利影响与可采取的防范措施之间的对应联系，使防范措施与不利影响能够更好地匹配起来
(2) 扩展了与"礼品和款待"相关的规定	将旧守则中"礼品和款待"部分改为"利益诱惑"部分，将该部分的适用范围从礼品和款待扩展到包括娱乐活动、捐助、工作岗位、商业机会、特殊待遇等多种利益诱惑，还针对注册会计师的近亲属提供和接受利益诱惑作出了规范。新守则进一步明确了注册会计师能够提供和接受利益诱惑的适当界限，阐明应对利益诱惑的基本思路。 针对非执业会员职业道德守则，也作出了与注册会计师职业道德守则类似的修订
(3) 增加了与应对违反法律法规行为相关的规定	针对注册会计师如何应对客户的违反法律法规行为，按照职业道德概念框架的要求提供了基本思路，并分别就执行财务报表审计和提供其他服务时应对违反法律法规行为提出具体要求，强调采取符合维护公众利益的应对措施。针对非执业会员职业道德守则，新守则也增加了应对违反法律法规行为相关的规定，并重点强调处于高级职位的非执业会员的责任
(4) 强化了与会计师事务所长期审计某一客户相关的规定	为保证独立性原则得到有效遵循，新守则规定，会计师事务所应当制定政策和程序，对本所连续为公众利益实体审计客户执行审计业务的年限实施监控，识别和评价因长期连续为某一公众利益实体审计客户执行审计业务可能对独立性产生的不利影响，并采取适当的防范措施应对该不利影响
(5) 修订了与关键审计合伙人任职及冷却期相关的规定	为强化独立性原则，修改了旧守则中冷却期统一为 2 年的规定：将关键审计合伙人分为三类：项目合伙人、项目质量复核人员、其他关键审计合伙人，对应的冷却期分别为 5 年、3 年和 2 年
(6) 增加了与为审计客户提供非鉴证服务相关的规定	进一步明确了非鉴证服务中涉及管理层职责的范围，同时为注册会计师如何避免承担管理层职责提供了更加详细的指引，提高了守则的可操作性。增加了注册会计师提供行政事务性服务与独立性相关的规定
(7) 细化了非执业会员在编制和列报信息方面的规定	更全面地规定了非执业会员在编制和列报信息方面应当遵守的要求，以提升基础会计信息质量。规定非执业会员在运用职业判断以编制或列报信息时，可能需要运用自由裁量权，但自由裁量权的运用不得有意误导他人或者不当影响合同或监管结果
(8) 增加了与非执业会员面临违反职业道德基本原则的压力相关的规定	明确非执业会员不得因面临其他人员施加的压力违反职业道德基本原则，也不得向其他人员施加压力使该人员违反职业道德基本原则。增加帮助非执业会员应对压力的指引

　　注："新守则"是指前文所述中注协 2020 年发布的注册会计师职业道德守则，"旧守则"是指中注协 2009 年发布的注册会计师职业道德原则。

(二) 中国注册会计师职业道德守则与国际会计师职业道德守则的差异比较

　　中国注册会计师职业道德守则和国际会计师职业道德守则既有相似之处，也有一些差异。概括来说，这些差异体现在准则写作体例和具体规定两个方面。

在准则写作体例上,中国注册会计师职业道德守则将基本原则和概念框架分别作为两个守则进行规范,而国际会计师职业道德守则是将基本原则和概念框架统一放在第一部分"职业道德守则基本原则和概念框架"中。同时,在不同守则的具体章节设置上,也存在细节安排的差异。例如,《中国注册会计师职业道德守则第 1 号——职业道德基本原则》专门设置单独章节分析遵循职业道德基本原则与保持职业怀疑的一致性关系;又如,《中国注册会计师职业道德守则第 3 号——提供专业服务的具体要求》专门设置章节说明如何根据守则的要求与治理层进行沟通,而这些内容在国际守则中没有单独专门章节。

具体规定上的差异主要体现在职业道德基本原则上。国际会计师职业道德守则规定的职业道德基本原则包括"诚信、客观、专业胜任能力和应有的关注、保密、职业行为",中国注册会计师职业道德守则规定的职业道德基本原则除了这几个原则,还包括"独立性"原则。除了"独立性"原则,中国守则和国际守则对其他几个原则内涵的理解是基本一致的。中国注册会计师职业道德守则和国际会计师职业道德守则在职业道德基本原则的比较如表 4-20 所示。

表 4-20 中国注册会计师和国际会计师职业道德基本原则的比较

中国注册会计师职业道德基本原则	国际会计师职业道德基本原则
(一)诚信	(a) Integrity
(二)客观公正	(b) Objectivity
(三)独立性	
(四)专业胜任能力和勤勉尽责	(c) Professional Competence and Due Care
(五)保密	(d) Confidentiality
(六)良好职业行为	(e) Professional Behavior

案例分析

影响独立性的判断及其防范

X 会计师事务所(简称 X 所)承接了拟上市企业 S 股份公司(简称 S 公司)的 IPO 审计项目。X 所与 S 公司约定:若 IPO 成功,审计费将在初步约定审计费的基础上增加 20%。负责该项目质量复核的 P 注册会计师拥有少量 S 公司股份。审计项目组普通审计员 L 注册会计师持有某基金,该基金持有 S 公司 0.1% 股份,X 所有充分依据判断 L 注册会计师在 S 公司拥有的间接经济利益对该注册会计师不重要。审计项目组的一名普通审计员 W 的弟弟在 S 公司担任办税员。X 所内部专家持有 S 公司少量股权。审计项目组在 S 公司的现场审计时,接受了 S 公司提供的与公司员工标准一致的公司食堂午餐券。

讨论:

该案例中哪些情形对独立性产生不利影响,X 所应如何处理?

 课程思政

中国古代对"道德"的解释

老子眼里的"道",已经上升到了哲学范畴,代表主宰世间万物的真理,或者说自然运行与人世共通的绝对真理,但在造字之初,"道"的本义就是道路。

甲骨文中的"德"字,笔画比今天的要简单很多,由"彳"与"直"组成,其中"彳"代表行走,"直"字像一只眼睛上面有一条直线,代表眼睛要看正,因此两者合一的意思是"行得要正,看得要直"。

到了周朝,"德"字起初没有什么变化,只是"眼睛"表现得更直白一些;之后,人们在"德"字下面加了一颗"心",反映出当时人们对"德"标准越来越高,于是又加了一条"心正"的标准,因此完整的"德"就是"行正、眼正、心正"。

讨论:

结合以上资料,谈谈职业道德对审计人员的重要意义。

第五章　审　计　责　任

第一节　审计责任的内涵

一、审计责任的含义

（一）审计职业责任与审计法律责任的含义

责任观念作为人类行为的基本观念之一，是维系正常社会秩序所必不可少的。责任有正反两层含义，从正面看，责任是"分内应做的事"，是应当履行的职业责任；从反面看，责任是因"没有做好分内应做的事而承担的损失"，是应当承担的法律责任。因此，我们可以看出，责任包括"职业责任"和"法律责任"两个方面。

具体到审计业务，我们对审计责任也可以从"审计职业责任"和"审计法律责任"两个方面进行理解。审计职业责任是指审计人员在执行审计业务时应当履行的专业职责；审计法律责任是指审计人员因未适当履行职业责任而应当承担的法律后果。

（二）审计职业责任与审计法律责任的联系与区别

审计职业责任与审计法律责任存在不可分割的关系，两者共同构成了审计责任的框架，使审计成为服务于社会的一种重要职业。审计职业责任和审计法律责任之间存在密切的联系，也存在一定的区别。

1. 审计职业责任与审计法律责任的联系

（1）审计职业责任是形成审计法律责任的本源与前提。注册会计师承担职业责任是其承担法律责任的前提,审计法律责任是建立在审计职业责任基础之上的。不明确审计的职业责任,就无法确定审计人员所应承担的法律责任。司法部门在审判涉及注册会计师法律责任的案件时,其中一个重要的评判依据就是审计人员是否根据审计准则的规定恰当履行了审计职责。只要审计人员承担了职业责任,相应地就有一定潜在的法律责任,这种潜在的法律责任能否转化为现实的法律责任,取决于审计人员履行职业责任的情况。当审计人员在执业过程中出现违约、过失、欺诈等行为,并且这种行为的后果使有关人员遭受了损失,那么审计人员就要承担法律责任。

(2) 审计法律责任是促使审计人员有效履行职业责任的一种社会强制。审计职业责任强调自律的内在约束,审计法律责任是对审计人员执业行为的强制规范,是一种外部强制力。审计职业责任是审计法律责任的基础,而审计法律责任是审计职业责任得以恰当履行的保障。正是由于审计法律责任的存在,审计人员在履行审计职业责任的同时,才会充分考虑履行不当可能带来的后果。如果没有审计法律责任的约束,职业道德规范和职业技术标准只能停留在道义的层面,能够发挥的作用非常微弱。对审计过程中的不当和不诚实行为,审计法律责任的存在无疑是一种重要的威慑力量。

2. 审计职业责任与审计法律责任的区别

(1) 确认依据存在差异。审计职业责任的确定依据是审计职业规范,主要是指审计准则,虽然审计准则也是判断注册会计师是否需要承担审计法律责任的依据,但是审计法律责任的确定依据还包括其他相关法律,甚至是以往法庭判例的结论。随着社会的发展和环境的变化,审计准则和相关法律也在不断调整和修订,然而两者的变化并不总是同步的,因而由不同主体界定的职业责任和审计法律责任可能会存在差异。另外,审计法律责任的界定除了受已有的成文法的约束,还可能受到社会公众的舆论压力和以前案件的司法解释等众多因素的影响,基本能反映当前的时代特点和公众需求,因此,在有些情况下,界定的法律责任可能会超越职业责任的范畴。

(2) 界定机构与侧重点不同。审计职业责任的界定主体是审计职业界,审计法律责任的界定主体主要是法律界。由于不同机构的利益出发点不同,审计职业责任可能更多体现在对审计职业界自身利益的维护,而审计法律责任则可能更多体现社会公众利益。利益驱动的不一致,也会导致审计职业责任与审计法律责任的不一致。审计职业界更多强调审计过程的合规,即只要严格遵循了审计准则和职业道德规范,那么注册会计师就恰当履行了职业责任;而审计法律界认为,应先考虑审计结果本身是否真实,而并非审计的过程和程序,即"结果真实"而非"过程合规"。

在审计实务中,不同主体往往存在对审计责任与会计责任、审计责任与审计期望差距的关系等认识上的模糊性,因此,在理解审计责任含义的基础上,进一步界定审计责任与相关概念的关系很有必要,下文将对会计责任与审计责任的关系、审计期望差与审计责任的关系进行具体分析。

二、审计责任与会计责任

（一）责任主体不同

根据《中国注册会计师鉴证业务基本准则》关于鉴证业务概念的界定，财务报表审计业务是指注册会计师对被审计单位管理层负责的财务报表发表审计意见，以增强管理层以外的预期使用者对财务报表信赖程度的业务。可以看出，审计涉及注册会计师、被审计单位管理层和预期使用者三个主体之间的相互关系。其中，预期使用者的主体部分是被审计单位的股东，股东与被审计单位管理层之间是委托与受托的经济责任关系；股东将财产的经营权赋予管理层，管理层对所托付的财产承担保值增值的责任，并向股东提供会计信息以解除自身的受托经济责任。因此，会计责任的主体是被审计单位管理层，被审计单位管理层需要对本单位的会计资料和其他相关资料及所提供信息的真实性、完整性负责，这是履行会计责任的关键。

为了了解管理层提供的会计资料及其所反映的财产保存和运用的真实性，股东聘请注册会计师对这种真实性进行验证，因此形成了股东与注册会计师之间的委托受托关系。注册会计师按照与股东之间的合约和审计准则的要求履行审计业务并承担审计责任，形成了注册会计师与被审计单位管理层之间的审计与被审计关系。因此审计责任的主体是注册会计师，注册会计师的审计责任是在执行审计工作的基础上对财务报表发表审计意见，对审计报告的真实性和合法性负责。

（二）会计责任与审计责任的划分

审计责任包括"审计职业责任"和"审计法律责任"两个层面，同样，这种划分也适用于会计责任。然而，如前所述，职业责任是法律责任的本源与前提，不明确职业责任，就无法确定法律责任。因此，以下重点从职业责任层面对会计责任与审计责任进行界定。

按照审计准则的规定，对财务报表发表审计意见是注册会计师的审计职业责任。为履行这一职责，注册会计师应当遵守相关职业道德要求，按照审计准则的规定计划和实施审计工作，获取充分、适当的审计证据，并根据获取的审计证据得出合理的审计结论，发表恰当的审计意见，同时注册会计师应当通过签署审计报告确认其职业责任。具体来说，根据《中国注册会计师审计准则第 1501 号——对财务报表形成审计意见和出具审计报告》的规定，"注册会计师对财务报表审计的责任部分应当包括下列内容：（一）说明注册会计师的目标是对财务报表整体是否不存在由于舞弊或错误导致的重大错报获取合理保证，并出具包含审计意见的审计报告；（二）说明合理保证是高水平的保证，但并不能保证按照审计准则执行的审计在某一重大错报存在时总能发现；（三）说明错报可能由于舞弊或错误导致。"同时，注册会计师还应当在审计报告中通过说明注册会计师的责任，对审计工作进行描述，这些责任主要包括：①识别和评估由于舞弊或错误导致的财务报表重大错报风险，设计和实施审计程序以应对这些风险，并获取充分、适当的审计证据，作为发表审计意见的基础；

②了解与审计相关的内部控制,以设计恰当的审计程序,但目的并非对内部控制的有效性发表意见;③评价管理层选用会计政策的恰当性和作出会计估计及相关披露的合理性;④对管理层使用持续经营假设的恰当性得出结论;⑤评价财务报表的总体列报、结构和内容,并评价财务报表是否公允反映相关交易和事项。

管理层的责任是负责对被审计单位经营活动的执行加强经营管理,同时负责财务报表的编制。根据《中国注册会计师审计准则第 1501 号——对财务报表形成审计意见和出具审计报告》第二十九条的规定,管理层对财务报表的责任具体体现在下列方面:"(一)按照适用的财务报告编制基础的规定编制财务报表,使其实现公允反映,并设计、执行和维护必要的内部控制,以使财务报表不存在由于舞弊或错误导致的重大错报;(二)评估被审计单位的持续经营能力和使用持续经营假设是否适当,并披露与持续经营相关的事项(如适用)。对管理层评估责任的说明应当包括描述在何种情况下使用持续经营假设是适当的。"当对财务报告过程负有监督责任的人员与履行管理层责任的人员不同时,管理层对财务报表的责任部分还应当提及对财务报告过程负有监督责任的人员,说明治理层负责监督公司的财务报告过程。

作为企业的所有者和审计业务的委托方,股东天然负有对管理层进行监督和约束的责任,以保证管理层真正履行财产的保值增值责任。这种监督和约束可以同时通过股东会、董事会、监事会等内部治理机制和职业经理人市场、资本市场、审计市场等外部治理机制来实现。审计只是股东监督和约束工作的一部分,管理层责任履行不当可能是审计失职的结果,然而更可能是管理层自身存在问题及股东监督不力的结果。可以看出,作为审计业务的三方关系人,注册会计师和管理层各自应当履行的职业责任存在明显差异,财务报表审计并不减轻管理层的经营管理责任,也不能替代股东的监督治理责任。财务报表编制、财务报表监督和财务报表审计是财务信息生成链条的不同环节,管理层、治理层与注册会计师三者各司其职。区分不同主体的责任,有利于从源头上保证财务信息质量。

同时,在某些方面,注册会计师与管理层和治理层之间可能存在信息不对称。管理层和可能参与管理的治理层作为内部人员,对企业的情况更为了解,更能作出适合企业特点的会计处理决策和判断,因此,管理层和治理层应当对编制财务报表承担完全责任。尽管在审计过程中,注册会计师可能向管理层和治理层提出调整建议,甚至在不违反独立性的前提下为管理层编制财务报表提供某些咨询或协助,但管理层仍然对编制财务报表承担责任,并通过签署财务报表确认这一责任。如果财务报表存在重大错报,而注册会计师通过审计没有能够发现,也不能因为财务报表已经被注册会计师审计这一事实而减轻管理层和治理层对财务报表的责任。

三、审计责任与审计期望差距

(一) 审计期望差距的构成

审计期望差距(audit expectation gap)源于社会公众对审计业务的期望与注册会计师

实际执业水平之间的差异。"期望差距"作为一个正式名词,最早于1978年由美国的科恩报告首次提出,在此之后审计期望差距问题受到了世界各国的关注。然而不同学者对审计期望差的组成要素划分并不一致,但很多人都认为审计期望差中有合理的部分,也有不合理的部分。例如,1993年,波特(Porter)将审计期望差距分为合理差距和执行差距,前者代表社会对注册会计师的理想期望与对注册会计师的合理期望之间的差异,实际是社会公众对注册会计师过高的理想业绩与公众对审计职业合理要求的业绩之间的差距,如公众希望审计能绝对保证财务报表不存在重大错报与审计的合理保证之间的差距,这是审计界与社会公众之间在认识上必然存在的"合理性差距"。后者包括准则缺陷差距和执行缺陷差距。准则缺陷差距是审计准则要求注册会计师完成的业绩与社会公众对审计职业合理要求的业绩之间的差距,是审计准则本身导致的差距,如社会公众要求注册会计师查找错弊的责任与审计准则要求注册会计师合理保证不存在财务报表舞弊或错误导致的重大错报的责任之间的差距。执行缺陷差距是注册会计师未完全执行准则导致的实际审计业绩与审计准则要求的审计业绩之间的差距,是注册会计师执业缺陷导致的差距,如未按照准则设计或执行审计程序导致的业绩差距。这里的"业绩"包括完成审计职责的范围及其完成质量。波特审计期望差距模型如图5-1所示。

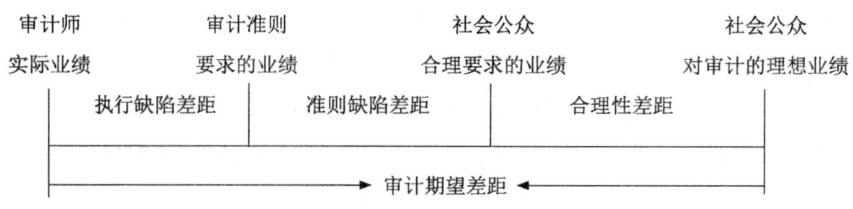

图 5-1　波特审计期望差距模型

1998年,加拿大麦克唐纳委员会研究报告认为,审计期望差距是指公众对审计的需求与社会公众对审计执业业绩的认识(或感知的审计需求的满足程度)之间存在的差距,可以分为四个部分:①社会公众对审计的需求与可能的审计准则之间的差距。这主要是社会公众对审计的理想需求与审计固有局限性之间的差距,如社会公众期望审计能达到"绝对保证"和审计只能是"合理保证"之间的差距,这种差距是社会公众对审计的不合理需求,属于不合理的期望差距。②可能的审计准则与现行审计准则之间的差距。这主要是审计职业界不能满足社会公众合理诉求导致的差距,这是合理的期望差距。例如,20世纪80年代之前,社会公众需要注册会计师合理发现财务报表中的重大舞弊与审计准则仅要求注册会计师对财务报表真实与公允性发表鉴证意见之间的差距。③现行审计准则要求的业绩与注册会计师实际执业业绩之间形成的差距。这是执业缺陷导致的差距,这也是合理的差距,是注册会计师应该避免的期望差距。④注册会计师实际执业业绩与社会公众对执业业绩的实际认识之间的差距。如财务报表使用者不能正确理解审计报告的信息导致的差距,这也是不合理的期望差距。其中,第②项与第③项是合理的期望差,有必要通过审计准则制订与审计执业行为等职业上的改进加以缩小;第①项与第④项是不合理的期望差,审计职业界或注册会计师有必要与社会公众或审计报告使用者作进一步的沟通,以消除这种差距。麦克唐纳委员会审计期望差距模型如图5-2所示。

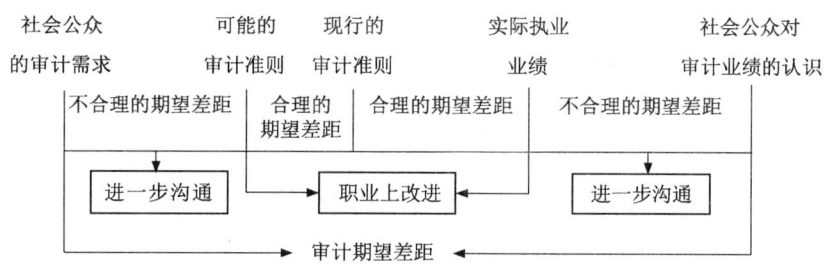

图5-2 麦克唐纳委员会审计期望差距模型

在国内,黄世忠教授(2021)①认同英国特许会计师公会(The Association of Chartered Certified Accountants,ACCA)于2019年提出的审计期望差距三维度分析框架(图5-3)。ACCA将审计期望差距定义为社会公众认为注册会计师所做的工作与社会公众期望注册会计师应做的工作之间的差异,由认知差距、执行差距和演进差距三部分组成,具体来说,审计需求方对审计供给方存在认知偏差时就会形成认知差距,审计供给存在质量缺陷时就会形成执行差距,审计供给滞后审计需求时就会形成演进差距。

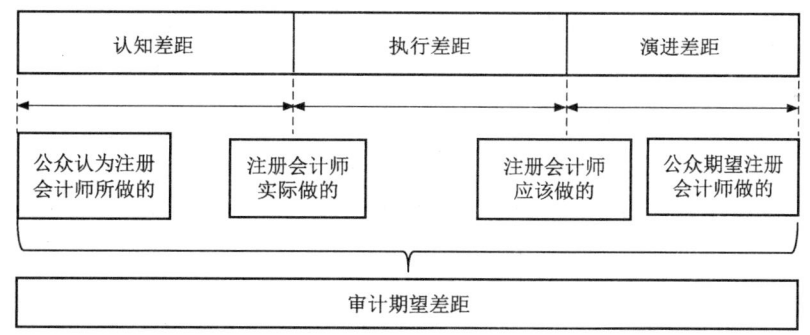

图5-3 审计期望差距三维度分析框架

(二) 审计期望差距对审计责任的影响

纵观历史上发生的审计诉讼案件,我们不难发现,判断注册会计师审计责任的标准可以分为两种:一是注册会计师行业内部制定、会计师事务所与被审计单位在业务约定书中约定遵循的专业标准,这个标准是判断注册会计师审计责任的法定标准;二是社会公众对注册会计师的期望标准,这是整个注册会计师行业的努力方向,然而在已有的一些判例中这却被作为注册会计师承担法律责任的依据。以专业标准为界线,注册会计师承担审计责

---

① 黄世忠.审计期望差距的成因与弥合[J].中国注册会计师,2021(5):68-75.

任分成两种情况：一是注册会计师主观故意或过失不遵循审计准则的规定或业务约定书的要求执行审计，违背专业标准或违反业务约定书所承担的审计责任，这是注册会计师自身原因造成的；二是注册会计师因社会公众对注册会计师的期望标准与专业标准之间存在差距而承担的责任，即注册会计师的行为符合审计准则的规定，却不符合公众的期望，注册会计师因此而承担的责任，这部分责任源于社会公众的期望差距。

可以看出，在判断注册会计师是否应该承担法律责任时，审计行业业内认同的标准与公众心目中的期望标准之间往往存在差异。因此，注册会计师审计责任的履行不能单纯依靠审计职业界内部的努力，社会公众也扮演着重要的角色。一方面审计准则、业务约定书等形式能够明确注册会计师的职责，注册会计师应当严格遵循、努力提高审计质量；另一方面社会公众需要真正理解注册会计师，明确注册会计师应该承担的职责，剔除那些不合理的期望，缩小期望标准与专业标准的差距。

 案例分析

万福生科的会计责任与审计责任

万福生科是一家位于湖南省常德市的农业开发公司，成立于 2003 年，2011 年 9 月在深圳证券交易所上市，是由龚某与其妻绝对控股的典型家族企业（股权占比为 80.38%）。2012 年，公司一系列财务造假行为被曝光。由于公司农产品采购与销售对象很多是农户，公司利用现金收支多的现实情况虚增销售收入，并通过虚假的客户虚构采购和销售货款回笼，形成用于财务舞弊的资金闭循环流通（但有税收流出）。出事前，有一家媒体指出万福生科"金玉其外，败絮其中"，其核心观点认为，万福生科作为稻谷加工企业，毛利率不可能那么高，存货周转太慢，事后证明这两点判断是对的。但万福生科给出了看似合理的解释，毛利率高是因为其主业为稻谷深加工，技术含量高且为循环经济业务；存货周转慢是因为糖米在贮存一年后转化率才比较高。

2012 年 9 月，万福生科被证监会立案稽查。自 2008 年到 2012 年上半年这四年半期间，万福生科的财务数据都存在不实记载，造假行为牵涉面广，不仅涉及营业收入、营业成本，还涉及隐瞒公司主营项目长期停产的事实。

万福生科的 IPO 审计和年报审计机构均是中磊会计师事务所（以下简称中磊所），中磊所对万福生科上市前的 2008 年度、2009 年度、2010 年度和 2011 年上半年的财务报表均出具了标准无保留意见的审计报告。中磊所及其注册会计师在审计万福生科 IPO 财务报表过程中，未能勤勉尽责，出具的审计报告存在虚假记载。

（1）IPO 审计阶段函证程序缺失。中磊所未对万福生科 2008 年年末、2009 年年末的银行存款、应收账款余额进行函证，也未执行恰当的替代审计程序。其中，中磊所及其注册会计师银行存款函证程序的缺失，导致其未能发现万福生科虚构的一个桃源县农信社银行账户的事实，万福生科 2008 年以该银行账户虚构资金发生额 2.86 亿元，其中包括虚构收入

回款约 1 亿元;应收账款函证程序的缺失,导致其未能发现万福生科 2008 年、2009 年虚增收入的事实。在对万福生科 2010 年年末和 2011 年 6 月 30 日的往来科目余额进行函证时,中磊所及其注册会计师未对函证实施过程保持控制。审计工作底稿中部分询证函回函上的签章,并非被询证者本人的签章。上述程序缺陷导致中磊所未能发现万福生科 2010 年、2011 年上半年虚增收入和采购的事实。

(2)在 IPO 审计阶段未对评估的重大错报风险实施恰当的审计程序。中磊所及其注册会计师在评价万福生科舞弊风险时,认为其管理层为满足上市要求和借款融资需求,有粉饰财务报表的动机和压力。在已识别出包括营业收入、应收账款、预付账款等重大错报风险领域的情况下,中磊所及其注册会计师未实施有效的进一步审计程序。

讨论:

(1)结合案例资料,谈谈万福生科的会计责任和中磊所的审计责任以及二者的关系。

(2)结合案例资料,指出中磊所的审计结果与社会公众之间的期望差距。

第二节 审计职业责任

一、审计职业责任范围的理解

审计职业责任的范围是对审计人员在执行审计业务时应当履行什么样专业职责的界定。由于审计需求的变化和审计职业自身发展的影响,审计职业责任范围的界定往往是相对的,在不同时期不同国家,审计职业责任范围的界定存在较大差异。例如,在 20 世纪以前,揭弊查错是审计需要实现的重要目标,揭弊查错也是注册会计师需要履行的职业责任;随着社会环境的发展,企业经济业务趋于复杂,审计目标由揭弊查错向验证财务报表真实公允性转变,揭弊查错不再是审计职业应当承担的职业责任。20 世纪 80 年代以后,随着社会各方对审计承担揭弊查错职能需求的愈发增大,审计目标又转为财务报表的真实性公允性验证与揭弊查错并重,揭弊查错又再一次被列入审计职业责任范围。因此,审计的职责范围不是一成不变的,在审计发展的不同时期,审计职业责任范围是不同的。

谢荣(2011)[1]曾提出用二维审计职责域来界定注册会计师审计责任。他认为无论是一个人还是一个组织,在从事某项工作或执行某项业务时,其一般工作的职责在于运用恰当的手段保质保量地达到预定的目标,从事审计工作的职责也在于运用恰当的审计技术和方法保质保量地实现审计目标。他提出,审计职责是一个由审计目标和审计行为依据所组成的二维职责域,其中,第一维由审计目标的内容所确定,第二维由审计的行为依据(即审计假设和审计准则)所确定,以

[1] 谢荣.高级审计理论与实务[M].北京:经济科学出版社,2011.

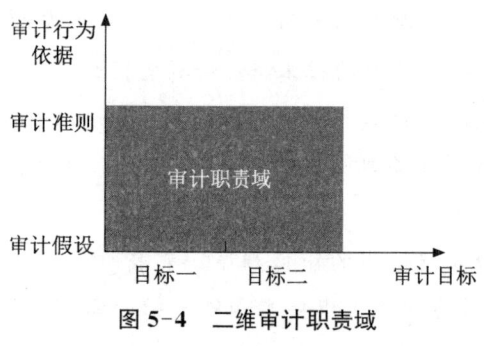

图 5-4　二维审计职责域

确保审计质量。二维审计职责域具体如图 5-4 所示。

从二维审计职责域可以看出，审计目标对审计职责的影响是一种横向影响，确定了审计职业责任的宽度，审计目标越多，审计职业责任的范围也越宽。注册会计师审计除了要达到预定的审计目标，还必须保证工作质量，即在实施审计中，审计人员的行为应当符合职业界与社会公众所公认的行为依据。审计行为依据对审计职责的影响是一种纵向影响，具体包括审计假设和审计准则两个方面，其中审计假设是审计职责域的起点或下限，作为一定时期审计理论研究成果的各项审计假设，如果没有被审计实践和有效证据所否定，那么这些假设就仍然对审计实践具有指导性，审计假设可视为判断审计职责的基本依据；审计准则是审计职责域的上限，只要达到了审计准则的基本要求，审计人员就完成了专业职责，只有那些未达到审计准则要求的审计行为，才会被追究法律责任。

不难看出，谢荣（2011）的观点为我们理解审计责任提供了清晰的理论框架。审计职业责任范围是一个多维度的概念，审计目标与行为依据贯穿于整个审计活动，与审计责任的界定息息相关。下文将以注册会计师审计行为为例，围绕审计目标与行为依据这两个维度，深入剖析审计职业责任的内涵。

二、审计职业责任的内涵

（一）审计目标维度

从审计目标维度看，审计职业责任首先体现为对不同类型审计目标的达成。例如，在注册会计师执行的财务报表审计中，其目标主要是对财务报表整体是否不存在由于舞弊或错误导致的重大错报获取合理保证，使注册会计师能够对财务报表是否在所有重大方面按照适用的财务报告编制基础编制发表审计意见。为了达成审计目标，注册会计师应当履行的职业责任是，对被审计单位财务报表的合法性和公允性进行审查并发表准确意见，对财务报表是否真实反映企业的财务状况与经营成果进行合理判断，为投资者、债权人等利益相关者提供可靠的决策依据。

又如，在注册会计师执行的内部控制审计中，其目标是对财务报告内部控制的有效性发表审计意见，并披露注意到的非财务报告内部控制的重大缺陷。为了达成审计目标，注册会计师应当履行的职业责任是，通过获取充分、适当的证据，对财务报告内部控制有效性发表审计意见，并对审计过程中发现的非财务报告内部控制重大缺陷在审计报告中予以披露，助力企业完善内部控制、提升管理水平和风险防范能力。

（二）审计行为依据维度

从审计行为依据维度看，审计职业责任意味着严格遵循法律规定、职业道德和审计准则。

法律规定是对审计职业责任进行的原则性和整体性的规范,体现审计职业规范的权威。审计职业道德规范及审计准则对注册会计师在审计执业过程中的职业道德标准与具体行为进行约束。审计准则作为审计行为的核心依据,详细规定了审计计划、审计实施和报告不同环节的要求;职业道德要求审计人员在执业过程中遵守诚信、独立性、客观公正等基本原则。

1. 法律规定

(1)《证券法》的规定。我国《证券法》涉及对上市公司等证券市场主体的信息披露要求以及中介机构的责任等内容,对注册会计师在证券市场审计中的审计职业责任进行了明确,要求注册会计师在对上市公司等证券市场相关主体进行审计时,对被审计单位的财务信息披露的真实性、准确性和完整性进行严格审查,强化了注册会计师对证券市场信息质量的把关作用,对保护投资者利益、维护证券市场秩序具有重要意义。例如,第一百六十三条规定:"证券服务机构为证券的发行、上市、交易等证券业务活动制作、出具审计报告及其他鉴证报告、资产评估报告、财务顾问报告、资信评级报告或者法律意见书等文件,应当勤勉尽责,对所依据的文件资料内容的真实性、准确性、完整性进行核查和验证。"

(2)《注册会计师法》的规定。我国现行《注册会计师法》有关注册会计师职业责任的规定主要体现在"第三章业务范围和规则",其中分别从审计、会计咨询、会计服务等不同业务方面对审计师行为进行了规范。例如,第十七条规定:"注册会计师执行业务,可以根据需要查阅委托人的有关会计资料和文件,查看委托人的业务现场和设施,要求委托人提供其他必要的协助。"又如,第二十一条规定:"注册会计师执行审计业务,必须按照执业准则、规则确定的工作程序出具报告。"

2021年,财政部发布《注册会计师法(征求意见稿)》,其中第五章"执业规范"对注册会计师履行审计责任进行了全面规范,内容涉及业务承接、遵守执业规范、执业权利、审计报告签字和使用等诸多方面。例如,第三十八条规定:"会计师事务所、注册会计师应当按照执业准则的要求执行审计业务,严格遵守下列规定:(一)实施风险评估程序,编制审计计划;(二)实施审计程序,获取审计证据;(三)编制和保存审计工作底稿;(四)运用职业判断,保持职业怀疑态度;(五)发表审计意见,出具审计报告;(六)遵守相关职业道德要求(包括与独立性相关的要求)。"

2. 职业道德规范

道德属于一种社会意识形态,是调整人与人之间、个人与社会之间关系的行为规范总和。注册会计师行业的持续、健康、高质量发展,离不开高水准的职业道德规范。在我国,《中国注册会计师职业道德守则》系统规范了注册会计师在审计执业过程中应当遵守的职业道德基本原则,并能够运用职业道德概念框架解决职业道德问题,遵守审计独立性的要求。相较于其他行业,注册会计师行业需要更高的道德水准,审计职业道德规范对注册会计师行业维护公众利益、推进诚信建设、促进职业化发展等方面应该履行的职责发挥着至关重要的作用。《中国注册会计师职业道德守则第1号——职业道德基本原则》第二条规定:"维护公众利益是审计行业的宗旨。公众不仅包括注册会计师服务的客户,也包括投资者、债权人、政府机构、社会公众等其他可能依赖注册会计师提供的信息以作出相关决策的组织或人员。这种依赖赋予注册会计师维护公众利益的责任。"这就决定了注册会计师需要超越个人、客户或所在单位的利益和法律法规的最低要求,恪守更高的职业道德要求,履行好对社会公众、客户、同行等所肩负的职责。诚信是注册会计师行业核心价值之一,也是行业的立身之本,在六个职业道德基本原则中居于首要地位,注册会计师只有展现出较高的道德水准才能取信于社会公众。

同时,注册会计师行业是知识密集型行业,注册会计师的工作具有一定的技术复杂性,一般社会公众很难判断注册会计师执业质量。制定并贯彻严格的职业道德规范,既在道德层面对注册会计师履行职业责任提供了约束机制,也为注册会计师良好职业行为提供了一道保护屏障,有助于社会公众增强对行业的信心,促进注册会计师行业的发展。中国注册会计师职业道德规范更加具体详细的内容见第四章第四节,这里不再赘述。

3. 注册会计师审计准则

审计准则是规范注册会计师执行审计业务的权威性标准,要求注册会计师在提供审计服务时,对所审计信息是否不存在重大错报提供合理保证,并以积极方式提出结论。审计准则本身就是对注册会计师如何履行职业责任提出的具体要求,具体来看,涉及对审计责任进行规范的准则可以概括为三类,分别是:一般原则和责任类准则、审计业务执行类准则和审计报告类准则。

(1)一般原则和责任类准则。一般原则和责任类准则涵盖了审计总体目标、审计业务约定、审计项目质量、审计沟通等多项内容,一般原则和责任类准则对审计职业责任进行了较为原则性的规定。例如,根据《中国注册会计师审计准则第 1111 号——就审计业务约定条款达成一致意见》,审计业务约定条款应当包括注册会计师的责任和管理层的责任等事项。具体来说,审计业务约定书中包括的有关注册会计师责任的信息,可根据《中国注册会计师审计准则第 1101 号——注册会计师的总体目标和审计工作的基本要求》的规定确定,包括针对财务报表是否在所有重大方面按照财务报告编制基础编制并实现公允(若存在)反映发表审计意见、就审计中出现的事项与管理层、治理层和其他财务报表使用者进行沟通和向其报告的责任。又如,《中国注册会计师审计准则第 1121 号——对财务报表审计实施的质量管理》对注册会计师如何对财务报表审计实施质量管理程序的责任以及项目质量复核人员的责任进行了规范,《中国注册会计师审计准则第 1141 号——财务报表审计中与舞弊相关的责任》专门对注册会计师在财务报表审计中与舞弊相关的责任进行了规范。

(2)审计业务执行类准则。审计业务执行类准则涵盖范围较广,包括风险评估和应对、审计证据、利用他人的工作等,这类准则的重点是对审计业务执行过程中的审计责任进行具体界定。例如,《中国注册会计师审计准则第 1301 号——审计证据》《中国注册会计师审计准则第 1312 号——函证》《中国注册会计师审计准则第 1313 号——分析程序》明确了注册会计师如何通过设计和实施审计程序以获取充分、适当审计证据的责任;《中国注册会计师审计准则第 1323 号——关联方》《中国注册会计师审计准则第 1321 号——会计估计和相关披露的审计》《中国注册会计师审计准则第 1324 号——持续经营》分别对与关联方关系及其交易、会计估计、持续经营相关的审计职业责任进行了明确;《中国注册会计师审计准则第 1421 号——利用专家的工作》《中国注册会计师审计准则第 1411 号——利用内部审计人员的工作》分别对注册会计师如何通过利用专家与内部审计的工作履行职业责任进行了明确。

(3) 审计报告类准则。审计报告类准则包括无保留意见报告、非无保留意见报告、审计报告中沟通关键审计事项等多项内容。审计报告类准则重点对审计报告中如何披露审计责任进行了较为具体的规定。例如,根据《中国注册会计师审计准则第 1501 号——对财务报表形成审计意见和出具审计报告》,审计报告应当包含标题为"注册会计师对财务报表审计的责任"的部分,审计责任的具体内容应当包括:"(一)说明注册会计师的目标是对财务报表整体是否不存在由于舞弊或错误导致的重大错报获取合理保证,并出具包含审计意见的审计报告;(二)说明合理保证是高水平的保证,但并不能保证按照审计准则执行的审计在某一重大错报存在时总能发现;(三)说明错报可能由于舞弊或错误导致"。又如,《中国注册会计师审计准则第 1504 号——在审计报告中沟通关键审计事项》对注册会计师如何在审计报告中沟通关键审计事项的责任进行了具体明确。

除了上述提到的审计准则,其他审计准则也对审计职业责任进行了明示或者暗示的界定。

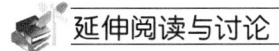 延伸阅读与讨论

审计职业责任的发展

审计职业责任是在持续发展的审计实践中逐渐确立起来的,并且随着审计环境的变化而发展、变化。在 1917 年之前,审计报告中并没有关于审计责任的直接表述。这一时期,审计人员对于审计职业本身及其所应承担的责任范围界定不明,使用过于自信、绝对化的用词,全面夸大了自己所能承担的审计责任。

在 1917—1931 年这个时期,审计人员逐渐认识到责任性质和范围,即仅对财务报表是否不存在重大错报予以合理保证而非绝对担保。

自 20 世纪 60 年代以来,美国审计职业界陷入了"诉讼爆炸"的局面。审计职业界在改进自身职能、完善审计方法和手段的同时,更加注重与报告使用人进行双方责任的沟通。1988 年,美国《审计准则说明书第 58 号——被审计会计报表的报告》明确要求,编制报表是企业管理当局的责任,注册会计师的责任是根据审计对报表发表意见。

我国 1996 年发布了《独立审计具体准则第 7 号——审计报告》,首次要求在审计报告中表述管理当局的会计责任和注册会计师的审计责任。

2001 年安然事件后,面对来自社会各方面的巨大压力,审计职业界明确加强了审计职业责任。2004 年 12 月 28 日,国际审计与鉴证准则理事会(IAASB)发布审计报告准则,将

注册会计师的责任和管理当局的责任作为审计报告两个并列要素分别列示,以提醒报告使用人注意。我国2006年对审计报告准则的修订也充分借鉴了国际审计准则的做法。

2008年金融危机后,社会各界反思了金融危机中审计存在的不足,以进一步发挥审计在促进经济发展和金融稳定中的作用,审计职业责任进一步增强。2015年,IAASB发布了新的审计报告准则,其目的是加强审计报告对投资者和其他财务报告使用者的效用,为其决策提供更多有用的信息。2016年,为保持与国际审计准则趋同,财政部印发了新审计报告准则。新审计报告准则对注册会计师审计责任进一步明确和细化,同时还增强了注册会计师对其他信息的责任。

讨论:

(1)结合审计职业责任的发展过程,分析审计环境变化对审计职业责任发展的影响,并思考审计职业责任未来的发展。

(2)结合审计职业责任的发展过程,比较2015年审计报告系列准则修订后审计职业责任的主要变化。

第三节　审计法律责任

一、审计法律责任概述

注册会计师审计法律责任的种类主要有行政责任、刑事责任与民事责任。

(一)行政责任

行政责任是指注册会计师由于行政违法而应承担的法律后果。我国注册会计师所承担的行政责任,主要是源于违反《注册会计师法》,在财政部门对会计师事务所进行审批、授予执业许可,以及后续监督管理过程中,注册会计师可能受到财政部门的处罚;在证券服务业务里,注册会计师一旦违反《公司法》《证券法》等相关法律,也会受到证监会或财政部门的惩处,这些都是行政责任的体现。我国注册会计师协会隶属财政部门,并行使财政部门委托行使的部分行政职权,因此我国注册会计师行业协会对注册会计师的惩戒具有行政性质,这一惩戒机制作为行政监管的重要补充,进一步强化了对注册会计师行业的规范与管理,有助于维护行业秩序,保障公众利益。

对于注册会计师个人而言,行政责任形式包括警告、暂停执业、罚款、吊销注册会计师证书以及市场禁入等;对会计师事务所而言,行政责任形式包括警告、没收违法所得、罚款、暂停执业、撤销等。

(二)刑事责任

我国2021年3月开始实施的新修订的《中华人民共和国刑法》(以下简称《刑法》)第二

百二十九条规定:"承担资产评估、验资、验证、会计、审计、法律服务等职责的中介组织的人员故意提供虚假证明文件,情节严重的,处五年以下有期徒刑或者拘役,并处罚金。前款规定的人员,索取他人财物或者非法收受他人财物,犯前款罪的,处五年以上十年以下有期徒刑,并处罚金。第一款规定的人员,严重不负责任,出具的证明文件有重大失实,造成严重后果的,处三年以下有期徒刑或者拘役,并处或者单处罚金。"这表明注册会计师可能因"提供虚假证明文件罪"和"出具证明文件重大失实罪"而承担刑事责任。注册会计师刑事犯罪侵犯的客体是社会主义市场经济秩序,刑事处罚形式包括有期徒刑和罚金。

此外,我国 2021 年发布的《注册会计师法(征求意见稿)》第九十五条明确规定:"会计师事务所、注册会计师和本法涉及的其他单位及人员违反本法规定,涉嫌犯罪的,移送司法机关。依法追究其刑事责任。"从我国刑法规定中可以看出,导致注册会计师承担刑事责任的原因可能是注册会计师故意的审计欺诈,也可能是执业中的重大过失。

(三) 民事责任

民事责任是注册会计师因违约或侵权导致的民事赔偿责任。注册会计师民事责任的认定,通常包含民事主体、民事客体、民事主观原因和客观原因四个要件。不过,具体的注册会计师民事责任情形较为复杂。注册会计师的不当执业会侵犯两种对象:其一是在履行业务合同的过程中,因违反合同约定而侵犯的委托人的合同利益;其二是不当执业行为会侵犯与注册会计师无直接合同关系的第三人的信赖利益。第三人基于对经注册会计师审计的财务报表的信赖,做出经济决策,若财务报表存在虚假信息,第三人的信赖利益就会受损。

这两种侵犯事项适用不同的归责原则。第一种侵犯事项属于违约行为,归责原则相对简单,主要是过错责任和无过错责任(严格责任)原则。在大陆法系国家,一般强调要有过错才承担合同责任;而英美法系奉行严格责任原则,即违约责任的承担主要考量违约结果是否是被告的行为造成的。我国合同违约责任采纳了严格责任的模式,2021 年 1 月 1 日实施的《中华人民共和国民法典》第五百七十七条规定:"当事人一方不履行合同义务或者履行合同义务不符合约定的,应当承担继续履行、采取补救措施或者赔偿损失等违约责任。"从该规定可见,并非只要违约即承担民事责任,还要看违约是否导致损失。例如,若合同一方虽有轻微违约行为,但未给对方造成任何实际损失,可能无需承担赔偿损失的责任。

第二种侵犯事项属于侵权行为。在传统民法中,注册会计师仅对自己的客户承担合同违约责任,对无合同关系的第三人并不承担责任。但是随着现代公司制度、金融证券制度的不断发展,注册会计师的执业行为与社会大众利益关联日益紧密,虚假会计信息成为各国社会经济生活的公害,因此必须正视注册会计师对第三人侵权的民事责任。在我国侵权行为法中,归责原则以过错责任原则为核心,过错责任原则是指以行为人主观上的过错为承担民事责任的基本条件的认定责任的准则,即行为人仅在有过错的情况下,才承担民事责任。同时,以无过错责任和过错推定为辅助。无过错责任原则是指依照法律规定不以当事人的主观过错为构成侵权行为的必备要件的归责原则,即不论当事人在主观上有没有过错,都应当承担民事责任。过错推定是指在某些侵权行为的构成中,法律推定实施该行为时具有过错,行为人如果不能证明自己没有过错,就应当承担侵权责任。

表5-1对注册会计师侵犯事项的归责原则进行了总结。

对应到两种不同的侵犯事项,注册会计师承担民事责任的主客观条件也有所差异。具体来说,因违约行为承担民事责任的主客观条件包括:第一,注册会计师与客户之间存在有效的业务约定书等合同,明确了双方的权利和义务范围。第二,注册会计师未履行合同义务,存在违约行为,如未开展约定的审计程序;或未适当履行,如审计工作质量不符合专业标准。第三,客户因注册会计师的违约行为遭受了经济损失等损害,如因审计报告延迟导致贷款申请延误产生的损失。第四,客户的损失与注册会计师的违约行为之间存在直接因果关系,即损失是由违约行为直接导致的。因侵权行为承担民事责任的主、客观条件包括:第一,注册会计师出具了不当审计报告;第二,注册会计师执业中存在过失或欺诈行为;第三,利害关系人因使用审计报告而遭受了实际损失;第四,注册会计师的不恰当审计报告与实际损失之间存在因果关系。

表5-1　注册会计师侵犯事项的归责原则

侵犯事项	侵犯对象	归责原则	
		国际	我国
违约	业务委托人的合同利益	过错责任	严格责任模式
		严格责任	
侵权	无直接合同关系第三人对财务报表的信赖利益	不承担责任	以过错责任原则为核心,以无过错责任和过错推定为辅助
		过错责任	
		无过错责任	
		过错推定责任	

已曝光的国内外针对注册会计师的民事法律诉讼基本都是被审计单位虚增收入、资产,虚减成本费用、少列负债,从而虚增利润、所有者权益,而相反的情形鲜有发生,其原因主要是虚增利润的财务报表可能给报表使用者带来实际经济损失,在时间顺序上也可显示报表使用者的投资损失与不恰当审计意见之间的因果关系,而隐藏利润的财务报表给报表使用者带来的可能只是机会损失,也难以界定这个机会损失与不恰当审计意见之间的因果关系。所以,通常情况下,虚增资产、利润的重大错报风险是注册会计师应当重点评估与应对的风险。

二、美国审计法律责任

美国审计法律责任主要源自普通法和成文法。普通法指不是通过立法而是通过法院判例形成的法律;成文法则是由联邦或州立法机构通过一定的立法程序制定的法律。

(一)注册会计师对客户的法律责任

注册会计师向审计客户提供的审计服务属于有偿服务,注册会计师向客户承担责任是基于直接合同关系以及侵权行为法的有关规定确定的。当违反合同的规定给客户造成损失时,注册会计师要承担违约责任。当注册会计师因为普通过失、重大过失或欺诈行为给客户带来经济损失时,注册会计师就对客户负有法律责任。遭受损失的客户往往指控注册会计师具有过失,从而向法院提起要求注册会计师赔偿的诉讼。在普通法下,一旦客户对注册会计师提起诉讼,客户(即原告)就负有举证责任,即必须向法院证明其已受到损失,以及这种损失是由于注册会计师的过失造成的。

美国大多数州采用相对过失原则,也就是说,将客户的过失、注册会计师的过失及其他当事人的责任在比例分配基础上进行比较,所有当事人将根据各自过失程度按比例承担责任。值得指出的是,采用相对过失原则的多数州也同时适用某种形式的连带原则。根据这个原则,请求权人可以从任何有责任的被告那里主张全部或部分损失赔偿,而不必考虑被告过失比例的大小。因为在许多案件中,其他被告没有财产或参加保险,只有注册会计师可以赔偿,注册会计师通常因其"深口袋"而对判决中所确定的全部损失承担赔偿责任。

(二) 注册会计师对第三方的责任

注册会计师除了可能被客户提起诉讼,还可能对第三方承担法律责任。第三方是指那些与注册会计师无直接契约关系、但依赖审计报告进行决策的利益相关者,包括现有的和潜在的股东、供应商、银行、其他债权人等。

1. 普通法下注册会计师对第三方的责任

在美国,联邦法院和大多数州法院的判例都要求注册会计师因重大过失、推定欺诈和欺诈行为需要对所有第三方承担责任。对于注册会计师的普通过失是否需要对第三方承担责任,联邦法院和各州法院的判决结果不尽相同,主要差异体现在受益第三方和其他第三方的不同判决上。

1) 对受益第三方的责任

受益第三方主要是指合同(即审计业务约定书)所指明的人,但他们既非要约人亦非承诺人。例如,注册会计师知道客户委托其对财务报表进行审计的目的在于获得某家银行的贷款,那么这家银行就是受益第三者。根据普通法有关合同的判例,受益第三方同样具有客户和会计师事务所签订合同中的权利,因而也享有同等的追索权。也就是说,如果注册会计师的过失(包括普通过失)给依赖经审计的财务报表的受益第三方造成了损失,受益第三方也可以指控注册会计师具有过失而向法院提起诉讼,追回遭受的损失。

2) 其他第三方的责任

1931 年,美国厄特马斯公司指控道奇与尼文会计师事务所一案,是关于注册会计师对第三方责任的一个划时代的案例,它确立了"厄特马斯主义",该案件对于注册会计师对于第三方责任承担具有里程碑性质的重要意义。该案件主要情况如下:自 1920 年开始,道奇与尼文会计师事务所一直对斯特公司进行查账,然而就在对 1923 年斯特公司资产负债表进行查证并出具了无保留意见的审计报告后不久,斯特公司宣告破产。根据注册会计师的审计意见,厄特马斯公司曾给予斯特公司几次贷款。厄特马斯公司在斯特公司破产后以注册会计师未能查出财务造假系欺诈行为为由,指控会计师事务所具有过失。纽约州最高法院的判定意见是犯有普通过失的注册会计师不对未曾指明的第三方负责;但同时法院也认为,如果注册会计师犯有重大过失或欺诈行为,则应当对未指明的第三方负责。

可以看出,"厄特马斯主义"的关键在于要看注册会计师过失程度的大小。对于未指明的第三方,普通过失不负责任,而重大过失和欺诈则应当负责。但是 20 世纪 80 年代以来,许多法院扩大了"厄特马斯主义"的含义,判定具有普通过失的注册会计师对可以合理预期的第三方负有责任。可以合理预期的第三方,是指注册会计师在正常情况下能够预见将依赖财务报表的人,例如,资产负债表日有大额未归还的银行贷款,那么银行就是可以合理预期的第三方。普通法下注册会计师对第三方的责任案中,举证的责任仍在原告。

2. 成文法下注册会计师对第三方的责任

在美国,涉及注册会计师法律责任的成文法主要有 1933 年《证券法》、1934 年《证券交易法》、1995 年《私人证券诉讼改革法案》及 2002 年《SOX 法案》。

1) 1933 年《证券法》

1933 年《证券法》规定:凡是公开发行证券的公司,必须向美国证券交易委员会(也称美国 SEC)呈送登记表,其中包括由注册会计师审计过的财务报表。如果登记表中有重大的错误陈述或遗漏事项,那么呈送登记表的公司和它的注册会计师对证券的原始购买人负有责任,注册会计师仅对登记表中经他审核和报告的误述或遗漏负责。

1933 年《证券法》对注册会计师的要求颇为严格,具体表现在:①只要注册会计师具有普通过失,就对第三方负有责任;②将不少举证责任由原告转向被告,原告(证券购买人)仅需证明他遭受了损失以及登记表是令人误解的,而不需证明他依赖了登记表或注册会计师具有过失等。

2) 1934 年《证券交易法》

与 1933 年《证券法》相比,1934 年《证券交易法》有如下特点:

第一,适用对象不同。1933 年《证券法》仅适用于新发行证券的购买者,而 1934 年《证券交易法》既适用于已发行证券的购买人,又适用于已发行证券的卖出人。1934 年《证券交易法》规定,每个在美国 SEC 管辖下的公开发行公司(具有 100 万美元以上的总资产和500 位以上的股东),均须向美国 SEC 呈送经注册会计师审计过的年度财务报表。如果这些年度财务报表令人误解,呈送公司和注册会计师对于买卖公司证券的任何人负有责任,除非被告确能证明他本身行为出于善意,且并不知道财务报表是虚伪不实或令人误解的。

第二,举证要求不同。虽然 1934 年《证券交易法》也是将大部分的举证责任转向被告,但是 1934 年《证券交易法》要求原告举出的证据,多于 1933 年《证券法》的要求。1934 年《证券交易法》要求原告应当向法院证明他依赖了令人误解的财务报表,也就是说要证明这是他受损的直接原因。另外,1933 年《证券法》要求注册会计师证明他并无过失,而 1934 年《证券交易法》,只要求注册会计师证明他的行为"出于善意"(即无重大过失和欺诈)即可。

3) 1995 年《私人证券诉讼改革法案》

20 世纪 70 年代以来,美国审计行业面临空前巨大的诉讼浪潮,审计行业的发展危机重重。为了减轻诉讼带来的法律赔偿责任,美国商业企业、行业协会、注册会计师共同游说国会修改法律、减轻责任。1995 年 12 月,美国国会通过了《私人证券诉讼改革法案》,对 1933 年《证券法》和 1934 年《证券交易法》主要作了以下几个方面的修改和补充:①改变责任承担方式。连带责任被在一定条件下的比例责任所代替,即如果被告故意违反法律,则对所有损失承担无限连带责任;如果不是故意,则在非故意的各方之间承担比例责任。②改变赔偿限额的确定方法。损失赔偿限额为证券买入价或卖出价与相关虚假信息得到更正并传播到市场后 90 天内平均收盘价的差。而之前法律规定的损失赔偿限额为证券买入价或卖出价与相关虚假信息传播到市场当天的价格之间的差。③对原告提起诉讼规定了更加严格的标准,原告在提起诉讼时必须提出能够从中推断出具有欺诈故意的事实,从而减少了对注册会计师执业行为吹毛求疵的可能性。④确立了证券信息披露的"安全港规则",明确了注册会计师执行规定的工作程序,就可以免除民事责任,从而排除了尽职的注册会计师遭受证券集团诉讼的可能。

4) 2002 年《SOX 法案》

针对安然、世通等大公司财务欺诈案件,2002 年美国国会出台了《SOX 法案》。该法案在会计职业监管、公司治理、证券市场监管等方面提出许多新的规定。其中与注册会计师相关的内容主要包括:①加强对公众公司审计的监管。成立独立的美国公众公司会计监督委员会(PCAOB),负责检查、调查和处罚执行公众公司审计业务的注册会计师和会计师事务所。执行公众公司审计的会计师事务所必须向 PCAOB 注册,并接受 PCAOB 和美国 SEC 定期检查和随时作出的特别检查。②加强注册会计师的独立性。禁止执行公众公司审计的会计师事务所为其审计客户提供规定的非审计服务,提供规定之外的非审计服务也须经公司审计委员会的批准;法案还要求审计合伙人和复核合伙人定期轮换。③加大公司的财务报告责任。公众公司的首席执行官和财务总监对财务报告质量予以保证;公司财务报告必须反映会计师事务所进行的所有重大调整,年报和季报都要披露所有的重大表外交易。④强化财务信息披露义务。公众公司应及时披露导致公司经营和财务状况发生重大变化的信息,年报中须包含内部控制报告及其评价,会计师事务所要对公众公司管理层做出的评价出具鉴证意见。⑤加重对违法行为的处罚。法案提高了证券欺诈犯罪的罚金和判刑年限标准;延长了证券欺诈犯罪诉讼时效。

三、中国审计法律责任

(一) 行政责任

1.《注册会计师法》的主要规定

现行《注册会计师法》对行政责任的规定主要有:

第三十九条规定,会计师事务所违反本法第二十条、第二十一条规定的,由省级以上人民政府财政部门给予警告,没收违法所得,可以并处违法所得一倍以上五倍以下的罚款;情节严重的,并可以由省级以上人民政府财政部门暂停其经营业务或者予以撤销。

注册会计师违反本法第二十条、第二十一条规定的,由省级以上人民政府财政部门给予警告;情节严重的,可以由省级以上人民政府财政部门暂停其执行业务或者吊销注册会计师证书。

第四十二条规定,会计师事务所违反本法规定,给委托人、其他利害关系人造成损失的,应当依法承担赔偿责任,在承担民事赔偿责任的同时,也可能面临相应的行政责任,如警告、罚款等行政处罚。

2021年《注册会计师法(征求意见稿)》对行政责任的有关规定如下:

第八十二条第一款规定,注册会计师从事执业活动违反本法第四十二条至第四十四条、第四十六条、第四十八条第(一)项至第(七)项规定的,由省级以上财政部门责令限期改正,给予警告,没收违法所得,并处违法所得一倍以上十倍以下的罚款;没有违法所得或者违法所得不足十万元的,并处十万元以上一百万元以下的罚款。情节严重的,并处限制从业三个月至六个月。

第八十二条第二款规定,注册会计师从事执业活动违反本法第四十八条第(八)项至第(十二)项规定的,由省级以上财政部门责令限期改正,给予警告,没收违法所得,并处违法所得一倍以上十倍以下的罚款;没有违法所得或者违法所得不足二十万元的,并处二十万元以上二百万元以下的罚款。情节严重的,并处限制从业六个月至一年,或者吊销注册会计师证书。

第八十五条规定,会计师事务所从事本法第三条规定的审计业务,未保持职业怀疑,未获取充分、适当的审计证据,出具的审计报告存在虚假记载、误导性陈述或者重大遗漏的,由省级以上财政部门给予警告,没收业务收入,并处业务收入一倍以上五倍以下的罚款,可以并处暂停执行业务一个月至六个月。没有业务收入或者业务收入不足五十万元的,处以五十万元以上二百万元以下的罚款。对签字注册会计师、直接负责的主管人员和其他责任人员给予警告,并处二十万元以上一百万元以下的罚款。情节严重的,并处限制从业三个月至六个月。

总体来看,征求意见稿整体罚款力度相较现行法有所加大,处罚种类更加多样全面,增加了责令限期改正和限制从业等手段。同时,现行法对会计师事务所整体、注册会计师个人及未经批准承办业务的单位都有规定,但相对来说对注册会计师个人执业行为规范的细分程度不足;征求意见稿对注册会计师违反不同条款规定了不同行政责任,对会计师事务所的严重违规情形也进行了更具体的界定,责任主体及违规情形针对性更强。

2.《证券法》的主要规定

《证券法》对行政责任的有关规定主要有:

第四十二条规定,为证券发行出具审计报告或者法律意见书等文件的证券服务机构和人员,在该证券承销期内和期满后六个月内,不得买卖该证券。第一百八十八条规定,证券服务机构及其从业人员,违反本法第四十二条的规定买卖证券的,责令依法处理非法持有的证券,没收违法所得,并处以买卖证券等值以下的罚款。

第二百一十三条规定,证券服务机构违反本法第一百六十三条的规定,未勤勉尽责,所制作、出具的文件有虚假记载、误导性陈述或者重大遗漏的,责令改正,没收业务收入,并处以业务收入一倍以上十倍以下的罚款;没有业务收入或者业务收入不足五十万元的,处以五十万元以上五百万元以下的罚款。情节严重的,并处暂停或者禁止从事证券服务业务。对直接负责的主管人员和其他直接责任人员给予警告,并处以二十万元以上二百万元以下的罚款。

3.《公司法》的主要规定

《公司法》第二百五十七条第一款规定,承担资产评估、验资或者验证的机构提供虚假材料或者提供有重大遗漏的报告的,由有关部门依照《中华人民共和国资产评估法》《中华人民共和国注册会计师法》等法律、行政法规的规定处罚。

（二）民事责任

1.《注册会计师法》的主要规定

现行《注册会计师法》中关于民事责任的规定主要有:

第十六条规定,注册会计师承办业务,由其所在的会计师事务所统一受理并与委托人签订委托合同。会计师事务所对本所注册会计师依照前款规定承办的业务①,承担民事责任。

第四十二条规定,会计师事务所违反本法规定,给委托人、其他利害关系人造成损失的,应当依法承担赔偿责任。

2021年《注册会计师法(征求意见稿)》中关于民事责任的条款规定主要是第八十九条。

第八十九条第一款规定:"利害关系人因合理信赖,使用会计师事务所出具的存在虚假记载、误导性陈述或者重大遗漏的审计报告造成损失的,会计师事务所应当区分以下情形依法承担赔偿责任:(一)属于一般过失的,被审计单位的财产依法强制执行后仍不足以赔偿损失的,由会计师事务所在审计收费金额范围内承担补充赔偿责任;(二)属于重大过失的,被审计单位的财产依法强制执行后仍不足以赔偿损失的,由会计师事务所承担一定比例的补充赔偿责任;(三)属于故意的,会计师事务所应当与被审计单位承担连带赔偿责任。"

第八十九条第二款对会计师事务所不承担民事责任的情形进行了规定,具体包括:"(一)已经按照执业准则规定的程序执行审计,并保持必要的职业谨慎,但仍未能发现差错;(二)实施审计所必须依赖的金融机构、供应商、客户等相关单位提供虚假或者不实的证明文件,会计师事务所在保持必要的职业谨慎情况下未能发现其虚假或者不实;(三)已对被审计单位的舞弊迹象提出警告并在审计报告中予以指明。"

---

① 包括审计、会计咨询、会计服务业务等。

可以看出,现行《注册会计师法》的规定较为笼统,仅原则性地指出会计师事务所违反规定造成损失要承担赔偿责任,没有对会计师事务所及注册会计师的过错形态进行区分,未明确不同过错情形下的具体责任承担方式。2021年征求意见稿对民事责任的规定更加细致和全面,明确区分了会计师事务所的一般过失、重大过失和故意三种情形,并分别规定了相应的赔偿责任,增强了法律的可操作性。除此之外,征求意见稿还分别考虑了会计责任和审计责任区分的问题,相关条款明确规定,对于相关单位违法提供虚假或者不实的证明文件,导致会计师事务所出具的审计报告存在虚假记载、误导性陈述或者重大遗漏的行为,规定给予警告并处五十万元以上三百万元以下的罚款,对直接负责的主管人员和其他直接责任人员给予警告,并处五万元以上五十万元以下的罚款;造成委托人、其他利害人损失的,区分一般过失、重大过失和故意三种情形,相关单位将分别面临在不实证明金额范围内承担补充赔偿责任、一定比例的补充赔偿责任、与被审计单位承担连带赔偿责任三种法律责任。

2.《证券法》的主要规定

《证券法》第一百六十三条规定,证券服务机构为证券的发行、上市、交易等证券业务活动制作、出具审计报告及其他鉴证报告、资产评估报告、财务顾问报告、资信评级报告或者法律意见书等文件,应当勤勉尽责,对所依据的文件资料内容的真实性、准确性、完整性进行核查和验证。其制作、出具的文件有虚假记载、误导性陈述或者重大遗漏,给他人造成损失的,应当与委托人承担连带赔偿责任,但是能够证明自己没有过错的除外。

3.《公司法》的主要规定

《公司法》第二百五十七条第二款规定,承担资产评估、验资或者验证的机构因其出具的评估结果、验资或者验证证明不实,给公司债权人造成损失的,除能够证明自己没有过错的外,在其评估或者证明不实的金额范围内承担赔偿责任。

4. 司法解释的规定

关于注册会计师民事责任,最为重要的司法解释是2007年6月《最高人民法院关于审理涉及会计师事务所在审计业务活动中民事侵权赔偿案件的若干规定》(以下简称《审计民事赔偿规定》),该规定适用于人民法院审理涉及会计师事务所在多种类型法定审计业务活动中的民事侵权赔偿案件,包括企业会计报表审计、验资、合并分立清算审计等。2022年1月21日,最高人民法院发布《关于审理证券市场虚假陈述侵权民事赔偿案件的若干规定》(以下简称新《规定》),新《规定》针对证券交易场所发行、交易证券过程中实施虚假陈述引发的侵权民事赔偿案件,限定于证券审计相关业务。针对证券审计领域,新《规定》在第三十五条特别强调,《审计民事赔偿规定》与新《规定》不一致的,以新《规定》为准。以下重点介绍《审计民事赔偿规定》的主要内容,其中与新《规定》不一致的内容,会结合新《规定》进一步说明。

1）明确了事务所侵权责任产生的事由

利害关系人以会计师事务所在从事审计业务活动中出具不实报告并致其遭受损失为由，向人民法院提起民事侵权赔偿诉讼的，人民法院应当依法受理。其中，不实报告是指会计师事务所违反法律法规、中国注册会计师协会依法拟订并经国务院财政部门批准后施行的执业准则和规则以及诚信公允的原则，出具的具有虚假记载、误导性陈述或者重大遗漏的审计业务报告。但是《审计民事赔偿规定》未对何为"虚假记载、误导性陈述或者重大遗漏的审计业务报告"作出界定，而新《规定》第四条对构成虚假陈述的虚假记载、误导性陈述、重大遗漏三种违法违规信息披露行为作出了明确界定。其中，虚假记载是指信息披露义务人披露的信息中对相关财务数据进行重大不实记载，或者对其他重要信息作出与真实情况不符的描述；误导性陈述是指信息披露义务人披露的信息隐瞒了与之相关的部分重要事实，或者未及时披露相关更正、确认信息，致使已经披露的信息因不完整、不准确而具有误导性；重大遗漏是指信息披露义务人违反关于信息披露的规定，对重大事件或者重要事项等应当披露的信息未予披露。由此，注册会计师及其他有关证券从业人员应当特别关注新《规定》的颁布对审计侵权赔偿规定中不实报告范围与内涵所作出的调整与更新。

2）确定了利害关系人的范围

利害关系人的范围，即第三方的范围，是会计师事务所民事责任的核心问题。《审计民事赔偿规定》规定，因合理信赖或者使用会计师事务所出具的不实报告，与被审计单位进行交易或者从事与被审计单位的股票、债券等有关的交易活动而遭受损失的自然人、法人或者其他组织，应认定为《注册会计师法》规定的利害关系人。该条规定贯彻了民法的公平原则，将民事侵权责任的对象确定为利害关系人，要求在被审计单位、事务所和第三方之间公平分配因被审计单位经营失败或舞弊、事务所审计失败而导致的利害关系人损失。

3）明确了诉讼当事人的列置

利害关系人未对被审计单位提起诉讼而直接对会计师事务所提起诉讼的，人民法院应当告知其对会计师事务所和被审计单位一并提起诉讼；利害关系人拒不起诉被审计单位的，人民法院应当通知被审计单位作为共同被告参加诉讼。利害关系人对会计师事务所的分支机构提起诉讼的，人民法院可以将该会计师事务所列为共同被告参加诉讼。利害关系人提出被审计单位的出资人虚假出资或出资不实、抽逃出资，且事后未补足的，人民法院可以将该出资人列为第三人参加诉讼。该条规定涉及被审计单位、分支机构所属事务所及被审计单位出资人的诉讼主体列置顺序，体现了被审计单位、事务所、第三方之间公平分配损失的原则。

4）确立了执业准则的法律地位

在《审计民事赔偿规定》颁布之前，会计界与法律界有关执业准则的法律地位一直存在争议。《审计民事赔偿规定》明确将执业准则纳入法律程序范畴，将会计师事务所是否遵循了执业准则的要求作为判断其有无故意和过失的重要依据，强调执业准则的权威性。

5）设定了归责原则和举证责任分配

民事责任归责原则一般分为过错责任原则和无过错责任原则；举证责任一般分为谁主张、谁举证原则和举证责任倒置原则。《审计民事赔偿规定》采取以过错责任归责原则为基础，统一适用过错推定原则和举证责任倒置的模式，明确规定会计师事务所因在审计业务活动中对外出具不实报告给利害关系人造成损失的，应当承担侵权赔偿责任，但其能够证明自己没有过错的除外。

6）确定了会计师事务所的连带责任和补充责任

对会计师事务所的连带责任和补充责任的规定主要如下。

会计师事务所在故意情况下出具不实报告给利害关系人造成损失的，应当与被审计单位承担连带赔偿责任，这些情形包括：与被审计单位恶意串通；明知被审计单位对重要事项的财务会计处理与国家有关规定相抵触而不予指明；明知被审计单位的财务会计处理会直接损害利害关系人的利益而予以隐瞒或作不实报告；等等。

会计师事务所在过失情况下出具不实报告给利害关系人造成损失的，会计师事务所承担的赔偿责任大小与其过失程度相适应，这些情形包括：制订的审计计划存在明显疏漏；未依据执业准则、规则执行必要的审计程序；未能合理地运用执业准则和规则所要求的重要性原则等。第十条规定了会计师事务所过失赔偿责任的顺位，即应先由被审计单位赔偿利害关系人的损失，对被审计单位、出资人的财产依法强制执行后仍不足以赔偿损失的，由会计师事务所在其不实审计金额范围内承担相应的赔偿责任。可以看出，事务所因过失出具不实报告承担的是一种既不同于连带责任也不同于按份责任的补充责任。

7）会计师事务所免除和减轻责任的事由

对会计师事务所免除和减轻责任的事由的规定主要如下。

会计师事务所可以不承担民事赔偿责任的情形有：一是已经遵守执业准则、规则确定的工作程序并保持必要的职业谨慎，但仍未能发现被审计单位的会计资料错误；二是审计业务所必须依赖的金融机构等单位提供虚假或者不实的证明文件，会计师事务所在保持必要的职业谨慎下仍未能发现虚假或者不实；三是已对被审计单位的舞弊迹象提出警告并在审计报告中予以指明；四是已经遵照验资程序进行审核并出具报告，但被审验单位在注册登记之后抽逃资金；五是为登记时未出资或者未足额出资的出资人出具不实报告，但出资人在登记后已补足出资。

会计师事务所减轻责任的情形，即利害关系人明知会计师事务所出具的报告为不实报告而仍然使用的，人民法院应当酌情减轻会计师事务所的赔偿责任。实际上，利害关系人明知报告不实而仍然使用报告并受到损失的，其损失与不实报告之间可以说是不存在直接因果关系的。但考虑到事务所因过错出具不实报告，如果完全不承担责任会失之偏颇，因此规定在这种情况下应当减轻事务所责任而不是免除其责任。该规定体现了公平分配损失的原则。

（三）刑事责任

1.《注册会计师法》的规定

现行《注册会计师法》中关于刑事责任的规定主要是第三十九条第三款：会计师事务所、注册会计师违反本法第二十条、第二十一条的规定，故意出具虚假的审计报告、验资报告，构成犯罪的，依法追究刑事责任。其中，第二十条规定注册会计师执行审计业务时，遇有特定情形应当拒绝出具有关报告；第二十一条规定注册会计师执行审计业务，必须按照执业准则、规则确定的工作程序出具报告，注册会计师对有关报告负有内容真实性等方面的责任。

2021年《注册会计师法（征求意见稿）》没有专门进一步细化或另行规定刑事责任条款，而是更多通过提升处罚力度、明确和细化违法情形等方式，强化整体的责任体系，与《刑法》等相关法律配合来落实刑事责任。例如，第九十五条规定，会计师事务所、注册会计师和本法涉及的其他单位及人员违反本法规定，涉嫌犯罪的，移送司法机关，依法追究其刑事责任。

2.《证券法》和《公司法》的规定

《证券法》和《公司法》对注册会计师和会计师事务所刑事责任没有直接详细的具体条款，涉及刑事犯罪的，主要结合《刑法》条文进行认定。如《证券法》第二百一十九条规定，违反《证券法》规定，构成犯罪的，依法追究刑事责任；《公司法》第二百六十四条规定，违反本法规定，构成犯罪的，依法追究刑事责任。这些都是概括性的条款，说明当注册会计师和会计师事务所的行为违反《证券法》和《公司法》相关规定且达到犯罪程度时，就会依据相关刑法规定来追究刑事责任。

3.《刑法》的规定

《刑法》中与注册会计师刑事责任相关的条款是第二百二十九条，具体内容为"承担资产评估、验资、验证、会计、审计、法律服务、保荐、安全评价、环境影响评价、环境监测等职责的中介组织的人员故意提供虚假证明文件，情节严重的，处五年以下有期徒刑或者拘役，并处罚金；有下列情形之一的，处五年以上十年以下有期徒刑，并处罚金：（一）提供与证券发行相关的虚假的资产评估、会计、审计、法律服务、保荐等证明文件，情节特别严重的；（二）提供与重大资产交易相关的虚假的资产评估、会计、审计等证明文件，情节特别严重的；（三）在涉及公共安全的重大工程、项目中提供虚假的安全评价、环境影响评价等证明文件，致使公共财产、国家和人民利益遭受特别重大损失的"。同时，该条款还进一步规定，"有前款行为，同时索取他人财物或者非法收受他人财物构成犯罪的，依照处罚较重的规定定罪处罚。第一款规定的人员，严重不负责任，出具的证明文件有重大失实，造成严重后果的，处三年以下有期徒刑或者拘役，并处或者单处罚金"。

案例分析

康美药业审计法律责任案

康美药业（现ST康美，股票代码：600518）成立于1997年，总部位于广东省普宁市，是一家主要从事中医药生产销售的上市公司,主营业务范围包括中药饮片、化学药品等的生产与销售,以及中药材贸易。康美药业于 2001 年 2 月上市。2018 年 12 月,康美药业涉嫌多项财务数据造假,被证监会调查。证监会经调查认定:①康美药业 2016 年、2017 年、2018 年连续 3 年的年度报告里均存在虚增收入、虚增货币资金等虚假记载行为。而广东正中珠江会计师事务所(以下简称正中所),自 2000 年至案发已连续 19 年承担康美药业的年报审计工作,为康美药业 2016 年、2017 年财务报表出具了无保留意见审计报告;2019 年 4 月 28 日,正中所为康美药业 2018 年财务报表出具了保留意见审计报告。经查,正中所出具的前述审计报告存在虚假记载。②在 2016 年和 2017 年年报审计期间,正中所未对康美药业的业务管理系统实施相应审计程序,未获取充分适当的审计证据。③正中所对康美药业 2016—2018 年财务报表的审计均存在缺陷。

根据康美药业 2019 年 4 月 29 日晚发布的公告,仅 2017 年年报中货币资金就虚增近 300 亿元。此外,该公司还在未经授权的情况下,向控股股东及其关联方提供非经营性资金。

康美药业最大的股东为康美实业,持股比例达到 31.91%,而康美实业的实际控制人为马某,持股比例高达 99.68%。同时,马某担任康美药业董事长并且兼任总经理,其妻子许某担任公司副董事长并且兼任常务副总经理,许某作为康美药业的第七大股东,持股比例为 1.97%,同时担任康美实业监事职务。

2020 年 5 月,证监会对康美药业财务舞弊案作出行政处罚,其中对正中所责令改正,没收业务收入 1 425 万元,并处以 4 275 万元罚款;对相关注册会计师予以警告,并处 3 万～10 万元罚款。

2021 年 11 月 12 日下午,康美药业证券集体诉讼案作为新修订的《证券法》实施后第一个集体诉讼特别代表人诉讼案,广州市中级人民法院对其作出一审判决:康美药业承担 24.59 亿元的赔偿责任;公司实际控制人马某夫妇及邱某等 4 名原高管人员组织策划实施财务造假,属故意行为,承担 100% 的连带赔偿责任;另有 13 名高管人员按过错程度分别承担 5%、10%、20% 的连带赔偿责任。正中所、正中珠江合伙人、签字会计师杨某承担总赔偿损失的 100% 连带责任。2022 年 1 月 10 日,广东省高级人民法院对该案二审维持原判。

讨论:

(1) 结合案例资料,指出导致康美药业审计师承担审计法律责任的具体原因。

(2) 结合案例资料,谈谈注册会计师如何防范审计法律责任。

课程思政

党的二十大关于依法治国的论述

党的二十大报告指出:"全面依法治国是国家治理的一场深刻革命,关系党执政兴国,关系人民幸福安康,关系党和国家长治久安。必须更好发挥法治固根本、稳预期、利长远的保障作用,在法治轨道上全面建设社会主义现代化国家。"

讨论:

根据以上资料,谈谈完善审计法律责任的意义。

第六章　风险导向审计的原理及其过程

第一节　风险导向审计的原理

一、风险导向审计的产生与发展

审计模式可以是审计机构的领导与被领导及审计报告关系,也可以是为实现特定的审计目标所采取的审计策略、方式和方法的总称,这里的审计模式就是审计策略、方式和方法的总称。历史上随着审计环境的变化,注册会计师审计模式经历了账项基础审计、制度基础审计和风险导向审计三种审计模式。

(一)账项基础审计

账项基础审计(transaction-based auditing)存在于 19 世纪中叶到 20 世纪 40 年代。在这一时期,英国的法律规定了所有股份有限公司和银行必须聘请注册会计师审计,致使英国独立审计得到了迅速发展,英国的审计模式在当时占据着主导地位。这种审计模式以查错纠弊为目的,对公司的会计账簿记录进行逐笔审查,检查各项分录的正确性、账簿的加总和过账是否正确、总账与明细账是否一致等。因此,该种审计模式又被称为详细审计。

账项基础审计适用于当时被审计单位规模较小、业务较少、账目数量不多及审计技术和方法不发达的特定审计环境。随着企业规模的日渐增大和审计范围的不断扩大,对被审计单位的账目记录进行详细审查的成本越来越高,客观上要求对账项基础审计进行改进。

独立审计开始转向以会计报表为基础进行抽查；审计方式由顺查法改为逆查法，即先通过审查财务报表有关项目，再有针对性地抽取凭证进行检查。在此阶段，抽查的数量很大，但是由于采取判断抽样为主，注册会计师仍难以有效地揭示企业会计报表中可能存在的重大错弊。

（二）制度基础审计

制度基础审计（system-based auditing）存在于 20 世纪 40 年代到 20 世纪 70 年代这一期间。20 世纪 40 年代以后，随着社会和经济的发展，企业规模不断扩大，业务量急剧增加，会计账目越来越多。企业为了管理的需要，开始建立内部控制制度。会计报表的外部使用者越来越关注企业的经营管理活动，特别希望注册会计师全面了解企业的内部控制情况，审计目标逐渐从查错揭弊发展到对会计报表真实公允性发表鉴证意见。早期的账项基础审计模式在日益复杂的经济环境面前显得越来越不可行，过多的人工成本降低了注册会计师的边际收益率。1938 年的美国麦克森·罗宾斯公司（McKesson & Robbins）倒闭事件，是审计史上影响最大的案件之一，该事件不仅削弱了公众对注册会计师的信任，也暴露出审计方法和程序方面存在的弊端。为了保证审计质量，提高审计效率，审计职业界必须寻找更为可靠的、更有效的审计方法。

经过长期的审计实践，注册会计师发现企业内部控制制度与企业会计信息的质量具有很大的相关性。被审计单位内部控制健全有效，就可大大降低会计报表中的错报，注册会计师就可相应减少审计测试范围，对财务报表整体上的真实公允性发表鉴证意见。

这种模式只适用于内部控制设计健全并得到有效执行的被审计单位，且较难发现企业系统的舞弊，不能有效防范企业经营失败带来的审计风险。制度基础审计将注册会计师视野局限于会计控制和管理控制，较少深入企业战略与经营层面。随着企业战略与经营失败，各种舞弊的频发，同时，注册会计师出于迎合公众更广泛的需求和控制审计风险的考虑，审计模式逐步向风险导向审计模式发展。

（三）风险导向审计

在经历了账项基础审计和制度基础审计之后，审计模式进入了风险导向审计（risk-oriented auditing）阶段。根据对审计风险的认识以及审计范围，风险导向审计模式又可分为传统风险导向审计和现代风险导向审计。20 世纪 80 年代初，传统风险导向审计开始得到确立与实施，20 世纪 90 年代末审计实务界开始探索现代风险导向审计模式，21 世纪初国际上现代风险导向审计准则的颁布，标志着现代风险导向审计正式确立。我国于 2006 年 2 月也颁布了现代风险导向审计准则，并于 2007 年 1 月 1 日正式实施。当前审计实务与理论上没有特别说明的"风险导向审计"即指"现代风险导向审计"。

1. 传统风险导向审计

自 1895 年英国大法官林德利（Lindley）在"London and General Bank"案的判决中开始追究审计人员的过失责任后，审计责任及由此产生的审计风险问题开始引起审计职业界的关注。1957年,《蒙哥马利审计学》(第8版)首次将"风险"这一概念与审计程序的设计紧密联系起来,用于探索审计风险控制的措施和审计方法的改进。将风险概念引入审计学是审计理论和实务发展史上具有重要意义的一个里程碑,它使审计人员对审计风险的认识由被动控制变为主动控制。20世纪70年代,基于风险观念上的审计方法开始在审计实务中被陆续采用,这是风险导向审计概念产生的萌芽状态。

1983年,美国审计准则委员会(ASB)发布了第47号审计准则公告(SAS47),该公告考虑了当时审计实践的发展状况,建立并推行了一个被广泛接受的审计风险模型:

$$AR = IR \times CR \times DR \tag{6-1}$$

式(6-1)中　　AR ——审计风险(audit risk);

IR ——固有风险(inherent risk);

CR ——控制风险(control risk);

DR ——检查风险(detection risk)。

关于"审计风险""固有风险""控制风险""检查风险"的概念参见本节第三部分内容。

该模型通过固有风险将注册会计师的视野从企业内部向更为广泛的领域扩展,包括行业环境、管理层品行和能力等,通过评估固有风险和控制风险,在拟承受的审计风险下,确定可接受的检查风险,根据可接受的检查风险大小来确定注册会计师对账目实施实质性程序的性质、时间和范围。这种审计风险模式下的风险导向审计称"传统风险导向审计"。

传统风险导向审计拓展了风险评估与风险分析,是对制度基础审计的继承发展与革新,但传统风险导向审计仍然存在以下缺陷:①它存在简化主义倾向。它认为通过对报表账户层面各个不同认定的审计,就可以自下而上地对财务报表发表意见提供充分、适当的证据。这种自下而上的审计思路与先以财务报表层次重大错报风险评估为起点,再对账目进行实质性审计的"自上而下"审计相比,审计资源的分配经常难以突出重大风险,造成有限的审计资源的浪费。②对风险的分析和评估体现一种狭隘的"会计观"。它将注册会计师的注意力、分析与测试重点主要放在账户本身的风险及其会计系统的可靠性之上,未能有效地将企业外部风险、战略和经营环节风险与财务报表重大错报风险关联起来。③它假定固有风险、控制风险和检查风险之间相互独立。固有风险和控制风险都受企业内外部环境的影响,而且两者之间还会相互影响,实务中固有风险和控制风险经常难以区分,通常将固有风险简单地确定为高水平,从而不能有效减少后续实质性审计程序的工作量。

2. 现代风险导向审计

20世纪80年代以后,世界经济急剧变化,科学技术日新月异,各种文化相互渗透,市场竞争日益激烈,人类开始迈入较为成熟的信息社会和知识经济时代。在这种情况下,企业与其所面临的多样的、急剧变化的内外部环境的联系日益增强,内外部经营风险很快会转化为财务报表错报的风险。而且,从20世纪80年代末开始,财务报表公允性验证与查错揭弊的双重审计目标正式确立,随着系统理论与系统管理理论、战略管理理论的发展,以及其他诸多环境的发展使注册会计师逐渐认识到被审计单位并不是一个孤立的主体,它是整个社会的一个有机组成部分。如果将被审计单位隔离于其所处的广阔经济网络,注册会计师就不能有效地了解被审计单位,进行有效的审计。此间,为缩小审计期望和提高审计效率,审计实务界,尤其是国际大型会计师事务所,积极探索新的审计方法,这些审计方法原理大致相同,均体现了现代风险导向审计的核心内容。这里简要介绍下形成较早、比较具有代表性的毕马威的 BMP(business measurement process)审计方法。

1997 年,毕马威研究小组出版了《以战略系统观组织审计》研究报告,提出了毕马威的 BMP 审计方法。首先,这一审计方法分析企业的经营模式,以"自上而下"和"自下而上"相结合的方式理解企业的内外部经营环境。其次,以五个要素(战略分析、经营环节分析、风险评估、经营计量和持续改进)来分析企业的经营风险,得出关于剩余风险(未被有效控制的战略风险与经营风险)的结论及其对审计的影响。以上五要素中的经营计量是通过财务与非财务的关键指标,运用审计师关于客户经营模式所含的综合知识,判断客户的竞争优势与差距及业绩异常表现,从而有助于识别与评估重大错报风险;持续改进主要指客户经营战略确定、确定经营目标、经营活动、创新活动、计量经营结果等主要经营环节的持续循环、反馈与改进的过程。审计师对客户持续改进的了解,也有助于识别战略风险、经营风险与剩余风险。最后,用剩余风险来指导实质性程序,从而"自下而上"地完成审计工作,各要素具体关联如图 6-1 所示。总体而言,毕马威的 BMP 模型以战略系统为视角,从战略分析入手,通过"战略风险分析—经营环节风险分析—剩余风险分析"的基本思路,来决定进一步审计程序的性质、时间和范围,体现了现代风险导向审计的核心内容。

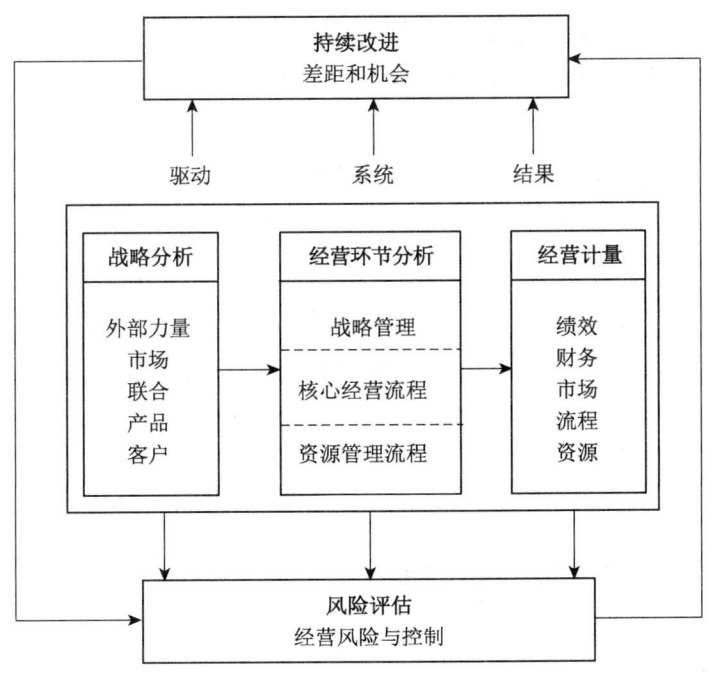

图 6-1　毕马威 BMP 审计方法

2002 年年底，为了适应新的审计方法的需要，IAASB 与 ASB 都修改了相关审计准则并发布征求意见稿。2003 年 10 月，IAASB 发布了三项新的国际审计准则：《了解被审计单位及其环境并评估大错报风险》(ISA315)、《针对评估的重大错报风险实施的程序》(ISA330) 和《审计证据》(ISA500)，并要求从 2004 年 12 月 15 日或之后开始的期间执行这项新风险准则及相应修订的其他准则，这标志着现代风险导向审计的正式确立。

中国注册会计师协会根据国际风险审计准则和我国注册会计师的执业需要，于 2006 年制定或修订了新的审计准则，实现了现代风险导向审计在我国社会审计中的正式确立。

二、风险导向审计的总体特征

风险导向审计在审计理论与实务上，相对于传统审计模式，其理论基础、审计理念、审计风险、审计证据、审计程序、审计思维等方方面面都存在不同程度的特点，这里将其总体特征概括如下。

（一）审计逻辑起点方面的特点

风险导向审计以战略及经营环节风险分析为起点，审计责任前移、重心前移。账项基础审计的重心在详细检查凭证与账簿，因而是滞后的；制度基础审计的重心前移到控制风险，向前迈进了一步；风险导向审计则将重心再次前移，从战略风险入手，拓展了审计证据的范围，通过"战略风险分析—经营环节风险分析—剩余风险分析"的基本思路，克服了制度基础审计简化主义的认知模式。

（二）风险方面的特点

风险导向审计引入重大错报风险，以改进审计风险模型。传统风险导向审计的审计风险将固有风险和控制风险割裂开来，风险导向审计模型将固有风险和控制风险合并为"重大错报风险"，使得审计风险评估更具操作性、全面性。一方面，在企业层面上固有风险与控制风险有时难以区分，传统风险导向审计下的审计实务通常将固有风险评估为 100% 或高风险，从而失去了单独评估固有风险的意义，所以合并为重大错报风险更具操作性；另一方面，风险导向审计从企业战略入手，分析经营风险，进而评估财务报表重大错报风险，重大错报风险的评估不局限于与财务报表直接相关的固有风险与相关控制风险，使得注册会计师能从更高层次、更全面的视角来评估财务报表重大错报风险，风险评估效果更好。另外，风险导向审计模型凸显了风险评估及风险导向的作用，使得注册会计师能够聚焦财务报表重大错报风险，根据重大错报风险的大小分配审计资源，突出相对较高的审计风险领域与审计重点，提升审计效率与效果。

（三）专业知识与职业思维方面的特点

风险导向审计需要更多的知识支撑，执业中需要更多的沟通与讨论，职业判断更加重要。风险导向审计从系统论和战略管理理论出发，在源头上和宏观上识别与评估财务报表存在的重大错报风险。重大错报风险评估将内外环境变量引入审计风险模型,涉及企业战略、行业知识、公司治理、风险管理、内部控制、信息系统、经营业绩估计与计量等复合型知识,因此,风险导向审计有效实施需要综合的知识支撑,执业中需要通过项目组更多的沟通与讨论,以集思广益,更客观、全面地评估重大错报风险,制定有效的审计程序。审计整个过程职业判断更多、更重要,对复合型审计人才需求更高。

(四) 审计程序方面的特点

风险导向审计在审计程序上将"自上而下"和"自下而上"相结合,并突出分析程序的作用,审计程序更加灵活。

"自上而下"是指从财务报表层面的整体风险评估开始,以决定对报表项目的进一步审计程序(主要是控制测试与实质性程序)的性质、时间和范围;"自下而上"是指注册会计师对报表项目实施进一步审计程序,根据审计获得的证据与其他信息考虑对财务报表的风险评估是否恰当,据此判断制定的审计计划是否恰当,从而对财务报表整体形成意见。从专业判断上讲,"自上而下"是指审计项目负责人会把对财务报表整体层面和认定层面上识别的风险以及总体应对措施、具体审计策略,通过审计指令或审计具体计划传递给现场注册会计师;"自下而上"是指现场注册会计师按照审计计划执行审计测试过程中,需要把所有重大事项或特殊风险,以及自己把握不准确的地方向高一级复核人请示汇报,而高一级复核人在复核、讨论、沟通的基础上提出意见。

在审计取证上,传统风险导向审计也涉及分析程序,但分析程序的作用并没有得到应有的重视。如果说制度基础审计与传统风险导向审计主要是财务信息分析,那么风险导向审计则扩展到非财务信息的分析,且分析程序基本贯穿审计整个过程。

另外,与传统风险导向审计较为机械的审计程序相比,风险导向审计根据风险评估结果对财务报表项目实施进一步审计程序,根据风险大小分配审计资源,无疑加强了进一步审计程序的灵活性。

三、风险导向审计的审计风险模型

(一) 审计风险概念及要素

根据信息经济学,风险不同于不确定性,风险是可以用概率表示的不确定状况,而不确定性是不知概率分布的不确定状况。审计风险包含三个层次的内容:一是最狭义的审计风险,财务报表存在重大错报而注册会计师发表不恰当审计意见的可能性。二是狭义的审计风险,发表了一个不恰当审计意见的可能性。相对于最狭义的审计风险概念,它包括财务报表不存在重大错报而注册会计师出具了不恰当审计意见风险的情形,这种情形一般不太可能出现。三是广义的审计风险,即审计业务风险或审计职业风险。审计业务风险是审计主体因执业而遭受损失的可能性,包括经济或声誉上损失的可能性。即使审计意见是恰当的,也可能产生审计业务风险,如被审计单位破产而导致注册会计师的声誉损失风险或无法收到审计费用风险。以下涉及的审计风险概念,如无特别说明,均指最狭义的审计风险概念。

注册会计师财务报表的审计风险是由被审计单位财务报表本身存在的重大错报风险和注册会计师可能没有发现这些重大错报的检查风险构成的。

另外,要注意审计风险与审计失败概念的区别,审计失败是注册会计师因主观或客观原因导致执业时未能遵守审计准则,并出具了不恰当审计意见的事实。审计失败的原因,就注册会计师方面的责任来说,可能是注册会计师非故意的原因,也可能是注册会计师的主观故意行为;审计风险是注册会计师力求回避的风险,其产生的原因,就注册会计师方面来说,是注册会计师的检查风险,而检查风险是注册会计师的非故意行为,如胜任能力不足,或职业怀疑不足等,可归结为审计程序的设计或执行上的缺陷。

1. 重大错报风险

重大错报风险是指财务报表在审计前存在重大错报的可能性。重大错报风险与被审计单位的风险相关,且独立于财务报表审计而存在,注册会计师只能评估重大错报风险而不能控制重大错报风险。

1) 两个层次的重大错报风险

财务报表重大错报风险分为与财务报表整体联系的"财务报表层次"(financial statement level)重大错报风险和与某些交易、账户余额和披露直接联系的"认定层次"(assertion level)重大错报风险。财务报表层次重大错报风险与财务报表整体存在广泛联系,可能影响多项认定。此类风险通常与企业战略风险、控制环境相关,但也可能与其他因素有关,如经济萧条。此类风险难以界定于某类交易、账户余额和披露的具体认定,但是此类风险增大了认定层次发生重大错报的可能性。认定层次的重大错报风险通常与经营风险相关,如企业产成品的市价在期末发生大幅下跌,会导致企业存货跌价准备计提不充分的风险,进而直接导致"存货"与"资产减值损失"的"准确性、计价和分摊"认定存在认定层次重大错报风险。

需要特别说明的是,财务报表重大错报风险不是财务报表层次重大错报风险与认定层次重大错报风险两个部分之和,而是分成两个层次,两个层次的风险评估是不可割裂的。识别与评估财务报表层次重大错报风险,是为了考虑其对认定层次重大错报风险的影响,财务报表层次的重大错报风险最终表现在相关交易、账户余额和披露等项目的具体认定上,反过来,识别与评估认定层次重大错报风险时要考虑财务报表层次重大错报风险的影响,并为评估的财务报表层次重大错报风险提供证据。实际上,财务报表层次重大错报风险仅是个抽象概念,因为,财务报表的错报最终只能表现在相关交易、账户余额和披露等项目的具体认定上。

2) 固有风险和控制风险

认定层次重大错报风险又可以细分为固有风险和控制风险。固有风险是指在不考虑控制的情况下,某类交易、账户余额或披露的某一认定易于发生错报(该错报单独或连同其他错报可能是重大的)的可能性。某些类别的交易、账户余额和披露的固有风险较高。例如,复杂的计算比简单计算更可能出错;受重大计量不确定性影响的会计估计发生错报的可能性较大。就财务报表所有项目的所有认定而言,固有风险不可能等于零,固有风险一定是存在的。

控制风险是指某类交易、账户余额或披露的某一认定发生错报,该错报单独或连同其他错报是重大的,但控制没有及时防止或发现并纠正的可能性。考虑到内部控制存在固有局限性,如内部控制会因管理层凌驾于内部控制之上、执行人的有意或无意,甚至串谋而失效;内部控制的设计因受制于成本效益原则而导致其设计存在缺陷;内部控制对非正常的例外事项可能失效等。内部控制的固有局限性使得控制风险始终存在,控制风险不可能降为零。

财务报表层次重大错报风险的来源更为广泛,有时难以分别用固有风险和控制风险来概括,但认定层次重大错报风险多是经营层面的,其固有风险与控制风险通常容易区分。如营业收入项目的"准确性"认定,可根据其核算的复杂性、主观性、不确定性等评估其固有风险,根据与营业收入项目"准确性"的认定相关控制的有效性评估其控制风险。因此,审计准则要求注册会计师应当将认定层次的重大错报风险分为固有风险和控制风险分别进行评估,但对财务报表层次重大错报风险是否要分为固有风险和控制风险分别进行评估,准则未予明确,即注册会计师可以在财务报表层次上对"重大错报风险"进行总体评估。

2. 检查风险

检查风险是指如果存在某一错报,该错报单独或连同其他错报可能是重大的,注册会计师为将审计风险降至可接受的低水平而实施程序后没有发现这种错报的风险。检查风险取决于审计程序设计的合理性和执行的有效性。理论上注册会计师不能绝对保证审计程序设计的合理性和执行的有效性,因此,检查风险也不可能降低为零。最后,检查风险的定义明确"注册会计师为将审计风险降至可接受的低水平而实施程序后没有发现这种错报的风险",从中也可以看出,从注册会计师自身原因来说,检查风险都是注册会计师的非故意行为导致的,而不是故意行为导致的。因此,注册会计师的职业道德,包括独立性方面的欠缺通常不是检查风险的原因。但来自外部压力,使注册会计师职业判断失准,从而影响其独立性,进而可能导致检查风险。

(二)审计风险模型及其意义

在既定的审计风险水平下,可接受的检查风险水平与认定层次重大错报风险的评估结果呈反向关系。评估的认定层次重大错报风险越高,可接受的检查风险越低;评估的认定层次重大错报风险越低,可接受的检查风险就越高。风险导向审计的审计风险模型为:

$$AR = RMM \times DR \tag{6-2}$$

式(6-2)中 AR ——审计风险；

DR ——检查风险；

RMM ——重大错报风险(risk of material misstatement)。

至于审计风险为什么是两个风险因素相乘的结果，这里可以简单地这样理解：假设某企业在某会计期间仅发生了 20 笔业务，且每笔业务都是重大的。审计前，20 笔中存在 8 笔错报的可能性，即重大错报风险为 $RMM=8/20=40\%$，审计是针对可能错报的 8 笔进行检查和调整，若审计后仍可能存在 2 笔错报，则注册会计师的检查风险 $DR=2/8=25\%$，审计风险是审计意见未恰当反映重大错报的可能性，即 $AR=2/20=10\%$，或 $AR=(8/20)\times(2/8)=RMM\times DR=10\%$。

根据以上审计风险模型，在既定审计风险下，检查风险与认定层次重大错报风险的数学关系是：

$$DR=\frac{AR}{RMM} \tag{6-3}$$

审计风险模型的意义是，在风险导向审计模式下，注册会计师要控制审计风险，首先应评估被审计单位财务报表存在的重大错报风险，进而根据风险评估的结果实施进一步审计程序，以控制检查风险，最终使审计风险控制在可承受范围内。进一步审计程序是相对风险评估程序而言的。

假设针对某一认定，注册会计师将可接受的审计风险水平设定为 5%，注册会计师实施风险评估程序后将重大错报风险评估为 25%，则根据这一模型，可接受的检查风险为 20%。当然，实务中，注册会计师不一定用绝对数量表达这些风险水平，而是选用"高""中""低"等文字进行定性描述。审计风险一定前提下，可接受检查风险与评估的重大错报风险的关系如表 6-1 所示。表 6-1 反映了评估财务报表层次重大错报风险是评估认定层次的可接受检查风险的前提。

表 6-1 可接受检查风险与评估的重大错报风险的关系

对财务报表层次重大错报的评估	对认定层次重大错报风险的评估		
	高	中	低
	设定可接受的检查风险		
高	最低	较低	中等
中	较低	中等	较高
低	中等	较高	最高

注册会计师应当根据可接受的检查风险，合理设计审计程序的性质、时间安排和范围，并有效执行审计程序，以控制检查风险，从而达到控制总审计风险的目的。可接受检查风险越小，对注册会计师的审计要求越高，设计的审计程序要保证获取的审计证据数量越多、

质量越高,反之亦然。

(三) 审计的固有限制

理论上,审计风险各要素及审计风险总是大于零,审计风险必然存在,即审计存在固有限制,仅是合理保证的业务,其根源首先是财务报告的性质,其次是审计程序的性质以及财务报告及时性与审计的成本效益权衡。具体来说,财务报告性质,如财务报告的会计政策选择和会计估计的主观性等;审计程序性质,如审计程序的主观性、获取审计证据受到实务和法律的限制、管理层不提供完整信息、无法获取舞弊证据等;财务报告及时性与审计的成本效益权衡,审计报告要及时披露,而审计期限不能过长,会计师事务所无法承担过高的审计成本,只要能达到合理保证审计目标即可。审计固有限制的根源如图 6-2 所示。

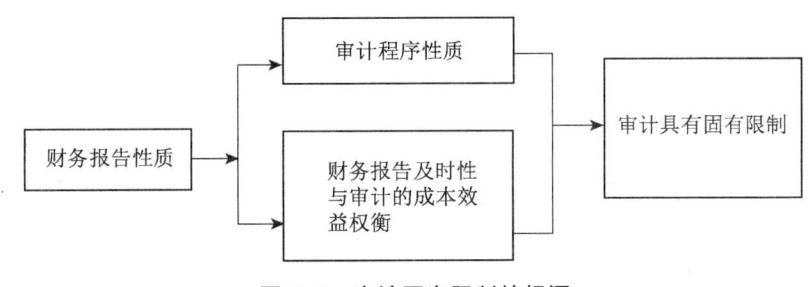

图 6-2　审计固有限制的根源

四、风险导向审计的逻辑程序

风险导向审计对于风险的认识要比传统风险导向审计对风险的认识更广泛、更深刻,它融合了系统理论与战略管理理论等。注册会计师需要充分认识到审计风险主要来源于客户财务报表的错报风险,而客户财务报表的错报风险则主要来源于整个企业整体层面的战略风险和具体经营环节的风险。从主观角度看,导致财务报表重大错报的原因是舞弊或错误。导致财务报表重大错报的舞弊包括编制虚假财务报告舞弊(财务舞弊)和职员侵占资产舞弊,就财务舞弊而言,通常情况下,如果客户经营得较成功,利润、现金流等各方面的目标都顺利实现,客户管理层编制虚假财务报表的动机或压力就较弱。而当客户的经营情况不如意时,尤其是陷入财务困境时,管理层可能具有较强的财务造假的动机和压力。而客户经营失败,除了经营过程本身的原因,还可能由于整体战略目标制定的不合理所导致的风险。所以,要充分理解审计风险,注册会计师就必须从对客户的战略和具体经营环节分析入手,充分识别企业内部、外部风险,理解内外部风险对于会计报表认定的影响,再实施相应的审计程序,才能对财务报表的认定作出合理的专业判断。

对影响企业目标实现的关键经营环节进行风险评估,需要从对关键环节风险的监控(通过关键成功要素与关键业绩指标的监控)、业绩衡量、环节控制等方面入手。最后,注册会计师需要利用职业判断对识别出的经营风险进行总结。剩余风险代表了注册会计师认为没有被控制住,并对财务报表有潜在重要影响的战略与经营风险,如注册会计师了解被审计单位及其环境时,没有发现企业存在销售方面的经营风险,但注册会计师注意到存在较多的销售退货或销售客户的不满意的信息反馈,这就是剩余风险。剩余风险可能传导到财务报表而导致重大错报风险。注册会计师在拟承担一定审计风险与评估的重大错报风险基础上,决定可接受的检查风险,进而实施相应的风险应对策略和应对措施。

总之,风险导向审计是以被审计单位的战略和经营环节风险分析为导向的一种审计模式,它沿着"战略风险分析—经营环节风险分析—剩余风险分析—重大错报风险评估—风险应对策略和程序"的基本逻辑程序展开,如图 6-3 所示。

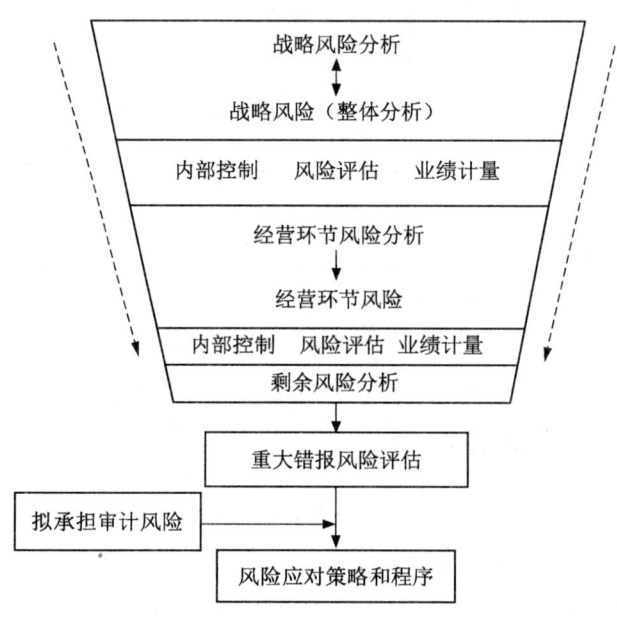

图 6-3　风险导向审计的逻辑程序

由于公司战略风险最终可能演变为重大错报风险,因此,注册会计师必须运用战略理论对公司的战略管理动态过程进行准确而适当的还原,并使用相关风险分析工具对公司的战略风险进行识别与评估,以更好地评估企业战略风险与经营风险。以下介绍战略风险分析及经营环节风险分析。

五、战略风险分析

(一)战略理论的发展

战略是公司要达到的目标及实现目标的途径,战略具有计划性、全局性和长期性。战略管理是对企业战略的管理,包括战略的制定和战略的实施。

20 世纪 80 年代以来,企业战略理论学派及其主要观点如表 6-2 所示。

表 6-2　战略理论(学派)及其主要观点

战略理论(学派)		主要观点
竞争战略理论	行为结构学派	20 世纪 80 年代产生,该学派以迈克尔·波特(Michael Porter)为代表。该学派认为企业所处的行业状况是确立企业战略的基础,行业结构极大地影响着竞争规则的确立以及可供企业选择的竞争战略。 波特提出的赢得优势的三种基本战略:成本领先战略、差异化战略和专一化战略
	核心能力学派	该学派以普拉哈拉德(Prahalad)和加里·哈默(Grary Shulman)在 1990 年发表的《企业核心能力》一书为标志。核心能力是不会轻易地被竞争对手模仿,来自组织内集体学习、经验规范和价值传递,可以持续积累、培养、维护和扬弃的竞争优势。现代市场竞争与其说是基于产品的竞争,不如说是基于核心能力的竞争。因此,企业应围绕核心竞争力来制定战略、组织变革、监测竞争战略实施效果等
	战略资源学派	1984 年,该学派以伯格·沃纳菲尔特(Birger Wernerfelt)发表的《企业资源学说》为代表。企业内部的组织能力、资源和知识的积累是解释企业获得超额收益、保持竞争优势的关键。企业战略的主要内容是如何培育企业独特的战略资源和最大限度地优化配置这种战略资源的能力
动态竞争战略理论	动态能力论	提斯(Teece)、皮萨罗(Pisano)和肖恩(Shuen)于 1997 年在《动态能力与战略管理》一文中提出了动态能力理论。动态能力指整合、构建和重置公司内外部的能力,以适应快速的环境变化。克服能力中的惯性和刚性是动态能力理论的灵魂。动态能力理论将重点放在企业学习与产生能力机制上
	竞争动力学理论	该理论产生于 20 世纪 90 年代。该理论认为在企业能力理论和企业资源理论的基础上,通过对内外部影响企业经营绩效的主要因素(企业间的相互作用、参与竞争的企业质量、企业的竞争速度和灵活性)进行分析,来回答在动态的竞争环境下,企业应该怎样制定和实施战略管理决策,才能获得超额收益与维护竞争优势
战略生态理论		1996 年,詹姆斯·摩尔(James Moore)出版了其专著《竞争的衰亡:商业生态系统时代的领导与战略》,标志着竞争战略理论发生了重大突破。该理论注重"商业生态系统",该理论超越了 20 世纪 90 年代以前的战略管理理论偏重竞争而忽视合作的缺陷。 战略生态的目标既要考虑自身利益,也要考虑生态系统的整体利益,从长远和大局考虑创建可持续盈利的战略生态联盟;强调核心生态系统和整个生态系统的投资,强调技术、产业边界发展与战略生态系统的协同进化。在某个生态系统中闻所未闻的技术可能会改变整个生态系统,因而战略生态强调生态进化,建立与技术、环境的长期适应性

(二) 战略风险的形成

战略风险可以定义为战略性风险或来自战略的风险。肯尼斯·安德鲁斯(Kenneth Andrews)认为战略风险是战略性决策带来的风险。一些金融学家认为战略风险是企业收益受宏观产业经济波动影响而发生损失的可能性。战略风险主要分为系统性风险和非系统性风险。在管理领域里,组织行为学者认为,战略风险是组织在市场竞争中为实现目标而呈现出的不可避免的风险。而斯莱沃斯基(Slywotzky)认为战略风险管理就是战略管理。西蒙(Simon)将战略风险来源和构成分成运营风险、资产损失风险、竞争风险与商誉风险;贝尔德(Baird)将战略风险分为产业风险和企业风险两个层次。

商业模式对战略风险具有重大的、直接的影响,了解企业商业模式有利于分析企业战略的风险。商业模式是指企业与企业之间、企业部门之间、企业与顾客之间、企业与渠道之间存在的各种各样的交易关系和连接方式的总称。商业模式是战略的具体反映,战略是商业模式的组成部分,商业模式与战略存在一种互补的关系。好的商业模式能给企业带来竞争优势,商业模式也应随着环境变化而动态调整,一个公司的成败最终取决于商业模式是否符合消费者的优先需求。因此,战略风险会表现为商业模式的风险。

(三) 战略风险分析的方法

《中国注册会计师审计准则 1211 号——重大错报风险的识别和评估》中指出了战略风险的基本来源,分别是宏观经济环境、行业环境和内部环境。注册会计师可以用来识别、评估、分析这些战略风险的工具包括:PEST 分析法、五力分析法和 SWOT 分析法。我们知道,公司商业模式设计上的缺陷将会产生战略风险,注册会计师可以用画布分析法对来自商业模式的客户战略风险进行分析与评估。鱼骨图分析法能够清晰明了地梳理、展示各种风险之间的逻辑关系,是公司战略风险的综合分析方法。以下分别进行介绍。

1. 宏观环境分析——PEST 分析法

PEST 分析法就是从政治(politics)、经济(economy)、技术(technology)和社会(society)四个方面来分析企业战略的风险。同时,PEST 分析法可增加自然环境、法律环境、道德环境等维度,使得分析结果更加全面。

2. 行业环境分析——五力分析法

五力分析法就是从行业内竞争对手的威胁、新进入者的威胁、替代品的威胁、供应商的议价能力、购买者的议价能力五种力量的强弱与博弈,发现公司在当前行业的战略定位、竞争地位、盈利能力,全面了解所处行业的基本情况,识别和评估行业环境给被审计单位带来的战略风险,从而进一步分析可能引发的被审计单位的重大错报风险。

3. 内部环境分析——SWOT 分析法

SWOT 分析法可以很好地剖析企业的内部环境和发展战略,它主张分析企业内部的优势与劣势,面临的外部机会和威胁。通过 SWOT 分析法,审计人员可以对被审计单位所处的内部情景进行全面、系统、准确的研究,从而根据研究结果识别评估被审计单位可能存在的战略风险,进而制订审计计划,采取相应的风险应对措施。

4. 商业模式分析——画布分析法

2008 年著名商业模式创新专家奥斯特瓦德(Osterwalder)在《商业模式新生代》中提出了商业模式画布的概念。这种方法的最大特点是仅需一页纸就可以清晰完整地概述商业模式,而不需要写出一个庞大冗长的商业计划。商业模式画布包括九个模块,①客户细分:目标用户群、一个或多个集合;②价值主张:客户需要的产品或服务,商业上的痛点;③渠道:和客户如何发生联系,如实体点、网店、中间商;④客户关系:一锤子买卖或长期合作;⑤收入来源:如何从向客户提供的价值中取得收益;⑥核心资源:必须拥有的资源,如资金、技术、人才;⑦关键业务:商业运作中必须从事的具体业务;⑧重要合作:可以给予战略支持的外部合作伙伴;⑨成本结构:需要在哪些项目上付出成本。

5. 战略风险的综合分析——鱼骨图分析法

鱼骨图分析法由日本管理大师石川馨发明,是一种发现问题"根本原因"的方法,其特点是简洁实用、深入直观、层次分明、条理清楚,可以分为整理问题型、原因型和对策型。在绘制(风险)原因型鱼骨图时,首先将问题写在鱼骨的骨头上;其次通过头脑风暴尽可能多地找出原因,并将原因归类、细化,明确从属关系,分别写在大骨、中骨、小骨上;最后对鱼骨图进行优化整理,使得层次关系一目了然、清晰易懂。

鱼骨图分析法能够清晰明了地梳理、展示各种风险之间的逻辑关系,可以作为公司战略风险的综合分析方法。在通过 PEST 分析法、五力分析法、SWOT 分析法及画布分析法分别分析出宏观环境风险、行业环境风险、公司内部环境风险和来自商业模式的战略风险之后,注册会计师可以绘制鱼骨图,将各种风险条理清晰、层次分明地表现出来,以对战略风险进行综合性的总体分析与评价。

对于审计人员而言,更重要的是考虑被审计单位的战略风险对经营环节的传导及其对会计政策选择和报表披露可能产生的直接影响。在大部分情况下,公司战略风险将首先影响被审计单位的经营环节,并经由经营环节风险间接传导到财务报表。例如,随着时间的推移,顾客的需求可能发生变化,追求功能更全、质量更好的产品,导致存货过时、产品积压、销售目标难以达成、市场份额丧失等结果,随后这些影响会传导到财务报表,体现为存货发生贬值、计价不准,固定成本累积在存货中、单位价格降低、毛利率虚高等方面。在少数情况下,公司战略风险则会直接传导到被审计单位的财务报表,对财务报表产生直接的影响,包括投资风险、产能扩张风险、并购风险等。例如,企业为追求盈利增长,选择快速扩张产能,这会直接体现在财务报表"在建工程"项目中。一旦在建工程完工投产使用,企业的规模和收入将立即大幅扩张,企业的利润也可能倍增。但同时,"在建工程"也是一把"双刃剑",若盲目扩产导致产能过剩,则可能使企业遭遇新的压力。

六、经营环节风险分析

在风险导向审计过程中,注册会计师需要了解和分析经营环节的业务活动和处理流程,以便评价和分析经营环节风险对财务报表可能产生的潜在重大影响,为此,注册会计师在战略风险分析基础上,还需要了解经营环节的风险组成,分析经营风险、经营环节内部控制、经营环节风险对财务报表的影响等。

(一) 经营环节的风险组成

企业经营环节的风险可能会引发财务报表重大错报风险。这里以一般制造业为例。企业日常经营的过程中供应、生产、销售、研发,以及内部治理与管理等各环节的主要风险归纳如表 6-3 所示。

表 6-3　企业日常经营各环节的主要风险

主要风险		风险含义
供应环节风险	采购风险	采购环节上价值有效性的丧失,难以实现预期采购收益而产生损失的风险
	物流风险	供应链中由于物流系统不能有效发挥功能而遭受损失的风险
	供应链成本风险	供应链成本超过可预期范围和供应链中断的风险
生产环节风险	生产安全风险	生产阶段由于设备故障或人员不当行为等造成的安全事故的风险
	生产周期风险	生产阶段不能按时生产足够合格的产品而导致不能按时交货的风险
	产品质量风险	产品质量不合格而造成的成本上升或产品不被客户接受的风险
	生产成本风险	生产成本超过预期的风险
	库存风险	库存过多或过少而影响企业利润的风险
销售环节风险	需求风险	因客户需求变动、同行业竞争等导致的产品或劳务需求量下降的风险
	价格风险	生产成本上升导致销售价格提高,进而影响销售量或价格超预期下降的风险
	销售成本风险	营销策略不当、广告费等导致销售费用过高而影响企业利润的风险
	退货风险	超预期的退货而影响企业利润的风险
	渠道风险	原销售渠道销售不畅或失去销售渠道而影响企业利润的风险
研发环节风险	研发技术风险	研发技术落后,生产的产品不具有市场需求的风险
	研发周期风险	研发周期超预期而导致新产品不能按时上市,进而导致企业遭受经济损失的风险
	研发成本风险	研发成本超预期,导致企业遭受经济损失或现金流不足等风险
企业内部治理或管理环节的风险	治理层风险	公司治理中主要存在两类代理问题,即股东与经理人之间的代理问题和控股股东与中小股东的代理问题。因此,治理层风险主要表现为股东会、董事会、监事会和管理层之间潜在的冲突问题
	人力资源风险	企业须通过招聘、甄选、培训、报酬等形式对组织内外相关人力资源进行有效运用,满足组织当前及未来发展的需要,保证组织目标实现与成员发展的最大化。而在这一过程中,不可避免地会出现人力资源风险
	行政管理风险	行政管理风险指的是在企业行政事务、办公事务管理过程中可能出现的各种风险
	运营平台风险	企业往往会通过搭建平台或寻求第三方平台的方式,为企业发展更多的用户和客户,更方便有效地提供产品和服务,以获取更大的效益。由于 IT 技术的缺陷等原因,企业经常面临较大的运营平台风险
	信息风险	企业的内部日常运营中,也会产生因信息传递不及时和不准确带来的风险,如市场需求信息、合作方信息、宏观政策信息等等,这需要企业具有良好的信息与沟通系统,具有整合庞大而复杂信息量的能力,有时信息风险导致的损失可能是巨大的
	财务风险	财务风险包括流动性风险、筹资风险、信用风险、投资风险性等

(二) 经营环节风险评估

通常而言,大多数的经营环节风险最终可能对各类交易、账户余额以及列报认定层次或财务报表层次产生直接影响,但并非所有经营环节风险都会导致重大错报风险,这直接受客户经营环节内部控制的设计的合理性及执行有效性的影响。

审计人员可以采用风险因素分析法对企业经营环节的风险进行分析与评估。将风险因素分析法应用到经营环节风险评估的基本程序是:识别经营环节风险因子,确定该风险因子的产生条件,确定产生条件是否具备估计风险发生的概率与后果。换言之,审计人员应首先辨识企业各业务单元、各项重要经营活动及其重要业务流程中有无风险;进而对辨识出的经营环节风险及其特征进行明确的定义与描述,分析和描述风险发生可能性的高低、风险发生的条件;最后评估该经营环节风险对企业实现目标的影响程度、对财务报表的潜在影响程度等。例如,供应环节的采购风险,影响企业的成本、产品库存、企业运作效率等,进而影响财务报表的项目有存货、营业成本、预付账款、应付票据、固定资产、工程物资等;生产环节的库存风险,影响企业的资金周转,利润等,进而影响财务报表的项目有存货、管理费用、营业外支出等;销售环节中的退货风险,影响企业的库存、利润分配等,进而影响财务报表的项目有存货、税金与附加、应收账款、营业收入、营业成本、未分配利润等;研发环节的研发技术风险,影响企业的市场竞争力、研发投入回报等,进而影响财务报表的项目有无形资产、长期待摊费用、货币资金、资产减值损失等;内部治理和管理环节中的治理风险,影响企业的实际控制权、企业的发展、利益分配的协调问题,进而影响财务报表的项目有应收利息(股利)、股本、资本公积、盈余公积、未分配利润、所得税费用等;信息风险,影响企业发展方向、战略决策及市场竞争力,进而对整个内部治理和管理环节产生影响。

📊 **案例分析** ....

五洋建设欺诈发行债券

一、五洋建设集团介绍

五洋建设集团股份有限公司(以下简称五洋建设)经营范围涉及建筑、房产、酒店旅游、物资贸易、能源开发、金融、高科技投资等多个领域。2016 年,五洋建设实现营业收入135.8 亿元。可见,五洋建设是扎扎实实的"百亿级特级企业"。

二、证监会对五洋建设欺诈发行债券的处罚

2016 年年底五洋建设债券出现兑付违约。

2018 年 1 月 18 日,五洋建设债券的受托管理人"德邦证券"在上海证券交易所披露了证监会对五洋建设开出的《行政处罚事先告知书》,证监会拟对五洋建设处以 4 140 万元的罚款,并予以警告,责令改正;拟对五洋建设董事长陈某处以终身证券市场禁入。

根据证监会下发的《行政处罚书》,五洋建设涉嫌欺诈的事实主要有:以虚假申报文件骗取公开发行公司债券核准;非公开发行公司债券披露的文件存在虚假记载;未按规定及时披露相关信息;未严格存入专项账户管理,也未直接用于核准用途等。

三、五洋建设经营失败的原因分析

五洋建设作为在全国范围都具有较强实力的区域性建筑龙头企业,从稳健发展到进入破产程序,其原因主要是以下三个方面。

1. 进行不当重大资产收购,导致引入高息负债,恶化公司负债结构

2012 年是五洋建设负债结构恶化的拐点。该年度五洋建设及其子公司五洋房地产集团有限公司分别受让了浙江五洲建设投资集团有限公司持有的沈阳五洲商业广场有限公司(以下简称沈阳五洲)90%、10%的股权。资产重组使五洋公司资产规模大幅增加,但也承接了沈阳五洲原有的所有债务。其承接的债务中有大量的高息类负债。该次不当的重大资产收购,以及后续不顺的资产处置,快速放大了其负债规模,恶化了其负债结构。

2. 主营业务模式单一与风险管控机制不足,导致承接工程亏损严重

五洋建设的建筑工程业务几乎全部都是以内部承包的方式进行,该模式简单、易行,如果管理得当,五洋建设可以在无投入或较少投入的情况下,获得管理费收益。然而,正因为其简单、易行,该模式可以快速复制、扩张,五洋公司的业务也迅速地向全国展开。此时,五洋公司内部的风险管控机制存在的不足开始暴露。因为业务布局过于广泛,五洋公司对于除传统核心区域的分公司承接的工程项目难以有效管控。自 2013 年起,西安、重庆、成都、广西等地乃至五洋建设所在的杭州本地的工程项目,因为市场原因与项目经理(实际施工人)自身原因,出现工程项目亏损、挪用及套取工程款项的现象。项目经理(实际施工人)在套取资金或工程亏损后,即甩手、跑路,相应的亏损则转嫁至五洋建设。因此,从 2015 年起,五洋建设即开始因为工程项目亏损产生的欠款涉诉,公司基本账户长期被冻结,导致更大面积的工程款结算、收付出现障碍,引发更深层次的危机。

另外,还有大量项目经理因资金实力不足,向五洋建设借款进行工程施工,大量款项无法收回,增加了财务成本与亏损。

3. 多元化扩张导致资金沉淀,挤占主营业务现金流

五洋建设公开的财务数据显示,在 2012—2015 年,五洋集团合并报表中,建筑工程业务营业收入(即主营业务)占公司总收入的比例分别为 97.79%、98.51%、98.98%、97.31%;主营业务利润占公司总利润的比例分别为 91.82%、93.46%、95.56%、94.65%,同期主营业务的毛利率分别为 8.51%、8.34%、8.45%、7.48%。除了上述收购沈阳五洲,五洋集团尚有房产开发酒店管理、矿业投资及其他股权类投资,且业务规模及投资并不算小。然而,除了主营业务,其余业务不论是营业收入还是营业利润均未能产生预期效益。在主营业务收入占比未明显变化且业务毛利润率微降的情况下,主营业务利润占比却呈逐年上升的态势,说明主营业务之外的投资形成了大量资金沉淀,挤占了主营业务现金流,并为此承担巨额财务成本。

四、五洋建设欺诈发行民事判决结果

2020 年 12 月 31 日,杭州市中级人民法院判决五洋建设董事长陈某、德邦证券、大信会计师事务所(特殊普通合伙)、上海锦天城律师事务所(特殊普通合伙)、大公国际资信评估有限公司等,总计承担 487 名自然人持有本息损失 7.4 亿元。

2021 年 9 月,全国首例公司债欺诈发行案,也是全国首例适用代表人诉讼制度审理的债券纠纷案件"五洋债"二审结果出炉,浙江省高级人民法院宣布二审维持原判。

资料来源(部分引用):

天高云淡.建筑行业核爆炸,五洋建设集团股份有限公司负债近 80 亿![EB/OL].(2019-04-12)[2022-08-15]. http://www.zhuxuncn.com/userpage/article/detail?blog_id=212&id=83553.

讨论:

分析五洋建设存在哪些战略风险与经营风险,并分别指出各种战略与经营风险主要影响的是财务报表层次,还是认定层次的重大错报风险。

第二节 风险导向审计过程

一、风险导向审计整体流程

风险导向审计整体流程包括计划审计工作、风险评估、风险应对和完成审计工作与出具审计报告四个阶段。图 6-4 反映了风险导向审计的整体流程。

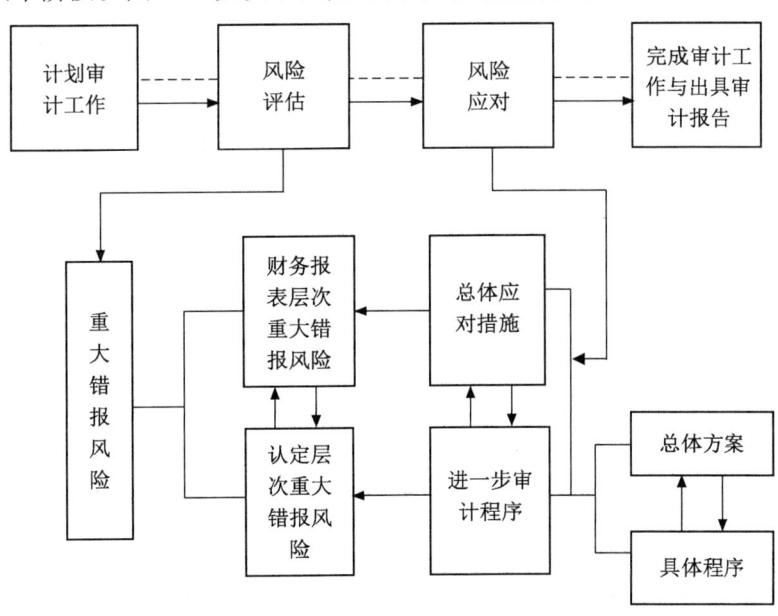

图 6-4 风险导向审计整体流程

（一）计划审计工作阶段

注册会计师应当在审计业务开始时开展初步业务活动,这有助于确保在计划审计工作时注册会计师自身已具备独立性和专业胜任能力、不存在因管理层诚信问题而影响注册会计师保持或承接该项业务意愿的情况及双方对业务约定条款不存在误解。计划审计工作的主要内容包括初步业务活动、制定总体审计策略、具体审计计划等。总体审计策略将在初步评估企业风险的基础上分配审计时间、调配资源。具体审计计划将针对评论重大错报风险,计划相应的进一步审计程序。计划审计工作并非审计业务的一个孤立阶段,而是一个持续的、不断修正的过程,贯穿整个审计业务的始终。

（二）风险评估阶段

根据风险导向审计模型,注册会计师首先评估被审计单位的重大错报风险。《中国注册会计师审计准则第 1211 号——重大错报风险的识别和评估》规范了注册会计师了解被审计单位及其环境、适用的财务报告编制基础及内部控制体系各要素,识别和评估财务报表重大错报风险的风险评估程序。注册会计师应当实施风险评估程序。

重大错报风险可能是错误导致的,也可能是舞弊导致的。除 1211 号准则外,《中国注册会计师审计准则第 1141 号——财务报表审计中与舞弊相关的责任》针对舞弊导致的重大错报风险的识别、评估和应对作了进一步规定,也为识别和评估财务报表重大错报风险提供基础。

（三）风险应对阶段

注册会计师应当针对评估的财务报表层次重大错报风险确定总体应对措施,并针对评估的认定层次重大错报风险设计和实施进一步审计程序,包括实施控制测试(必要时)和实质性程序。确定进一步审计程序包括对进一步审计程序的总体方案及其具体审计程序的确定。总体方案包括综合性方案或实质性方案,综合性方案是指注册会计师在实施进一步审计程序时,将控制测试程序与实质性测试程序结合使用的方案;实质性方案是指注册会计师在进一步审计程序时,以实质性程序为主的方案。具体审计程序的确定是指确定进一步审计程序的性质、时间和范围。总体应对措施影响进一步审计程序,进一步审计程序的实施结果也为总体应对措施是否恰当性提供证据与支撑。

（四）完成审计工作与出具审计报告阶段

注册会计师在完成进一步审计程序后,进入完成审计工作阶段,需要复核工作底稿、编制审计差异汇总表、关注期后事项、与被审计单位治理层及管理层进一步沟通等完成审计工作。按照《中国注册会计师审计准则第 1501 号——对财务报表形成审计意见和出具审计报告》等有关准则规定做好完成审计阶段的工作,评价根据审计证据得出的结论,以作为对财务报表形成审计意见的基础。在对财务报表形成审计意见时,注册会计师应当根据已获取的审计证据,评价是否已对财务报表整体不存在重大错报获取合理保证。

这里要强调的是,以上提出的审计程序在实务中常常会交织在一起,下一步的结果也会验证上一步审计判断的恰当与否,并可能导致注册会计师对上一步的修改。以下就审计流程中的风险评估与风险应对作进一步论述,计划审计工作在第七章论述,第八章是风险评估与风险应对在财务报表审计中的具体应用,完成审计工作与审计报告在第九章论述。

最后要说明的是,审计人员应将审计整个过程记录于审计工作底稿。注册会计师的审计工作底稿是指注册会计师对制定的审计计划、实施的审计程序、获取的相关审计证据,以及得出的审计结论作出的记录。审计工作底稿是审计证据的载体,是注册会计师在审计过程中形成的审计工作记录和获取的资料。审计工作底稿形成于审计过程,反映整个审计过程。

二、风险评估

(一) 风险识别与评估的概念

在风险导向审计模式下,注册会计师以重大错报风险的识别和评估以及应对为审计工作的主线,最终将审计风险降至可接受的低水平。风险的识别和评估是审计风险控制流程的起点。风险识别和评估,是指注册会计师通过设计、实施风险评估程序,识别和评估财务报表层次及认定层次的重大错报风险。其中,风险识别是指找出财务报表层次和认定层次的重大错报风险因素;风险评估是指对识别出的重大错报风险因素发生的可能性和后果严重程度进行评估。

这里要注意的是,在理论与实务上,如没有特别说明,可将"风险识别"与"风险评估"合并简称为"风险评估"。

(二) 风险评估程序、信息来源及项目组内部的讨论

1. 风险评估程序与信息来源

风险评估程序,是指注册会计师为识别、评估财务报表层次和认定层次的重大错报风险,而设计和实施的审计程序。

注册会计师应当实施询问、分析程序、观察和检查等风险评估程序,以了解被审计单位及其环境、适用的财务报告编制基础及内部控制体系各要素。

风险评估中实施的分析程序一般使用高度汇总的数据,以发现财务报表(包括报表重要项目)是否存在重大异常,初步显示财务报表存在重大错报风险。注册会计师将分析程序的结果与识别重大错报风险时获取的其他信息一并考虑,可以帮助注册会计师了解并评价分析程序的结果。

询问是注册会计师了解被审计单位及其环境的一个重要信息来源,注册会计师通过询问获取的大部分信息来自管理层和负责财务报告的人员,同时,注册会计师也可以通过询问被审计单位内部的其他不同层级人员获取信息,可能为识别重大错报风险提供不同的视角。

观察和检查程序可以支持注册会计师对管理层和其他相关人员的询问结果,并可以提供有关被审计单位及其环境的信息,注册会计师应当实施的观察和检查程序包括:①观察被审计单位的经营活动;②检查文件、记录和内部控制手册;③阅读由管理层和治理层编制的报告;④实地察看被审计单位的生产经营场所和厂房设备;⑤追踪交易在财务报告信息系统中的处理过程(穿行测试)。

穿行测试是注册会计师了解被审计单位业务流程及其相关控制时经常使用的审计程序。通过追踪某笔或某几笔交易在业务流程中如何生成、记录、处理和报告,以及相关控制如何执行,注册会计师可以确定被审计单位的交易流程和相关控制是否与之前通过其他程序所获得的了解一致,并确定相关控制是否得到执行。如对销售与收款内部控制的穿行测试,就是抽查一笔或几笔销售业务,从接受销售订单开始,一直到收回货款或坏账核销的整个过程,了解销售与收款内部控制制度及其执行情况。

另外,注册会计师还可以通过其他审计程序和信息实施更全面的风险评估。例如,询问被审计单位聘请的外部法律顾问、专业评估师、投资顾问、财务顾问等,阅读外部信息也可能有助于注册会计师了解被审计单位及其环境,以及承接新审计业务初步了解的信息及连续审计中以前年度审计获取的信息。

2. 项目组内部的讨论

项目组内部的讨论在所有业务阶段都非常必要,可以保证所有事项得到恰当的考虑。风险识别与评估时通过安排具有较丰富经验的成员参与项目组内部讨论,其他成员可以分享其见解、了解的信息、审计思路与方法,为项目组指明审计方向等。项目组通过讨论可以使成员更好地了解在各自负责的领域中,由于舞弊或错误导致财务报表重大错报的可能性,并了解各自实施审计程序的结果如何影响审计的其他方面,包括对确定进一步审计程序的性质、时间安排和范围的影响。

注册会计师应当运用职业判断确定项目组内部参与讨论的成员。项目组的关键成员应当参与讨论,如果项目组需要拥有信息技术或其他特殊技能的专家,这些专家也可根据需要参与讨论。参与讨论人员的范围受项目组成员的职责、经验和信息需要的影响。例如,在跨地区审计中,每个重要地区项目组的关键成员都应该参加讨论,但不要求所有成员每次都参与项目组的讨论。

(三)了解被审计单位及其环境和适用的财务报告编制基础

1. 总体要求

注册会计师应当实施风险评估程序,以了解下列三个方面。

(1)被审计单位及其环境,包括:①组织结构、所有权和治理结构、模式(包括该业务模式利用信息技术的程度);②行业形势、法律环境、监管环境和其他外部因素;③财务业绩的衡量标准,包括内部和外部使用的衡量标准。

(2)适用的财务报告编制基础、会计政策以及变更会计政策的原因。

（3）被审计单位内部控制体系各要素。

上述了解的第（1）项中第②点是被审计单位的外部环境，第（1）项中第①点、第（2）项、第（3）项是被审计单位的内部因素，第（1）项中第③点则既有外部因素也有内部因素。值得注意的是，上述了解的各个方面可能会互相影响。例如，被审计单位的行业形势、法律环境、监管环境和其他外部因素可能影响到被审计单位的目标、战略以及相关经营风险，而被审计单位的性质、目标、战略以及相关经营风险可能影响到被审计单位对会计政策的选择和运用，以及内部控制的设计和执行。因此，注册会计师在对上述各个方面进行了解和评价时，应当考虑各因素之间的相互关系。

2. 组织结构、所有权和治理结构、业务模式

复杂的组织结构，如子公司、联营公司、合营公司等，可能会导致财务报表重大错报风险，如财务报表合并、商誉以及长期股权投资核算等。

注册会计师应当了解所有权结构以及所有者与其他人员或实体之间的关系，包括关联方，考虑关联方关系是否已经得到识别，以及关联方交易是否得到恰当会计处理。例如，被审计单位是属于国有企业、外商投资企业、民营企业，还是属于其他类型的企业，控股母公司和其他股东的构成，以及所有者与其他人员或实体（如控股母公司控制的其他企业）之间的关系。同时，注册会计师可能需要对控股母公司的所有权性质、管理风格及其对被审计单位经营活动及财务报表可能产生的影响；控股母公司与被审计单位在资产、业务、人员、机构、财务等方面是否分开，是否存在占用资金和利益输送等情况；控股母公司是否施加压力，要求被审计单位达到其设定的财务业绩目标。注册会计师还应当了解所有者、治理层、管理层之间的区别。例如，在较不复杂的被审计单位中，所有者可能参与管理被审计单位，因此，所有者、治理层、管理层之间只有很小的区别或没有区别。相反，在某些上市实体中，三者之间可能存在明确的区分。

良好的治理结构可以对被审计单位的经营和财务运作以及财务报告实施有效的监督，从而降低财务报表发生重大错报的风险。注册会计师应当了解被审计单位的治理结构。注册会计师可以考虑下列事项，以了解治理结构：①治理层人员是否参与对被审计单位的管理；②董事会中的非执行人员（如有）是否与负责执行的管理层相分离；③治理层人员是否在被审计单位法律上的组织结构下的组成部分中任职，例如，担任董事；④治理层是否下设专门机构（如审计委员会）以及专门机构的责任；⑤治理层监督财务报告的责任，包括批准财务报表。注册会计师应当考虑治理层是否能够在独立于管理层的情况下对被审计单位事务包括财务报告作出客观判断。

了解业务模式主要是为了了解和评价被审计单位经营风险可能对财务报表重大错报产生的影响。注册会计师了解被审计单位的目标、战略和业务模式（包括经营活动、投资活动、与筹资活动与信息技术的使用等）、有助于从战略层面和整体层面了解被审计单位，并了解被审计单位承担和面临的经营风险。所谓经营风险是指可能对被审计单位实现目标和实施战略的能力产生不利影响的重要状况、事项、情况、作为(或不作为)所导致的风险,或由于制定不恰当的目标和战略而导致的风险。尽管多数经营风险最终都会导致财务后果,从而影响财务报表,但经营风险比财务报表重大错报风险的范围更广,注册会计师没有责任了解或识别所有的经营风险。注册会计师了解影响财务报表的经营风险有助于注册会计师识别重大错报风险。

3. 行业形势、法律环境、监管环境及其他外部因素

了解行业形势、法律环境、监管环境及其他外部因素的主要内容如表6-4所示。

表6-4 了解行业形势、法律环境和监管环境以及其他外部因素

了解的方面	了解的意义	了解的主要内容
行业形势	了解行业形势有助于注册会计师识别与被审计单位所处行业有关的重大错报风险	所处行业的市场与竞争,包括市场需求、生产能力和价格竞争
		生产经营的季节性和周期性
		与被审计单位产品相关的生产技术发展
		能源供应与成本
法律环境和监管环境	某些法律法规或监管要求可能对被审计单位经营活动有重大影响,规定了被审计单位某些方面的责任和义务,决定了被审计单位需要遵循的行业惯例和核算要求	适用的财务报告编制基础
		受管制行业的法规框架
		对被审计单位经营活动产生重大影响的法律法规
		税收政策
		目前对被审计单位开展经营活动产生影响的政府政策,如货币政策(包括外汇管制)、财政政策、财政刺激措施(如政府援助项目)、关税或贸易限制政策等
		影响行业和被审计单位经营活动的环保要求
其他外部因素	了解影响可能导致财务报表重大错报风险的其他外部因素	总体经济情况、利率、融资的可获得性、通货膨胀水平或币值变动等

4. 被审计单位财务业绩的衡量标准

被审计单位管理层经常会衡量和评价关键业绩指标(包括财务的和非财务的)完成情况、预算及差异分析报告、分部信息和分支机构、部门或其他层次的业绩报告以及与竞争对手的业绩比较。此外,外部机构也会衡量和评价被审计单位的财务业绩,如分析师的报告和信用评级机构的报告等。

在了解被审计单位的财务业绩衡量与评价情况时,注册会计师应当关注的信息包括:①关键业绩指标、关键比率、趋势和经营统计数据;②同期财务业绩比较分析;③预算、预测、差异分析,分部信息与分部、部门或其他不同层次的业绩报告;④员工业绩考核与激励性报酬政策;⑤被审计单位与竞争对手的业绩比较。同时,注册会计师还应当关注内部财务业绩衡量的结果,确定内部财务业绩衡量是否显示未预期到的结果或趋势、关注管理层

调查结果和纠正措施,以及相关信息是否显示财务报表可能存在重大错报。

5. 适用的财务报告编制基础、会计政策以及变更会计政策的原因

在了解被审计单位适用的财务报告编制基础,以及如何根据被审计单位及其环境的性质和情况运用该编制基础时,注册会计师可能需要考虑的事项包括以下事项。

第一,被审计单位与适用的财务报告编制基础相关的财务报告实务。例如:会计政策和行业特定惯例,包括特定行业财务报表中的"相关交易类别、账户余额和披露"(如银行业的贷款和投资、医药行业的研究与开发活动);收入确认;金融工具以及相关信用损失的会计处理;外币资产、负债与交易;异常或复杂交易(包括在有争议或新兴领域的交易)的会计处理(如对加密货币的会计处理)等。

第二,就被审计单位对会计政策的选择和运用(包括发生的变化以及变化的原因)获得的了解,可能包括下列事项:被审计单位用于确认、计量和列报(包括披露)重大和异常交易的方法;在缺乏权威性标准或共识的争议或新兴领域采用重要会计政策产生的影响;环境变化,例如,适用的财务报告编制基础的变化或税制改革可能导致被审计单位的会计政策变更;新颁布的会计准则、法律法规,被审计单位采用的时间以及如何采用或遵守这些规定。

值得注意的是,"相关交易类别、账户余额和披露",是指存在"相关认定"的交易类别、账户余额和披露。"相关认定"是注册会计师风险识别时认为存在重大错报风险的认定,需要强调的是,确认相关认定及相关交易类别、账户余额和披露时,仅考虑固有风险因素,而不考虑相关控制的影响。关于风险识别下文将详细阐述。

6. 了解固有风险因素怎样影响认定易于发生错报的可能性以及影响程度

固有风险因素,是指在不考虑控制的情况下,导致交易类别、账户余额和披露的某一认定易于发生错报(无论该错报是舞弊还是错误导致)的因素。固有风险因素可以是定性的,也可以是定量的。固有风险因素包括事项或情况的复杂性、主观性、变化、不确定性,以及管理层偏向和其他舞弊风险因素。这里要强调的是,这里的固有风险因素是指导致认定层次重大错报风险的因素,但也存在可能导致财务报表层次重大错报风险的固有风险因素,如公司治理缺陷管理层凌驾于内部控制之上、复杂的联营或合资企业、持续经营问题、关键人员变动、信息技术环境发生变化等。由于审计准则只要求对认定层次的重大错报风险应分别固有风险与控制风险进行评估,而财务报表层次的固有风险与控制风险通常更难以区分,所以,对财务报表层次的重大错报风险是否应分别固有风险与控制风险分别进行评估,准则未予明确规定,即可以合并为"重大错报风险"进行评估。注册会计师对认定层次固有风险的评估时,应考虑财务报表层次重大错报风险的影响。如行业恶性竞争导致企业经营困难,管理层可能为了融资、完成考核指标而虚增收入与资产、虚减成本费用与负债,即该固有风险因素可导致财务报表层次重大错报风险,注册会计师在评估资产负债、收入成本费用等报表项目的相关认定层次的固有风险时需考虑以上识别出的财务报表层次重大错报风险的影响。

注册会计师了解被审计单位及其环境与适用的财务报告编制基础、会计政策以及变更会计政策的原因后,可以识别出可能导致财务报表重大错报的固有风险因素及其影响程度。

第一,了解固有风险因素的重要作用。固有风险因素可能通过影响错报发生的可能性以及错报发生时其可能的严重程度,来影响认定易于发生错报的可能性。了解固有风险因素如何影响认定易于发生错报的可能性,有助于注册会计师初步了解错报发生的可能性和严重程度,并帮助注册会计师按照审计准则的规定识别认定层次的重大错报风险。同时,还有助于注册会计师在按照审计准则的规定评估固有风险时,评估错报发生的可能性和严重程度。因此,了解固有风险因素也可以帮助注册会计师按照《中国注册会计师审计准则第 1231 号——针对评估的重大错报风险采取的应对措施》的规定设计和实施进一步审计程序。

值得注意的是,注册会计师对认定层次重大错报风险的识别和对固有风险的评估,也可能受到其从实施的其他风险评估程序、进一步审计程序或为满足相关审计准则的其他要求而实施的审计程序中获取的审计证据的影响。

第二,与适用的财务报告编制基础要求的信息(以下简称所需信息)编制相关的固有风险因素,包括复杂性、主观性、变化和不确定性等。①复杂性:是由信息的性质或编制所需信息的方式导致的,包括编制过程本身较为复杂的情况。②主观性:由于知识或信息的可获得性受到限制,客观编制所需信息的能力存在固有局限性,因此,管理层可能需要对采取的适当方法和财务报表中的相关信息作出选择或主观判断。③变化:随着时间的变化,被审计单位的经营、经济环境、会计、监管、所处行业或经营环境中其他方面的事项或情况也会产生变化,其影响反映在所需信息中。④不确定性:不能仅通过直接观察可验证的充分精确和全面的数据编制所需信息时,会导致不确定性;⑤管理层偏向和其他舞弊风险因素:管理层偏向的可能性,是管理层有意或无意地在信息编制过程中未保持中立而导致的;如管理层是故意的,则导致舞弊。

第三,固有风险因素对某类交易、账户余额和披露的影响。某类交易、账户余额和披露由于其复杂性或主观性,易于发生错报的可能性通常与其变化或不确定性的程度密切相关。某类交易、账户余额和披露由于其复杂性或主观性,易于发生错报的可能性越大,注册会计师越有必要保持职业怀疑。此外,如果某类交易、账户余额和披露由于复杂性、主观性、变化或不确定性,易于发生错报,这些固有风险因素可能为管理层偏向(无论无意或有意)创造了机会,并影响管理层偏向导致的易于发生错报的可能性。某些事项或情况影响由管理层偏向因素导致的易于发生错报的可能性,这些事项也可能影响由其他舞弊风险因素导致的易于发生错报的可能性。

7. 了解被审计单位的内部控制体系各要素

1)控制与内部控制体系的概念

控制是指被审计单位为实现控制目标所制定的政策与程序。其中:政策是指被审计单位为了实施控制而作出的应当或不应当采取某种措施的规定。政策是通过被审计人员采取相关行动或限制该人员采取与政策相冲突的行为而得以贯彻的。②程序是指为执行政策而采取的行动。程序可能是通过正式文件或由管理层采取其他形式明确规定的,也可能是被审计单位组织文化中约定俗成的。程序还可能通过被审计单位的信息技术应用程序及信息技术环境的其他方面所允许的行动来实施。

内部控制体系,是指由治理层、管理层和其他人员设计、执行和维护的体系,以合理保证被审计单位能够实现财务报告的可靠性,提高经营效率和效果,以及遵守适用的法律法规等目标。根据美国财务报告舞弊研究全国委员会(The Committee of Sponsoring Organizations of the Treadway Commission,COSO)发布的内部控制框架,内部控制体系包含以下五个相互关联的要素:

其一,(1)内部环境(控制环境):包括治理职能和管理职能,以及治理层和管理层对内部控制体系及其重要性的态度、认识和行动,其主要内容包括被审计单位对诚信和道德价值观念的沟通与落实、对胜任能力的重视,尤其是财务人员与信息管理人员的胜任能力、治理层参与管理的程度、管理层的理念与经营风格、职权和责任的分配、人力资源政策与实务等。

(2)风险评估:被审计单位识别、评估和管理影响其经营目标实现的各种风险。

(3)信息与沟通(信息系统与沟通):控制过程中的信息接受与反馈。

(4)控制活动:有助于确保管理层的指令得以执行的政策和程序,包括与授权、业绩评价、信息处理、实物控制、职责分离等相关的活动。

(5)内部监督:对内部控制是否得到执行的监督体系,如内部审计部门或内部控制部门的监督。

以上内部控制体系的五要素中,内部环境、风险评估与内部监督是内部控制体系的基础,且控制环境为内部控制体系中其他要素的运行奠定了总体基础,这三个要素运行中的任何缺陷都可能导致对财务报表编制产生广泛的影响。信息与沟通贯穿整个控制过程,内部监督是控制体系得以贯彻执行的最后防线。内部控制体系五要素及其关系见图6-5。

2)与审计相关的内部控制

内部控制体系的目标旨在合理保证财务报告的可靠性、经营的效率和效果,以及对法律法规的遵守。注册会计师财务报表审计的主要目标是对财务报表是否不存在重大错报发表审计意见,尽管注册会计师在财务报表审计中要了解被审计单位的内部控制体系,但财务报表审计的目的并非对被审计单位内部控制的有效性发表意见,因此,注册会计师需要了解和评价的内部控制只是与财务报表审计相关的内部控制,并非被审计单位所有的内部控制。

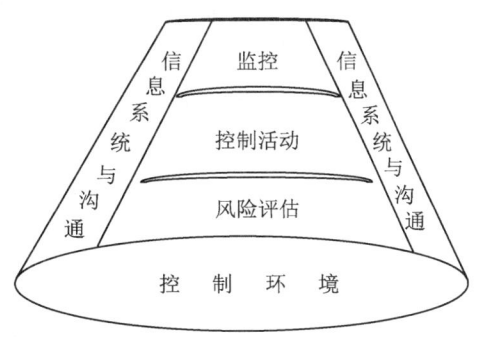

图6-5　内部控制五要素及其关系

注册会计师在判断一项控制单独或连同其他控制是否与审计相关时可能考虑下列事项:内部控制对财务报表的重要性,相关风险的重要程度,被审计单位的股权、组织和业务等特征,使用的法律法规是否适当,以及如何防止或发现并纠正重大错报等。会计信息相关内部控制基本都是与审计相关的内部控制,但一些会计信息内部控制可能不属于与审计相关内部控制,如不重要且不存在重大错报风险领域的会计控制。同时,一些非会计内部控制也可能是与审计相关内部控制,如企业业务部门的信息系统相关控制。

与审计相关的控制,按照其对防止、发现或纠正认定层次错报发挥作用的方式,分为直接控制和间接控制。直接控制是指足以精准防止、发现或纠正认定层次重大错报风险的内部控制,如信息系统与沟通、控制活动要素中的主要控制,直接控制更有可能影响认定层次重大错报风险;间接控制是指不足以精准防止、发现或纠正认定层次重大错报风险的内部控制,如控制环境、风险评估、内部监督中的主要控制,间接控制更有可能影响财务报表层次重大错报风险。

3)了解内部控制的性质与程度

(1)了解内部控制的性质。注册会计师了解内部控制的目的,是评价控制设计的有效性以及控制是否得到执行。在评价控制设计的有效性以及控制是否得到执行时,注册会计师了解被审计单位内部控制体系各项要素,有助于其初步了解被审计单位如何识别和应对经营风险。

(2)了解内部控制的程度。了解内部控制的程度是指注册会计师在实施风险评估程序时,了解被审计单位内部控制的范围及深度,包括评价控制设计的有效性,并确定其是否得到执行,但不包括对控制是否得到一贯执行的测试。

值得注意的是,评价设计有效的控制是否得到执行,与测试控制运行的有效性是有区别的。前者是了解内部控制的重要目的,后者是控制测试的目的。除非存在某些可以使控制得到一贯运行的自动化控制,否则,注册会计师对控制的了解并不足以测试控制运行的有效性。

注册会计师应当根据审计准则,对与编制财务报表相关的内部控制体系各要素实施风险评估,了解相关方面内容,识别与评价可能导致的重大错报风险。在实务中,注册会计师应当从被审计单位的整体层面(如,控制环境、信息技术一般控制)与业务流程层面(如,销售和采购、工薪等交易的控制)了解与评价内部控制。通常将业务流程中的控制划分为预防性控制和检查性控制。预防性控制通常用于正常业务流程的每一项交易,以防止错报的发生。在流程中防止错报是信息系统的重要目标;检查性控制是事后检查的控制,建立检查性控制的目的是发现流程中可能发生的错报(尽管有预防性控制还是会发生的错报)。注意整体层面的控制较差甚至可能使最好的业务流程层面的控制失效。

在初步计划审计工作时,注册会计师需要确定在被审计单位财务报表中存在重大错报风险的相关交易类别、账户余额和披露及相关认定。为实现此目的,通常采取下列步骤:①确定被审计单位的重要业务流程和相关交易类别;②了解相关交易类别的流程,并记录获得的了解;③确定可能发生错报的环节;④识别和了解相关控制;⑤执行穿行测试,证实对交易流程和相关控制的了解;⑥进行初步评价和风险评估。

另外,被审计单位设计、执行和维护内部控制的方式,因其规模和复杂程度的不同而不同。对于小型被审计单位,其内部控制通常具有的特点包括:可能采用非正式和简单的流程与程序,内部控制要素未得到清晰区分,职责分离的程度低,参与日常经营管理的业主可能承担多项职能,更有可能凌驾于内部控制之上等。注册会计师应当综合考虑小型被审计单位的内部控制要素能否实现其目标而实施风险评估。

最后,了解内部控制时要注意内部控制的人工与自动化成分,了解各自的优势或适用范围、特点及其控制风险等。同时,应考虑到内部控制的固有局限性。

(四) 识别与评估重大错报风险

注册会计师实施风险评估程序,获取对被审计单位及其环境、适用的财务报告编制基础及内部控制体系各要素等方面情况后,可能了解到导致财务报表发生重大错报的风险因素以及内部控制对相关风险的抵销信息,再识别和评估财务报表层次以及各类交易、账户余额和披露认定层次的重大错报风险,针对财务报表层次重大错报风险,应采取总体应对措施;针对认定层次重大错报风险,设计进一步审计程序予以应对。同时,由于财务报表层次重大错报风险可能影响某些认定层次重大错报风险,所以财务报表层次重大错报风险也影响进一步审计程序的设计。

1. 识别与评估财务报表层次以及认定层次的重大错报风险

1) 作用与步骤

识别与评估重大错报风险的作用是为风险应对提供方向指引,有助于确定总体应对措施与进一步审计程序的性质、时间与范围,以获取充分、适当的审计证据,最终能够以可接受的低审计风险水平对财务报表发表意见。识别与评估重大错报风险包括五个步骤:①利用实施风险评估程序所了解的信息,为识别与评估重大错报风险提供基础。②识别两个层次的重大错报风险,包括:第一,要求分成财务报表层次与认定层次识别。尽管两个层次重大错报风险是相互影响的,但审计准则规定,注册会计师应当确定识别出的重大错报风险是财务报表层次还是各类交易、账户余额和披露的认定层次。第二,应当在考虑相关控制之前识别重大错报风险(即固有风险)。注意这里的"相关控制"是指与交易、账户余额及披露的认定直接相关的控制,其内容与内部控制体系存在差异,例如,控制环境薄弱是内部控制体系的问题,同时也是可能导致财务报表层次重大错报风险的固有风险因素。之所以要求风险识别时仅考虑固有风险因素,而不考虑控制风险,意在从源头上解决注册会计师在审计中可能遗漏某些重大错报风险点,包括分析性财务异常,或对重大错报风险的识别和评估可能过于简单化和模糊化或模板化和经验化问题。③评估两个层次的重大错报风险。由于重大错报风险是固有风险和控制风险共同作用的结果,因此,注册会计师在评估重大错报风险时,应当考虑相关控制的影响(即控制风险)。正如上文所述,审计准则要求针对识别出的认定层次重大错报风险,风险评估时应当分别固有风险和控制风险进行评估。但对于财务报表层次重大错报风险,审计准则未予明确。④评价审计证据的适当性。⑤修正识别与评估的结果,可随着审计时获取的信息不断进行修订。

2)识别和评估财务报表层次重大错报风险

(1)识别。某项风险因素与财务报表整体存在广泛联系,并可能影响多项认定,即认定为财务报表层次重大错报风险。例如,在经济不稳定的国家和地区开展业务、资产的流动性出现问题、重要客户流失、融资能力受限等可能导致的持续经营能力存在重大疑虑,管理层缺乏诚信,或承受异常的压力,或管理层凌驾于内部控制之上等可能引发舞弊风险,这些风险都是与财务报表整体相关的风险因素。

(2)评估。对于识别出的财务报表层次重大错报风险,注册会计师应当从下列两方面对其进行评估:第一,评价这些风险对财务报表整体产生的影响;第二,确定这些风险是否影响对认定层次风险的评估结果。

3)识别与评估认定层次重大错报风险

(1)识别。如果判断某固有风险因素可能导致某项认定发生重大错报,但与财务报表整体不存在广泛联系,注册会计师应当将其识别为认定层次的重大错报风险。审计准则规定,注册会计师应当确定哪些认定是相关认定,进而确定相关交易类别、账户余额和披露。例如,董事会对管理层考核中存在较难以完成的营业收入增长率以及研发支出指标,则可导致收入、研发支出的相关认定存在重大错报风险。

(2)评估。评估的要求及工作事项。

第一,总体要求。对于识别出的认定层次重大错报风险,注册会计师应当分别评估固有风险和控制风险。

第二,评估固有风险。对于识别出的认定层次重大错报风险,注册会计师应当通过评估错报发生的可能性和严重程度来评估固有风险。

第三,评估控制风险。注册会计师在拟测试控制运行有效性的情况下,应当评估控制风险。如注册会计师不打算对某项交易、账户余额或披露的某认定的相关控制实施控制测试,则控制风险评估为100%。此时,该认定层次的重大错报风险等于评估的固有风险。

第四,确定特别风险。特别风险,是指注册会计师识别出的符合下列特征之一的重大错报风险:①根据固有风险因素对错报发生的可能性和错报的严重程度的影响,固有风险评估为达到或接近固有风险等级的最高级;②根据审计准则的规定,注册会计师应当将其作为特别风险,如管理层缺乏诚信、凌驾于内部控制之上风险。

第五,两种特殊情形的处理。①仅实施实质性程序无法应对的重大错报风险。针对某些认定层次重大错报风险,仅实施实质性程序无法为其提供充分、适当的审计证据,如一些系统处理的信息可能不存在相关处理轨迹,对这类风险应当对相关控制的设计和执行进行了解和测试。②对重大交易类别、账户余额和披露的考虑。如果能够合理预期某类交易、账户余额和披露中信息的遗漏、错误陈述或含糊表达,可能影响财务报表使用者依据财务报表整体作出的经济决策,则通常认为该类交易、账户余额和披露是重大的。如果注册会计师未将重大交易类别、账户余额和披露确定为"相关交易类别、账户余额和披露",则应评价这样做是否恰当。

两个层次间相互影响的处理。认定层次的重大错报风险可能为财务报表层次重大错报风险提供新的证据,而财务报表层次重大错报风险是评估认定层次固有风险应考虑的因素。例如,董事会对管理层的业绩考核指标中有利润总额或净资产收益率,且较难以完成,则可识别为财务报表层次重大错报风险因素,则在识别收入的发生、截止(可能提前确认)、准确性(多计收入)等认定层次重大错报风险时都要考虑该固有风险因素,而在识别成本费用的完整性、截止(推后确认)和准确性(少计金额)等认定层次重大错报风险时也应考虑该固有风险因素。

4)考虑财务报表的可审计性

注册会计师在了解被审计单位内部控制后,可能对被审计单位财务报表的可审计性产生怀疑。例如,对被审计单位会计记录的可靠性和状况的担心可能会使注册会计师认为可能很难获取充分、适当的审计证据,以支持对财务报表发表审计意见。又如,管理层严重缺乏诚信,注册会计师认为管理层在财务报表中作出虚假陈述的风险高到无法进行审计的程度。因此,如果通过对内部控制的了解发现下列情况,并对财务报表局部或整体的可审计性产生疑问,注册会计师应当考虑出具保留意见或无法表示意见的审计报告:①被审计单位会计记录的状况和可靠性存在重大问题,不能获取充分、适当的审计证据以发表无保留意见;②对管理层的诚信存在严重疑虑。必要时,注册会计师应当考虑解除业务约定。

2. 评估固有风险等级

在评估与特定认定层次重大错报风险相关的固有风险等级时,注册会计师应当运用职业判断,确定错报发生的可能性和重要程度综合起来的影响。注意这里是两个因素的"综合考虑"。

3. 需要特别考虑的重大错报风险

特别风险通常与重大的非常规交易和判断事项有关,判断事项如主观性强、高度不确定性的会计估计、业务变化导致会计处理变化(如合并与收购)等。针对特别风险,注册会计师应当评价相关控制的设计情况,并确定其是否已经得到执行,这有助于注册会计师制定有效的审计应对方案。如果管理层未能实施控制以恰当应对特别风险,注册会计师应当认为内部控制存在值得关注的内部控制缺陷,并考虑其对风险评估的影响,并应当就此类事项与治理层层沟通。

4. 修正风险识别或评估的结果

识别与评估重大错报风险与了解被审计单位及其环境等方面的情况一样,也是一个连续和动态地收集、更新与分析信息的过程,贯穿于整个审计过程。

三、风险应对

(一)针对财务报表层次重大错报风险的总体应对措施

注册会计师应当针对评估的财务报表层次重大错报风险确定下列总体应对措施:

(1)向项目组强调保持职业怀疑的必要性。

(2)指派更有经验或具有特殊技能的审计人员,或利用专家的工作。

(3)提供更多的督导。对于财务报表层次重大错报风险较高的审计项目,审计项目组的高级别成员,如项目合伙人、项目经理等经验较丰富的人员,要对其他成员提供更详细、更经常、更及时的指导和监督并加强项目质量复核。

(4)在选择拟实施的进一步审计程序时融入更多的不可预见的因素。被审计单位人员,尤其是管理层,如果熟悉注册会计师的审计套路,就可能采取种种规避手段,掩盖财务报告中的舞弊行为。因此,在设计拟实施审计程序的性质、时间安排和范围时,为了避免既定思维对审计方案的限制,避免对审计效果的人为干涉,从而使得针对重大错报风险的进一步审计程序更加有效,注册会计师要考虑使某些程序不被被审计单位管理层预见或事先了解。

在实务中,注册会计师可以通过以下方式提高审计程序的不可预见性:①对某些未测试过的低于设定的重要性水平或风险较小的账户余额和认定实施实质性程序;②调整实施审计程序的时间,使被审计单位不可预期;③采取不同的审计抽样方法,使当期抽取的测试样本与以前有所不同;④选取不同的地点实施审计程序,或预先不告知被审计单位所选定的测试地点。

增加不可预见性审计程序时应注意的要点:①注册会计师需要与被审计单位的管理层事先沟通,要求实施具有不可预见性的审计程序,以便能顺利实施不可预见性程序,注册会计师可以在签订审计业务约定书时明确提出这一要求。但不能告知其具体内容,尤其是一些敏感的问题,如不可预见性的拟函证的单位、抽盘的存货、询问的其他内部人员等不应与管理层沟通。②虽然对于不可预见性程度没有量化的规定,但审计项目组可根据对舞弊风险的评估等确定具有不可预见性的审计程序。审计项目组可以汇总那些具有不可预见性的审计程序,并记录在审计工作底稿中。③项目合伙人需要安排项目组成员有效地实施具有不可预见性的审计程序,但同时要避免使项目组成员处于困难境地。

(5)对拟实施审计程序的性质、时间安排或范围作出总体修改。财务报表层次的重大错报风险很可能源于薄弱的控制环境。薄弱的控制环境带来的风险可能对财务报表产生广泛影响,难以限于某类交易、账户余额和披露,注册会计师应当采取总体应对措施。相应地,注册会计师对控制环境的了解也影响其对财务报表层次重大错报风险的评估。有效的控制环境可以使注册会计师增强对内部控制和被审计单位内部产生的证据的信赖程度。

如果控制环境存在缺陷,注册会计师在对拟实施审计程序的性质、时间安排和范围作出总体修改时应当考虑:①在期末而非期中实施更多的审计程序。控制环境的缺陷通常会削弱期中获得的审计证据的可信赖程度。②通过实施实质性程序获取更广泛的审计证据。良好的控制环境是其他控制要素发挥作用的基础。控制环境存在缺陷通常会削弱其他控制要素的作用，导致注册会计师可能无法信赖内部控制，而主要依赖实施实质性程序获取审计证据。③增加纳入审计范围的经营地点的数量。

财务报表层次重大错报风险难以限于某类交易、账户余额和披露的特点，意味着此类风险可能对财务报表的多项认定产生广泛影响，并相应增加注册会计师对认定层次重大错报风险的评估难度。因此，注册会计师评估的财务报表层次重大错报风险以及采取的总体应对措施，对拟实施进一步审计程序的总体审计方案具有重大影响。拟实施进一步审计程序的总体审计方案包括实质性方案和综合性方案。当评估的财务报表层次重大错报风险属于高风险水平（并相应采取更强调审计程序不可预见性以及重视调整审计程序的性质、时间安排和范围等总体应对措施）时，拟实施进一步审计程序的总体方案往往更倾向于实质性方案。

（二）针对认定层次重大错报风险的进一步审计程序

1. 进一步审计程序的含义和要求

进一步审计程序相对于风险评估程序而言，是指注册会计师针对评估的各类交易、账户余额和披露认定层次重大错报风险实施的审计程序，包括控制测试（必要时）和实质性程序。

注册会计师应当针对评估的认定层次重大错报风险设计和实施进一步审计程序，包括审计程序的性质、时间安排和范围。注册会计师设计和实施的进一步审计程序的性质、时间和范围，应当考虑认定层次重大错报风险的重要性，重大错报发生的可能性，涉及的各类交易、账户余额和披露的特征，被审计单位采用的特定控制的性质（如是人工控制或自动化控制），内部控制有效性等因素。如果注册会计师在风险评估时预期内部控制运行有效，并在进一步审计程序中拟信赖内部控制，随后拟实施的进一步审计程序就必须包括控制测试，且实质性程序自然会受到之前控制测试结果的影响。

需要特别说明的是，注册会计师对重大错报风险的评估毕竟是一种主观判断，可能无法充分识别所有的重大错报风险，同时内部控制存在固有局限性（特别是存在管理层凌驾于内部控制之上的可能），因此，无论选择何种方案、注册会计师都应当对重大的交易类别、账户余额和披露设计和实施实质性程序。

2. 进一步审计程序总体方案的选择

先前论述到，进一步审计程序总体方案包括实质性方案和综合性方案。通常情况下，注册会计师出于成本效益考虑，且在评估认定层次重大错报风险时，预期控制的运行是有效情况下，可以采用综合性方案或仅通过实质性程序无法应对重大错报风险时，必须采用综合性方案。例如，对日常交易或与财务报表相关的其他数据采用高度自动化处理的情况下，审计证据可能仅以电子形式存在，此时审计证据是否充分和适当通常取决于自动化信息系统相关控制的有效性。如果信息的生成、记录、处理和报告均通过电子格式进行而没有适当有效的控制,则生成不正确信息或信息被不恰当修改的可能性就会大大增加。在认为仅通过实施实质性程序不能获取充分、适当的审计证据的情况下,注册会计师必须实施控制测试,且这种测试已经不再是单纯出于成本效益的考虑,而是必须获取的一类审计证据。

但在以下情况下注册会计师可能认为采取实质性方案是适当的:①与认定相关的控制不存在或无效(如经了解控制的偏差率大于20%);②为控制测试很可能不符合成本效益原则(控制测试增加的工作量大于减少的实质性程序的工作量)。实务中,注册会计师可以根据报表各项目的具体情况,设计不同的进一步审计方案。

3. 进一步审计程序的性质、时间和范围

在应对评估的认定层次重大错报风险时,拟实施的进一步审计程序的性质、时间安排和范围都应当确保具有针对性。进一步审计程序性质、时间、范围的含义及其选择的要点如表6-5所示。

表6-5　进一步审计程序性质、时间、范围的含义及其选择

项目	含义	如何选择
进一步审计程序的性质	进一步审计程序的目的和类型,其中目的包括通过实施控制测试以确定内部控制运行的有效性,通过实施实质性程序以发现认定层次的重大错报;进一步审计程序类型包括检查、观察、询问、函证、重新计算、重新执行和分析程序等	首先应当根据认定层次重大错报风险的评估结果选择审计程序。评估的认定层次重大错报风险越高,对通过实质性程序获取的审计证据的相关性和可靠性的要求越高,还应当考虑评估的认定层次重大错报风险产生的原因。 需要说明的是,如果在实施进一步审计程序时拟利用被审计单位信息系统生成的信息,注册会计师应当就信息的准确性和完整性获取审计证据
进一步审计程序的时间	注册会计师何时实施进一步审计程序,或审计证据适用的期间或时点。因此,当提及进一步审计程序的时间时,在某些情况下指的是审计程序的实施时间,在另一些情况下是指需要获取的审计证据适用的期间或时点	对选择何时实施进一步审计程序的问题,应权衡期中与期末实施审计程序的关系。当重大错报风险较高时,注册会计师应当考虑在期末或接近期末实施实质性程序,或采用不通知的方式,或在管理层不能预见的时间实施审计程序。 对选择获取什么期间或时点的审计证据的问题,应权衡以前审计获取的审计证据与本期审计获取的审计证据的关系
进一步审计程序的范围	实施进一步审计程序所涉及的数量多少,包括抽取的样本量、对某项控制活动的观察次数等	应当考虑的因素包括: (1)确定的重要性水平(重要性水平越低,审计范围越广,反之亦然)。 (2)评估的重大错报风险。 (3)计划获取的保证程度

4. 控制测试

控制测试是指为评价内部控制在防止或发现并纠正认定层次的重大错报方面的运行有效性而设计的审计程序。控制测试与风险评估中的了解内部控制是不同的。了解内部

控制是必要的程序,了解内部控制只需要了解内部控制是否存在以及是否得到执行,为风险评估获取内部控制方面的证据。而控制测试要对控制在所审计期间的相关时点是如何运行的、控制是否得到一贯执行,以及由谁或以何种方式执行的进行测试。控制运行有效性强调的是控制能够在各个不同时点按照既定设计得以一贯地、有效地执行。因此,在了解控制是否得到执行时,注册会计师只需抽取少量的交易进行检查或观察某几个时点即可。但在测试控制运行的有效性时,注册会计师需要抽取足够数量的交易进行检查或对多个不同时点进行观察,并且要观察其是否得到有效地执行。例如,财务经理虽在报销单上签了字,执行了审批这一控制,但如果仍存在一些不该报销的单据报销了,就是没有有效地执行该控制。

但由于信息系统具有一贯性,对自动化系统,注册会计师在了解自动化系统得到执行后通常不需要对该系统的应用控制再扩大控制测试范围,但需要考虑执行下列测试以确定该控制持续有效运行:①测试与该应用控制有关的一般控制的运行有效性;②确定系统是否发生变动,如果发生变动,是否存在适当的系统变动控制;③确定对交易的处理是否使用授权批准的软件版本。

控制测试审计性质包括询问、观察、检查、重新执行等程序。询问本身并不足以测试控制运行的有效性,而观察提供的证据仅限于观察发生的时点,因此,注册会计师需要将控制测试程序进行有效组合,使得控制测试获取的审计证据能够达到合理保证水平。确定控制测试审计程序的性质时要求:①应考虑特定控制的性质,如对存在文件记录的控制可以检查文件;②考虑测试与认定直接相关与间接相关的控制,如对赊销额度的审批的控制测试时,也测试与授予赊销额度的依据的真实性相关控制;③如何对一项自动化的信息处理控制实施测试,如同时测试该项控制与影响该项控制的信息技术一般控制。

控制测试时间上要考虑期中审计证据与以前获得的审计证据。如果注册会计师已获取有关控制在期中运行有效性的审计证据,并拟利用该证据,注册会计师应当实施下列审计程序:①获取这些控制在剩余期间发生重大变化的审计证据;②确定针对剩余期间还需获取的补充审计证据。关于第②项,注册会计师应考虑的因素有相关控制针对的认定层次的重大错报风险的重要程度、控制是否发生重大变化、期中控制测试得到的控制的有效程度、剩余期间长短、拟缩小实质性程序范围、控制环境等。对以前获得的审计证据,首先要考虑控制在本期是否发生了变化,如果拟信赖的控制自上次测试后已发生实质性变化以致影响以前审计所获取证据的相关性,注册会计师应当在本期审计中测试这些控制的运行有效性;如果拟信赖的控制自上次测试后未发生变化,且不属于旨在减轻特别风险的控制,注册会计师应当运用职业判断确定是否在本期审计中测试其运行有效性,以及本次测试与上次测试的时间间隔,但每三年至少要测试一次,而且应将不同控制分开在不同期间测试,不要将所有控制在一个期间测试,而另两年不作任何测试。如果确定评估的认定层次重大错报风险是特别风险,并拟信赖旨在减轻特别风险的控制,注册会计师不应依赖以前审计获取的审计证据,而应在本期审计中测试这些控制的运行有效性。注册会计师应当考虑实施实质性程序发现的错报对评价控制测试结果的影响。如果通过实施实质性程序未发现某项认定存在错报,这本身并不能说明与该认定有关的控制是有效运行的;但如果通过实施实质性程序发现某项认定存在错报,注册会计师应当在评价相关控制的运行有效性时予以考虑。

5. 实质性程序

实质性程序是指为发现认定层次的重大错报而设计的审计程序。实质性程序包括下列两种基本类型:

(1)细节测试。细节测试是对各类交易、账户余额、列报的具体细节进行测试,目的在于直接识别财务报表认定是否存在错报,如函证、抽查银行收支的真实性、准确性、计算每个固定资产的折旧额是否正确等。

(2)实质性分析程序。分析程序用作实质性测试,以发现认定层次是否存在错报。尤其是当一些报表项目的数据存在较精确的数学关系时,对这些项目的准确性审计更适合用分析程序,如折旧额根据固定资产原值与折旧率进行测算,利息额根据资金平均占用额与利率进行测算。实施实质性分析程序时得出的结果与预期值的差异在可接受范围内,可以合理确认该项目金额不存在重大错报风险。当然应根据项目的重要性和风险程度及控制测试结果考虑是否采用细节测试获取更多的审计证据。

另外,在应对特别风险的进一步审计程序中,注册会计师不可仅用实质性分析程序应对,必须采用综合性方案或包含细节测试的实质性方案。

分析程序用于风险评估、实质性测试和审计临近结束时的总体复核,其目的和特点是不同的,具体比较如表 6-6 所示。

表 6-6　分析程序用于风险评估程序、实质性程序和总体复核的比较

运用阶段	比较项目		
	目的	是否必须使用	特点
用于风险评估程序	了解被审计单位及其环境并评估重大错报风险	必须使用	通常使用高度汇总的数据,其对象主要是财务报表中账户余额及其相互之间的关系;所使用的分析程序通常包括对账户余额变化的分析,并辅之以趋势分析和比率分析
用于实质性程序	用于识别认定层次的重大错报	非必须使用	使用比较精确和具体的数据及数学关系
用于审计临近结束时的总体复核	确定财务报表整体是否与注册会计师对被审计单位的了解一致	必须使用	不如实质性分析程序那样详细和具体,通常集中于财务报表层次

在实际工作中,控制测试与实质性程序分属两个不同的审计阶段,但为提高效率,两者也常常同时进行,即"双重目的测试"。例如,对控制测试中所涉及的凭证,同时检查其准确性、计价与分摊、会计确认、截止等实质性程序的内容。

6. 控制测试与细节测试中的审计抽样

审计抽样应同时具有两个特征：（1）注册会计师对具有审计相关性的总体中低于100%的项目实施审计程序；（2）所有抽样单元都有被选取的机会（但被选取的概率并不一定都是相等的）。风险评估通常不涉及审计抽样，针对留下运行轨迹的控制测试与细节测试，注册会计师可以考虑使用审计抽样。审计抽样可以与其他选取测试项目的方法结合进行。例如，在审计应收账款时，注册会计师可以使用选取特定项目的方法将应收账款中的单个重大项目挑选出来单独测试，再针对剩余的应收账款余额进行抽样。

审计抽样的目的是通过样本推断出总体的结论，只有当从抽样总体中选取的样本具有代表性时，注册会计师才能根据样本项目的测试结果推断出有关总体的结论。代表性，是指在既定的风险水平下，注册会计师根据样本得出的结论，与对整个总体实施与样本相同的审计程序得出的结论相似。样本具有代表性并不意味着根据样本测试结果推断的错报一定与总体中的错报完全相同，如果样本的选取是无偏向的，该样本通常就具有了代表性。代表性与整个样本相关，与样本中的单个项目无关，而与如何选取样本相关。此外，代表性通常只与错报的发生率而与错报的特定性质无关，如异常情况导致的样本错报就不具有代表性。

审计抽样时，注册会计师既可以适用统计抽样方法，也可以使用非统计抽样方法。统计抽样与非统计抽样的概念与特征归纳如表6-7所示。在使用审计抽样时，注册会计师既要防范非审计抽样风险，也要特别防范抽样风险，对审计抽样风险与非抽样风险的总结如表6-8所示。

表6-7 审计抽样类型与特征

类型	特征	
统计抽样	随机选取样本项目，且运用概率论推断结果和抽样风险	属性抽样：对总体中某一事件的发生率得出结论，如控制的偏差率
		变量抽样：对总体金额得出结论，如金额错报
		货币单元抽样：变量抽样中，以每一元为抽样单元，利用属性抽样原理，得出金额表示的结论
非统计抽样	不同时具备统计抽样两个特征的抽样方法，无法精确计量抽样风险	

表6-8 审计抽样风险与非抽样风险

类型	具体分类		含义	对审计的影响
抽样风险	控制测试中的抽样风险	信赖过度风险	推断的控制有效性高于其实际有效性的风险	影响审计效果
		信赖不足风险	指推断的控制有效性低于其实际有效性的风险	影响审计效率
	细节测试中的抽样风险	误受风险	注册会计师推断某一重大错报不存在而实际上存在的风险	影响审计效果
		误拒风险	注册会计师推断某一重大错报存在而实际上不存在的风险	影响审计效率
非抽样风险	与抽样无关的风险，如因审计程序不符合审计目标、选择的总体不适于测试目标、未适当定义误差，未能发现样本误差等导致的非抽样风险			

 **案例分析**

财务报表重大错报风险评估

上市公司 A 为家族控股的食品制造企业(王某家族占 32％股权,为第一大股东;第二股东占 9％)。公司根据订单生产,以销定产。董事会对管理层的业绩考核指标中包括主营业务收入每年增长 10％,研发费用每年不低于营业收入的 5％,扣非净利润增长 25％。高管薪酬与考核指标完成情况高度关联。大股东王某于 2019 年 12 月公告拟在未来半年内减持股份 1 200 万股。2019 年年报显示,与 2018 年相比,营业收入增长 12％,研发费用开支达到当年营业收入的 5.01％,扣非净利润增长 30％。但存货与应收账款期末比年初数分别增加 20％、27％。

公司 2019 年年报称营业收入与扣非净利润大幅增长是由于行业景气度大幅提高,主要药品销售量与销售价格具有不同程度提高所致。

注册会计师对该公司 2018 年年报出具了无保留意见审计报告。另外,注册会计师了解到该公司各产品生产的料、工、费水平与 2018 年基本一致,公司各主要产品销售额的行业平均增长率在 5％～9％之间。

讨论:

(1) 假设你作为注册会计师,对该公司 2019 年年报进行审计,请识别出固有风险因素,并指出这些固有风险因素分别属于财务报表层次重大错报风险,还是认定层次重大错报风险。如何判断各风险因素是否为特别风险?

(2) 根据所给资料,指出 2019 年年报可能存在的相关交易类别和账户余额。

课程思政

马克思关于生产风险和流通风险的论述

马克思说:"资本在由货币转化为生产条件并从处于静止状态中的资本的形式转入生产过程时,会遭受生产过程的风险,遭受自己的失败……这是任何生产过程都会遭受的风险,而不管这个过程具有何种社会形式";马克思又说:"它现在要遭受商品第二次转化为货币的风险,遭受包含在商品使用价值中的价值转化为这同一价值的货币形式的风险,这是任何商品生产都会遭受的风险,而不管它是不是资本主义商品生产。这种任何商品生产所固有的风险……在某种程度上也是任何生产所固有的风险"。(摘自《马克思恩格斯全集》第 49 卷,人民出版社,1982 年版)

讨论:

谈谈以上资料对企业战略与经营风险评估的启示。

第七章　风险导向审计计划

学习目标

○ 了解计划审计工作意义与内容、初步业务活动,审计业务约定书

○ 掌握总体审计策略与具体审计计划的内容与制订

○ 掌握审计重要性的概念、确定及其应用

○ 了解错报的概念、分类及其沟通与更正

第一节　计划审计工作

一、计划审计工作的意义与内容

计划审计工作对于注册会计师顺利完成审计工作和控制审计风险具有非常重要的意义。合理的审计计划有助于注册会计师关注重点审计领域、及时发现和解决潜在问题并恰当地组织和管理审计工作,以使审计工作更加有效。同时,充分的审计计划可以帮助注册会计师对项目组成员进行恰当分工和指导监督,并复核其工作,还有助于协调其他注册会计师和专家的工作。计划审计工作是一项持续的过程,注册会计师通常在前一期审计工作结束后即开始开展本期的审计计划工作,并直到本期审计工作结束为止。

在计划审计工作时,注册会计师需要进行初步业务活动、制定总体审计策略和具体审计计划。在此过程中,需要作出很多关键决策,包括确定可接受的审计风险水平和恰当的计划阶段的重要性水平、配置项目人员等。本节扼要介绍初步业务活动、承接财务报表审计业务的前提条件、业务约定书、制定总体审计策略与具体审计计划等几个重要的计划审计工作。由于审计重要性是注册会计师财务报表审计的核心概念,确定恰当的重要性水平是注册会计师财务报表审计实务的一个重点与难点。《中国注册会计师审计准则第1221号——计划和执行审计工作时的重要性》对审计重要性的确定与运用进行了规范,且审计重要性内容较多,因此,审计重要性在下节单独介绍。

二、初步业务活动

（一）初步业务活动的目的

在审计业务开始时，注册会计师需要开展初步业务活动，以实现以下三个主要目的：①具备执行业务所需的独立性和能力；②不存在因管理层诚信问题而可能影响注册会计师保持该项业务的意愿的事项；③与被审计单位之间不存在对业务约定条款的误解。

（二）初步业务活动的内容

注册会计师应当开展下列初步业务活动：①针对保持客户关系和具体审计业务实施相应的质量管理程序；②评价遵守相关职业道德要求的情况；③就审计业务约定条款达成一致意见。

针对保持客户关系和具体审计业务实施质量管理程序，并且根据实施相应程序的结果作出适当的决策是注册会计师控制审计风险的重要环节。《中国注册会计师审计准则第1121号——对财务报表审计实施的质量管理》及《会计师事务所质量管理准则第5101号——业务质量管理》含有与客户关系和具体业务的接受与保持相关的要求，注册会计师应当按照其规定开展初步业务活动。

评价遵守相关职业道德要求的情况也是一项非常重要的初步业务活动。质量管理准则含有包括独立性在内的有关职业道德要求，注册会计师应当按照其规定执行。虽然保持客户关系及具体审计业务和评价职业道德的工作贯穿审计业务的全过程，但是这两项活动需要安排在其他审计工作之前，以确保注册会计师已具备执行业务所需要的独立性和专业胜任能力，且不存在因管理层诚信问题而影响注册会计师保持该项业务的意愿情况。在连续审计的业务中，这些初步业务活动通常是在上期审计工作结束后不久或要结束时就已经开始了。

在作出接受或保持客户关系及具体审计业务的决策后，注册会计师应当按照《中国注册会计师审计准则第1111号——就审计业务约定条款达成一致意见》的规定，在审计业务开始前，与被审计单位就审计业务约定条款达成一致意见，签订或修改审计业务约定书，以避免双方对审计业务的理解产生分歧。

三、承接财务报表审计业务的前提条件

（一）确定财务报告编制基础的可接受性

在确定编制财务报表所采用的财务报告编制基础的可接受性时，注册会计师需要考虑下列相关因素：第一，被审计单位的性质（例如，被审计单位是商业企业、公共部门实体还是非营利组织）；第二，财务报表的目的（例如，编制财务报表是用于满足广大财务报表使用者共同的财务信息需求，还是用于满足财务报表特定使用者的财务信息需求，如贷款银行的需求）；第三，财务报表的性质（例如，财务报表是整套财务报表还是单一财务报表）；第四，

法律法规是否规定了适用的财务报告编制基础。

按照某一财务报告编制基础编制,旨在满足广大财务报表使用者共同的财务信息需求的财务报表,称为通用目的财务报表。按照特殊目的编制基础编制,旨在满足财务报表特定使用者的财务信息需求,称为特殊目的财务报表。对于特殊目的的财务报表,预期财务报表使用者对财务信息的需求,决定其适用的财务报告编制基础。《中国注册会计师审计准则第 1601 号——审计特殊目的财务报表的特殊考虑》规范了如何确定旨在满足财务报表特定使用者财务信息需求的财务报告编制基础的可接受性。

如果财务报告准则由经授权或获得认可的准则制定机构制定和发布,供某类实体使用,只要这些机构遵循一套既定和透明的程序,则该编制基础属于通用目的的编制基础,该编制基础对于这类实体编制通用目的的财务报表是可接受的。

(二) 就管理层的责任达成一致意见

按照审计准则的规定执行审计工作的前提是管理层已认可并理解其承担的责任。审计准则并不超越法律法规对这些责任的规定。然而,独立审计的理念要求注册会计师不对财务报表的编制或被审计单位的相关内部控制承担责任,并要求注册会计师合理预期能够获取审计所需要的信息。因此,管理层认可并理解其责任,这一前提对执行独立审计工作是至关重要的。管理层的责任包括:

(1) 按照适用的财务报告编制基础编制财务报表,并使其实现公允反映(如适用)。大多数财务报告编制基础包括与财务报表列报相关的要求,对于这些财务报告编制基础在提到"按照适用的财务报告编制基础编制财务报表"时,编制包括列报。对于实现公允列报的编制基础,实现公允列报的报告目标非常重要,因而在与管理层达成一致意见的执行审计工作的前提中需要特别提及公允列报,或需要特别提及管理层负有确保财务报表根据财务报告编制基础编制并使其实现公允反映的责任。

(2) 设计、执行和维护必要的内部控制,以使财务报表不存在由于舞弊或错误导致的重大错报。由于内部控制的固有限制,无论其如何有效,也只能合理保证被审计单位实现其财务报告目标。注册会计师按照审计准则的规定执行的独立审计工作,不能代替管理层维护编制财务报表所需要的内部控制。因此,注册会计师需要就管理层认可并了解其与内部控制有关的责任与管理层达成共识。

(3) 向注册会计师提供必要的工作条件,包括允许注册会计师接触与编制财务报表相关的所有信息(如记录、文件和其他事项),向注册会计师提供审计所需要的其他信息,允许注册会计师在获取审计证据时不受限制地接触其认为必要的内部人员和其他相关人员。

(三) 关于管理层书面声明的确认

按照《中国注册会计师审计准则第 1341 号——书面声明》的规定,注册会计师应当要求管理层就其已履行的某些责任提供书面声明。因此,注册会计师需要获取针对管理层责任的书面声明、其他审计准则要求的书面声明,以及在必要时需要获取用于支持其他审计证据(用以支持财务报表或者一项或多项具体认定)的书面声明。注册会计师需要使管理层意识到这一点。

如果管理层不认可其责任,或不同意提供书面声明,注册会计师将不能获取充分适当的审计证据。在这种情况下,注册会计师承接此类审计业务是不恰当的,除非法律法规另有规定。如果法律法规要求承接此类审计业务,注册会计师可能需要向管理层解释这种情况的重要性及其对审计报告的影响。

四、审计业务约定书

审计业务约定书是指会计师事务所与被审计单位签订的,用以记录和确认审计业务的委托与受托关系、审计目标和范围、双方的责任及报告的格式等事项的书面协议。会计师事务所承接任何审计业务,都应与被审计单位签订审计业务约定书。

(一) 审计业务约定书的基本内容

审计业务约定书的具体内容和格式可能因被审计单位的不同而不同,但应当包括以下主要内容:①财务报表审计的目标与范围;②注册会计师的责任;③管理层的责任;④指出用于编制财务报表所适用的财务报告编制基础;⑤提及注册会计师拟出具的审计报告的预期形式和内容,以及对在特定情况下出具的审计报告可能不同于预期形式和内容的说明。

另外,双方可就特定需要、集团组成部分审计、连续审计等进行特殊考虑,并考虑是否在审计业务约定书中约定。其中,对于连续审计,注册会计师应当根据具体情况评估是否需要对审计业务约定条款作出修改,以及是否需要提醒被审计单位注意现有的条款。同时,注册会计师可以决定不在每期都致送新的审计业务约定书。

(二) 审计业务约定书的变更

1. 变更审计业务约定条款的要求

在完成审计业务前,如果被审计单位或委托人要求将审计业务变更为保证程度较低的业务,注册会计师应当确定是否存在合理理由予以变更。

下列原因可能导致被审计单位要求变更业务:①环境变化对审计服务的需求产生影响;②对原来要求的审计业务的性质存在误解;③无论是管理层施加的还是其他情况引起的审计范围受到限制。上述第①和第②项通常被认为是变更业务的合理理由,但如果有迹象表明该变更要求与错误的、不完整的或者不能令人满意的信息有关,注册会计师不应认为该变更是合理的。

如果没有合理的理由,注册会计师不应同意变更业务。如果注册会计师不同意变更审计业务约定条款,而管理层又不允许继续执行原审计业务,注册会计师应当:①在适用的法律法规允许的情况下,解除审计业务约定;②确定是否有约定义务或其他义务向治理层、所有者或监管机构等报告该事项。

2. 审计业务变更为审阅业务或相关服务业务的要求

在同意将审计业务变更为审阅业务或相关服务业务前，接受委托按照审计准则执行审计工作的注册会计师，除了考虑上述"变更审计业务约定条款的要求"中提及的事项，还需要评估变更业务对法律责任或业务约定的影响。

如果注册会计师认为将审计业务变更为审阅业务或相关服务业务具有合理理由，截至变更日已执行的审计工作可能与变更后的业务相关，相应地，注册会计师需要执行的工作和出具的报告会适用于变更后的业务。为避免引起报告使用者的误解，对相关服务业务出具的报告不应提及原审计业务和在原审计业务中已执行的程序。只有将审计业务变更为执行商定程序业务，注册会计师才可在报告中提及已执行的程序。

五、总体审计策略和具体审计计划

审计计划分为总体审计策略和具体审计计划两个层次。图 7-1 列示了计划审计工作的两个层次及其关系。注册会计师应当针对总体审计策略中所识别的不同事项，制订具体审计计划，并考虑通过有效利用审计资源以实现审计目标。值得注意的是，虽然制定总体审计策略的过程通常在具体审计计划之前，但是两项计划具有内在紧密联系，对其中一项的决定可能会影响甚至改变对另外一项的决定。

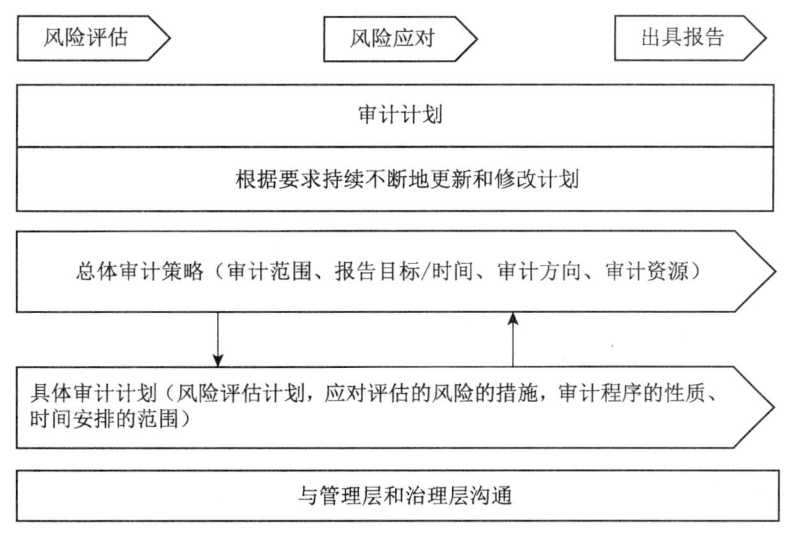

图 7-1 计划审计的两个层次

(一) 总体审计策略

注册会计师应当为审计工作制定总体审计策略，总体审计策略用以确定审计范围、时间安排、方向和审计资源的分配，并指导具体审计计划的制订。注册会计师制定总体审计策略时应当考虑以下主要事项：

（1）审计范围。确定审计范围应当考虑财务报告编制基础、特定行业报告要求、预期审计工作涵盖范围、合并范围和合并过程、内部审计或其他服务机构的可利用程度、以前审计证据、与被审计单位时间协调和数据的可获得性等。

（2）明确审计业务的报告目标、计划审计的时间安排和所需沟通的性质，包括提交审计报告的时间要求，预期与管理层和治理层沟通的重要日期等。

（3）审计方向。根据职业判断，考虑用以指导项目组工作方向的重要因素，包括确定适当的重要性水平，初步识别可能存在较高的重大错报风险的领域，初步识别重要的组成部分和账户余额，评价是否需要针对内部控制的有效性获取审计证据，识别被审计单位、所处行业、财务报告要求及其他相关方面最近发生的重大变化等。

（4）审计资源。注册会计师应当在总体审计策略中清楚地说明审计资源的规划和调配，包括确定执行审计业务所必需的审计资源的性质、时间安排和范围。

（二）具体审计计划

总体审计策略一经制定，注册会计师应当针对总体审计策略中所识别的不同事项，制定具体审计计划，并考虑通过有效利用审计资源以实现审计目标。具体审计计划，是指注册会计师为获取充分、适当的审计证据以将审计风险降至可接受的低水平，依据总体审计策略，对项目组成员拟实施的审计程序的性质、时间和范围作出的具体安排。具体审计计划应当包括风险评估程序、计划实施的进一步审计程序和其他审计程序。

1. 风险评估程序

具体审计计划应当包括按照《中国注册会计师审计准则第 1211 号——重大错报风险的识别和评估》的规定，为了充分识别和评估财务报表重大错报风险，注册会计师计划实施的风险评估程序的性质、时间安排和范围。

2. 计划实施的进一步审计程序

具体审计计划应当包括按照《中国注册会计师审计准则 1231 号——针对评估的重大错报风险采取的应对措施》的规定，针对评估的认定层次的重大错报风险，注册会计师计划实施的进一步审计程序的性质、时间安排和范围。

具体审计程序则是对进一步审计程序的总体方案的延伸和细化，在实务中，注册会计师通常单独制定一套包括这些具体程序的"进一步审计程序表"，待具体实施审计程序时，注册会计师将基于所计划的具体审计程序，进一步记录所实施的审计程序及结果。需要强调的是，随着审计工作的推进，对审计程序的计划会一步步深入，并贯穿整个审计过程。最终形成有关进一步审计程序的审计工作底稿。

3. 其他审计程序

具体审计计划应当包括根据审计准则的规定，注册会计师针对审计业务需要实施的其他审计程序。计划的其他审计程序可以包括上述进一步审计程序的计划中没有涵盖的、根据其他审计准则的要求注册会计师应当执行的既定程序。

在审计计划阶段，除了按照《中国注册会计师审计准则第 1211 号——重大错报风险的识别和评估》进行计划工作,注册会计师还需要兼顾其他准则中规定的、针对特定项目在审计计划阶段应执行的程序及记录要求。例如,《中国注册会计师审计准则第1141号——财务报表审计中与舞弊相关的责任》《中国注册会计师审计准则第1324号——持续经营》《中国注册会计师审计准第1142号——财务报表审计中对法律法规的考虑》《中国注册会计师审计准则第1323号——关联方》等准则中对注册会计师针对这些特定项目在审计计划阶段应当执行的程序及其记录作出了规定。当然,由于被审计单位所处行业、环境各不相同,特别项目可能也有所不同。例如,有些企业可能涉及环境事项、电子商务等,在实务中注册会计师应根据被审计单位的具体情况确定特定项目并执行相应的审计程序。具体审计计划如图7-2所示(谢晓燕,2017)。

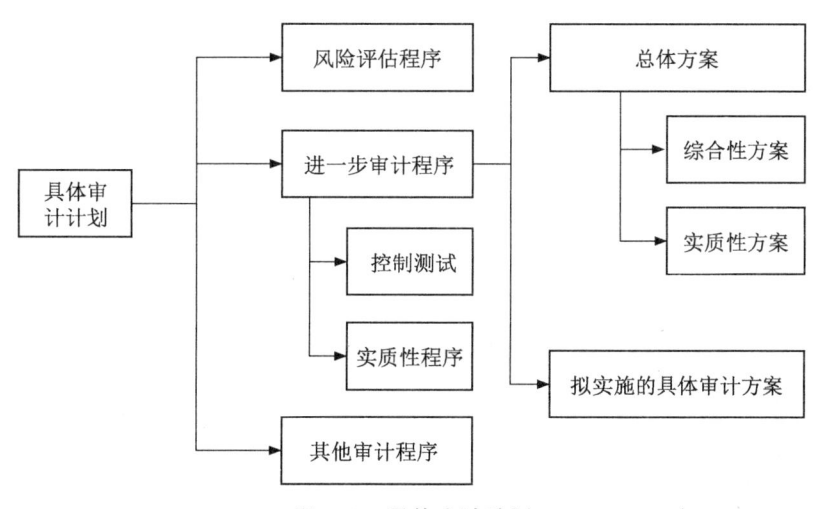

图7-2 具体审计计划

(三) 制订审计计划中的指导、监督与复核

注册会计师应当制订计划,确定对项目组成员的指导、监督以及对其工作进行复核的性质、时间安排和范围。注册会计师应在评估重大错报风险的基础上,计划对项目组成员工作的指导、监督与复核的性质、时间安排和范围。当评估的重大错报风险增加时,注册会计师通常会扩大指导与监督的范围,增强指导与监督的及时性,执行更详细的复核工作。在计划复核的性质、时间安排和范围时,注册会计师还应考虑单个项目组成员的专业素质和胜任能力。

案例分析

审计计划合理吗

X会计师事务所(简称X所)是一家中型会计师事务所,2021年1月首次拟承接一家中型国内旅游服务企业A公司(非上市公司)2020年年报审计,A公司主营国内及欧美旅游线路服务,并有一个门店销售工艺品、旅游纪念品、金银首饰等。X 所拟委派一个四人项目组开展审计,其中一名注册会计师担任项目经理,一名注册会计师担任主审,另两名为高职会计专业的毕业实习生。四人均不具备阅读会计专业英语的能力。A 公司 2020 年年报部分数据如表 7-1 所示。

表 7-1 A公司 2020 年年报数据

单位:万元

报表项目	期初数或上年数	期末数或本年数
货币资金	1 000	530
存货	500	470
固定资产	150	140
营业收入	5 500	3 900
销售费用	200	120

项目组在审计总体策略中将存货作为审计重点和高风险领域,并认为存货减值存在特别风险,但没有聘用专家的计划。以上报表项目的具体计划工时数如表 7-2 所示。

表 7-2 报表项目具体计划工时数

报表项目	工时数(小时)
货币资金	5
存货	20
固定资产	15
营业收入	25
销售费用	10

讨论: 结合案例资料,说明审计总体策略和具体审计计划中存在的问题,并简要说明你的理由。

第二节 审计重要性

一、重要性的含义

重要性是审计的基本概念。审计重要性通常可从以下几个方面理解:①如果合理预期错报(包括漏报)单独或汇总起来可能影响财务报表使用者依据财务报表作出的经济决策,则通常认为错报是重大的。②对重要性的判断是根据具体环境作出的,并受错报金额或性质的影响,或受两者共同作用的影响。性质方面如错报可能改变合同的执行、财务指标的趋势、舞弊、税法和其他法律法规的遵守等。性质重要性的错报即使金额不大,通常也会改变相关财务报告使用者的经济决策,也是重要的。③判断某事项对财务报表使用者是否重大,是在考虑财务报表使用者整体共同的财务信息需求的基础上作出的。由于不同财务报表使用者对财务信息的需求可能差异很大,因此不考虑错报对个别财务报表使用者可能产生的影响。

在审计计划中,必须对重大错报的规模和性质作出一个判断,包括确定财务报表整体的重要性和可能存在的特定交易类别、账户余额和披露认定层次的重要性水平。另外,为了将未更正和未发现错报的汇总数超过财务报表整体重要性的可能性降至适当的低水平,还要确定低于财务报表整体或特定认定层次重要性水平的实际执行重要性水平。

注册会计师在计划审计工作时对何种情形构成重大错报作出判断,为下列方面提供基础:

(1)决定风险评估程序的性质、时间安排和范围。如确定的合理的重要性水平较低,风险评估时不宜采用分析程序,因风险评估中的分析程序通常是财务报表数据与预期值存在重大差异时更有效,重要性水平较低说明审计风险较高,所以不宜过分依赖期中风险评估获取的审计证据,审计范围也要扩大。

(2)识别和评估重大错报风险。如风险评估中采用分析程序,发现财务报表数据与预期值的差异达到财务报表层次重要性水平或特定交易类别、账户余额与披露的重要性水平,报表项目的相关认定超过了实际执行重要性水平,则注册会计师可判断财务报表存在重大错报风险。实务中注册会计师可将认定层次的可容忍错报确定为等于或低于实际执行重要性水平,对某认定的记录金额实施实质性分析程序时,若分析结果与预期值差额大于可容忍错报,注册会计师就可判断该认定的金额存在重大错报风险。

(3)确定进一步审计程序的性质、时间安排和范围。注册会计师确定的实际执行重要性影响进一步审计程序的性质、时间和范围。

二、重要性水平的确定

重要性水平的确定与修改贯穿审计整个过程,审计开始前制订的计划重要性会随着审计过程的深入而不断修改,如对重大错报风险的重新评估、获取新的信息或对财务报表的审计调整等原因导致修改计划的重要性。

(一)财务报表整体的重要性

由于财务报表审计的主要目标是注册会计师通过执行审计工作对财务报表发表审计意见,因此,注册会计师应当考虑财务报表整体的重要性,以判断查出的错报是否重大、是否影响财务报表的公允反映。注册会计师在制定总体审计策略时,应当确定财务报表整体的重要性。确定多大错报会影响到财务报表使用者经济决策,是注册会计师运用职业判断的结果。很多注册会计师根据所在会计师事务所的惯例及自己的经验,考虑重要性。

通常先选定一个基准,再乘以某一百分比作为财务报表整体的重要性。在选择基准时,需要考虑的因素包括:①财务报表要素(如资产、负债、所有者权益、收入和费用或利润等);②是否存在特定会计主体的财务报表使用者特别关注的项目(如创新企业对研发费用的特别关注与考核);③被审计单位的性质、所处的生命周期阶段,以及所处行业和经济环境;④被审计单位的所有权结构和融资方式(例如,债权人,尤其是短期债务的债权人更多关心企业的净资产与资产质量,而股东更多关心企业的盈利能力,对利润指标较为关注);⑤基准的相对波动性。确定财务报表整体层面的重要性最好采用较稳定的基准。

适当的基准取决于被审计单位的具体情况。对于以营利为目的的实体,通常以经常性业务的税前利润作为基准。如果经常性业务的税前利润不稳定,选用其他基准可能更加合适,如毛利或营业收入。就选定的基准而言,相关的财务数据通常包括前期财务成果和财务状况、本期最新的财务成果和财务状况、本期的预算和预测结果等。当然,本期最新的财务成果和财务状况、本期的预算和预测结果需要根据被审计单位情况的重大变化(如重大的企业并购)和被审计单位所处行业和经济环境情况的相关变化等作出调整。表7-3举例说明了一些实务中较为常用的基准。

表7-3 常用的基准

被审计单位的情况	可能选择的基准
企业的盈利水平保持稳定	经常性业务的税前利润
企业近年来经营状况大幅度波动,盈利和亏损交替发生,或者由正常盈利变成微利或微亏,或者本年税前利润因情况而出现意外增加或减少	过去3~5年经常性业务的平均税前利润或亏损(取绝对值),或其他基准,例如营业收入
企业为新设企业,处于开办期,尚未开始经营,目前正在建造厂房及购买机器设备	总资产
企业处于新兴行业,目前侧重于抢占市场份额、扩大企业知名度和影响力	营业收入
开放式基金,致力于优化投资组合、提高基金净值、为基金持有人创造投资价值	净资产
国际企业集团设立的研发中心,主要为集团下属各企业提供研发服务,并以成本加成的方式向相关企业收取费用	成本与营业费用总额
公益性质的基金会	捐赠收入或捐赠支出总额

在某些情况下,例如,企业处于微利或微亏状态时,采用经常性业务的税前利润为基准确定重要性可能因标准过低而不切实际,注册会计师可以考虑采用以下方法确定基准:①如果微利或微亏状态是由宏观经济环境的波动或企业自身经营的周期性所致,可以考虑

采用过去3~5年经常性业务的平均税前利润作为基准；②采用财务报表使用者关注的其他财务指标作为基准，如营业收入、总资产等。注册会计师确定重要性确定的基准在各年度中通常会保持稳定，但注册会计师可以根据经济形势、行业状况和被审计单位具体情况的变化对采用的基准作出调整。注册会计师要注意的是，如果被审计单位的经营规模较上年度没有重大变化，通常使用替代性基准确定的重要性不宜超过上年度的重要性。为选定的基准确定百分比需要运用职业判断，百分比和选定的基准之间存在一定的联系。对同一企业，基准较大的应选取较低的百分比。如营业收入对应的百分比要比经常性业务的税前利润对应的百分比低，以防止确定的重要性水平过高而不恰当。

通常用以确定重要性的百分比是在一个合理范围内的，在确定具体百分比时，注册会计师可根据审计风险大小考虑采用百分比的高低，可考虑的因素包括但不限于：①被审计单位是否为上市公司或公众利益实体。对于这类被审计单位，因审计风险较高，宜采用较低的百分比。②财务报表使用者的范围。③被审计单位是否由集团内部关联方提供融资或是否有大额对外融资（如债券或银行贷款）。④财务报表使用者是否对基准数据特别敏感（如有特殊目的的财务报表的使用者）。

（二）特定交易类别、账户余额或披露的重要性

根据被审计单位的特定情况，下列因素可能表明存在一个或多个特定交易类别、账户余额或披露，其发生的错报金额虽然低于财务报表整体的重要性，但合理预期将影响财务报表使用者经济决策，注册会计师应确定特定交易类别、账户余额或披露的重要性水平。

在决定是否确定针对特定报表项目的认定层次的重要性时，注册会计师通常会考虑的情形包括（但不限于）：①法律法规或适用的财务报告编制基础是否影响财务报表使用者对特定项目（如关联方交易、管理层和治理层的薪酬及对具有较高估计不确定性的公允价值会计估计的敏感性分析）计量或披露的预期；②与被审计单位所处行业相关的关键性披露（如制药企业与拟在科创板上市的科创企业的研发支出）；③财务报表使用者是否特别关注财务报表中单独披露的业务的特定方面（如关于分部或重大企业合并的披露）。在根据被审计单位的特定情况考虑是否存在上述交易、账户余额或披露时，了解治理层和管理层的看法和预期通常是有用的。

（三）实际执行的重要性

1. 实际执行重要性水平的确定

仅为发现单项重大的错报而计划审计工作将忽视这样一个事实，即单项非重大错报的汇总数可能导致财务报表出现重大错报，更不用说还没有考虑可能存在的未发现错报。因此，注册会计师需确定更低的实际执行的重要性。

实际执行重要性是指注册会计师确定的低于财务报表整体重要性的一个或多个金额，旨在将未更正和未发现错报的汇总数超过财务报表整体重要性水平的可能性降至适当的低水平。如果适用，实际执行的重要性还指注册会计师确定的低于特定交易类别、账户余额或披露的重要性水平的一个或多个金额。

确定实际执行的重要性并非简单机械地计算，需要注册会计师运用职业判断，并考虑下列因素的影响：①对被审计单位的了解（这些了解在实施风险评估程序的过程中得到更新）；②前期审计工作中识别出的错报的性质和范围；③根据前期识别出的错报对本期错报作出的预期。通常而言，实际执行的重要性通常为财务报表整体重要性的50％～75％。

一般对错报风险大的审计项目，选择较低的百分比来确定实际执行重要性，如首次接受委托的项目、以前审计调整较多的单位、内部控制存在缺陷的单位等。而对连续审计项目、重大错报风险较低的审计项目，选择较高的百分比来确定实际执行重要性。

注册会计师要为财务报表的各个项目确定相应的实际执行重要性水平，但注册会计师无须通过将财务报表整体的重要性平均分配或按比例分配至各个报表项目的方法来确定实际执行的重要性水平，而是根据对报表项目的风险评估结果确定一个或多个实际执行的重要性水平。例如，根据以前期间的审计经验和本期审计计划阶段的风险评估结果，注册会计师认为可以以财务报表整体重要性水平的75％作为大多数报表项目的实际执行的重要性水平；与营业收入项目相关的内部控制存在控制缺陷，且以前年度审计中存在审计调整，因此可以考虑以财务报表整体重要性的50％作为营业收入项目的实际执行的重要性水平，从而有针对性地对高风险领域执行更多的审计工作。

2. 实际执行的重要性在审计中的运用

实际执行的重要性在审计中的作用主要体现在以下两个方面：

（1）注册会计师计划审计工作时可以根据实际执行的重要性确定需要对哪些类型的交易、账户余额和披露实施进一步审计程序，即通常选取金额超过实际执行的重要性的财务报表项目，因为这些财务报表项目有可能导致财务报表出现重大错报。但是，这不代表注册会计师可以对所有金额低于实际执行的重要性的财务报表项目不实施进一步审计程序，这主要出于以下考虑：①单个金额低于实际执行的重要性的财务报表项目汇总起来可能金额重大（可能远远超过财务报表整体的重要性），注册会计师需要考虑汇总后的潜在错报风险；②对于存在低估风险的财务报表项目，不能仅仅因为其金额低于实际执行的重要性而不实施进一步审计程序；③对于识别出存在舞弊风险的财务报表项目，不能因为其金额低于实际执行的重要性而不实施进一步审计程序。

（2）运用实际执行的重要性确定进一步审计程序的性质、时间安排和范围。例如，在实施实质性分析程序时，注册会计师确定的已记录金额与预期值之间的可接受差异额通常不超过实际执行的重要性；在运用审计抽样实施细节测试时，注册会计师可以将可容忍错报的金额设定为等于或低于实际执行的重要性。

三、错报

重要性是判断审计中发现的错报是否重要的标准，以下简要介绍"错报"的定义、累积识别出的错报、错报的种类及更正等内容。

（一）错报的定义

错报，是指某一财务报表项目的金额、分类或列报，与按照适用的财务报告编制基础应当列示的金额、分类或列报之间存在的差异；或根据注册会计师的判断，为使财务报表在所有重大方面实现公允反映，需要对金额、分类或列报作出的必要调整。错报可能是由错误或舞弊导致的。

（二）累积识别出的错报

注册会计师可能将低于某一金额的错报界定为明显微小的错报，对这类错报可以不累积，因为注册会计师认为这些错报的汇总数明显不会对财务报表产生重大影响。"明显微小"不等同于"不重大"。明显微小错报的金额的数量级，与按照《中国注册会计师审计准则第1221号——计划和执行审计工作时的重要性》确定的重要性的数量级相比，是完全不同的（明显微小错报的数量级更小，或其性质完全不同）。这些明显微小的错报无论单独或者汇总起来，无论从规模、性质或其发生的环境来看都是明显微不足道的。如果不确定一个或多个错报是否明显微小，就不能认为这些错报是明显微小的。

注册会计师需要在制定审计策略和审计计划时，确定一个明显微小错报的临界值，低于该临界值的错报视为明显微小的错报，可以不累积。《中国注册会计师审计准则第1251号——评价审计过程中识别的错报》第十六条规定，注册会计师应当在审计工作底稿中记录设定的某一金额，低于该金额的错报视为明显微小。确定该临界值需要注册会计师运用职业判断。在确定明显微小错报的临界值时，注册会计师可能考虑以下因素：①以前年度审计识别出的错报（包含已更正和未更正错报）的数量和金额；②重大错报风险的评估结果；③被审计单位治理层和管理层对注册会计师与其沟通错报的期望；④被审计单位的财务指标是否勉强达到监管机构的要求或投资者的期望。

注册会计师根据职业判断可能将明显微小错报的临界值确定为财务报表整体重要性的3%～5%，如果注册会计师预期存在数量较多的微小错报，可能考虑采用较低的临界值；如果注册会计师预期微小错报数量较少，则可能采用较高的临界值，但通常不超过财务报表整体重要性的10%，除非注册会计师认为有必要单独为重分类错报确定一个更高的临界值。

当注册会计师无法合理预期存在多少微小错报，而不能确定可能存在的微小错报汇总数是否重要时，就不能确定识别出的低于明显微小错报临界值的错报为明显微小错报，在累积识别出的错报时，对这些微小错报应加以累积。

（三）错报的种类

为了帮助注册会计师评价审计过程中累积的错报的影响以及与管理层和治理层沟通错报事项，将错报区分为事实错报、判断错报和推断错报可能是有用的。

（1）事实错报。事实错报是毋庸置疑的错报。这类错报产生于被审计单位收集和处理数据的错误,对事实的忽略或误解,或故意舞弊行为。

(2)判断错报。判断错报是指注册会计师认为管理层对财务报表中的确认、计量和列报(包括会计政策的选择或运用)作出不合理或不恰当的判断而导致的差异。这类错报产生于两种情况:一是管理层和注册会计师对会计估计值的判断差异,例如,由于包含在财务报表中的管理层作出的估计值超出了注册会计师确定的一个合理范围,导致出现判断差异;二是管理层和注册会计师对选择和运用会计政策的判断差异,注册会计师认为管理层选用会计政策造成错报,管理层却认为选用会计政策适当,导致出现判断差异。

(3)推断错报。注册会计师对总体存在的错报作出的最佳估计数,涉及根据在审计样本中识别出的错报来推断总体的错报。推断错报通常是指通过测试样本估计出的总体的错报减去在样本测试中已经识别的具体错报。推断错报是细节测试中运用审计抽样推断的错报。

在实务中,一个错报可能会涉及多种类型的错报,如会计估计错报中可能包含被审计单位与注册会计师进行会计估计时使用不同参数导致的判断错报;也可能包含采用抽样审计时产生的推断错报,还可能包含错误应用相关审计证据或计算错误导致的事实错报。

(四)错报的沟通和更正

《中国注册会计师审计准则第 1251 号——评价审计过程中识别的错报》规定:除非法律法规禁止,注册会计师应当及时将审计过程中累积的所有错报与适当层级的管理层进行沟通。注册会计师还应当要求管理层更正这些错报。如果管理层拒绝更正沟通的部分或全部错报,注册会计师应当了解管理层不更正错报的理由,并在评价财务报表整体是否不存在重大错报时考虑该理由。

除非法律法规禁止,注册会计师应当与治理层沟通未更正错报,以及这些错报单独或汇总起来可能对审计意见产生的影响。注册会计师在沟通时应当逐项指明重大的未更正错报。注册会计师应当要求被审计单位更正未更正错报。

 案例分析

重要性水平的确定与应用

A 公司属于新兴行业的创新类企业,公司处于抢占市场、扩大销售收入的成长期,同时公司正处于在科创板 IPO 的辅导期。X 会计师事务所接受其 20×0 年年报审计。A 公司未审部分财务数据如表 7-4 所示。

表 7-4 A 公司未审部分财务数据

单位:万元

项目	期初数或上年数	期末数或当年数
应收账款	500	300
存货	2 780	2 900

（续表）

项目	期初数或上年数	期末数或当年数
无形资产	450	490
资产总额	14 000	15 000
短期借款	1 000	1 200
营业收入	57 000	68 000
税金及附加	150	170
研发费用	300	380
销售费用	150	180
财务费用	90	110
利润总额	4 000	4 600
净利润	3 700	3 950
经常性业务的税前利润	3 800	3 970

X会计师事务所确定财务报表整体重要性可选的基准及其百分比的惯例有：总资产的0.5%～1%；净资产的1%～2%；营业收入的0.5%～1%；经常性业务的税前利润的3%～5%等。注册会计师根据被审计单位具体情况，以总资产的0.5%计划确定的财务报表整体重要性水平为750万元；由于研发费用是董事会考核指标，注册会计师确定研发费用的重要性水平为30万元。

部分项目计划确定的实际执行重要性水平如表7-5所示。

表7-5 实际执行重要性水平

单位：万元

项目	实际执行重要性水平
应收账款	400
存货	380
无形资产	400
营业收入	500
研发费用	20
销售费用	400
财务费用	380

注册会计师以应收账款、销售费用、财务费用三个项目的金额小于实际执行重要性水平为由，在审计计划中决定对这三个项目不实施进一步审计程序。

讨论：

（1）指出以上审计计划中存在哪些不当之处，并说明理由。

（2）若注册会计师在对营业收入细节测试中实施非统计抽样审计，识别出样本的错报和推断错报总计为 260 万元，注册会计师认为小于营业收入实际执行重要性水平，营业收入账面价值可以接受。这种做法是否恰当，为什么？

 **课程思政**

我国古代经典与革命领袖关于计划的论述

《礼记·中庸》中的句子：凡事豫（预）则立，不豫（预）则废，意思是：做任何事情，事前有准备就可以成功，没有准备就会失败。说话先有准备，就不会辞穷理屈站不住脚；行事前计划先有定夺，就不会发生错误或后悔的事。在毛泽东《论持久战》亦曾引用"凡事预则立，不预则废"，没有事先的计划和准备，就不能获得战争的胜利。

讨论：

谈谈计划审计工作对审计工作的重要意义。

第八章　风险导向审计应用

第一节　业务循环审计

一、财务报表审计的组织方式

财务报表审计组织方式分为账户法和循环法。账户法就是对每个账户单独进行审计，操作方便，但紧密联系的相关账户被人为割裂，容易造成整个审计工作的脱节和重复，不利于审计效率的提高。循环法就是将紧密联系的相关账户归入同一循环中，按照业务循环组织实施，符合业务流程和内控设计，有利于审计人员对经济业务的理解和分工的合理性，有助于提高审计效率和效果。

在实务中控制测试通常应采取循环法，对交易与账户余额的实质性程序，既可采用账户法，也可采用循环法，提倡采用循环法，以便与控制测试衔接。

对于业务循环的划分，通常可分为销售与收款、采购与付款、生产与存货、人力资源与工薪、投资与筹资五个业务循环。各业务循环与主要财务报表项目对照如表8-1所示。由于各循环联系都涉及货币资金，所以对货币资金审计单独介绍。

表8-1　业务循环与主要财务报表项目对照表

业务循环	资产负债表项目	利润表项目
销售与收款循环	应收票据、应收账款、应收款项融资、合同资产、长期应收款、预收款项、应交税费、合同负债	营业收入、税金及附加

(续表)

业务循环	资产负债表项目	利润表项目
采购与付款循环	预付款项、持有待售资产、固定资产、在建工程、生产性生物资产、油气资产、无形资产、开发支出、长期待摊费用、应付票据、应付账款、持有待售负债、租赁负债、长期应付款	销售费用、管理费用、研发费用、其他收益
生产与存货循环	存货	营业成本
人力资源与工薪循环	应付职工薪酬	营业成本、销售费用、管理费用
投资与筹资循环	交易性金融资产、衍生金融资产、其他应收款、其他流动资产、债权投资、其他债权投资、长期股权投资、其他权益工具投资、其他非流动金融资产、投资性房地产、商誉、递延所得税资产、短期借款、交易性金融负债、衍生金融负债、其他应付款、长期借款、应付债券、预计负债、递延收益、递延所得税负债、实收资本（或股本）、其他权益工具、资本公积、其他综合收益、专项储备、盈余公积、未分配利润	财务费用、资产减值损失、信用减值损失、投资收益、净敞口套期收益、公允价值变动收益、资产处置收益、营业外收入、营业外支出、所得税费用

本章首先概述业务循环审计，其次介绍销售与收款、采购与付款、生产与存货三个业务循环的审计以及货币资金审计，最后阐述财务报表审计中对特殊事项的考虑、审计沟通与注册会计师利用他人工作等内容。

二、业务循环审计概述

按照风险导向审计逻辑，对于业务循环审计，注册会计师在对企业整体风险评估基础上，制定财务报表层次重大错报风险的总体应对措施，并结合了解与评估的业务层面的重大错报风险，拟定进一步审计程序的总体方案及其具体程序，以应对认定层次的重大错报风险。

各业务循环审计流程通常包括：①了解该业务循环的业务活动及相关内部控制。②评估该业务循环的重大错报风险，设计进一步审计程序总体方案及其具体程序。③如拟信赖相关控制，对相关控制实施控制测试。注册会计师应当以风险为起点实施控制测试，即遵循"可能发生的错报环节—涉及的相关财务报表项目及认定—存在的相应控制—相关控制测试程序"的路径确定并测试关键控制。④对该循环涉及的财务报表项目实施实质性程序，以达到具体审计目标。

由于各企业所处行业、具体经营与管理活动存在或大或小的差异，以下以一般制造业为例，扼要介绍其中几个典型业务循环的业务活动和相关控制、重大错报风险评估及进一步审计程序的总体方案、涉及的主要财务报表项目的实质性程序等内容。有关控制测试原理在第六章已作介绍。进行具体控制测试因企业内部控制的不同以及人工控制还是自动化控制而不同。业务循环的控制测试本节不进行评述。

三、销售与收款循环的审计

(一) 销售与收款循环的主要业务活动

销售与收款循环的交易类别、涉及的主要业务活动及常见的主要凭证和会计记录如表 8-2 所示。

表 8-2　销售与收款循环的交易类别、涉及的主要业务活动及常见的主要凭证和会计记录汇总表

交易类别	相关财务报表项目	主要业务活动	常见主要会计凭证和会计记录
销售	营业收入 应收票据/应收款项融资/应收账款/合同资产	(1) 接受客户订购单 (2) 批准赊销信用 (3) 根据销售单编制出库单并发货 (4) 按销售单装运货物 (5) 向客户开具发票 (6) 记录销售(赊销、现金销售等) (7) 记录可变对价的估计与结算情况	(1) 客户订购单 (2) 销售单 (3) 出库单 (4) 销售发票 (5) 商品价目表 (6) 客户月末对账单 (7) 营业收入明细账 (8) 转账凭证 (9) 贷项通知单 (10) 可变对价会计记录
收款	货币资金 应收票据/应收款项融资/应收账款/合同资产(含原值及坏账准备) 信用减值损失/资产减值损失	(1) 办理与记录现金、银行存在收入 (2) 计提坏账准备 (3) 核销坏账	(1) 应收票据/应收款项融资/应收账款信用损失计算表 (2) 应收票据/应收款项融资/应收账款/合同资产明细账 (3) 汇款通知书 (4) 现金与银行存款日记账 (5) 客户对账单 (6) 收款凭证 (7) 坏账核销审批表 (8) 转账凭证

(二) 销售与收款循环的内部控制

表 8-2 中主要业务活动的具体内部控制这里不再赘述。企业通常从以下几个方面设计和执行销售与收款循环的相关内部控制。

1. 适当职责分离

登记明细账之间、明细账与总账、账与物、业务执行与审批(如销售与赊销审批)等之间的职责分离。职责分离的核心是保证不相容岗位(职责)相互分离。销售与收款的职责分离要求企业应分别设立销售、发货、收款三个部门(或岗位),两个以上销售谈判人员且销售人员不得经手销货款。企业也应当注重谈判员与订立合同人员、编制销售发票通知单和开具发票、应收票据保管与贴现的审批等之间的职责分离。

2. 恰当的授权审批

恰当授权审批一般反映在四个关键点的审批程序上:其一,在销售发生之前,赊销已经

正确审批;其二,非经正当审批,不得发出货物;其三,销售价格、销售条件、运费、折扣等必须经过审批;其四,审批人应当根据销售与收款授权批准制度的规定,在授权范围内进行审批,不得超越审批权限。

3. 充分的凭证与记录

充分的凭证和记录有助于企业执行各项控制以实现控制目标。例如,企业在收到客户订购单后,编制一份预先编号的一式多联的销售单,分别用于批准赊销、审批发货、记录发货数量、向客户开具发票等。在这种制度下,企业通过定期清点销售单和销售发票,可以避免漏开发票或漏记销售的情况。又如,财务人员在记录销售交易之前,对相关的销售单、出库单和销售发票上的信息进行核对,以确保入账的营业收入是真实发生的、准确的。

4. 凭证的预先编号

对凭证预先进行编号,旨在防止销售以后遗漏向客户开具发票或登记入账,也可防止重复开具发票或重复记账。当然,如果对凭证的编号不作清点,预先编号就会失去其控制意义。定期检查全部凭证的编号,并调查凭证缺号或重号的原因,是实施这项控制的关键点。在目前信息技术得以广泛运用的环境下,凭证预先编号这一控制在很多情况下由系统执行,同时辅以人工的监控(如对系统生成的例外报告进行复核)。

5. 定期寄发对账单

由不负责现金出纳、销售及应收票据/应收款项融资/应收账款/合同资产记账的人员定期向客户寄发对账单,能促使客户在发现应付账款余额不正确时及时反馈有关信息,对不符事项,最好应由不负责货币资金、主营业务收入及应收款项的主管人员负责处理。

6. 内部核查程序

由内部审计人员或其他独立人员核查销售与收款交易的处理和记录,是实现内部控制目标所不可缺少的一项控制措施。销售与收款内部控制检查的主要内容包括:

(1)销售与收款交易相关岗位及人员的设置情况。重点检查是否存在销售与收款交易不相容职务混岗的现象。

(2)销售与收款交易授权批准制度的执行情况。重点检查授权批准手续是否健全,是否存在越权审批行为。

(3)销售的管理情况。重点检查信用政策、销售政策的执行是否符合规定。

(4)收款的管理情况。重点检查销售收入是否及时入账,应收账款的催收是否有效,坏账核销和应收票据的管理是否符合规定等。

(5)销售退回的管理情况。

此外,对于收款循环的内部控制而言,尽管由于每个企业的性质、所处行业、规模以及内部控制健全程度等不同,而使得其与收款交易相关的内部控制内容有所不同,但以下与收款交易相关的内部控制内容通常是共同遵循的。

(1)企业应当按照《现金管理暂行条例》《支付结算办法》等规定,及时办理销售收款业务。

（2）企业应将销售收入及时入账，不得账外设账，不得擅自坐支现金。销售人员应当避免接触销售现款。

（3）企业应当建立应收票据/应收款项融资/应收账款/合同资产信用风险分析制度和逾期催收制度。销售部门应当负责应收款项融资/应收账款的催收，财会部门应当督促销售部门加紧催收。对催收无效的逾期款项可通过法律程序予以解决。

（4）企业应当按客户设置应收票据/应收款项融资/应收账款/合同资产台账，及时登记每一客户应收票据/应收款项融资/应收账款/合同资产余额增减变动情况和信用额度使用情况。对长期往来客户应当建立起完善的客户资料，并对客户资料实施动态管理，及时更新。

（5）企业对于可能成为坏账的应收票据/应收款项融资/应收账款/合同资产应当报告有关决策机构，由其进行审查，确定是否确认为坏账。企业发生的各项坏账，应查明原因，明确责任，并在履行规定的审批程序后作出会计处理。

（6）企业注销的坏账应当进行备查登记，做到账销案存。已注销的坏账又收回时应当及时入账，防止形成账外资金。

（7）企业应收票据的取得和贴现必须经由保管票据以外的主管人员书面批准。应有专人保管应收票据，对于即将到期的应收票据，应及时向付款人提示付款；已贴现票据应在备查簿中登记，以便日后追踪管理；应制定逾期票据的冲销管理程序和逾期票据追踪监控制度。

（8）企业应当定期与客户核对应收票据/应收款项融资/应收账款、预收款项、合同负债等往来款项。如有不符，应查明原因，及时处理。

（三）销售与收款循环的重大错报风险及进一步审计程序的总体方案

1. 相关交易类别与账户余额存在的重大错报风险因素

以一般制造业的赊销销售为例，销售与收款循环存在的重大错报风险通常包括：①已记录的收入交易未真实发生；②未完整记录所有已发生的收入交易；③收入交易复杂性可能导致的错报；④期末发生的交易可能未计入正确的期间，包括销售退回的截止错误；⑤收款未及时入账或记入不正确账户；⑥坏账准备计提不正确。

审计准则要求注册会计师基于收入确认存在舞弊风险的假定，评价哪些类型的收入、收入交易或认定存在舞弊风险。但假定收入存在舞弊风险，并不意味着收入的所有认定都存在舞弊风险。管理层的动机或压力主要决定着收入舞弊所涉及的具体认定，如管理层有压力或动机虚增收入，则发生、截止（提前确认）、准确性（多计）等认定存在舞弊风险。注册会计师若认为收入存在舞弊的假定不适用于业务的具体情况，应在审计底稿中记录得出结论的理由。

常用收入舞弊的手段分两大类：①为粉饰财务报表的目的而虚增收入或提前确认收

入;②为达到报告期内降低税负或转移利润等目的而少计收入或延后确认收入。常用收入舞弊的手段如表 8-3 所示。

表 8-3　常用收入舞弊的手段

舞弊目的	主要手段
为粉饰财务报表的目的而虚增收入或提前确认收入	(1) 虚构销售交易
	(2) 显失公允交易
	(3) 在客户取得相关商品控制权前确认销售收入
	(4) 隐瞒退货条款,在发货时全额确认销售收入
	(5) 以售后回购或售后租回方式发出的商品作为销售商品确认收入
	(6) 在被审计单位属于代理人的情况下,按照相关购销交易的总额而非净额(加工费)确认收入
	(7) 属于在某一时段内履约的销售交易,以高估履约进度的方法实现当期多确认收入
	(8) 当存在多种可供选择的收入确认会计政策或会计估计方法时,随意变更所选择的会计政策或会计估计方法
	(9) 选择与销售模式不匹配的收入确认会计政策
	(10) 调整与单独售价或可变对价等相关的会计估计,达到多计或提前确认收入的目的
	(11) 存在多项履约义务的销售交易,未对各项履约义务单独进行核算,而整体作为单项履约义务一次性确认收入
	(12) 对于应整体作为单项履约义务的销售交易,通过将其拆分为多项履约义务,达到提前确认收入的目的
为达到报告期内降低税负或转移利润等目的而少计收入或延后确认收入	(1) 被审计单位在满足收入确认条件后,不确认收入,而将收到的货款作为负债挂账,或转入本单位以外的其他账户
	(2) 被审计单位采用以旧换新的方式销售商品时,以新旧商品的差价确认收入
	(3) 对于应采用总额法确认收入的销售交易,被审计单位采用净额法确认收入
	(4) 对于属于在某一时段内履约的销售交易,被审计单位未按实际履约进度确认收入,或采用时点法确认收入
	(5) 对于属于在某一时点履约的销售交易,被审计单位未在客户取得相关商品或服务控制权时确认收入,推迟收入确认时点

　　注册会计师应当按照审计准则要求分别评估固有风险与控制风险。针对识别出的销售与收款循环相关交易类别和账户余额存在的固有风险因素,注册会计师应当通过评估错报发生的可能性和严重程度来评估固有风险。如果计划测试销售与收款循环中相关控制的运行有效性,注册会计师应当评估控制风险;如果拟不信赖相关控制,则控制风险评估为100%,固有风险评估结果就是该认定层次的重大错报风险。

2. 进一步审计程序的总体方案

　　表 8-4 是销售与收款循环的主要重大错报风险及其进一步审计程序的总体方案的演

示例子。

表 8-4　销售与收款循环的重大错报风险和进一步审计程序总体方案演示例子

重大错报风险描述	相关财务报表项目及认定	固有风险等级	控制风险等级	进一步审计程序总体方案	拟从控制测试中获取的保证程度	拟从实质性程序中获取的保证程度
销售收入可能未真实发生	营业收入：发生；应收账款/合同资产：存在	最高	高	实质性方案	无	高
销售收入记录可能不完整	营业收入/应收账款/合同资产：完整性	中	最高	实质性方案	无	高
期末收入交易可能未计入正确的期间	营业收入：截止；应收账款/合同资产：存在/完整性	高	最高	实质性方案	无	高
发生的收入交易未能得到准确记录	营业收入：准确性；应收账款/合同资产：准确性、计价与分摊	低	中	综合性方案	中	低
应收账款坏账准备的计提不准确	应收账款/合同资产：准确性、计价与分摊	中	最高	实质性方案	无	高

注："控制风险等级"一列中所列示的"最高"，表示注册会计师拟不测试控制运行的有效性，而是将固有风险的评估结果作为重大错报风险的评估结果。因此，在"拟从控制测试中获取的保证程度"列的相应栏次中显示为"无"。"拟从控制测试中获取的保证程度"一列所列示的"中"以及"拟从实质性程序中获取的保证程度"一列所列示的为"高""低"的级别的确定属于注册会计师的职业判断范畴。针对不同的风险级别，其对应的拟获取的保证程度并非一定如本表所示。本表中的内容仅为向读者演示注册会计师基于特定情况所作出的对应的审计方案的评价结果，从而基于该结果确定控制测试和实质性程序的性质、时间安排和范围。

注意不同性质的审计程序应对特定认定错报风险的效率是不同的。针对销售收入的完整性认定相关的重大错报风险，控制测试通常更能有效应对；对于与收入发生认定相关的重大错报风险，实质性程序通常更能有效应对。因此，以上的风险评估与审计总体方案只是基于特定情况的演示例子，并不能代表实务中的通常情况。

（四）销售与收款循环的实质性程序

本节以主营业务收入、应收账款为例，阐述对销售与收款循环相关项目的实质性程序。

1. 主营业务收入的主要实质性程序的要点

（1）复核主营业务收入明细账与总账是否一致，结合其他业务收入，复核营业收入与财务报表数据的一致性；检查非记账本位币结算的主营业务收入使用的折算汇率及折算是否正确。

（2）实施实质性分析程序。基于对被审计单位及其环境的了解，通过账面销售收入与销售清单、销售增值税销项清单、以前可比期间的对应数据或预算数、销售收到的现金、应收账款或合同资产、存货、税金、销售费用、产能、水电能耗、运输数量、同行业数据等之间的比较与分析，以及月度或季度销售量、销售单价、销售收入金额、毛利率变动趋势的分析，计算估算的销售收入与预期值的差异，分析差异是否可接受，评价分析结果，识别存在的重大错报风险。

（3）检查主营业务收入的确认方法、列报与披露是否符合企业会计准则的规定，尤其是可变现对价与退货是否得到恰当的会计处理，并检查交易价格是否公允。

（4）通过检查与收入交易相关的原始凭证与会计记录、结合应收账款函证与销售条款的函证，检查营业收入确认的真实性。

（5）从出库单（客户签收联）中抽取样本，追查至发票存根和主营业务收入明细账，以确定收入确认的完整性。

（6）实施销售截止测试。可通过两条路线进行截止测试：一是以账簿记录为起点，追查至已签收的出库单；二是从已签收的出库单出发，追查至账簿记录。

此外，如果注册会计师认为被审计单位销售收入真实性存在重大错报风险，正常程序无法获取充分适当审计证据，可考虑实施"延伸检查"，对检查范围进行合理延伸。注册会计师的主要审计证据来自被审计单位，如延伸到被审计单位以外，如供应商、客户或资金提供者，需要相关外部单位的配合，所以延伸审计能否实行、实行效果如何，取决于外部单位的配合情况。

2. 应收账款的主要实质性程序要点

（1）复核，检查应收账款明细账、总账与财务报表中应收账款余额的一致性。注意是否存在应收账款与预收账款的重分类调整问题。检查非记账本位币结算的应收账款使用的折算汇率及折算是否正确。

（2）实施实质性分析程序，分析应收账款的变化，通过应收账款周转率或周转天数与行业同期比较或与企业以前年度指标比较，识别可能存在的重大错报风险。

（3）对应收账款实施函证程序。

应收账款函证的目的在于证实应收账款余额是否真实、准确。

① 函证决策。除非应收账款不重要或函证可能无效，注册会计师应当对应收账款进行函证。如果不实施函证，应在底稿中说明理由，并实施替代程序，以获取相关、可靠的审计证据。

② 函证范围与对象。函证范围多大主要取决于应收账款占资产总额比重、内部控制有效性、以前函证结果等因素。选择函证对象主要考虑金额大小和风险较高的项目。

③ 函证的方式。注册会计师可采用积极式函证或消极式函证，也可将两种方式结合使用。

积极式函证要求被询证者必须回函。积极式函证又分为两种：一种是在询证函中列明拟函证的账户余额或其他信息，要求被询证者确认所函证的款项是否正确。通常认为，对这种询证函的回复能够提供可靠的审计证据。但是，其缺点是被询证者可能对所列示信息根本不加以验证就予以回函确认。另外一种是在询证函中不列明账户余额或其他信息，而要求被询证者填写有关信息或提供进一步信息。由于这种询证函要求被询证者作出更多的努力,可能会导致回函率降低,进而导致注册会计师执行更多的替代程序。

在采用积极式函证时,只有注册会计师收到回函,才能为财务报表认定提供审计证据。注册会计师没有收到回函,可能是由于被询证者根本不存在,或是由于被询证者没有收到询证函,也可能是由于被询证者没有理会询证函,因此,无法证明所函证信息是否正确。

消极式函证只要求被询证者仅在不同意询证函列示信息的情况下才予以回函。对消极式询证函而言,未收到回函并不能明确表明预期的被询证者已经收到询证函或已经核实了询证函中包含的信息的准确性。只有同时满足重大的错报风险评估为低水平、涉及大量余额较小的账户、预期不存在大量的错误、没有理由相信被询证者不认真对待函证等四个条件时,才可采用消极式函证。

④ 函证时间的选择。注册会计师通常以资产负债表日为截止日,在资产负债表日后适当时间内实施函证。如果重大错报风险评估为低水平,注册会计师可选择资产负债表日前适当日期为截止日实施函证,并对所函证项目自该截止日起至资产负债表日止发生的变动实施其他实质性程序。

⑤ 函证的控制。注册会计师通常利用被审计单位提供的应收账款明细账户名称及客户地址等资料据以编制询证函,但注册会计师应当对函证全过程保持控制。并对确定需要确认或填列的信息、选择适当的被询证者、设计询证函以及发出和跟进(包括收回)询证函保持控制。

⑥ 对回函中不符事项的处理。不符事项是指被询证者提供的信息与询证函要求确认的信息不一致,或与被审计单位记录的信息不一致。注册会计师需要调查核实原因,确定其是否构成错报。对在合理时间内没有收到的函证,可考虑再次发函,如仍未能收到回函,应当实施替代程序,可检查资产负债表日后回收的货款,检查相关合同、销售单、发运凭证等文件,检查与客户往来邮件等。

(4)对应收账款余额实施函证以外的细节测试。如选择未函证的应收账款,检查其确认的依据及收回情况等;也可从赊销货物的销售单、发运单及开具的销售发票追查到应收账款明细账,以合理保证应收账款确认的完整性。

(5)检查应收账款的冲销和转回,作为坏账处理的应收账款是否确实无法收回,是否履行了审批手续,会计处理是否正确。

(6)检查应收账款列报。如关联方应收账款和应收账龄等的列报。

另外,对于应收账款坏账准备的实质性程序,应重点检查其计提和核销的批准程序、计提数的合规与合理性、实际发生坏账损失及已经确认并转销的坏账重新收回等的会计处理是否正确。

四、采购与付款循环的审计

(一)采购与付款循环的主要业务活动

采购与付款循环的交易类别、涉及的主要业务活动及常见的主要凭证和会计记录如表8-5所示。

表 8-5　交易类别、涉及的主要业务活动及常见的主要凭证和会计记录汇总表

交易类别	相关财务报表项目	主要业务活动	主要单据及会计记录
采购	存货 其他流动资产 销售费用 管理费用 应付账款 其他应付款 预付款项等	(1) 编制采购计划 (2) 维护供应商清单 (3) 请购商品和服务 (4) 编制订购单 (5) 验收商品 (6) 储存已验收的商品 (7) 编制付款凭单 (8) 确认与记录采购交易与负债	(1) 采购计划 (2) 供应商清单 (3) 请购单 (4) 订购单 (5) 验收单 (6) 卖方发票 (7) 付款凭单
付款	应付账款 其他应付款 应付票据 货币资金等	(1) 办理付款 (2) 记录现金、银行存款支出 (3) 与供应商定期对账	(1) 转账凭证/付款凭证 (2) 应付账款明细账 (3) 现金日记账和银行存款日记账 (4) 供应商对账单

(二) 采购与付款的内部控制

在内部控制设置方面,采购与付款循环与销售与收款存在很多类似之处,这里仅说明采购交易内部控制的特殊之处。

1. 适当的职责分离

适当的职责分离有助于防止各种有意或无意的错弊。企业应当建立采购与付款交易的岗位责任制,明确相关部门和岗位的职责、权限,确保办理采购与付款交易的不相容岗位相互分离、制约和监督。采购与付款交易不相容岗位至少包括:请购与审批,询价与确定供应商,采购合同的订立与审批,采购与验收,采购、验收与相关会计记录,付款审批与付款执行。这些都是有关采购与付款交易相关职责适当分离的基本要求,以确保办理采购与付款交易的不相容岗位相互分离、制约和监督。

2. 恰当的授权审批

付款需要由经授权的人员审批,审批人员在审批前需检查相关支持文件,并对其发现的例外事项进行跟进处理。

3. 凭证的预先编号及对例外报告的跟进处理

通过对入库单的预先编号以及对例外情况的汇总处理,被审计单位可以应对存货和负债记录方面的完整性风险。如果该控制是人工执行的,被审计单位可以安排入库单编制人员以外的独立复核人员定期检查已经进行会计处理的入库单记录,确认是否存在遗漏或重复记录的入库单,并对例外情况予以跟进。如果在 IT 环境下,则系统可以定期生成列明跳号或重号的入库单统计例外报告,由经授权的人员对例外报告进行复核和跟进,可以确认所有入库单都进行了处理,且没有重复处理。

(三) 采购与付款循环的重大错报风险及进一步审计程序的总体方案

1. 相关交易类别与账户余额存在的重大错报风险

以一般制造业为例,采购与付款循环的相关账户余额存在的重大错报风险通常包括:

（1）没有完整记录负债的风险。在承受较高盈利预期和营运资本的压力下，被审计单位管理层可能试图低估应付账款等负债。重大错报风险常常集中体现在遗漏交易。例如，未记录已收取货物但尚未收到发票的与采购相关的负债，或未记录尚未付款的已经购买的服务支出，这将对"完整性"等认定产生影响。

（2）多计或少计费用支出的风险。

（3）费用支出记录不准确风险。

（4）不正确地记录外币交易。

（5）存在未记录的权利和义务，这可能导致资产负债表分类错误以及财务报表附注不正确或披露不充分。

同销售与收款循环一样，注册会计师应当对识别出的认定层次重大错报风险的固有风险与控制风险分别评估。

2. 进一步审计程序的总体方案

表 8-6 是采购与付款循环的主要重大错报风险及其进一步审计程序的总体方案的演示例子。

表 8-6　采购与付款循环的重大错报风险和进一步审计程序总体方案的演示例子

重大错报风险描述	财务报表项目及认定	固有风险等级	控制风险等级	进一步审计程序总体方案	拟从控制测试中获取的保证程度	拟从实质性程序中获取的保证程度
确认的负债及费用并未实际发生	存货/应付账款/其他应付款：存在 营业成本/销售费用/管理费用/研发费用：发生	中	低	综合性方案	高	低
不确认与采购相关的负债，或与尚未付款但已经购买的服务支出相关的负债	存货/应付账款/其他应付款：完整性 营业成本/销售费用/管理费用/研发费用：完整性	最高	低	综合性方案	高	中
采用不正确的费用支出截止期，例如，将本期的支出延迟到下期确认	应付账款/其他应付款：存在/完整性 销售费用/管理费用/研发费用：截止	高	最高	实质性方案	无	高
发生的采购未能以正确的金额记录	存货/应付账款/其他应付款：准确性、计价与分摊 营业成本/销售费用/管理费用/研发费用：准确性	低	低	综合性方案	中	低

注：同表 8-4，本表仅是为了向读者演示注册会计师基于特定情况所作出的对应的审计方案的评价结果。

（四）采购与付款循环的实质性程序

这里以应付账款和一般费用的实质性程序为例，讲述该循环相关项目的实质性程序。

1. 应付账款的主要实质性程序要点

（1）复核明细账、总账及财务报表中应付账款是否一致，注意应付账款与预付账款的重分类调整。检查非记账本位币结算的应付账款使用的折算汇率及折算是否正确。

（2）函证应付账款。由于负债常见的重大错报风险是低估（主要是"完整性"认定的风险）。因此函证应付账款通常不以应付账款明细账为样本总体。以应付账款明细账为函证抽样总体，对应付账款的"存在"认定是有效的，而对"完整性"的认定是无效的。注册会计师应获取本期采购清单、所有现存供应商名单。函证上可不填金额，而由被函证单位自己填列，对余额较小，甚至为零的应付账款，如果被审计单位与该供应商的交易频繁、交易额大，则应重点函证，所有这些，都是为了更好地审计应付账款的完整性。

（3）检查应付账款是否计入正确的会计期间，检查其确认的原始凭证，包括购货发票、验收单等，检查是否存在未及时入账的应付账款。

（4）寻找未入账负债的测试。例如，获取期后收取、记录或支付的发票明细，包括获取支票登记簿、电汇报告或银行对账单等，检查记账日期是否恰当，是否存在未入账的负债。对于入账的发票和未入账的发票，可从中选取项目追踪至应付账款明细账，检查是否存在未确认的采购及其应付账款，尤其注意确认货到发票未到，应暂估入账的负债。还有，确定是否存在期末未入账的费用相关的负债等。

（5）检查应付账款的会计处理，审查长期挂账的原因，对确实无须支付的应付款是否及时结转，会计处理是否正确。

（6）检查应付账款是否已按照企业会计准则的规定在财务报表中作出恰当列报和披露。

2. 一般费用的主要实质性程序要点

（1）获取一般费用明细表，复核其加计数是否正确、并与总账和明细账合计数核对是否正确。

（2）实质性分析程序。根据了解被审计单位及其环境获取的信息，对费用的水平与比率等进行实质性分析，可以将费用细化到适当层次，根据关键因素和相互关系（如本期预算、费用类别与销售数量、职工人数的变化之间的关系等）设定预期值，评价预期值是否足够精确以识别重大错报。

（3）通过检查与费用发生相关的原始凭证，检查费用的财务处理是否正确，是否计入了正确的会计期间。如从资产负债表日后的银行对账单或付款凭证中选取项目进行测试，检查支持性文件（如合同或发票），关注发票日期和支付日期，追踪已选取项目至相关费用明细表，检查费用确认的完整性与截止是否存在错报。

实务中对费用"准确性"认定的审计，可根据费用明细表对不同性质的费用项目进行有针对性的审计，通常费用可分为三类：第一类是在其他项目得到审计确认的费用项目，如工资、折旧等，这类费用主要应与相关底稿数进行核对，作出交叉索引；第二类是金额变化不大,比较稳定的费用项目,如房租、通信费、水电费等,这主要应根据历年、每月水平和价格变化进行实质性分析,并抽查少量交易进行测试;第三类是无规律、变化大、又无法在其他项目上得到印证的项目,如会议费、销售费、差旅费等,对这些项目的发生额需要重点审计。

在采购与付款循环审计中要特别注意隐藏在虚假采购下的违反金融法规的情况及其给企业资产带来重大损失的可能。如经常发生的融资性贸易,就是虚构采购达到融资目的,可能会给企业带来巨大损失。

五、生产与存货循环的审计

(一) 生产与存货循环的主要业务活动

生产与存货循环的交易类别、涉及的主要业务活动及常见的主要凭证和会计记录如表8-7所示。

表8-7　交易类别、涉及的主要业务活动及常见的主要凭证和会计记录汇总表

交易类别	相关财务报表项目	主要业务活动	主要单据及会计记录
生产	存货	(1) 计划和安排生产 (2) 发出原材料 (3) 生产产品和成本核算	(1) 生产通知单 (2) 原材料领用通知单 (3) 领料单 (4) 产量统计记录表 (5) 生产统计报告 (6) 入库单 (7) 材料费用分配表 (8) 工时统计记录表 (9) 人工费用分配汇总表 (10) 制造费用分配汇总表 (11) 存货明细账
存货管理	存货 营业成本 资产减值损失 管理费用/营业外支出	(1) 产成品入库及存货保管 (2) 发出产成品 (3) 提取存货跌价准备	(1) 验收单 (2) 入库单 (3) 存货台账 (4) 盘点计划 (5) 盘点表单 (6) 盘点明细表 (7) 出库单 (8) 营业成本明细账 (9) 存货货龄分析表 (10) 可变现净值计算表

注:其他涉及发出产成品的主要凭证介绍在本节"销售与收款循环的审计"中。

(二) 生产与存货的内部控制

以一般制造业为例,表8-7中生产与存货循环的各主要业务活动可能存在的内部控制举例说明如下。

1. 计划和安排生产

对于计划和安排生产这项主要业务活动,有些被审计单位的内部控制要求根据经审批

的月度生产计划书,由生产计划经理签发预先按顺序编号的生产通知单。

2. 发出原材料

(1)领料单应当经生产主管批准,仓库管理员凭经批准的领料单发料;领料单至少要一式三联,分别作为生产部门存根联、仓库联和财务联。

(2)仓库管理员应把领料单编号、领用数量、规格等信息输入计算机系统,经仓储经理复核并以电子签名方式确认后,系统自动更新材料明细台账。

3. 生产产品和核算产品成本

因生产产品和核算产品成本在内部控制环节中关系密切,故一并介绍。

(1)生产成本记账员应根据原材料领料单财务联,编制原材料领用日报表,与计算机系统自动生成的生产记录日报表核对材料耗用和流转信息;由会计主管审核无误后,生成记账凭证并过账至生产成本及原材料明细账和总分类账。

(2)生产部门记录生产各环节所耗用工时数,包括人工工时数和机器工时数,并将工时信息输入生产记录日报表。

(3)每月末,由生产车间与仓库核对原材料和产成品的转出和转入记录,如有差异,仓库管理员应编制差异分析报告,经仓储经理和生产经理签字确认后交会计部门进行调整。

(4)每月末,由计算机系统对生产成本中各项组成部分进行归集,按照预设的分摊公式和方法,自动将当月发生的生产成本在完工产品和在产品之间按比例分配;同时,将完工产品成本在各不同产品类别之间分配,由此生成产品成本计算表和生产成本分配表;由生产成本记账员编制成生产成本结转凭证,经会计主管审核批准后进行账务处理。

4. 产成品入库和储存

(1)产成品入库时,质量检验员应检查并签发预先按顺序编号的产成品验收单,由生产小组将产成品送交仓库,仓库管理员应检查产成品验收单,并清点产成品数量,填写预先顺序编号的产成品入库单经质检经理、生产经理和仓储经理签字确认后,由仓库管理员将产成品入库单信息输入计算机系统,计算机系统自动更新产成品明细台账并与采购单编号核对。

(2)存货存放在安全的环境(如上锁、使用监控设备)中,只有经过授权的工作人员才可以接触及处理存货。

5. 发出产成品

对于发出产成品这项主要业务活动,在销售与收款流程循环中涉及产成品出库这一环节,此外还有后续的结转销售成本环节。有些被审计单位可能设计以下内部控制要求:

(1)产成品出库时,由仓库管理员填写预先顺序编号的出库单,并将产成品出库单信息输入计算机系统,经仓储经理复核并以电子签名方式确认后,计算机系统自动更新产成品明细台账并与发运通知单编号核对。

(2)产成品装运发出前,由运输经理独立检查出库单、销售订购单和发运通知单,确定从仓库提取的商品附有经批准的销售订购单,并且所提取商品的内容与销售订购单一致。

(3)每月末,生产成本记账员根据计算机系统内状态为"已处理"的订购单数量,编制销售成本结转凭证,结转相应的销售成本,经会计主管审核批准后进行账务处理。

6. 存货盘点

(1)生产部门和仓储部门在盘点日前对所有存货进行清理和归整,便于盘点顺利进行。

(2)每一组盘点人员中应包括仓储部门以外的其他部门人员,即不能由负责保管存货的人员单独负责盘点存货;安排不同的工作人员分别负责初盘和复盘。

(3)盘点表和盘点标签事先连续编号,发放给盘点人员时登记领用人员;盘点结束后,回收并清点所有已使用和未使用的盘点表和盘点标签。

(4)为防止存货被遗漏或重复盘点,所有盘点过的存货贴盘点标签,注明存货品名、数量和盘点人员,完成盘点前检查现场确认所有存货均已贴上盘点标签。

(5)将不属于本单位的代其他方保管的存货单独堆放并作标识,将盘点期间需要领用的原材料或出库的产成品分开堆放并作标识。

(6)汇总盘点结果,与存货账面数量进行比较,调查分析差异原因,并对认定的盘盈和盘亏提出账务调整,经仓储经理、生产经理、财务经理和总经理复核批准后入账。

7. 计提存货跌价准备

(1)定期编制存货货龄分析表,管理人员复核该分析表,确定是否有必要对滞销存货计提存货跌价准备,并计算存货可变现净值,据此计提存货跌价准备。

(2)生产部门和仓储部门每月上报冷次残背存货明细,采购部门和销售部门每月上报原材料和产成品最新价格信息,财务部门据此分析存货跌价风险并计提跌价准备,由财务经理和总经理复核批准并入账。

(三)生产与存货循环存在的重大错报风险及进一步审计程序的总体方案

1. 相关交易类别与账户余额存在重大错报风险

概括来说,影响生产与存货循环交易和余额的重大错报风险的因素主要包括:①交易的数量和复杂性;②成本核算的复杂性;③产品的多元化;④某些存货项目的可变现净值难以确定;⑤将存货存放在很多地点;⑥寄存的存货。

一般制造型企业的存货的重大错报风险通常包括:①存货实物可能不存在;②属于被审计单位的存货可能未在账面反映;③存货的所有权可能不属于被审计单位;④存货的单位成本可能存在计算错误;⑤存货的账面价值可能无法实现,即跌价损失准备的计提可能不充分。

同销售与收款循环类似,注册会计师应当针对识别出的生产与存货循环相关交易类别和账户余额,分别评估其固有风险与控制风险。

2. 进一步审计程序的总体方案

表8-8是生产与存货循环的主要重大错报风险和进一步审计程序总体方案的演示例子。

表8-8　生产与存货循环的主要重大错报风险和进一步审计程序总体方案的演示例子

重大错报风险描述	财务报表项目及认定	固有风险等级	控制风险等级	进一步审计程序总体方案	拟从控制测试中获取的保证程度	拟从实质性程序中获取的保证程度
存货实物可能不存在	存货：存在	最高	低	综合性方案	中	高
存货的单位成本可能存在计算错误	存货：准确性、计价与分摊 营业成本：准确性	高	低	综合性方案	高	低
已销售产品的成本可能没有准确结转至营业成本	存货：准确性、计价与分摊 营业成本：准确性	低	低	综合性方案	中	低
存货的账面价值可能无法实现	存货：准确性、计价与分摊	高	最高	实质性方案	无	高

注：同表8-4,本表仅是为了向读者演示注册会计师基于特定情况所作出的对应的审计方案的评价结果。

(四) 生产与存货循环的实质性程序

通常情况下,存货都是企业重要的项目,且计价较为复杂,风险也高。存货审计,尤其是对年末存货余额的测试,通常是审计中最复杂也最费时的部分。对存货存在和存货价值的评估常常十分困难。

存货审计涉及数量和单价两个方面。针对存货数量的实质性程序主要是存货监盘。此外,还包括对第三方保管的存货实施函证等程序,对在途存货,检查相关凭证和期后入库记录等。针对存货单价的实质性程序包括对购买和生产成本的审计程序和对存货可变现净值的审计程序。

审计存货的另一个考虑就是其与采购、销售收入及销售成本之间的相互关系,因为就存货认定取得的证据也同时为其对应项目的认定提供了证据。

1. 存货的一般审计程序

获取年末存货余额明细表,并执行以下工作:①复核单项存货金额的计算(单位成本×数量)和明细表的加总计算是否准确。②将本年末存货余额与上年末存货进行比较,总体分析变动原因。

2. 存货监盘

1) 存货监盘的作用

如果存货对财务报表是重要的,注册会计师应当实施下列审计程序,对存货的存在和状况获取充分、适当的审计证据：①在存货盘点现场实施监盘(除非不可行)；②对期末存货记录实施审计程序，以确定其是否准确反映实际的存货盘点结果。

在存货盘点现场实施监盘时，注册会计师应当实施下列审计程序：①评价管理层用以记录和控制存货盘点结果的指令和程序；②观察管理层制定的盘点程序的执行情况；③检查存货；④执行抽盘。

存货监盘的相关程序可以用作控制测试或者实质性程序。注册会计师监盘存货的目的在于获取有关存货数量和状况的审计证据。因此，存货监盘针对的主要是存货的存在认定，对存货的完整性认定及计价和分摊认定(如根据冷次残背状况估算其跌价准备的计提是否合理)也能提供部分审计证据。此外，注册会计师还可能在存货监盘中获取有关存货所有权的部分审计证据。

2）存货监盘计划

注册会计师应当根据被审计单位存货的特点、盘存制度和存货内部控制的有效性等情况，在评价被审计单位管理层制定的存货盘点程序的基础上，编制存货监盘计划，对存货监盘作出合理安排。注册会计师通常需要与被审计单位就存货监盘等问题达成一致意见。

3）存货监盘程序

在存货盘点现场实施监盘时，注册会计师应当实施下列审计程序：

(1) 评价管理层用以记录和控制存货盘点结果的指令和程序。一般而言，被审计单位在盘点过程中停止生产并关闭存货存放地点以确保停止存货的移动，有利于保证盘点的准确性。但特定情况下，被审计单位可能由于实际原因无法停止生产或收发货物。这种情况下，注册会计师可以根据被审计单位的具体情况考虑其无法停止存货移动的原因及其合理性。注册会计师可以考虑在仓库内划分出独立的过渡区域，将预计在盘点期间领用的存货移至过渡区域。如对有不同仓库的被审计单位存货监盘时，如果不同仓库有同种存货，最好同时监盘，以防止被审计单位利用不同仓库监盘的时间差，在不同仓库间移动存货，使得同一批存货被两次或多次监盘。

(2) 观察管理层制定的盘点程序的执行情况。所有在盘点日以前入库的存货项目是否均已包括在盘点范围内，所有已确认为销售但尚未装运出库的商品是否均未包括在盘点范围内。在途存货和被审计单位直接向顾客发运的存货是否均已得到了适当的会计处理。注册会计师通常可观察存货的验收入库地点和装运出库地点，以执行截止测试。在存货入库和装运过程中采用连续编号的凭证时，注册会计师应当关注盘点日前的最后编号。

(3) 检查存货。检查存货虽然不一定能够确定存货的所有权，但有助于确定存货的存在，以及识别过时、毁损或陈旧的存货，为测试存货跌价准备计提的准确性提供证据。

(4) 执行抽盘。在对存货盘点结果进行测试时，注册会计师可以从存货盘点记录中选取项目追查至存货实物，以及从存货实物中选取项目追查至盘点记录，以获取有关盘点记录准确性和完整性的审计证据。需要说明的是，注册会计师应尽可能避免让被审计单位事先了解将抽盘的存货项目。

（5）注册会计师应特别注意特殊类型存货的监盘。对某些特殊类型的存货如木材、钢筋等而言，被审计单位通常使用的盘点方法和控制程序并不完全适用。这些存货通常或者没有标签，或者其数量难以估计，或者其质量难以确定，或者盘点人员无法对其移动实施控制。注册会计师应选择适当的方法进行测算或利用专家等。

（6）存货监盘结束时的工作。首先，注册会计师应当再次观察盘点现场，以确定所有应纳入盘点范围的存货均已盘点。其次，取得并检查已填用、作废及未使用盘点表单的号码记录，确定其是否连续编号，查明已发放的表单是否均已收回，并与存货盘点的汇总记录进行核对。注册会计师应当根据自己在存货监盘过程中获取的信息对被审计单位最终的存货盘点结果汇总记录进行复核，并评估其是否正确地反映了实际盘点结果。

如果存货盘点日不是资产负债表日，注册会计师应当实施适当的审计程序，确定盘点日与资产负债表日之间存货变动是否已得到恰当记录。

在实务中，注册会计师可以结合盘点日至财务报表日之间间隔期的长短、相关内部控制的有效性等因素进行风险评估，设计和执行适当的审计程序。在实质性程序方面，注册会计师可以实施的程序示例包括：①比较盘点日和财务报表日之间的存货信息以识别异常项目，并对其执行适当的审计程序；②对存货周转率或存货销售周转天数等实施实质性分析程序；③对盘点日至财务报表日之间的存货采购和存货销售分别实施双向检查；④测试存货销售和采购在盘点日和财务报表日的截止是否正确。

4）特殊情况的处理

（1）在存货盘点现场实施存货监盘不可行。

在某些情况下，实施存货监盘可能是不可行的。很可能是由存货性质和存放地点等因素造成的，但审计中的困难、时间或成本等事项本身不能作为注册会计师省略不可替代的审计程序或满足于说服力不足的审计证据的正当理由。如果在存货盘点现场实施存货监盘不可行，注册会计师应当实施替代审计程序（如检查盘点日后出售盘点日之前取得或购买的特定存货的文件记录），以获取有关存货的存在和状况的充分、适当的审计证据。

（2）因不可预见的情况导致无法在存货盘点现场实施监盘。

注册会计师应当另择日期实施监盘，并对间隔期内发生的交易实施审计程序。由第三方保管或控制的存货，注册会计师应当实施下列一项或两项审计程序：第一，向持有被审计单位存货的第三方函证存货的数量和状况。第二，实施检查或其他适合具体情况的审计程序。其他审计程序可以作为函证的替代程序，也可以作为追加的审计程序：①实施或安排其他注册会计师实施对第三方的存货监盘（如可行）；②获取其他注册会计师或服务机构针对用以保证存货得到恰当盘点和保管的内部控制的适当性而出具的报告；③检查与第三方持有的存货相关的文件记录，如仓储单；④当存货被作为抵押品时，要求其他机构或人员进行确认。

3. 存货计价测试

存货计价测试包括两个方面,一是被审计单位所使用的存货单位成本是否正确,二是是否恰当计提了存货跌价准备。

(1)存货单位成本测试。主要包括:①直接材料成本测试;②直接人工成本测试;③制造费用测试;④生产成本在当期完工产品与在产品之间分配的测试。

(2)存货跌价准备的测试。主要包括:①识别需要计提跌价准备的存货项目;②检查可变现净值的计量是否合理。

总的来说,生产环节由于多是内部凭证,如领料单、工资计算单、成本计算单、产品成本结转这些生产环节的会计凭证都是内部凭证,容易造假,所以其风险较高。但考虑到生产产品的成本一般较为稳定、除非料工费的单价发生变动,或技术革新,否则一个企业的产品成本与行业的平均成本和历史成本差距不大,所以可以使用实质性分析程序来分析其产品成本是否合理、发现重大错报。

六、货币资金审计

货币资金因流动性强,并且与各个环节相关联,通常属于存在重大错报风险的领域。传统的货币资金舞弊在于货币资金余额造假。目前,越来越多的公司通过货币资金的发生额进行财务造假,这种手法在不影响货币资金余额的情况下,虚构出利润或隐瞒大股东侵占货币资金,并且舞弊方式比较隐蔽。由此,注册会计师面临的挑战也越来越大,要更全面客观地评估货币资金的重大错报风险,应了解货币资金错报的环节以及识别应对可能发生错报环节的内部控制。

(一)货币资金的可能发生错报环节

概括来说,货币资金可能发生的错报环节包括:①被审计单位资产负债表的货币资金在资产负债表日不存在。("存在"认定);②被审计单位所有应当记录的与货币资金相关的收支业务未得到完整记录,存在遗漏。("完整性"认定);③被审计单位的货币资金通过舞弊手段被侵占。("完整性"认定);④记录的货币资金不是为被审计单位所拥有或控制。("权利和义务"认定);⑤货币资金金额未被恰当地列报于财务报表中,与之相关的计价调整未得到恰当记录。("准确性、计价和分摊"认定);⑥货币资金未按照《企业会计准则》的规定在财务报表中作出恰当列报。("列报"认定)。

(二)识别应对可能发生错报环节的内部控制

注册会计师可以通过审阅以前年度审计工作底稿、观察内部控制执行情况、询问管理层和员工、检查相关的文件和资料等方法对这些控制进行了解,此外,对相关文件和资料进行检查也可以提供审计证据,如通过检查财务人员编制的银行余额调节表,可以发现差错并加以纠正。需要强调的是,在评估与货币资金的交易、余额和列报相关的认定的重大错报风险时,注册会计师之所以需要充分了解被审计单位对货币资金的控制活动,目的在于使得计划实施的审计程序更加有效。

1. 库存现金内部控制

一般而言,一个良好的现金内部控制应该达到以下几点:①现金收支与记账的岗位分离;②现金收支要有合理、合法的凭据;③全部收入及时准确入账,并且现金支出应严格履行审批、复核制度;④控制现金坐支,当日收入现金应及时送存银行;⑤按月盘点现金,以做到账实相符;⑥对现金收支业务进行内部审计。

2. 银行存款内部控制

一般而言,一个良好的银行存款的内部控制同库存现金的内部控制类似,应达到以下几点:①银行存款收支与记账的岗位分离;②银行存款收支要有合理、合法的凭据;③全部收支及时准确入账,全部支出要有审核手续;④按月编制银行存款余额调节表,以做到账实相符;⑤加强对银行存款收支业务的内部审计。

(三)与货币资金相关的重大错报风险

货币资金业务交易、账户余额和列报的认定层次的重大错报风险可能包括:①被审计单位存在虚假的货币资金余额或交易,因而导致银行存款余额的存在或交易的发生存在重大错报风险;②被审计单位存在大额的外币交易和余额,可能存在外币交易或余额未被准确记录的风险;③银行存款的期末收支存在大额的截止性错误;④被审计单位可能存在未能按照企业会计准则的规定对货币资金作出恰当披露的风险。

(四)货币资金的控制测试

1. 库存现金的控制测试

注册会计师应选取拟测试的控制并实施控制测试,主要有:①检查现金付款的审批和复核;②针对被审计单位的现金盘点实施的现金监盘。

其中,现金监盘可能涉及:①检查现金以确定其是否存在,并检查现金盘点结果。②观察执行现金盘点的人员对盘点计划的遵循情况,以及用于记录和控制现金盘点结果的程序的实施情况。③获取有关被审计单位现金盘点程序可靠性的审计证据。现金监盘程序是用作控制测试还是实质性程序,取决于注册会计师对风险评估结果、审计方案和实施的特定程序的判断。注册会计师可以将现金监盘同时用作控制测试和实质性程序。如被审计单位库存现金存放部门有两处或两处以上的,应同时进行盘点。

2. 银行存款的控制测试

常见的银行存款内部控制主要有:①银行账户的开立、变更和注销的整体情况及其审批手续;②银行付款的审批和复核;③编制银行存款余额调节表,是否由出纳以外的人员编制,并经过相应的复核。注册会计师针对这些内部控制实施适当的控制测试程序。

(五)货币资金的实质性程序要点

1. 库存现金的主要实质性程序要点

注册会计师针对库存现金实施的实质性程序主要包括:

（1）核对库存现金日记账与总账的金额是否相符,检查非记账本位币库存现金的折算汇率及折算金额是否正确。

（2）监盘库存现金,审查现金是否存在及金额是否正确。监盘库存现金的时间和人员应视被审计单位的具体情况而定,但现金出纳员和被审计单位会计主管人员必须参加,并由注册会计师进行监盘。

监盘的步骤与方法主要有:①查看被审计单位制定的盘点计划,以确定监盘时间。对库存现金的监盘最好实施突击性的检查,时间最好选择在上午上班时或下午下班时,以减少未入账的现金凭证。监盘范围一般包括被审计单位各部门经管的所有现金。②查阅库存现金日记账并同时与现金收付凭证相核对。一方面检查库存现金日记账的记录与凭证的内容和金额是否相符;另一方面了解凭证日期与库存现金日记账日期是否相符或接近。③检查被审计单位现金实存数,并将该监盘金额与库存现金日记账余额进行核对,如有差异,应要求被审计单位查明原因,必要时应提请被审计单位作出调整;如无法查明原因,应要求被审计单位按管理权限批准后作出调整。若有冲抵库存现金的借条、未提现支票、未作报销的原始凭证,应在"库存现金监盘表"中注明,必要时应提请被审计单位作出调整。④在非资产负债表日进行监盘时,应将监盘金额调整至资产负债表日的金额,并对变动情况实施程序。

（3）抽查大额库存现金收支;审查收支金额与原始凭证是否一致、会计确认是否正确、记账是否及时等。

（4）检查库存现金是否在财务报表中作出恰当列报。

2. 银行存款的主要实质性程序要点

注册会计师针对银行存款实施的实质性程序主要包括:

（1）获取银行存款余额明细表,复核加计是否正确,并与总账数和日记账合计数核对是否相符;检查非记账本位币银行存款的折算汇率及折算金额是否正确。

当被审计单位可能存在账外账或资金体外循环时,注册会计师可以考虑额外实施以下实质性程序:①注册会计师亲自到中国人民银行或基本存款账户开户行查询并打印已开立银行结算账户清单,以确认被审计单位账面记录的银行人民币结算账户是否完整。②结合其他相关细节测试,关注原始单据中被审计单位的收（付）款银行账户是否包含在注册会计师已获取的开立银行账户清单内。

（2）实施实质性分析程序,检查银行存款余额及变化是否正常。如发现被审计企业报表上长期存有大额存款,又存在大额付息债务的"高存高贷"现象,需要进一步审查其原因,审计可能存在的虚增货币或其他财务舞弊问题。

（3）审查银行存款余额的存在与金额的准确性,可以从以下几方面实施程序。

第一,函证银行存款余额,并与银行对账单核对,检查期末银行存款的实有数。

银行函证程序是证实资产负债表所列银行存款是否存在的重要程序。通过向银行函证,注册会计师不仅可了解企业银行存款资产的存在,还可了解企业账面反映所欠银行债务的情况,并有助于发现企业未入账的银行借款和未披露的或有负债。注册会计师应对银行存款、借款及与金融机构往来的其他重要信息实施函证程序,除非有充分证据表明某一银行存款、借款及与金融机构往来的其他重要信息对财务报表不重要且与之相关的重大错报风险很低。如果不对这些项目实施函证程序,注册会计师应当在审计工作底稿中说明理由。

第二,获取银行余额调节表,并通过检查期后银行存款收支核实未达账项的真实性。

第三,检查银行存款账面余额与银行余额调节表上的企业银行账面余额是否一致。

(4)抽查大额银行存款收支。浏览银行对账单,选取大额异常交易,如银行对账单上有一收一付相同金额,或分次转出相同金额等,检查被审计单位银行存款日记账上有无该项收付金额记录。从银行对账单中选取交易的样本与被审计单位银行日记账记录进行核对;从被审计单位银行存款日记账上选取样本,核对至银行对账单。

(5)关注是否存在质押、冻结等对变现有限制或存在境外的款项。如果存在,是否已提请被审计单位作必要的调整和披露。

(6)检查银行存款收支的截止是否正确。

3. 其他货币资金的主要实质性程序要点

如果被审计单位有定期存款等其他货币资金,注册会计师可以考虑实施以下审计程序:

(1)获取定期存款明细表,检查是否与账面记录金额一致。在监盘库存现金的同时,监盘定期存款凭据。向管理层询问定期存款存在的商业理由并评估其合理性。存款人是否为被审计单位,定期存款是否被质押或限制使用。

对已质押的定期存款,检查定期存单复印件,并与相应的质押合同核对。对于质押借款的定期存单,关注定期存单对应的质押借款有无入账,对于超过借款期限但仍处于质押状态的定期存款,还应关注相关借款的偿还情况,了解相关质权是否已被行使;对于为他人担保的定期存单,关注担保是否逾期及相关质权是否已被行使。

对未质押的定期存款,应检查开户证实书原件,以防止被审计单位提供的复印件是未质押(或未提现)前原件的复印件。

(2)函证定期存款相关信息,结合财务费用审计测算利息收入的合理性,判断是否存在体外资金循环的情形。

(3)在资产负债表日后已提取的定期存款,应核对相应的兑付凭证等。

 **案例分析**

对 Y 公司的土豆存货监盘是否可行

国内 X 大型会计师事务所(以下简称 X 所)是 Y 有限责任公司(以下简称 Y 公司)的常年审计服务提供者。Y 公司属于农产品流通企业。Y 公司的主营业务是收购、储藏和销售我国北方土豆。销售市场主要是上海及其周边城市的农贸市场。每年 9 月后北方土豆收获期,Y 公司都会收购 2 万吨以上土豆。每年末,一箩筐一箩筐的土豆在 Y 公司仓库里堆积如山,但到次年4~5月基本销售完,所剩无几。可见Y公司土豆的经营周期是每年9月到次年5月。注册会计师12月预审时面对堆积如山的土豆,实施监盘十分困难,且Y公司也不允许一箩筐一箩筐地称量,因翻动土豆会使其质量下降,保质期缩短。Y所采用替代程序对期末存货数量进行确认:检查期后(次年1月—4月份)的销售情况及销售控制情况,确定销售数量,再于4月底对剩余的少量库存进行监盘,然后根据监盘数量与已销售数量倒轧出期末土豆库存数量。

　　2018年7月,在X所所在的省注册会计师协会检查X所审计底稿时,协会检查人员认为对Y公司的存货没有实施监盘,审计程序存在重大缺陷,并拟对X所进行惩戒。对此,X所主任会计师与协会检查人员进行沟通,引用《中国注册会计师审计准则第1311号——对存货、诉讼和索赔、分部信息等特定项目获取审计证据的具体考虑》第四条中的规定"如果存货对财务报表是重要的,注册会计师应当实施下列审计程序,对存货的存在和状况获取充分、适当的审计证据:(一)在存货盘点现场实施监盘(除非不可行)……"。主任会计师解释说,对Y公司土豆存货监盘是"不可行的",理由是Y公司没有对存货实施盘点制度,Y公司拒绝监盘的理由是合理的;且他们实施的审计程序已能合理保证土豆年末存货的认定。经过与行业协会检查人员的反复沟通,在检查人员在详细复核其审计底稿时并未发现其他问题的情况下,经协会批准,协会检查人员同意不对其进行惩戒,但要求X所与被审计单位沟通,要求以后Y公司在堆放土豆时,留下通道,堆放整齐,以便注册会计师对土豆实施"深度观察"与推算库存数量,并实施抽查期后销售与倒轧的程序。

讨论:

(1) 你认为X所主任会计师对没有实施存货监盘的解释是否合理?说明你的理由。

(2) 谈谈该案例对注册会计师的启示。

第二节　财务报表审计中对特殊事项的考虑

　　本章第一节所介绍的内容是财务报表审计最基本的内容,财务报表审计中的特殊事项是指财务报表审计中不一定必然遇到的问题,但也是常常会遇到的事项。本节将对财务报表审计中特殊事项的考虑进行扼要介绍,内容包括财务报表审计中对舞弊和违反法律法规的考虑、对集团财务报表审计的特殊考虑、审计会计估计与相关披露、关联方的审计、持续经营能力审计、首次接受委托的期初余额审计等。

一、财务报表审计中对舞弊和违反法律法规的考虑

(一) 财务报表审计中对舞弊相关的考虑

1. 舞弊的含义

舞弊是指被审计单位管理层、治理层、员工和第三方使用欺诈手段获取不当或非法利

益的故意行为。在财务报表审计中,注册会计师关注的是导致财务报表发生重大错报的舞弊,包括编制虚假财务报告和侵占资产。

2. 治理层、管理层的责任与注册会计师的责任

治理层与管理层对防范或发现舞弊负有主要责任。管理层应通过减少舞弊机会防范舞弊发生、惩戒舞弊以遏制舞弊、营造守诚信讲道德的文化。

注册会计师实施财务报表审计时,其责任是就财务报表是否不存在由于舞弊导致的重大错报获取合理保证;但由于审计固有限制,注册会计师不对财务报表整体不存在重大错报获取绝对保证,也不对舞弊是否已实际发生作出法律意义上的判定,仅需关注舞弊导致的重大错报。

3. 风险评估程序与相关活动

(1)询问。注册会计师应当询问管理层和被审计单位内部的其他合适人员,以确定其是否知悉任何影响被审计单位的舞弊事实、舞弊嫌疑或舞弊指控。注册会计师通过询问管理层可以获取有关员工舞弊导致的财务报表重大错报风险的有用信息。然而,这种询问难以获取有关管理层舞弊导致的财务报表重大错报风险的有用信息。注册会计师可以就是否存在或可能存在舞弊,直接询问被审计单位内部除管理层以外的下列人员:①不直接参与财务报告过程的业务人员;②拥有不同级别权限的人员;③参与生成、处理或记录复杂或异常交易的人员及对其进行监督的人员;④内部法律顾问;⑤负责道德事务的主管人员或承担类似职责的人员。

注册会计师应当根据不同的询问对象,运用职业判断,确定询问内容。注册会计师应当向管理层询问下列事项:①管理层对财务报表可能存在舞弊导致的重大错报风险的评估,包括评估的性质、范围和频率等;②管理层对舞弊风险的识别和应对过程;③管理层就其对舞弊风险的识别和应对过程向治理层的通报;④管理层就其经营理念和道德观念向员工的通报。

除非治理层全部成员参与管理被审计单位,注册会计师应当:①了解治理层如何监督管理层对舞弊风险的识别和应对过程,以及为降低舞弊风险而建立的内部控制;②询问治理层,以确定其是否知悉任何影响被审计单位的舞弊事实、舞弊嫌疑或舞弊指控。注册会计师可通过参加相关会议、阅读会议纪要或询问治理层等审计程序了解有关情况。

(2)实施分析程序。在实施分析程序以了解被审计单位及其环境等方面的情况时,注册会计师应当评价在实施分析程序时识别出的异常或偏离预期的关系(包括与收入账户有关的关系),是否表明存在舞弊导致的重大错报风险。

(3)考虑其他信息。注册会计师应当考虑获取的其他信息是否表明存在舞弊导致的重大错报风险。其他信息可能来源于项目组内部的讨论、客户关系和具体业务的接受与保持过程以及向被审计单位提供其他服务所获得的经验。

(4)评价舞弊风险因素。注册会计师应当评价通过其他风险评估程序和相关活动获取的信息,是否表明存在舞弊风险因素。存在舞弊风险因素并不必然表明发生了舞弊,但在舞弊发生时通常存在舞弊风险因素,因此,舞弊风险因素可能表明存在舞弊导致的重大错报风险。

根据舞弊三角理论,舞弊风险因素可以分为以下三类:①实施舞弊的动机或压力。舞弊者具有舞弊的动机或压力是舞弊发生的首要条件。②实施舞弊的机会。舞弊机会是舞弊得以实施的关键因素。舞弊机会一般来源于控制环境薄弱与相关控制在设计和运行上的缺陷,也有非内部控制方面的原因,如需要依赖主观判断得出信息、缺乏严厉的处罚等。③舞弊的借口。借口是指舞弊者将其舞弊合理化的理由。舞弊借口是舞弊发生的一个重要条件。如舞弊者认为"造假是普遍现象""暂时造假,等企业渡过难关后再冲回""我对公司贡献大,公司对我不公,这是公司应给我的"等等。

4. 识别和评估由于舞弊导致的重大错报风险

由于舞弊导致的重大错报风险属于需要注册会计师特别考虑的重大错报风险,即特别风险。注册会计师实施舞弊风险评估程序,评价舞弊的动机或压力、舞弊机会以及舞弊的借口等舞弊三要素,识别与评估因舞弊导致的重大错报风险,包括财务报表层次以及各类交易、账户余额、披露的认定层次的重大错报风险。

5. 风险应对与舞弊沟通

在识别和评估舞弊导致的重大错报风险后,注册会计师需要采取适当的应对措施以将审计风险降至可接受的低水平。舞弊导致的重大错报风险属于特别风险,注册会计师应当按照审计准则的规定予以应对。注册会计师通常从三个方面应对此类风险。

(1)总体应对措施。注册会计师应当:①考虑承担重要业务职责的项目组成员所具备的知识技能和能力,并考虑由于舞弊导致的重大错报风险的评估结果;②评价被审计单位对会计政策(特别是涉及主观计量和复杂交易的会计政策)的选择和运用,是否可能表明管理层通过操纵利润对财务信息作出虚假报告;③在选择审计程序的性质、时间安排和范围时,增加审计程序的不可预见性。

(2)针对舞弊导致的认定层次的重大错报风险实施的审计程序。按照《中国注册会计师审计准则第1231号——针对评估的重大错报风险采取的应对措施》的规定,注册会计师应当设计和实施进一步审计程序,审计程序的性质、时间安排和范围应当能够应对评估的由于舞弊导致的认定层次重大错报风险。

注册会计师可能通过下列方式改变审计程序性质、时间安排和范围,应对舞弊导致的认定层次重大错报风险:①改变拟实施审计程序的性质,以获取更为可靠、相关的审计证据,或获取额外的佐证信息,包括更加重视实地观察或检查,在实施函证程序时改变常规函证内容,询问被审计单位的非财务人员等;②调整实施实质性程序的时间安排,包括在期末或接近期末实施实质性程序,或针对本期较早期间发生的交易或整个报告期内的交易实施实质性程序;③调整实施的审计程序的范围,包括扩大样本规模,以及在更详细层面上实施分析程序和更广泛的测试等。

（3）针对舞弊高发领域应重点应对。注册会计师应对舞弊易发高发领域进行重点应对，如货币资金、存货、在建工程、资产减值、收入、境外业务、企业合并、商誉、金融工具、会计政策与会计估计的选择及变更、关联交易等领域通常是舞弊高发领域。

（4）针对管理层凌驾于控制之上的风险实施的程序。由于管理层在被审计单位的地位较高，管理层凌驾于控制之上的风险在所有被审计单位都可能存在。对财务信息作出虚假报告通常与管理层凌驾于控制之上有关。管理层凌驾于控制之上的风险属于特别风险。无论对管理层凌驾于控制之上的风险的评估结果如何，注册会计师都应当设计和实施审计程序，用以：①测试日常会计核算过程中作出的会计分录以及编制财务报表过程中作出的其他调整是否适当；②复核会计估计是否存在偏向，并评价产生这种偏向的环境是否表明存在由于舞弊导致的重大错报风险；③对于超出被审计单位正常经营过程的重大交易，或基于对被审计单位及其环境的了解以及在审计过程中获取的其他信息而显得异常的重大交易，评价其商业理由（或缺乏商业理由）是否表明被审计单位从事交易的目的是对财务信息作出虚假报告或掩盖侵占资产的行为。

（5）与管理层、治理层及被审计单位之外的适当机构的沟通。

一是与管理层沟通。注册会计师在已获取证据表明存在或可能存在舞弊时，除非法律禁止，注册会计师应当及时提醒适当层级的管理层关注这一事项。即使该事项不重要，注册会计师也应当这样做。通常情况下，适当层级的管理层至少要比涉嫌舞弊的人员高出一个级别。

二是与治理层沟通。如果确定或怀疑舞弊涉及管理层、在内部控制中承担重要职责的员工及其舞弊行为可能导致财务报表出现重大错报的其他人员，注册会计师应当及时就此类事项与治理层沟通，除非治理层全部参与管理被审单位。

三是与被审计单位之外的适当机构的沟通。如果识别出舞弊或怀疑存在舞弊，注册会计师应当确定是否有责任向被审计单位以外的适当机构报告。尽管注册会计师对客户信息负有的保密义务可能妨碍这种报告，但如果法律法规或相关职业道德要求规定了相关报告责任，注册会计师应当遵守法律法规或相关职业道德要求的规定。

（二）财务报表审计中对违反法律法规的考虑

1. 违反法律法规的含义

违反法律法规，是指被审计单位、治理层、管理层或者为被审计单位工作或受其指导的其他人，有意或无意违背适用的财务报告编制基础以外的现行法律法规的行为。违反法律法规不包括与被审计单位经营无关的个人不当行为。

2. 注册会计师的责任

注册会计师需关注的是两类法律法规：第一类为通常对决定财务报表中的重大金额和披露有直接影响的法律法规。第二类为对决定财务报表中的金额和披露没有直接影响，但遵守这些法律法规对被审计单位的经营活动、持续经营能力或避免大额罚款至关重要。违反这些法律法规,可能对财务报表产生重大影响。针对第一类法律法规,就被审计单位遵守这些法律法规的规定获取充分、适当的审计证据;针对第二类法律法规,仅限于实施特定的审计程序,以有助于识别可能对财务报表产生重大影响的违反这些法律法规的行为。

3. 识别出或怀疑存在违反法律法规行为时实施的审计程序

1）注意到与识别出的或怀疑存在的违反法律法规行为相关的信息时的审计程序

如果注意到与识别出的或怀疑存在的违反法律法规行为相关的信息,例如,受到监管机构调查或者支付罚金或受到处罚、采购价格显著高于或低于市场价格、交易未经授权或记录不当、负面的媒体评论等,注册会计师应当:①了解违反法律法规行为的性质及其发生的环境;②获取进一步的信息,以评价对财务报表可能产生的影响。

2）怀疑被审计单位存在违反法律法规行为时的审计程序

如果怀疑被审计单位存在违反法律法规行为,注册会计师应当就此与适当层级的管理层和治理层(如适用)进行讨论。这种讨论可能会提供额外审计证据,除非法律法规禁止。

如果管理层或治理层(如适用)不能向注册会计师提供充分的信息,证明被审计单位遵守了法律法规,注册会计师可以考虑向被审计单位内部或外部的法律顾问咨询有关法律法规在具体情况下的运用,包括舞弊的可能性以及对财务报表的可能影响。如果认为向被审计单位法律顾问咨询是不适当的或不满意其提供的意见,注册会计师可能认为,在保密基础上向所在会计师事务所的其他人员、网络事务所、职业团体或注册会计师的法律顾问咨询被审计单位是否涉及违反法律法规行为(包括舞弊的可能性、可能导致的法律后果,以及注册会计师可能采取的进一步行动)是适当的。

3）评价识别出的或怀疑存在的违反法律法规行为的影响

注册会计师应当评价识别出的或怀疑存在的违反法律法规行为对审计的其他方面可能产生的影响,包括对注册会计师风险评估和被审计单位书面声明可靠性的影响。注册会计师识别出的或怀疑存在的特定违反法律法规行为的影响,取决于该行为的实施和隐瞒与具体控制活动之间的关系,以及牵涉的管理人员或个人的级别,尤其是被审计单位最高权力机构牵涉其中所产生的影响。

在某些情形下,当管理层或治理层没有采取注册会计师认为适合具体情况的补救措施,或者识别出的或怀疑存在的违反法律法规行为导致对管理层或治理层的诚信产生怀疑(即使违反法律法规行为对财务报表不重要),注册会计师可能考虑在法律法规允许的情况下解除业务约定或在审计报告的其他事项段中描述识别出的或怀疑存在的违反法律法规行为。

4. 对识别出的或怀疑存在的违反法律法规行为的沟通和报告

1）沟通总体要求

除非治理层全部成员参与管理被审计单位,因而知悉注册会计师已沟通的、涉及识别出的或怀疑存在的违反法律法规行为的事项,注册会计师应当与治理层沟通审计过程中注意的有关违反法律法规的事项(除非法律法规禁止),但不必沟通明显不重要的事项。沟通通常采用书面形式,注册会计师将文件副本作为审计工作底稿。如采用口头沟通方式,应形成沟通记录并作为审计工作底稿保存。

2)怀疑管理层或治理层涉及违法违规的沟通

如果怀疑违反法律法规行为涉及管理层或治理层,注册会计师应当向被审计单位审计委员会或监事会等更高层级的机构通报。如果不存在更高层级的机构,或者注册会计师认为被审计单位可能不会对通报作出反应,或者注册会计师不能确定向谁报告,注册会计师应当考虑是否需要向外部监管机构(如有)报告或征询法律意见。

3)向被审计单位之外的适当机构报告识别出的或怀疑存在的违反法律法规行为

如果识别出或怀疑存在违反法律法规行为,注册会计师应当考虑是否有责任向被审计单位以外的适当机构报告。

值得注意的是,注册会计师考虑是否报告的是经注册会计师发现和确定的严重违反法律法规的行为。所谓"严重"主要是指有重大法律后果或涉及社会公众利益。同时,注册会计师应考虑采取何种方式、何时、向谁进行报告。

如果无法确定是否有相关法律法规要求向被审计单位之外的适当机构报告发现的被审计单位的违反法律法规行为,或者无法确定某项违反法律法规行为是否应该向被审计单位之外的适当机构报告,注册会计师通常可以考虑征询相关的法律意见,以了解注册会计师的可能选择,以及采取任何特定行动的职业及法律后果。

最后,注册会计师如果认为识别出的或怀疑存在的违反法律法规行为对财务报表具有重大影响,注册会计师应当要求被审计单位在财务报表中予以恰当反映。注册会计师在出具审计报告时,应当考虑违反法律法规对审计意见的影响。

二、集团财务报表审计的特殊考虑

(一)相关概念

1. 集团

集团是指由所有组成部分构成的整体,并且所有组成部分的财务信息包括在集团财务报表中。集团至少拥有一个以上的组成部分。

2. 组成部分

组成部分是指某一实体或某项业务活动,其财务信息由集团或组成部分管理层编制并应包括在集团财务报表中。

3. 重要组成部分

重要组成部分具有下列特征之一:①单个组成部分对集团具有财务重大性;②由于单个组成部分的特定性质或情况,可能存在导致集团财务报表发生重大错报的特别风险。

(二) 集团财务报表审计中的责任设定与注册会计师的目标

1. 责任设定

目前,各国对集团财务报表审计中的责任设定有两种模式:一种模式是集团项目组对整个集团财务报表审计工作及审计意见负全部责任,这一责任不因利用组成部分注册会计师的工作而减轻。另一种模式是,集团项目组和组成部分注册会计师就各自执行的审计工作分别负责,集团项目组在执行集团财务报表审计时完全基于组成部分注册会计师的工作。为保证审计质量,《中国注册会计师审计准则第 1401 号——对集团财务报表审计的特殊考虑》采用了第一种模式。

2. 注册会计师的目标

在集团审计中,注册会计师的目标是:①确定是否担任集团审计的注册会计师。②如果担任集团审计的注册会计师,就组成部分注册会计师对组成部分财务信息执行工作的范围、时间安排和发现的问题,与组成部分注册会计师进行清晰的沟通;针对组成部分财务信息和合并过程,获取充分、适当的审计证据,以对集团财务报表是否在所有重大方面按照适用的财务报告编制基础编制发表审计意见。

(三) 风险评估

集团项目组可以基于下列信息,在集团层面评估集团财务报表重大错报风险:(1)在了解集团及其环境、集团组成部分及其环境和合并过程时获取的信息,包括在评价集团层面控制以及与合并过程相关的控制的设计和执行时获取的审计证据;(2)从组成部分注册会计师获取的信息。

(四) 集团项目组对组成部分注册会计师的了解

只有当基于集团审计目的,计划要求由组成部分注册会计师执行组成部分财务信息的相关工作时,集团项目组才需要了解组成部分注册会计师。例如,如果集团项目组计划仅在集团层面对某些组成部分实施分析程序,就无需了解这些组成部分注册会计师。

如果组成部分是不重要的组成部分,集团项目组参与组成分注册会计师工作的性质、时间安排和范围,将根据集团项目组对组成部分注册会计师的了解的不同而不同。例如,即使某一组成部分未被视为重要组成部分,集团项目组仍可能决定参与组成部分注册会计师的风险评估,因为集团项目组对组成部分注册会计师专业胜任能力的并非重大的疑虑(如认为其缺乏行业专门知识),或者组成部分注册会计师未处于积极有效的监管环境中。而当集团项目组对组成部分注册会计师的专业胜任能力或职业道德存在重大疑虑或不符合独立性时,集团项目组不能通过参与组成部分注册会计师的工作来消除这些情形的影响,而应亲自对组成部分实施相关工作。

（五）风险应对

集团项目组确定对组成部分财务信息拟执行工作的类型以及参与组成部分注册会计师工作的程度,受下列因素影响:①组成部分的重要程度;②识别出的可能导致集团财务报表发生重大错报的特别风险;③对集团层面控制的设计的评价,以及其是否得到执行的判断;④集团项目组对组成部分注册会计师的了解。

1. 集团项目组对不同组成部分实施工作的类型

（1）具有财务重大性的单个组成部分。集团项目组或代表集团项目组的组成部分注册会计师应当运用该组成部分的重要性,对组成部分财务信息实施审计。

如果组成部分注册会计师对组成部分的财务信息实施审计或审阅,集团项目组应当基于集团审计目的,为这些组成部分确定组成部分重要性。集团项目组应当将组成部分重要性设定为低于集团财务报表整体的重要性。但是,在确定组成部分重要性时,无须采用将集团财务报表整体重要性按比例分配的方式,因此,对不同组成部分确定的重要性的汇总数,有可能高于集团财务报表整体重要性。

在审计组成部分财务信息时,组成部分注册会计师(或集团项目组)需要确定组成部分层面实际执行的重要性。这对于将组成部分财务信息中未更正和未发现错报的汇总数超过组成部分重要性的可能性降至适当的低水平是必要的。实务中,集团项目组可能按这一较低的水平确定组成部分重要性。在这种情况下,组成部分注册会计师需要使用组成部分重要性,评估组成部分财务信息的重大错报风险,针对评估的风险设计进一步审计程序,以及评价识别出的错报单独或汇总起来是否重大。

如果基于集团审计目的,由组成部分注册会计师对组成部分财务信息执行审计工作,集团项目组应当评价在组成部分层面确定的实际执行的重要性和适当性。

注册会计师需要设定临界值,不能将超过该临界值的错报视为对集团财务报表明显微小的错报。组成部分注册会计师需要将在组成部分财务信息中识别出的超过临界值的错报通报给集团项目组。

（2）可能存在导致集团财务报表发生重大错报的特别风险的重要组成部分。集团项目组或代表集团项目组的组成部分注册会计师应当执行下列一项或多项工作:①使用组成部分重要性对组成部分财务信息实施审计;②针对与可能导致集团财务报表发生重大错报的特别风险相关的一个或多个账户余额、一类或多类交易或披露事项实施审计;③针对可能导致集团财务报表发生重大错报的特别风险实施特定的审计程序。

（3）不重要的组成部分。集团项目组应当在集团层面实施分析程序。

（4）对已执行审计工作仍不能提供充分、适当的审计证据时的处理。如果集团项目组认为已执行的审计工作不能获取形成集团审计意见所依据的充分、适当的审计证据,应当选择某些不重要的组成部分,并对已选择的组成部分财务信息亲自执行或由代表集团项目组的组成部分注册会计师执行下列一项或多项工作:①使用组成部分重要性对组成部分财务信息实施审计;②对一个或多个账户余额、一类或多类交易或披露实施审计;③使用组成部分重要性对组成部分财务信息实施审阅;④实施特定程序。

集团项目组对不同组成部分实施工作的类型如表8-9所示。

表8-9 组成部分性质及集团项目组对不同组成部分实施工作的类型

组成部分性质		工作类型
重要组成部分	具有财务重大性	财务信息审计
	因特别风险而重要	执行以下一项或多项工作: ① 财务信息审计 ② 特定项目审计 ③ 特定审计程序
不重要组成部分		集团层面的分析程序
已执行审计工作,仍不能提供充分、适当的审计证据时,对不重要组成部分执行的相关工作		执行以下一项或多项工作: ① 财务信息审计 ② 特定项目审计 ③ 财务信息审阅 ④ 特定审计程序

2. 集团项目组参与组成部分注册会计师的工作

如果组成部分注册会计师对重要组成部分财务信息执行审计,集团项目组应当参与组成部分注册会计师实施的风险评估程序,以识别导致集团财务报表发生重大错报的特别风险。集团项目组参与的性质、时间安排和范围受其对组成部分注册会计师所了解情况的影响,但至少应当包括:①与组成部分注册会计师或组成部分管理层讨论对集团而言重要的组成部分业务活动;②与组成部分注册会计师讨论由于舞弊或错误导致组成部分财务信息发生重大错报的可能性;③复核组成部分注册会计师对识别出的导致集团财务报表发生重大错报的特别风险形成的审计工作底稿。

如果在由组成部分注册会计师执行相关工作的组成部分内,识别出导致集团财务报表发生重大错报的特别风险,集团项目组应当评价针对识别出的特别风险拟实施的进一步审计程序的恰当性。根据对组成部分注册会计师的了解,集团项目组应当确定是否有必要参与进一步审计程序。

三、其他特殊事项审计介绍

(一) 审计会计估计和相关披露

1. 会计估计的性质

会计估计,是指根据适用的财务报告编制基础的规定,计量涉及估计不确定性的某项金额。由于经营活动具有内在不确定性,某些财务报表项目只能进行估计。会计估计的难易取决于估计对象的性质;其准确程度取决于管理层对不确定的交易或事项的结果作出的主观判断;由于会计估计的主观性、复杂性和不确定性,会计估计发生重大错报的可能性较大;会计估计的结果与财务报表中原来已确认或披露的金额存在差异,并不必然表明财务报表存在错报。

管理层为确认会计估计,必须进行点估计。如果注册会计师作出点估计或区间估计,用以评价管理层点估计以及与估计不确定性相关的披露,注册会计师应当依据适用的财务报告编制基础,评价管理层在作出会计估计时,所使用的方法、假设或数据是否适当。无论使用的是管理层的方法、假设或数据,还是注册会计师的方法、假设或数据,注册会计师均应当就这些方法、假设或数据,设计和实施进一步审计程序。

注册会计师应当确定区间估计范围内的金额均有充分、适当的审计证据支持,并根据适用的财务报告编制基础中的计量目标和其他规定,确定区间估计范围内的金额均是合理的。注册会计师如作区间估计,将其区间估计与管理层点估计间最小差额作为错报。

2. 审计程序

审计会计估计与相关披露的主要程序与具体内容如表 8-10 所示。

表 8-10　审计会计估计与相关披露的主要程序与具体内容

审计程序	具体内容
风险评估相关活动	(1) 了解被审计单位及其环境、适用的财务报告编制基础和内部控制体系各要素; (2) 复核以前期间会计估计的结果或管理层对以前期间会计估计作出的后续重新估计; (3) 确定是否需要专门技能或知识
识别与评估重大错报风险	应当评价与会计估计的不确定性、复杂性或主观性及其他固有风险因素,并根据职业判断确定是否存在特别风险
风险应对	一般风险应对: (1) 根据审计准则实施进一步审计程序; (2) 从截至审计报告日发生的事项获取审计证据; (3) 测试管理层如何作出会计估计; (4) 作出注册会计师的点估计或区间估计,以评价管理层的点估计
	特别风险应对: 如果拟信赖针对该风险实施的控制,注册会计师应当在本期测试这些控制运行的有效性。如果针对特别风险实施的程序仅为实质性程序,这些程序应当包括细节测试。细节测试可能包括: (1) 检查,例如,检查合同以佐证条款或假设; (2) 重新计算,例如,核实模型计算的准确性; (3) 检查所使用的假设与支持性文件(如第三方公布的信息)是否相符

（续表）

审计程序	具体内容
其他相关审计程序	（1）关注与会计估计相关的披露； （2）识别可能存在的管理层偏向的迹象； （3）实施审计程序后作出总体评价； （4）获取书面声明； （5）与治理层、管理层以及其他相关机构和人员进行沟通

（二）关联方的审计

1. 关联方审计概述

在某些情况下，关联方关系及其交易的性质可能导致关联方交易比非关联方交易具有更高的财务报表重大错报风险。注册会计师在计划和实施与关联方关系及其交易有关的审计工作时，保持职业怀疑尤为重要。

注册会计师审计关联方的目标在于：①无论适用的财务报告编制是否对关联方作出规定，充分了解关联方关系及其交易，以便能够确认由此产生的、与识别和评估由于舞弊导致的重大错报风险相关的舞弊风险因素；根据获取的审计证据，就财务报表受到关联方关系及其交易的影响而言，确定财务报表是否实现公允反映。②如果适用的财务报告编制基础对关联方作出规定，获取充分、适当的审计证据，确定关联方关系及其交易是否已按照适用的财务报告编制基础得到恰当识别、会计处理和披露。

2. 关联方交易审计的主要程序

关联方交易审计程序与具体内容如表 8-11 所示。

表 8-11　关联方交易审计程序与具体内容

审计程序	具体内容
风险评估程序和相关工作	通过项目组内讨论、询问管理层、了解与关联方关系及其交易相关的控制等，了解关联方关系及其交易； 在检查记录或文件时对关联方信息保持警觉； 在整个审计过程中，项目组内部分享与关联方有关的信息
识别与评估重大错报风险	注册会计师应当根据《中国注册会计师审计准则第 1211 号——重大错报风险的识别和评估》识别和评估关联方关系及其交易导致的重大错报风险，并确定这些风险是否为特别风险。在确定时，注册会计师应当将识别出的、超出被审计单位正常经营过程的重大关联方交易导致的风险确定为特别风险； 如果在实施与关联方有关的风险评估程序和相关工作中识别出舞弊风险因素，包括与能够对被审计单位或管理层施加支配性影响的关联方有关的情形，注册会计师应当按照《中国注册会计师审计准则第 1141 号——财务报表审计中与舞弊相关的责任》的规定，在识别和评估舞弊导致的重大错报风险时考虑这些信息

审计程序	具体内容
应对评估的重大错报风险	要点： （1）对具有支配性影响的关联方，并因此存在舞弊导致的重大错报风险，遵守 1411 号准则总体要求外，还可以实施下列程序以了解关联方与被审计单位直接或间接建立的业务关系，并确定是否有必要实施进一步的恰当的实质性程序①询问管理层和治理层并与之讨论；②询问关联方；③检查与关联方之间的重要合同；④通过互联网或某些外部商业信息数据库，进行适当的背景调查；⑤如果被审计单位保留了员工的举报报告，查阅该报告。 （2）如果识别出管理层以前未识别出或未向注册会计师披露的关联方关系或重大关联方交易，注册会计师应当：①立即将相关信息向项目组其他成员通报；②在适用的财务报告编制基础对关联方作出规定的情况下，要求管理层识别与新识别出的关联方之间发生的所有交易，以便注册会计师作出进一步评价，并询问与关联方关系及其交易相关的控制为何未能识别或披露该关联方关系或交易；③对新识别出的关联方或重大关联方交易实施恰当的实质性程序；④重新考虑可能存在管理层以前未识别出或未向注册会计师披露的其他关联方或重大关联方交易的风险；⑤如果管理层不披露关联方关系或交易看似是有意的，因而显示可能存在舞弊导致的重大错报风险，评价这一情况对审计的影响。 （3）识别出超出正常经营过程的重大关联方交易，注册会计师应当：①检查相关合同或协议（如有）。评价交易的商业理由、交易条款与管理层的解释是否一致、关联方交易是否按照适用的财务报告编制基础得到恰当会计处理与披露；②获取交易已经恰当授权和批准的审计证据。 （4）如果管理层在财务报表中作出认定，声明关联方交易是按照等同于公平交易中通行的条款执行的，注册会计师应当就该项认定获取充分、适当的审计证据。 （5）如果管理层认定关联方交易是按照等同于公平交易中通行的条款执行的，则管理层在编制财务报表时需要证实这项认定。管理层用于支持这项认定的措施可能包括：①关联方交易条款与相同或类似的非关联方交易的条款进行比较；②聘请外部专家确定交易的市场价格，并确认交易的条款和条件；③将关联方交易条款与公开市场进行的类似交易的条款进行比较。 （6）注册会计师应当检查关联方交易披露的充分性，同时就关联方交易为公平交易的披露进行评价。评价管理层如何支持这项认定，可能涉及以下一个或多个方面：①考虑管理层用于支持其认定的程序是否恰当；②验证支持管理层认定的内部或外部数据来源，对这些数据进行测试，以判断其准确性、完整性和相关性；③评价管理层认定所依据的重大假设的合理性。 （7）需要关注的是，有些财务报告编制基础要求披露未按照等同于公平交易中通行的条款执行的关联方交易。在这种情况下，如果管理层未在财务报表中披露关联方交易，则可能隐含着一项认定，即关联方交易是按照等同于公平交易中通行的条款执行的

（续表）

审计程序	具体内容
其他相关审计程序	（1）评价关联方关系及其交易的会计处理与披露； （2）获取相关书面声明； （3）与治理层沟通与关联方相关的重大事项

（三）持续经营假设

1. 持续经营假设的概念

持续经营假设是指被审计单位在编制财务报表时，假定其经营活动在可预见的将来会继续下去，不拟也不必终止经营或破产清算，可以在正常的经营过程中变现资产、清偿债务，而可预见的将来通常是指财务报表日后 12 个月。持续经营假设通常是会计确认和计量的基本假定之一，与财务报表的编制和审计关系重大。

通用目的财务报表是运用持续经营假设编制的，除非管理层计划清算被审计单位、终止运营或别无其他现实的选择。

2. 管理层和注册会计师对持续经营假设的责任

（1）管理层责任主要包括：①某些适用的财务报告编制基础明确要求管理层对持续经营能力作出评估，并规定了与此相关的需要考虑的事项和作出的披露。相关法律法规还可能对管理层评估持续经营能力的责任和相关财务报表披露作出具体规定。在这种编制基础下，管理层应按照编制基础对持续经营能力进行评估与披露。②财务报告编制基础可能没有明确要求管理层对持续经营能力作出评估。但由于持续经营假设是编制财务报表的基本原则。在这种编制基础下，管理层也需要在编制财务报表时评估持续经营能力。

（2）注册会计师责任主要包括：①就管理层在编制和列报财务报表时运用持续经营假设（即使编制基础没有明确要求）的适当性获取充分、适当的审计证据，并就持续经营能力是否存在重大不确定性得出结论。②不对导致不再持续经营的未来事项或情况作出预测。③注册会计师如未在审计报告中提及持续经营的不确定性，不能被视为对被审计单位持续经营能力的保证。

3. 风险评估程序与相关活动

注册会计师在实施风险评估程序时对持续经营能力的考虑主要有：

（1）实施风险评估程序时，注册会计师应当考虑是否存在可能导致对被审计单位持续经营能力产生重大疑虑的事项或情况。在进行考虑时，注册会计师应当确定管理层是否已对被审计单位持续经营能力作出初步评估。

（2）如果管理层已对持续经营能力作出初步评估，注册会计师应当与管理层进行讨论，并确定管理层是否已识别出单独或汇总起来可能导致对被审计单位持续经营能力产生重大疑虑的事项或情况。如果管理层已识别出这些事项或情况，注册会计师应当与其讨论应对计划。

（3）如果管理层未对持续经营能力作出初步评估，注册会计师应当与管理层讨论其拟运用持续经营假设的理由,询问管理层是否存在单独或汇总起来可能导致对被审计单位持续经营能力产生重大疑虑的事项或情况。

(4) 针对有关可能导致对被审计单位持续经营能力产生重大疑虑的事项或情况的审计证据,注册会计师应当在整个审计过程中保持警觉。如在财务方面存在资不抵债、无法清偿到期债务、关键财务比率不佳等情形;在经营方面存在关键管理人员离职且无人替代、失去主要市场或关键客户、供应短缺等情形;在其他方面存在巨额诉讼赔偿、发生未买保险的灾害、政策重大变化等情形。注册会计师应综合考虑这些情形,若存在抵销情形,不一定得出无法持续经营的结论。如失去供应商,但可找到替代供应商;无法清偿债务,但可通过处置资产保持足够现金流。

4. 评价管理层对持续经营能力作出的评估

管理层对被审计单位持续经营能力的评估,是注册会计师考虑管理层运用持续经营假设的一个关键部分。注册会计师应当评价管理层对持续经营能力作出的评估。

1) 管理层评估涵盖的期间

在评价管理层对被审计单位持续经营能力作出的评估时,注册会计师的评价期间应当与管理层按照适用的财务报告编制基础或法律法规(如果法律法规要求的期间更长)的规定作出评估的涵盖期间相同。

管理层对持续经营能力的合理评估期间应是自财务报表日起的下一个会计期间。如果管理层评估持续经营能力涵盖的期间短于自财务报表日起的12个月,注册会计师应当提请管理层将其至少延长至自财务报表日起的12个月。

2) 管理层的评估、支持性分析和注册会计师的评价

纠正管理层缺乏分析的错误不是注册会计师的责任。在某些情况下,管理层缺乏详细分析以支持其评估,可能不妨碍注册会计师确定管理层运用持续经营假设是否适合具体情况。例如,如果被审计单位具有盈利经营的记录并很容易获得财务支持,管理层可能不需要进行详细分析就能作出评估。在这种情况下,如果其他审计程序足以使注册会计师认为管理层在编制财务报表时运用的持续经营假设适合具体情况,注册会计师可能对管理层评估的适当性得出结论。

在其他情况下,注册会计师评价管理层对被审计单位持续经营能力所作的评估,可能包括评价管理层作出评估时遵循的程序、评估依据的假设、管理层的未来应对计划以及管理层的计划在当前情况下是否可行。

5. 超出管理层评估期间的事项或情况

注册会计师应当询问管理层是否知悉超出评估期间的、可能导致对持续经营能力产生重大疑虑的事项或情况。可能存在着已知的事项(预定的或非预定的)或情况,是超出管理层评估期间发生的,可能导致注册会计师对管理层编制财务报表时运用持续经营假设的适当性产生怀疑。注册会计师需要对存在这些事项或情况的可能性保持警觉。由于事项或

情况发生的时点距离作出评估的时点越远,与事项或情况的结果相关的不确定性的程度也相应增加,因此在考虑更远期间发生的事项或情况时,只有持续经营事项的迹象达到重大时,注册会计师才需要考虑采取进一步措施。除询问管理层外,注册会计师没有责任实施其他任何审计程序,以识别超出管理层评估期间并可能导致对被审计单位持续经营能力产生重大疑虑的事项或情况。如果识别出这些事项或情况,注册会计师可能需要提请管理层评价这些事项或情况对于其评估被审计单位持续经营能力的潜在重要性。在这种情况下,注册会计师应当通过实施追加的审计程序(包括考虑缓解因素),获取充分、适当的审计证据,以确定是否存在重大不确定性。

6. 识别出事项或情况时实施追加的审计程序

如果识别出可能导致对持续经营能力产生重大疑虑的事项或情况,注册会计师应当通过实施追加的审计程序(包括考虑缓解因素),获取充分、适当的审计证据,以确定是否存在重大不确定性。这些程序应当包括:①如果管理层尚未对被审计单位持续经营能力作出评估,提请其进行评估。②评价管理层与持续经营能力评估相关的未来应对计划,这些计划的结果是否可能改善目前的状况,以及管理层的计划对于具体情况是否可行。③如果被审计单位已编制现金流量预测,且对预测的分析是评价管理层未来应对计划时所考虑的事项或情况的未来结果的重要因素,评价用于编制预测的基础数据的可靠性,并确定预测所基于的假设是否具有充分的支持。④考虑自管理层作出评估后是否存在其他可获得的事实或信息。⑤要求管理层和治理层(如适用)提供有关未来应对计划及其可行性的书面声明。

7. 对审计报告的影响

(1)被审计单位运用持续经营假设适当但存在重大不确定性。如财务报表已作充分披露,注册会计师应当发表无保留意见,并在审计报告中增加以"与持续经营相关的重大不确定性"为标题的单独部分予以披露;如果财务报表未作出充分披露,注册会计师应当发表保留意见或否定意见。

(2)运用持续经营假设不适当。这种情况下,无论财务报表中对管理层运用持续经营假设的不适当性是否作出披露,注册会计师均应发表否定意见。

(3)严重拖延对财务报表的批准。如果管理层或治理层在财务报表日后严重拖延对财务报表的批准,注册会计师应当询问拖延的原因。如果认为拖延可能涉及与持续经营评估相关的事项或情况,注册会计师有必要实施前述识别出可能导致对持续经营能力产生重大疑虑的事项或情况时追加的审计程序,并就存在的重大不确定性考虑对审计结论的影响。

(四)首次接受委托时对期初余额的审计

1. 期初余额的含义

期初余额是指期初已存在的账户的余额,反映了以前期间的交易和事项以及上期采用的会计政策的结果。这里的"期初余额"是与注册会计师首次接受审计业务相联系,是指在上期财务报表未经审计,或由前任注册会计师审计的情况。

2. 期初余额的审计目标

在执行首次审计业务时,注册会计师针对期初余额审计的目标是:①确定期初余额是否含有对本期财务报表产生重大影响的错报;②确定期初余额反映的恰当的会计政策是否在本期财务报表中得到一贯运用,或会计政策的变更是否已按照适用的财务报告编制基础作出恰当的会计处理和充分的列报与披露。

3. 审计程序要点

(1) 查阅前任审计底稿、本期实施的审计程序是否提供了有关期初余额的审计证据、实施其他专门的审计程序等。

(2) 在其他专门审计程序中,对流动资产和流动负债,注册会计师可以通过本期实施的审计程序获取部分审计证据。

就存货而言,本期对存货的期末余额实施的审计程序,几乎无法提供有关期初持有存货的审计证据。有必要实施追加的审计程序有:①监盘当前的存货数量并调节至期初存货数量;②对期初存货项目的计价实施审计程序;③毛利和存货截止审计程序。

对非流动资产和非流动负债的审计程序可以通过检查形成期初余额的会计记录和其他信息获取审计证据。在某些情况下,注册会计师还可以向第三方函证,如果期初余额存在可能对本期财务报表产生重大影响的错报,注册会计师应当实施适合具体情况的追加的审计程序,以确定对本期财务报表的影响。

4. 对审计报告的影响

(1) 审计后不能获取有关期初余额的充分、适当的审计证据,发表下列之一的非无保留意见:①发表适合具体情况的保留意见或无法表示意见;②除非法律法规禁止,对经营成果和现金流量(如相关)发表保留意见或无法表示意见,而对财务状况发表无保留意见。

(2) 期初余额存在对本期财务报表产生重大影响的错报。注册会计师应当告知管理层和前任注册会计师。如果错报的影响未能得到正确的会计处理和恰当的列报,应当对财务报表发表保留意见或否定意见。

(3) 会计政策变更对审计报告的影响。如果会计政策未能在本期得到一贯运用或变更未能得到恰当的会计处理或适当的列报与披露,应当发表保留意见或否定意见。

(4) 前任注册会计师对上期财务报表发表了非无保留意见。如果导致非无保留审计报告的事项对本期财务报表仍然相关和重大,注册会计师应当对本期财务报表发表非无保留意见。反之,如果导致前期非无保留意见的事项可能对本期财务报表发表的意见既不相关也不重大,则无须对本期财务报表发表非无保留意见。

 案例分析

申请即担责,欺诈发行未果遭重罚

2024 年 2 月,证监会对上海思尔芯技术股份有限公司(以下简称"思尔芯")欺诈发行违

法行为开出罚单,对思尔芯处以 400 万元罚款;对时任思尔芯董事长、首席执行官、资深副总裁,董事会秘书,首席财务官,监事会主席共计处罚 1 250 万元。此案件为新《证券法》实施以来,申请上市企业在提交 IPO 材料后且没有批准上市前,证监会查处并进行行政处罚的首例案件。

经查明,2021 年 8 月 24 日,思尔芯披露《首次公开发行股票并在科创板上市招股说明书》(以下简称《招股说明书》)申报稿。2022 年 7 月 26 日,思尔芯撤回科创板发行上市申请,7 月 27 日上海证券交易所决定终止其发行上市审核。经查,思尔芯在公告的证券发行文件中编造重大虚假内容,其《招股说明书》第六节"业务与技术"、第八节"财务会计信息与管理层分析"涉及财务数据存在虚假记载,通过虚构销售收入、提前确认销售收入、少计期间费用等方式虚增 2020 年营业收入合计 1 536.72 万元,占当年度营业收入的 11.55%,虚增利润总额合计 1 246.17 万元,占当年度利润总额的 118.48%。

资料来源:

金证研.欺诈发行遭证监会"重拳出击"拟上市企业思尔芯及多名董监高被罚逾 1 600 万元[EB/OL].(2024-02-21)[2025-05-31].new.qq.com/rain/a/20240221A02JUH00。

讨论:

(1)谈谈如何更好地应对企业的收入舞弊风险。该案例企业的舞弊动机有哪些?

(2)科创板上市条件包括 IPO 企业是科技新型企业,具有较高的研发投入、较高的创新能力和成长潜力等,请指出拟在科创板 IPO 企业的财务报表的哪些认定层次存在舞弊风险?

第三节　审计沟通与注册会计师利用他人工作

一、审计沟通

注册会计师与被审计单位治理层以及其他相关人员进行必要的沟通是贯穿审计整体流程的一项重要工作。在审计工作中,审计人员应当就与财务报表审计相关的且根据职业判断认为必要的重大事项,以适当的方式、在恰当的时间与前任注册会计师、治理层、管理层、组成部分会计师等对象进行明晰的沟通。这里介绍注册会计师与被审计单位治理层的审计沟通及与前任注册会计师的审计沟通。

(一)与治理层的审计沟通

1.沟通目的

注册会计师应当就与财务报表审计相关且根据职业判断认为与治理层责任相关的重大事项,以适当的方式及时与治理层进行明晰的沟通,这是注册会计师与治理层沟通的总体要求。注册会计师与治理层沟通的主要目的有:①就注册会计师与财务报告审计相关的责任、计划的审计范围和时间安排的总体情况,与治理层进行清晰的沟通;②向治理层获取与审计相关的信息;③及时向治理层通报审计中发现的与治理层对财务报告过程的监督责任相关的重大事项;④推动注册会计师和治理层之间有效地双向沟通。

2. 沟通对象

注册会计师确定沟通对象的一般要求包括:

(1)确定适当的沟通人员。注册会计师应当确定与被审计单位治理结构中的哪些适当人员沟通,适当人员可能因沟通事项的不同而不同。

(2)确定适当的沟通人员时应当利用的信息。注册会计师应当利用在了解被审计单位及其环境时获取的有关治理结构和治理过程的信息。

(3)通常,被审计单位会指定其治理结构中相对固定的人员或组织(如审计委员会)负责与注册会计师进行沟通。如果被审计单位的治理结构没有被清楚地界定,导致注册会计师无法清楚地识别适当的沟通对象,被审计单位也没有指定适当的沟通对象,注册会计师就应当尽早与审计委托人商定沟通对象,并就商定的结果形成备忘录或其他形式的书面记录。

3. 沟通的主要事项

注册会计师应当沟通的主要事项包括:①注册会计师与财务报表审计相关的责任。②计划的审计范围和时间安排。③审计中发现的重大问题。审计中发现的重大问题与审计报告中关键审计事项的确定密切相关,表 8-12 总结了应予沟通的审计中发现的重大问题。④值得关注的内部控制缺陷。⑤注册会计师的独立性;⑥补充事项。补充事项不一定与监督财务报告流程相关,但对治理层监督被审计单位的战略方向或与被审计单位受托责任相关的义务很可能是重要的。这些事项可能包括与治理结构或过程有关的重大问题、缺乏适当授权的高级管理层作出的重大决策或行动。

另外,在沟通过程中,需要注意沟通形式,如注册会计师独立性以及识别出的值得关注的内部控制缺陷要用书面沟通形式。

表 8-12 应予沟通的审计中发现的重大问题

重大问题的类型	具体内容
注册会计师对被审计单位会计实务重大方面的质量的看法	(1)会计政策
	(2)会计估计
	(3)财务报表披露
审计工作中遇到的重大困难	(1)管理层在提供审计所需信息时出现严重拖延
	(2)不合理地要求缩短完成审计工作的时间
	(3)为获取充当的审计证据需要付出的努力远远超过预期
	(4)无法获取预期的信息
	(5)管理层对注册会计师施加的限制
	(6)管理层不愿按照注册会计师的要求对持续经营能力作出评估,或不愿意延长评估期间

（续表）

重大问题的类型	具体内容
已与管理层讨论或需要书面沟通的重大事项，以及注册会计师要求提供的书面声明，除非治理层全部参与管理被审计单位	（1）影响被审计单位的业务环境，以及可能影响重大错报风险的经营计划和战略
	（2）对管理层就会计或审计问题向其他专业人士进行咨询的关注
	（3）管理层在首次委托或连续委托注册会计师审计时，就会计实务、审计准则应用、审计或其他服务费用与注册会计师进行的沟通或书面沟通
影响审计报告形式和内容的情形（可能提供报告草稿，便于讨论）	（1）非无保留意见
	（2）与持续经营相关的重大不确定性
	（3）关键审计事项
	（4）强调事项段/其他事项段
审计中出现的、根据职业判断认为对监督财务报告过程重大的其他事项	（1）已更正的其他信息存在的对事实的重大错报或重大不一致
	（2）要求治理层提供进一步信息以完善获取的审计证据

（二）与前任注册会计师的沟通

前任注册会计师，是指已对被审计单位上期财务报表进行审计，但被现任注册会计师接替的其他会计师事务所的注册会计师。接受委托但未完成审计工作，已经或可能与委托人解除业务约定的注册会计师，也被视为前任注册会计师。

1. 总体要求

前后任注册会计师的沟通通常由后任注册会计师主动发起，但需征得被审计单位的同意。前后任注册会计师的沟通可以采用书面或口头的方式。后任注册会计师应当将沟通的情况记录于审计工作底稿。

2. 接受委托前的沟通注意问题

（1）接受委托前的沟通是必要的审计程序。与前任注册会计师进行沟通，是后任注册会计师在接受委托前应当执行的必要审计程序。如果没有进行必要沟通，则应视为后任注册会计师没有实施必要的审计程序。

（2）沟通的主要内容。后任注册会计师向前任注册会计师询问的内容应当合理、具体，既不能过于宽泛，也不宜过于琐碎。通常值得关注和询问的事项包括：①是否发现被审计单位管理层存在诚信方面的问题；②前任注册会计师与管理层在重大会计、审计等问题上存在的意见分歧；③前任注册会计师向被审计单位治理层通报的管理层舞弊、违反法律法规行为及值得关注的内部控制缺陷；④前任注册会计师认为导致被审计单位变更会计师事务所的原因。

（3）前任不答复的，再次进行沟通，仍没答复的，致函前任注册会计师在适当时间内不答复，将假设不存在使其拒绝接受委托的理由，并表明拟承接业务。

3. 接受委托后沟通要点

（1）接受委托后的沟通与接受委托前有所不同，它不是必要程序，而是由后任注册会计师根据审计工作需要自行决定的。

（2）沟通的方式和内容。这一阶段的沟通主要包括查阅前任注册会计师的工作底稿及询问有关事项，最有效、最常用的方式是查阅前任注册会计师的工作底稿。如果需要查阅前任的工作底稿，后任应当征得被审计单位同意，并与前任沟通。在允许查阅工作底稿之前，前任应当向后任注册会计师获取确认函，就工作底稿的适用目的、范围和责任等与其达成一致意见。查阅前任工作底稿获取的信息可能影响后任实施审计程序的性质、时间安排和范围，但后任注册会计师应当对自身实施的审计程序和得出的审计结论负责。

（3）如发现前任注册会计师审计的财务报表可能存在重大错报，后任注册会计师应当提请被审计单位告知前任注册会计师。必要时，后任注册会计师应当要求被审计单位安排三方会谈。

二、注册会计师利用他人工作

（一）利用内部审计工作

内部审计是指被审计单位负责执行鉴证和咨询活动，以评价和改进被审计单位的治理、风险管理和内部控制流程有效性的部门、岗位或人员。内部审计的职能包括检查、评价和监督内部控制的恰当性和有效性等。注册会计师可以通过了解与评估内部审计工作，利用可信赖的内部审计工作相关部分的成果，或利用内部审计人员提供直接协助，可以减少不必要的重复劳动，提高审计工作效率。

1. 确定是否利用、在哪些领域利用以及在多大程度上利用内部审计的工作

注册会计师拟利用被审计单位的内部审计，应当确定：①是否能够利用内部审计工作；②如果能够利用，在哪些领域利用以及在多大程度上利用；③内部审计工作是否足以实现审计目的。

注册会计师应当评价下列事项，确定是否能够利用内部审计的工作以实现审计目的：①内部审计在被审计单位的地位，以及相关政策和程序支持内部审计人员客观性的程度；②内部审计人员的胜任能力；③内部审计人员是否采用系统、规范化的方法（包括质量管理）。如果存在下列情形之一，注册会计师不得利用内部审计的工作：①内部审计在被审计单位的地位以及相关政策和程序不足以支持内部审计人员的客观性；②内部审计人员缺乏足够的胜任能力；③内部审计没有采用系统、规范化的方法（包括质量管理）。

2. 利用内部审计的工作

如果计划利用内部审计工作，注册会计师应当与内部审计人员讨论利用其工作的计划，以作为协调各自工作的基础。注册会计师应当阅读与拟利用的内部审计工作相关的内部审计报告，以了解其实施的审计程序的性质和范围以及相关发现。

注册会计师应当针对计划利用的全部内部审计工作实施充分的审计程序，以确定其对于实现审计目的是否适当，包括评价下列事项：①内部审计工作是否经过恰当的计划、实施、监督、复核和记录;②内部审计是否获取了充分、适当的证据,以使内部审计能够得出合理的结论;③内部审计得出的结论在具体环境下是否适当,编制的报告与执行工作的结果是否一致。在计划和实施上述审计程序时,注册会计师应当将计划利用的全部内部审计工作作为一个整体予以考虑。

3. 确定是否利用、在哪些领域利用以及在多大程度上利用内部审计人员提供的直接协助

注册会计师拟利用内部审计人员直接协助,注册会计师应当确定下列事项:①是否能够利用内部审计人员提供直接协助;②如果能够利用,确定在哪些领域利用以及在多大程度上利用;③如果拟利用内部审计人员提供直接协助,适当地指导、监督和复核其工作。

当存在下列情形之一时,注册会计师不得利用内部审计人员提供直接协助:①存在对内部审计人员客观性的重大不利影响;②内部审计人员对拟执行工作缺乏足够的胜任能力。

4. 利用内部审计人员提供直接协助

在利用内部审计人员为审计提供直接协助之前,注册会计师应当做好以下工作:①从拥有相关权限的被审计单位代表人员处获取书面协议,允许内部审计人员遵循注册会计师的指令,并且被审计单位不干涉内部审计人员为注册会计师执行的工作;②从内部审计人员处获取书面协议,表明其将按照注册会计师的指令对特定事项保密,并将对其客观性受到的任何不利影响告知注册会计师。

注册会计师应当按照《中国注册会计师审计准则第1121号——对财务报表审计实施的质量管理》的规定对内部审计人员执行的工作进行指导、监督和复核。

(二) 利用专家的工作

专家,是指在会计或审计以外的某一领域具有专长的个人或组织,并且其工作被注册会计师利用,以协助注册会计师获取充分、适当的审计证据。专家既可能是会计师事务所内部专家,也可能是会计师事务所外部专家。在利用专家的工作时,首先,注册会计师需要确定是否利用专家的工作;其次,如果利用专家的工作,注册会计师应当确定专家的工作是否足以实现审计目的。

1. 确定是否利用专家的工作

如果在会计或审计以外的某一领域的专长对获取充分、适当的审计证据是必要的,注册会计师应当确定是否利用专家的工作。注册会计师在执行下列工作时可能需要利用专家的工作:①了解被审计单位及其环境;②识别和评估重大错报风险;③针对评估的财务报表层次风险,确定并实施总体应对措施;④针对评估的认定层次风险,设计和实施进一步审计程序,包括控制测试和实质性程序;⑤在对财务报表形成审计意见时,评价已获取的审计证据的充分性和适当性。

2. 了解专家,并与专家达成一致意见

注册会计师应充分了解专家的专长领域,评价专家是否具有实现审计目的所必需的胜任能力、专业素质和客观性。在评价外部专家的客观性时,注册会计师应当询问可能对外部专家客观性产生不利影响的利益和关系。

其次,无论内部专家还是外部专家,注册会计师应当与专家就下列事项达成一致意见,并根据需要形成书面协议:①专家工作的性质、范围和目标;②注册会计师和专家各自的角色和责任;③注册会计师和专家之间沟通的性质、时间安排和范围,包括专家提供的报告的形式;④对专家遵守保密规定的要求。适用于注册会计师的相关职业道德要求中的保密条款同样适用于专家。法律法规可能对保密作出额外规定。被审计单位也可能要求外部专家同意遵守特定的保密条款。

实际上,外部专家不是项目组成员,可能不受会计师事务所质量管理体系中政策和程序的约束。然而,会计师事务所针对相关职业道德要求制定的政策和程序可能包括适用于外部专家的政策和程序。另外,除非协议另作安排,外部专家的工作底稿属于外部专家所有,不是审计工作底稿的一部分。

3. 评价专家工作的恰当性

注册会计师应当评价专家的工作是否足以实现审计目的,包括:①专家的工作结果或结论的相关性和合理性,以及与其他审计证据的一致性;②如果专家的工作涉及使用重要的假设和方法,这些假设和方法在具体情况下的相关性和合理性;③如果专家的工作涉及使用重要的原始数据,这些原始数据的相关性、完整性和准确性。

如果确定专家的工作不足以实现审计目的,注册会计师应当采取下列措施之一:①就专家拟执行的进一步工作的性质和范围,与专家达成一致意见;②根据具体情况,实施追加的审计程序。

4. 在审计报告中提及专家

注册会计师不应在无保留意见的审计报告中提及专家的工作,除非法律法规另有规定。如果法律法规要求提及专家的工作,注册会计师应当在审计报告中指明,这种提及并不减轻注册会计师对审计意见承担的责任。如果注册会计师在审计报告中提及专家的工作,并且这种提及与理解审计报告中的非无保留意见相关,注册会计师应当在审计报告中指明,这种提及并不减轻注册会计师对审计意见承担的责任。

 **案例分析**

审计沟通出了什么问题

A 公司是一家小型咨询公司。2022 年 1 月 5 日,A 公司大股东委托 X 会计师事务所对公司 2021 年年报进行审计,审计目的是对当年公司的净利润进行鉴证,并以此为基准,制定下年对管理层的利润考核指标和奖惩办法。X 会计师事务所委派注册会计师王晶和 2 名审计助理承担该业务。A 公司委派一名负责行政管理的员工与出纳接待审计人员。审计人员发现 A 公司对固定资产中原值 15 万元的一批电脑管理混乱,且没有明细账记录。该行政人员说不少电脑被公司员工带回家里用了,无法盘点。王晶为尽快完成审计任务,告诉接待人员与出纳,把这批 15 万元固定资产"拉掉",审计报告很快就能出来,否则如果不能盘点,无法确认电脑的管理情况,将无法出具审计报告。行政人员让注册会计师自行处理,并说只要尽快拿到审计报告即可。两天后,该公司会计拿到审计报告,看到审定的净利润增加了 2.85 万元,向注册会计师询问原因,王晶告诉他是因那批电脑无法核实,固定资产原值被调减了 15 万元,相应计提的折旧也被调减了,导致净利润增加 2.85 万元。这名会计埋怨道:"2021 年利润是下年考核指标的基准,老总想尽量减少 2021 年利润,你们不打招呼就把固定资产和折旧拿掉了,我如何向老总交代,这笔审计费我们不付。"注册会计师王晶说已与负责接待的行政人员沟通过了,坚称责任不在自己。双方就此发生了争吵。

讨论:

(1) 结合案例资料,讨论注册会计师王晶在审计沟通中存在的问题是什么。

(2) 讨论该案例对审计沟通有哪些启示?

课程思政

审计工作者如何践行社会主义核心价值观

社会主义核心价值观:富强、民主、文明、和谐,自由、平等、公正、法治,爱国、敬业、诚信、友善。其中"富强、民主、文明、和谐"是国家层面的价值目标,"自由、平等、公正、法治"是社会层面的价值取向,"爱国、敬业、诚信、友善"是公民个人层面的价值准则。

讨论:

谈谈审计工作者如何践行社会主义核心价值观。

第九章　完成审计工作与审计报告

第一节　完成审计工作

完成审计工作是审计的最后一个阶段。注册会计师在完成风险评估、业务循环审计测试及特殊项目的审计工作后，在完成审计工作阶段汇总审计测试结果，进行更具综合性的审计工作，包括评价审计中的重大发现，评价审计过程中识别出的错报，实施分析程序，关注期后事项对财务报表的影响，复核审计工作底稿与财务报表等；在此基础上，评价审计结果，关注期后事项及不同时段期后事项的识别与应对；在与客户沟通以后，获取管理层声明，确定应出具的审计报告的意见类型和措辞，进而编制并致送审计报告，完成审计工作。

一、评价审计中的重大发现

根据《中国注册会计师审计准则第1251号——评价审计过程中识别出的错报》的规定，注册会计师需要评价识别出的错报对审计的影响以及未更正错报对财务报表的影响。在完成审计工作阶段，项目合伙人和审计项目组考虑的重大发现和事项主要包括：①期中复核中的重大发现及其对审计方法的影响；②涉及会计政策的选择、运用和一贯性的重大事项，包括相关披露；③就识别出的特别风险，对总体审计策略和具体审计计划所作的重大修改；④在与管理层和其他人员讨论重大发现和事项时得到的信息；⑤与注册会计师的最终审计结论相矛盾或不一致的信息。

对实施的审计程序的结果进行评价，可能全部或部分地揭示出以下事项：

（1）为了实现计划的审计目标，是否有必要对重要性进行修订；

（2）对总体审计策略和具体审计计划的重大修改，包括对重大错报风险评估结果作出的重要修改；

（3）对审计方法有重要影响的值得关注的内部控制缺陷和其他缺陷；

（4）财务报表中存在的重大错报；

（5）项目组内部，或项目组与项目质量复核人员或提供咨询的其他人员之间，就重大会计和审计事项达成最终结论所存在的意见分歧；

（6）审计工作中遇到的重大困难；

（7）向事务所内部有经验的专业人士或外部专业顾问咨询的事项；

（8）与管理层或其他人员就重大发现以及与注册会计师的最终审计结论相矛盾或不一致的信息进行的讨论。

二、评价审计过程中识别出的错报

在评价审计过程中识别出的错报时，注册会计师的目标是：①评价识别出的错报对审计的影响；②评价未更正错报对财务报表的影响。

注册会计师的主要工作是：

（1）累积识别出的错报，除非错报明显微小。

（2）随着审计的推进考虑识别出的错报。当识别出的错报的性质以及错报发生的环境表明可能存在其他错报，并且可能存在的其他错报与审计过程中累积的错报合计起来可能是重大的，或累积的错报合计数接近重要性时，注册会计师应当确定是否需要修改总体审计策略和具体审计计划。

（3）沟通与更正错报。除非法律法规禁止，注册会计师应当及时将审计过程中累积的所有错报（即超过明显微小错报临界值的所有错报）与适当的管理层进行沟通。注册会计师还应当要求管理层更正这些错报。适当层级的管理层通常是指有责任和权限对错报进行评价并采取必要行动的人员。法律法规可能限制注册会计师就某些错报与管理层或被审计单位的其他人员沟通。例如，如果与管理层沟通可能不利于适当机构对被审计单位发生的或怀疑存在的违反法律法规行为进行调查，法律法规可能明确禁止进行沟通。在某些情况下，注册会计师的保密义务与通报义务之间存在的潜在冲突可能很复杂。此时，注册会计师可以考虑征询法律意见。如果管理层拒绝更正沟通部分或全部错报，注册会计师应当了解管理层不更正错报的理由，并在评价财务报表整体是否不存在重大错报时考虑该理由。除非法律法规禁止，注册会计师应当与治理层沟通未更正错报，以及这些错报单独或汇总起来可能对审计意见产生的影响。在沟通时，注册会计师应当逐项指明重大的未更正错报并要求被审计单位。

（4）评价未更正错报的影响。注册会计师应以调整后新的财务结果确定新的审计重要性，并确定错报单独或汇总起来是否重大。注册会计师应当从金额和性质两方面判断错报的重要性。

（5）获取书面声明。注册会计师应当要求管理层和治理层（如适用）提供书面声明，说明其是否认为未更正错报单独或汇总起来对财务报表整体的影响不重大。这些错报项目的概要应当包含在书面声明中或附在其后。

三、实施分析程序

在临近审计结束时，注册会计师应当运用分析程序，帮助其对财务报表形成总体结论，以确定财务报表是否与其对被审计单位的了解一致。实施分析程序的结果可能有助于注册会计师识别出以前未识别的重大错报风险，在这种情况下，注册会计师需要修改重大错报风险的评估结果，并相应修改原计划实施的进一步审计程序。

四、复核审计工作

对审计工作的复核包括项目组内部复核和项目质量复核（如适用）。项目质量复核仅适用于上市实体财务报表审计业务、法律法规要求实施项目质量复核的审计业务或其他业务，以及会计师事务所政策和程序要求实施项目质量复核的审计业务或其他业务。项目组内部复核适用于所有业务。

（一）项目组内部复核

《会计师事务所质量管理准则第 5101 号——业务质量管理》规定，会计师事务所对业务执行的质量目标应当包括由经验较为丰富的项目组成员对经验较为缺乏的项目组成员的工作进行指导、监督和复核。审计项目复核贯穿审计全过程，随着审计工作的开展，复核人员在审计计划阶段、执行阶段和完成审计阶段及时复核相应的工作底稿。在执行项目组内部复核时，复核人员需要考虑的事项较为宽泛，包括审计工作合规性、审计证据是否充分适当、审计程序的目标是否已经实现等。

项目合伙人应当在审计过程中的适当时点复核审计工作底稿，对重大事项、重大判断等重要审计事项把关。对管理和实现审计项目的高质量承担总体责任。

（二）项目质量复核

《会计师事务所质量管理准则第 5102 号——项目质量复核》规定，会计师事务所应当在全所范围内统一委派项目质量复核人员，项目质量复核人员应当独立于执行业务的项目组，需要具备适当的胜任能力并遵守相关职业道德要求，在实施项目质量复核时保持独立、客观、公正。根据《中国注册会计师审计准则第 1121 号——对财务报表审计实施的质量管理》的规定，项目质量复核人员应当客观地评价项目组作出的重大判断以及在编制审计报告时得出的结论，包括与项目合伙人讨论重大事项、复核财务报表和拟出具的审计报告、复核选取的与项目组作出的重大判断和得出的结论相关的审计工作底稿。对于上市实体财务报表审计业务或者法律法规要求实施项目质量复核的审计业务，以及会计师事务所为应对一项或多项质量风险，有必要实施项目质量复核的审计业务，注册会计师只有完成了项目质量复核，才能签署审计报告。需要注意的是，项目质量复核人员应当在业务实施过程中的适当阶段及时实施复核,而非在出具审计报告前才实施复核。

五、期后事项审计

根据《中国注册会计师审计准则第 1332 号——期后事项》的规定,期后事项是指财务报表日至审计报告日之间发生的事项,以及注册会计师在审计报告日后知悉的事实。期后事项可以分为两类,一是对财务报表日已经存在的情况提供证据的事项,如果金额重大,需要提请被审计单位管理层调整财务报表及与之相关的披露信息,称为"财务报表日后调整事项";二是对财务报表日后发生的情况提供证据的事项,由于不影响财务报表日财务状况,因此不需要调整被审计单位本期财务报表,但如果被审计单位的财务报表因此可能受到误解,就要提请被审计单位管理层在财务报表附注中作适当披露,称为"财务报表日后非调整事项"。

根据期后事项的定义,期后事项可以划分为三个时段:第一个时段是财务报表日后至审计报告日,对应"第一时段期后事项";第二个时段是审计报告日至财务报表报出日,对应"第二时段期后事项";第三个时段是财务报表报出日后,对应"第三时段期后事项"。三个时段的期后事项如图 9-1 所示。

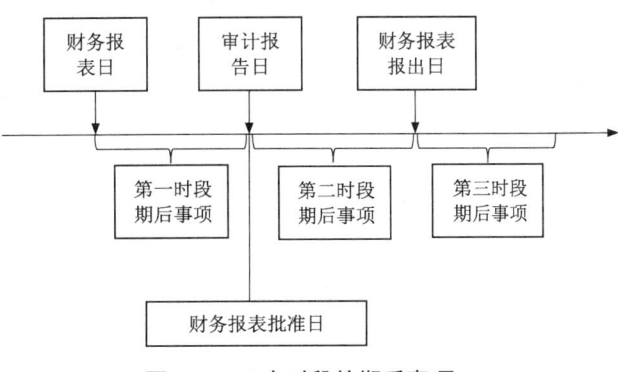

图 9-1　三个时段的期后事项

(一)第一时段期后事项

对于第一时段期后事项,注册会计师负有主动识别的责任。注册会计师应设计和实施审计程序,获取充分、适当的审计证据,以确定所有在财务报表日至审计报告日之间发生的、需要在财务报表中调整或披露的事项均已得到识别,并根据这些事项的性质判断其对财务报表的影响,进而确定是进行调整还是披露。但是,注册会计师并不需要对之前已实施审计程序并已得出满意结论的事项执行追加的审计程序。通常情况下,针对期后事项的专门审计程序,其实施时间越接近审计报告日越好,越接近审计报告日,注册会计师遗漏期后事项的可能性也就越小。注册会计师用以识别第一时段期后事项的审计程序如表 9-1 所示。

表 9-1　识别第一时段期后事项的审计程序

程序	审计程序
一般 程序	(1) 了解管理层为确保识别期后事项而建立的程序
	(2) 询问管理层和治理层(如适用),确定是否已发生可能影响财务报表的期后事项
	(3) 查阅被审计单位的所有者、管理层和治理层在财务报表日后举行会议的纪要,在不能获取会议纪要的情况下,询问此类会议讨论的事项
	(4) 查阅被审计单位最近的中期财务报表(如有)

（续表）

程序	审计程序
其他 程序	(1) 查阅被审计单位在财务报表日后最近期间内的预算、现金流量预测和其他相关的管理报告
	(2) 就诉讼和索赔事项询问被审计单位的法律顾问，或扩大之前口头，或书面查询的范围
	(3) 获取涵盖特定期后事项的书面声明

（二）第二时段期后事项

注册会计师可能被动识别第二阶段期后事项。在审计报告日后，注册会计师没有义务针对财务报表实施任何审计程序。但是，在这一阶段，被审计单位的财务报表并未报出，管理层有责任将发现的可能影响财务报表的事实告知注册会计师，注册会计师还可能从媒体报道、举报信或者证券监管部门告知等途径获悉影响财务报表的期后事项。在审计报告日后至财务报表报出日前，如果知悉了某事实，且若在审计报告日知悉可能导致修改审计报告，注册会计师就应当与管理层和治理层（如适用）讨论该事项，并确定财务报表是否需要修改。如果需要修改，注册会计师还需要根据管理层的处理情况作出进一步对策，具体如表 9-2 所示。

表 9-2　第二时段期后事项导致财务报表需要修改时的审计对策

管理层的处理	注册会计师进一步对策
管理层修改 财务报表	(1) 如果管理层修改财务报表，注册会计师应当根据具体情况对有关修改实施必要的审计程序；将用以识别期后事项的审计程序延伸至新的审计报告日，并针对修改后的财务报表出具新的审计报告
	(2) 如果管理层对财务报表的修改仅限于反映导致修改的期后事项的影响，注册会计师可以仅针对有关修改将用以识别期后事项的上述审计程序延伸至新的审计报告日。 对于审计报告的处理有两种方式：一是针对财务报表修改部分增加补充报告日期，从而表明注册会计师对期后事项实施的审计程序仅限于财务报表相关附注所述的修改；二是出具新的或经修改的审计报告，在强调事项段或其他事项段中说明注册会计师对期后事项实施的审计程序仅限于财务报表相关附注所述的修改
管理层不修改 财务报表	(1) 如果审计报告尚未提交给被审计单位，注册会计师应当发表非无保留意见，然后再提交审计报告
	(2) 如果审计报告已经提交给被审计单位，注册会计师应当通知管理层和治理层（除非治理层全部成员参与管理被审计单位）在财务报表作出必要修改前不要向第三方报出。如果财务报表在未经必要修改的情况下仍被报出，注册会计师应当采取适当措施，以设法防止财务报表使用者信赖该审计报告

（三）第三时段期后事项

财务报表报出日后，注册会计师没有义务针对财务报表实施任何审计程序。但是，注册会计师仍然可能会通过媒体等其他途径获悉会对财务报表产生重大影响的期后事项，如果知悉了这样的事项事实，注册会计师应当与管理层和治理层进行讨论，确定财务报表是否需要修改以及管理层将如何修改。需要注意的是，注册会计师在知悉后采取行动的第三时段期后事项是有严格限制的，只有同时满足两个条件，注册会计师才需要采取行动。一是这类期后事项应当是在审计报告日已经存在的事实，二是该事实如果被注册会计师在审计报告日前获知，可能影响审计报告。

如果需要修改，注册会计师还需要根据管理层的处理情况作出进一步对策，具体如表9-3所示。

表9-3　第三时段期后事项导致财务报表需要修改时的审计对策

管理层的处理	注册会计师进一步对策
管理层修改财务报表	注册会计师应当根据具体情况对有关修改实施必要的审计程序，确定管理层对财务报表的修改是否恰当，并针对修改后的财务报表出具新的审计报告，注册会计师应当在新的审计报告中增加强调事项段或其他事项段，提醒财务报表使用者关注财务报表附注中有关修改原财务报表的详细原因和注册会计师提供的原审计报告。 同时注册会计师还需要复核管理层采取的措施能否确保所有收到原财务报表和审计报告的人士了解这一情况
管理层未采取任何行动	如果管理层没有修改财务报表，也没有采取必要措施确保所有收到原财务报表的人士了解这一情况，注册会计师应当通知管理层和治理层，注册会计师将设法防止财务报表使用者信赖该审计报告。在通知管理层或治理层之后，管理层或治理层还是没有采取必要措施，注册会计师应当采取适当措施以防止财务报表使用者信赖该审计报告

六、获取书面声明

书面声明是指管理层向注册会计师提供的书面陈述，用以确认某些事项或支持其他审计证据。根据《中国注册会计师审计准则第1341号——书面声明》的规定，书面声明是注册会计师在财务报表审计中需要获取的必要信息，也是审计证据。尽管书面声明提供必要的审计证据，但其本身并不为所涉及的任何事项提供充分、适当的审计证据。书面声明不包括财务报表及其认定，以及支持性账簿和相关记录。而且，管理层已提供可靠书面声明的事实，并不影响注册会计师就管理层责任履行情况或具体认定获取的其他审计证据的性质和范围。

（一）书面声明的类型

在审计过程中，注册会计师需要向管理层获取其认为自身已履行编制财务报表和向注册会计师提供完整信息的责任的书面声明；同时，如果注册会计师认为有必要或其他审计准则有要求,还需要通过书面声明支持与财务报表或具体认定相关的其他审计证据。因此,书面声明的类型可以概括为两大类:一是针对管理层责任的书面声明,如果未从管理层获取其确认已履行责任的书面声明,注册会计师在审计过程中获取的有关管理层已履行这些责任的其他审计证据就是不充分的;二是其他书面声明,在注册会计师认为有必要或审计准则有要求时需要管理层提供,以支持与财务报表或者一项或多项具体认定相关的其他审计证据。这两类声明的具体内容如表 9-4 所示。

表 9-4　书面声明的类型

类型	具体内容
针对管理层责任的书面声明	(1) 针对财务报表的编制,注册会计师应当要求管理层提供书面声明,确认其根据审计业务约定条款,履行了按照适用的财务报告编制基础编制财务报表并使其实现公允反映(如适用)的责任
	(2) 针对提供的信息和交易的完整性,注册会计师应当要求管理层就下列事项提供书面声明:①按照审计业务约定条款,已向注册会计师提供所有相关信息,并允许注册会计师不受限制地接触所有相关信息以及被审计单位内部人员和其他相关人员;②所有交易均已记录并反映在财务报表中
其他书面声明	(1) 关于财务报表的额外书面声明。其他书面声明可能包括针对下列事项作出的声明:①会计政策的选择和运用是否适当。②是否按照适用的财务报告编制基础对下列事项进行了确认、计量、列报或披露:可能影响资产和负债账面价值或分类的计划或意图;负债(包括实际负债或或有负债);资产的所有权或控制权,资产的留置权或其他物权,用于担保的抵押资产;可能影响财务报表的法律法规及合同(包括违反法律法规及合同的行为)
	(2) 与向注册会计师提供信息有关的额外书面声明。注册会计师可能认为有必要要求管理层提供书面声明,确认其已将注意到的所有内部控制缺陷向注册会计师通报
	(3) 关于特定认定的书面声明。当注册会计师针对管理层的判断或意图,或者完整性认定需要从其他审计证据中获取了解时,这时可能很有必要要求管理层提供有关这类与管理层判断或意图以及完整性等特定认定方面的书面声明

(二) 书面声明的日期和涵盖的期间

书面声明的日期应当尽量接近对财务报表出具审计报告的日期,但不得在审计报告日后。由于书面声明是必要的审计证据,在管理层签署书面声明前,注册会计师不能发表审计意见,也不能签署审计报告。而且,由于注册会计师关注截至审计报告日发生的、可能需要在财务报表中作出相应调整或披露的事项,书面声明的日期应当尽量接近对财务报表出具审计报告的日期,但不得在审计报告日后。

书面声明应当涵盖审计报告针对的所有财务报表和期间。

(三) 对书面声明可靠性的疑虑以及管理层不提供要求的书面声明

1. 对书面声明可靠性的疑虑

如果对管理层的胜任能力、诚信、道德价值观或勤勉尽责存在疑虑,或者对管理层在这些方面的承诺或贯彻执行存在疑虑,注册会计师应当确定这些疑虑对书面或口头声明和审计证据总体的可靠性可能产生的影响,甚至可能需要考虑解除业务约定。

如果书面声明与其他审计证据不一致,注册会计师应当实施审计程序以设法解决这些问题。如果问题仍未解决,注册会计师应当重新考虑对管理层的胜任能力、诚信、道德价值观或勤勉尽责的评估,或者重新考虑对管理层在这些方面的承诺或贯彻执行的评估,并确定书面声明与其他审计证据的不一致对书面或口头声明和审计证据总体的可靠性可能产生的影响。如果认为书面声明不可靠,注册会计师应当采取适当措施,包括确定其对审计意见可能产生的影响。

2. 管理层不提供要求的书面声明

如果管理层不提供要求的一项或多项书面声明,注册会计师应当采取下列措施:①与管理层讨论该事项;②重新评价管理层的诚信,并评价该事项对书面或口头声明和审计证据总体的可靠性可能产生的影响;③采取适当措施,包括确定该事项对审计意见可能产生的影响。

如果存在下列情形之一,注册会计师应当对财务报表发表无法表示意见:①注册会计师对管理层的诚信产生重大疑虑,以至于认为其作出的书面声明不可靠;②管理层不提供针对管理层责任的书面声明。

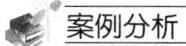 案例分析

欣泰电气欺诈发行案

2011 年 3 月 30 日,被告单位丹东欣泰电气股份有限公司(以下简称"欣泰电气")提出在创业板上市的申请,因持续盈利能力不符合条件而被证监会驳回。被告人温某、刘某为达到上市目的,合谋决定组织单位工作人员进行财务舞弊。具体手段是伪造大量销售收入及应收账款,并于期末前通过外部借款、使用自有资金或伪造银行单据等方式,虚构销售现金回笼,虚减应收账款、进而导致少计提坏账准备,最终达到虚增利润、粉饰资产质量、盈利质量及现金流等目的。在下一会计期的期初退回借款和自有资金,导致下一期期初的应收账款明细账存在大量的红字冲回,且出现了企业银行账户 2013 年 1 至 6 月累计借方发生额为 -1 444 万元的异常情况,并在创业板首次公开发行股票的申请文件的定期财务报告中载入上述重大虚假内容。2014 年 1 月 3 日,证监会核准欣泰电气公司在创业板上市。2014 年 1 月 27 日,欣泰电气公司股票在深圳证券交易所创业板挂牌上市,首次以每股发行价 16.31 元的价格向社会公开发行 1 577.8 万股,共募集资金 2.57 亿元。

2016 年 7 月 5 日,欣泰电气被证监会责令整改,给予警告,并处以人民币 832 万元罚款,2017 年 6 月 23 日,深交所决定欣泰电气股票终止上市。欣泰电气的退市曾创造 A 股市场多个"第一":创业板第一家退市公司,首例因欺诈发行而退市的公司。

中国证监会 2016 年对欣泰电气的审计师北京兴华会计师事务所(以下简称"兴华所")及签字注册会计师进行了行政处罚。行政处罚决定书指出兴华所未能勤勉尽责,出具的审计报告存在虚假记载,对应收账款明细账中存在的大量大额异常红字冲销情况未予关注,对未收到回函的应收账款函证(积极式函证)未实施替代程序,对应付账款与预付账款

存在的大量大额异常红字冲销情况未予关注,对 2013 年 1—6 月份银行存款账户借方累积负数未予关注等。

资料来源:

中国证监会行政处罚决定书[2016]92 号(北京兴华会计师事务所、王某、杨某等 4 名责任人员)。

讨论:

(1)针对欣泰电气 2012 年的年报审计,就 2013 年 1 至 6 月银行账户累积借方发生额为负数的期后事项,按照三阶段期后事项,分别指出注册会计师应承担什么审计责任?应如何处理?(上市公司年报披露的最后截止日是次年 4 月底)

(2)结合该案被审计单位系统造假的财务舞弊行为,谈谈应用现代风险导向审计模式的意义。

第二节 审计报告的发展

审计报告是审计工作的最终产品,对信息使用者投资决策具有重要作用。注册会计师审计发展的过程,也是审计报告发展的过程。追溯审计发展过程,审计经历了意大利合伙制企业、英国公司制企业、美国资本市场的高度发展等阶段,同样,审计报告也在不断地发展演变。

一、国际审计报告的发展

梳理国际审计报告发展过程,大致可以分为四个阶段:一是非标准审计报告阶段,二是标准审计报告的探索阶段,三是标准审计报告的确立阶段,四是标准审计报告的发展阶段,五是审计报告国际化阶段。在不同的发展阶段,审计报告要素有着很大的变化,审计报告内容和表述上也存在较大差异。

(一)非标准审计报告阶段

以南海公司破产事件为标志,审计报告的发展拉开序幕。1917 年以前的审计报告发展阶段属于非标准审计报告阶段。这一阶段审计报告的发展以英国为主导,一直到美国资产负债表审计阶段。

在审计报告发展的初期,由于英国经济比较发达,这一时期英国民间审计实务界采用的审计报告,成为世界各国的范例。在 19 世纪后半期,英国有关法律要求注册会计师对资产负债表的准确性作出审计报告,但没有统一规定审计报告的标准用语和内容与格式。许多审计报告没有标题,也没有标明日期,只有很少一部分审计报告写明了收件人。在审计报告中经常使用"我们证明""我们能够保证"等术语,使用"全面而公允""全面而真实""真实而公允""真实而可靠""公允而正确"等词组发表审计意见。

早期美国对资产负债表的审计,也没有统一的审计报告格式与内容,每个注册会计师或被审计单位都各自采用认为合适的审计报告格式与内容,审计报告中还经常采用诸如"表明了真实而且正确的观点""准确地记录了财务状况""真实地反映了财务状况"等用语。民间审计机构出具的审计报告没有一个统一的格式,有的审计人员在会计报表的空白处写上"这一会计报表是正确的"来发表审计意见。

（二）标准审计报告的探索阶段

1917—1939 年期间属于标准审计报告的探索阶段,这一阶段审计报告的发展以美国为主导。在审计报告标准化的探索中,美国联邦储备委员会（Federal Reserve Board,FRB）和当时的美国会计师协会（AIA）起到了很好的引导作用。1917 年,FRB 和 AIA 合作发布了名为"统一会计"的小册子,其中推荐的审计报告被称为第一份由权威性指南所推荐的审计报告。尽管它不是一份标准审计报告,但反映了标准审计报告的开端。

20 世纪 20 年代以后,随着经济危机的爆发,大批企业面临倒闭,投资者和债权人蒙受了巨大的经济损失,企业利益相关者从只关心企业财务状况转变到更加关心企业的盈利水平,产生了对企业利润表进行审计的客观要求。1933 年美国《证券法》规定,在证券交易所上市的企业财务报表必须接受注册会计师审计,向社会公众公布注册会计师出具的审计报告。因此,审计报告使用人扩大到社会公众,越来越多的人选择注册会计师的审计报告来帮助作出投资决策。美国注册会计师审计的重点已从保护债权人为目的的资产负债表审计,转向以保护投资者为目的的利润表审计。随着审计报告使用人范围的扩大,审计界进一步对审计报告标准化问题进行研究和探讨。1934 年 AIA 对"统一会计"小册子进行修订,出版了《公司报表审计》,其中推荐一份首次被称为"标准报告"的审计报告,并要求在美国证券交易所注册的公司均采用这一报告模式,并一直沿用到 1938 年。该阶段审计报告主要包括"收件人""审计范围""审计意见"三个要素。同时在语言和内容上也发生了一些变化,减少了绝对化的描述,增加了专业术语表达,例如,范围段将财务报表而不是账簿或账户作为审查对象;意见段删除"证明",表明审计提出的是意见而不是担保;引入了"公允反映"术语,将会计准则作为衡量"公允反映"的一条标准,并与"一贯性"一起使用。总体来说,标准化的报告使不同事务所出具的报告具有可比性,减少了报告因措辞多样性可能产生的误解,同时,也使得保留意见的审计报告更加容易区分和辨认,提高审计报告对信息使用者的决策有用性。

（三）标准审计报告的确立阶段

1939—1947 年属于标准审计报告的确立阶段,这一阶段标准审计报告要素并未发生变化,但审计报告的内容和措施有了进一步改进,提高了审计的权威性。

1939 年 1 月,AIA 设立了审计程序委员会（Committee on Auditing Procedure,CAP）,该委员会于 1939 年 10 月出版了《审计程序的扩展》,作为第 1 号审计程序说明,其对审计报告的内容和措辞作了以下几个方面的改进：①明确提出检查公司的内部牵制制度和会计手续；②用"公认会计原则"取代"认可的会计原则"，增加了审计的权威性；③增加了"用认为适当的方法和在认为适当的范围内"的词句，强调注册会计师的职业判断，同时也明确了注册会计师的责任；④删除了"从该公司的职员处获得资料和说明"的语句，弥补了这一表述易被误解的缺陷。

（四）标准审计报告的发展阶段

1947—2004 年属于标准审计报告的发展阶段，进一步区分了不同类型审计报告，优化了审计报告的结构和措辞。1947 年，AIA 审计程序委员会发布《审计准则试行方案》，1954 年对其进行修订并发布《公认审计准则》，包括了一般准则、外勤准则、报告准则三个方面的内容，报告准则要求：①在审计报告中必须说明财务报告是否按公认会计原则编制；②在审计报告中必须阐明本期所采用的公认会计原则是否与前期保持一致；③除非在报告中另有说明，财务报表中提供的资料一般应被认为是合理和充分的；④审计报告必须对整个财务报表提出意见，不能表示意见时，应说明理由。同时，准则还对审计意见类型进行了明确了，包括无保留意见、保留意见、相反意见和拒绝表示意见四种类型。1980 年 9 月，美国注册会计师协会（AICPA）发表了名为《审计师标准报告》的审计报告修正草案，建议对审计报告的多处用语进行修改，其目的是通过明确审计报告中的概念，进一步明确审计的性质和审计人员的责任。1988 年 4 月，AICPA 公布题为《审核财务报表的报告》的公告，对审计报告的种类作了重大修正，并提出一份标准的"独立审计人员的审计报告"，将原来的范围段分解为导言段和范围段，使审计报告由两段改为三段；要求在范围段指出财务报表审计的性质，进一步明确公司管理当局和审计人员的责任关系，在意见段表明审计人员的审计结论与审计意见；同时对于重要的未确定事项或对被审计公司持续经营能力存有重大怀疑时，应在意见段之后设立解释段，以引起财务报表使用者的注意。

总体来说，在审计报告的发展过程中，随着审计规范的不断完善，审计报告内容、格式和用语日益规范化、标准化，报告种类也逐步多样化，审计报告的规范性得到进一步增强，也进一步满足信息使用者的需求。

（五）审计报告国际化阶段

2004 年至今为审计报告的国际化阶段，具体又分为 2015 年以前和 2015 年以后。在审计报告国际化发展过程中，国际会计师联合会（IFAC）及其下属的国际审计与鉴证准则理事会（IAASB）发挥着重要作用。

2015 年以前为审计报告初步国际化阶段，在这段时期，由于美国审计行业发展较快，因此，IAASB 在制定和修改国际审计报告准则时主要是参考美国的模式。1983 年，IAASB 的前身 IAPC 公布了国际审计准则《关于会计报表的审计报告》，其中的审计报告模式参照了美国 1954 年两段式审计报告模式。1994 年，IAPC 发布《审计师关于财务报表的报告》，审计报告参照美国 1988 年三段式审计报告模式进行了修订。2004 年 12 月，IAASB 发布了新修订的《ISA700——关于整套通用目的财务报表的独立审计师报告》和《ISA701——非标准无保留意见独立审计师报告》,确立了新的审计报告的格式和内容。按照新国际审计报告准则的要求,审计报告由之前的三段式变为新的五段式。主要变化体现在:一是在审计报告中详细列了管理当局对财务报表的责任与注册会计师的责任;二是为了尊重国家或地区法律法规,在审计报告中增加了其他报告责任;三是在表述上作了相应的修订,更便于使用者阅读与理解,也更强调审计专业判断和对使用者的风险警示。

2015年以后,审计报告国际化又有了新的进展。2015年初,IAASB发布新修订的审计报告系列准则,改革现行审计报告模式。主要变化体现在四个方面:一是新增"关键审计事项"要素,增加了审计报告的信息含量和决策价值;二是增加"其他信息"部分,提高其他信息的质量;三是新增"与持续经营相关的重大不确定性"段落,提醒投资者对公司持续经营能力的关注;四是将原审计报告的"引言段"和"审计意见段"合并成新审计报告的"审计意见"部分。审计报告的格式与具体内容详见第九章第四节,这里不再赘述。

二、我国审计报告的发展

与国际上审计报告从非标准审计报告到标准审计报告以及国际化发展的历程相似,我国审计报告也经历了非标准格式到标准格式以及全面国际趋同的发展。

(一)非标准审计报告阶段

1995年之前,我国上市公司审计报告与英、美等国20世纪初期的审计报告类似,由于不存在统一的审计报告标准,事务所出具的审计报告从形式上不尽相同,各具个性。总的来看,该阶段上市公司的审计报告的特点可以归纳为以下几点:①审计报告名称不统一,当时比较常见的审计报告名称有"查账报告书""审计报告书""查账报告"等,也有相当一部分审计报告没有标题。②审计报告收件人不统一,比较常见的审计报告收件人有"××股份有限公司""××股份有限公司董事会""××股份有限公司董事会暨股东"等,也有一部分审计报告没有收件人。③审计报告内容格式不统一,有的审计报告采用了两段式,仅包括范围段和意见段;有的审计报告采用三段式,包括引言段、范围段和意见段。④审计意见的表达不统一,经常使用的术语主要有"在各主要方面允当地表达了""在所有重要方面公允地表达了""公允地反映了",等等。

(二)标准审计报告阶段

1995年12月,财政部颁布了第一批独立审计准则,其中包括《独立审计具体准则第7号——审计报告》,自此,我国上市公司的审计有了全国统一的审计报告规范。不同会计师事务所之间的审计报告也更具可比性,不同类型的审计意见也更易于区分,审计报告是否规范也有了一个可以衡量的标准。2003年4月,财政部对该准则进行了修订,对审计报告作出的统一规定主要包括:①报告名称统一为"审计报告";②审计报告的内容统一为三段式,分别是引言段、范围段和意见段;③审计意见类型统一且意见段的具体表达统一,规定了四种类型的审计意见，即无保留意见、保留意见、无法表示意见和否定意见，对财务报表的"公允性""合法性"发表意见，将"拒绝表示意见"改为"无法表示意见"。同时允许增加强调事项段对持续经营能力重大疑虑事项予以说明，不过需要注意的是，虽然带解释性说明段的无保留意见在性质上应该属于无保留意见，但在实务中，注册会计师往往会迫于被审计单位的压力，存在以带解释性说明段的无保留意见取代保留意见的趋向。

（三）审计报告国际趋同化阶段

2006 年 2 月，财政部引入风险导向理念，借鉴国际经验，制定并发布一套完整的中国注册会计师执业准则，其中包括审计报告系列准则，具体为：《中国注册会计师审计准则第 1501 号——审计报告》《中国注册会计师审计准则第 1502 号——非标准审计报告》，根据国际化趋同的要求，我国的审计报告准则与国际审计报告准则在格式和内容上几乎一致。2010 年再一次对审计报告系列准则进行了修订，将 1501 号准则进行改写为《中国注册会计师审计准则第 1501 号——对财务报表形成审计意见和出具审计报告》，并将 1502 号准则分拆为《中国注册会计师审计准则第 1502 号——在审计报告中发表非无保留意见》和《中国注册会计师审计准则第 1503 号——在审计报告中增加强调事项段和其他事项段》。2016 年12 月，财政部印发新审计报告准则，对原审计报告准则进行了重大修订，重大变化具体体现在审计报告的要素、内容、表述等方面，其中一项重要修订是增加关键审计事项段，并在原来的审计报告准则体系基础上增加了《中国注册会计师审计准则第 1504 号——在审计报告中沟通关键审计事项》，对关键审计事项的沟通与披露进行规范。同时审计报告类型中取消了"标准审计报告"和"非标审计报告"的说法，而是分为"无保留意见"和"非无保留意见"两大类。总体来说，我国审计报告国际化阶段的这些变化与国际审计报告准则的变化保持趋同。

 延伸阅读与讨论

审计报告内容的历史回顾

1995 年 12 月，我国发布第一批审计准则，通过《独立审计具体准则第 7 号——审计报告》准则，对审计报告进行了规范；2003 年 4 月，我国发布了修订的《独立审计具体准则 7 号——审计报告（修订）》；2006 年，根据国际化趋同的要求，我国再次对审计报告准则进行修订，审计报告的格式与内容与国际审计报告准则几乎一致；2016 年，我国再次对审计报告准则进行了重大修订，实现审计报告准则与国际审计准则保持持续趋同。以下是 2016 年新审计准则实施以前三个阶段标准审计报告模式的主要内容（其他要素，如报告名称、收件人、注册会计师签字、会计师事务所地址、盖章及日期等略去），2016 年修订的审计报告模式见本章第三节。

1. 1995 年审计报告准则中标准审计报告模式的主要内容（两段）：

我们接受委托，审计了贵公司××年 12 月 31 日的资产负债表以及该年度的损益表、财务状况表。这些会计报表是贵公司责任，我们的责任是对这些会计报表发表审计意见。我们的审计是依据中国注册会计师独立审计准则进行的。在审计过程中,我们结合贵公司的实际情况,实施了包括抽查会计记录等我们认为必要的审计程序。

我们认为,上述会计报表符合国家颁布的企业会计准则和《××会计制度》的规定,所有重大方面公允反映了贵公司××年12月31日的财务状况和该年度的经营成果以及资金变动情况,会计处理方法的选用符合一贯性原则。

2. 2003年修订的审计报告准则中标准审计报告模式的主要内容如下(三段):

我们审计了后附的ABC股份有限公司(以下简称ABC公司)20××年12月31日的资产负债表以及20××年度的利润表和现金流量表。这些会计报表的编制是ABC公司管理当局的责任、我们的责任是在实施审计程序的基础上对这些会计报表发表意见。

我们按照中国注册会计师独立审计准则计划和实施审计工作、以合理确信会计报表是否不存在重大错报。审计工作包括在抽查的基础上检查支持会计报表金额和披露的证据,评价管理当局在编制会计报表时采用的会计政策和作出的重大会计估计,以及评价会计报表的整体反映。我们相信,我们的审计工作为发表意见提供了合理的基础。

我们认为,上述会计报表符合国家颁布的企业会计准则和《××会计制度》的规定,在所有重大方面公允反映了ABC公司20××年12月31日的财务状况以及20××年度的经营成果和现金流量。

3. 2006年审计报告准则中标准审计报告模式的主要内容如下(审计范围、管理层责任、注册会计师责任和审计意见四个方面):

我们审计了后附的ABC股份有限公司(以下简称ABC公司)财务报表,包括20×1年12月31日的资产负债表,20×1年度的利润表、股东权益变动表和现金流量表以及财务报表附注。

一、管理层对财务报表的责任

按照企业会计准则和《××会计制度》的规定编制财务报表是ABC公司管理层的责任。这种责任包括:①设计、实施和维护与财务报表编制相关的内部控制,以使财务报表不存在由于舞弊或错误而导致的重大错报;②选择和运用恰当的会计政策;③作出合理的会计估计。

二、注册会计师的责任

我们的责任是在实施审计工作的基础上对财务报表发表审计意见。我们按照中国注册会计师审计准则的规定执行了审计工作。中国注册会计师审计准则要求我们遵守职业道德规范,计划和实施审计工作以对财务报表是否不存在重大错报获取合理保证。

审计工作涉及实施审计程序,以获取有关财务报表金额和披露的审计证据。选择的审计程序取决于注册会计师的判断,包括对由于舞弊或错误导致的财务报表重大错报风险的评估。在进行风险评估时,我们考虑与财务报表编制相关的内部控制,以设计恰当的审计程序,但目的并非对内部控制的有效性发表意见。审计工作还包括评价管理层选用会计政策的恰当性和作出会计估计的合理性,以及评价财务报表的总体列报。

我们相信,我们获取的审计证据是充分、适当的,为发表审计意见提供了基础。

三、审计意见

我们认为,ABC 公司财务报表已经按照企业会计准则和《××会计制度》的规定编制,在所有重大方面公允反映了 ABC 公司 20×1 年 12 月 31 日的财务状况以及 20×1 年度的经营成果和现金流量。

讨论：

(1) 根据以上三个标准审计报告的主要内容以及现行无保留意见审计报告的内容,说明标准审计报告(或无保留意见审计报告)主要内容的变化脉络,讨论这种变化的意义有哪些。

(2) 2003 年在修订审计报告准则时,标准审计报告的意见段取消了"会计处理方法的选用符合一贯性原则"的表述,而只是要求注册会计师对编制的"合法性"和"公允性"发表意见,并延续至今。讨论取消"一贯性"表述的合理性是什么。

(3) 讨论 2003 年准则将"拒绝表示意见"改为"无法表示意见的"的合理性。

第三节　审计报告的类型

审计报告包括四种基本类型,即无保留意见、保留意见、无法表示意见和否定意见的审计报告。此外,审计师可以根据具体情况在上述审计报告中增加强调事项段、其他事项段以及与持续经营相关的重大不确定性段,这些段落不影响注册会计师出具的审计意见。

一、无保留意见审计报告

无保留意见是指当注册会计师认为财务报表在所有重大方面按照适用的财务报告编制基础编制并实现公允反映时发表的审计意见。如果认为财务报表在所有重大方面按照适用的财务报告编制基础编制并实现公允反映,注册会计师应当发表无保留意见。无保留意见审计报告应当包括下列要素：①标题;②收件人;③审计意见;④形成审计意见的基础;⑤管理层对财务报表的责任;⑥注册会计师对财务报表审计的责任;⑦按照相关法律法规的要求报告的事项;⑧注册会计师的签名和盖章;⑨会计师事务所的名称、地址和盖章;⑩报告日期。审计报告各要素具体内容可以概括如表 9-5 所示。

表 9-5　无保留意见审计报告要素及其具体内容

要素	具体内容
(1) 标题	标题统一规范为"审计报告"
(2) 收件人	审计报告应当按照审计业务约定的要求载明收件人。针对整套通用目的财务报表出具的审计报告,审计报告的致送对象通常为被审计单位的股东或治理层

（续表）

要素	具体内容
（3）审计意见	以"审计意见"作为标题,审计意见段包括两个部分,第一部分指出已审计财务报表,第二部分说明注册会计师发表的审计意见
（4）形成审计意见的基础	该部分紧接在审计意见段之后,用来提供关于审计意见的重要背景
（5）管理层对财务报表的责任	管理层对财务报表的责任部分应当说明管理层负责下列方面:①按照适用的财务报告编制基础编制财务报表,使其实现公允反映,并设计、执行和维护必要的内部控制,以使财务报表不存在由于舞弊或错误导致的重大错报。②评估被审计单位的持续经营能力和使用持续经营假设是否适当,并披露与持续经营相关的事项。对管理层评估责任的说明应当包括描述在何种情况下使用持续经营假设是适当的。③当对财务报告过程负有监督责任的人员与履行上述责任的人员不同时,管理层对财务报表的责任部分还应当提及对财务报告过程负有监督责任的人员。在这种情况下,该部分的标题还应当提及"治理层"或者特定国家或地区法律框架中的恰当术语
（6）注册会计师对财务报表审计的责任	注册会计师对财务报表审计的责任部分应当包括下列内容:①说明注册会计师的目标是对财务报表整体是否不存在由于舞弊或错误导致的重大错报获取合理保证,并出具包含审计意见的审计报告;②说明合理保证是高水平的保证,但并不能保证按照审计准则执行的审计在某一重大错报存在时总能发现;③说明错报可能由于舞弊或错误导致。同时,还应当在该部分说明注册会计师运用职业判断保持职业怀疑的工作态度、描述审计计划和审计工作的内容、说明职业道德规范的遵循情况,等等
（7）按照相关法律法规的要求报告的事项(如适用)	如果注册会计师在对财务报表出具的审计报告中履行其他报告责任,应当在审计报告中将其单独作为一部分,并以"按照相关法律法规的要求报告的事项"或其他适合于该部分内容的其他标题
（8）注册会计师的签名和盖章	审计报告应当由项目合伙人和另一名负责该项目的注册会计师签名和盖章。对上市实体整套通用目的财务报表出具的审计报告应当注明项目合伙人
（9）会计师事务所的名称、地址和盖章	审计报告应当载明会计师事务所的名称和地址,并加盖会计师事务所公章
（10）报告日期	审计报告日不应早于注册会计师获取充分、适当的审计证据,并在此基础上对财务报表形成审计意见的日期

二、非无保留意见审计报告

当存在下列情形之一时,注册会计师应当按照《中国注册会计师审计准则第1502号——在审计报告中发表非无保留意见》的规定,在审计报告中发表非无保留意见:①根据获取的审计证据,得出财务报表整体存在重大错报的结论;②无法获取充分、适当的审计证据,不能得出财务报表整体不存在重大错报的结论。非无保留意见具体包括保留意见、否定意见或无法表示意见。

注册会计师确定恰当的非无保留意见类型,取决于下列事项:①导致非无保留意见的事项的性质,是财务报表存在重大错报,还是在无法获取充分、适当的审计证据的情况下,财务报表可能存在重大错报;②注册会计师就导致非无保留意见的事项对财务报表产生或可能产生影响的广泛性作出的判断。广泛性是描述错报影响的术语,用以说明错报对财务报表的影响,或者由于无法获取充分、适当的审计证据而未发现的错报(如存在)对财务报表可能产生的影响。根据注册会计师的判断,对财务报表的影响具有广泛性的情形包括:①不限于对财务报表的特定要素、账户或项目产生影响;②虽然仅对财务报表的特定要素、账户或项目产生影响,但这些要素、账户或项目是或可能是财务报表的主要组成部分,这些项目的错报对财务报表的直接与间接影响通常是广泛的,如营业收入的错报通常影响利润总额、所得税、净利润、利润分配以及资产负债表相关项目;③当与披露相关时,产生的影响对财务报表使用者理解财务报表至关重要。

表 9-6 列示了注册会计师对导致非无保留意见的事项的性质和这些事项对财务报表产生或可能产生影响的广泛性作出的判断,以及注册会计师的判断对审计意见类型的影响。

表 9-6　非无保留意见的确定

导致发表非无保留意见的事项的性质	对财务报表产生或可能产生影响的广泛性	
	重大但不具有广泛性	重大且具有广泛性
财务报表存在重大错报	保留意见	否定意见
无法获取充分、适当的审计证据	保留意见	无法表示意见

(1) 发表保留意见。当存在下列情形之一时,注册会计师应当发表保留意见:①在获取充分、适当的审计证据后,注册会计师认为错报单独或汇总起来对财务报表影响重大,但不具有广泛性。②注册会计师无法获取充分、适当的审计证据以作为形成审计意见的基础,但认为未发现的错报(如存在)对财务报表可能产生的影响重大,但不具有广泛性。

(2) 发表否定意见。在获取充分、适当的审计证据后,如果认为错报单独或汇总起来对财务报表的影响重大且具有广泛性,注册会计师应当发表否定意见。

(3) 发表无法表示意见。如果无法获取充分、适当的审计证据以作为形成审计意见的基础,但认为未发现的错报(如存在)对财务报表可能产生的影响重大且具有广泛性,注册会计师应当发表无法表示意见。在极其特殊的情况下,可能存在多个不确定事项。即使注册会计师对每个单独的不确定事项获取了充分、适当的审计证据,但由于不确定事项之间可能存在相互影响,以及可能对财务报表产生累积影响,注册会计师不可能对财务报表形成审计意见。在这种情况下,注册会计师应当发表无法表示意见。

另外,如果注册会计师能够通过实施替代程序获取充分、适当的审计证据,则无法实施特定的程序并不构成对审计范围的限制。

此外,要特别注意在导致非无保留意见的事项中,财务报表存在重大错报和注册会计师无法获取充分、适当的审计证据两种情形的性质明显不同,对财务报表使用者经济决策的影响也可能不同。注册会计师需要恰当区分这两种情形,以发表恰当的非无保留意见。

如果注册会计师就被审计单位管理层对存在不确定性的事项的会计处理或披露(如应收款项的坏账准备、存货的跌价准备、尚未判决生效的诉讼或仲裁等)发表非无保留意见,区分导致非无保留意见的事项的性质究竟是属于"财务报表存在重大错报"还是"无法获取充分、适当的审计证据"所涉及的判断有时可能较为复杂。对于这些未来结果可能存在不确定性的项目,如注册会计师在执行审计时可能还不能获得有关这些事项未来最终结果的结论性证据,注册会计师在审计中需要评估所获取的审计证据是否足以支持管理层对相关事项的判断及其处理。这里要强调的是缺乏与这些事项的最终结果相关的信息并不必然导致注册会计师无法获取与管理层判断相关的审计证据。换言之,存在不确定性并不必然导致审计范围受到限制。某些情况下,如果注册会计师根据所获得的信息和基于这些信息所作的合理判断已经足以认定财务报表存在重大错报,这种情况即属于"财务报表存在重大错报"。

三、增加强调事项段和其他事项段的审计报告

(一) 增加强调事项段的审计报告

审计报告的强调事项段是指审计报告中含有的一个段落,该段落提及已在财务报表中恰当列报或披露的事项,根据注册会计师的职业判断,该事项对财务报表使用者理解财务报表至关重要。某些审计准则对特定情况下在审计报告中增加强调事项段提出具体要求,同时,除了审计准则提出的要求,注册会计师根据职业判断也可能会要求增加强调事项段,具体如表 9-7 所示。

表 9-7 需要增加强调事项段的情形

依据	具体情形
审计准则对特定情况下要求在审计报告中增加强调事项段的情形	(1) 法律法规规定的财务报告编制基础不可接受,但其是由法律或法规作出的规定
	(2) 提醒财务报表使用者注意财务报表按照特殊目的编制基础编制
	(3) 注册会计师在审计报告日后知悉了某些事实(即期后事项),并且出具了新的或经修改的审计报告
注册会计师可能认为需要增加强调事项段的情形	(1) 异常诉讼或监管行动的未来结果存在不确定性
	(2) 提前应用对财务报表有广泛影响的新会计准则
	(3) 存在已经或持续对被审计单位财务状况产生重大影响的特大灾难

(二) 增加其他事项段的审计报告

其他事项段是指审计报告中含有的一个段落,该段落提及未在财务报表中列报或披露的事项,根据注册会计师的职业判断,该事项与财务报表使用者理解审计工作、注册会计师的责任或审计报告相关。需要在审计报告中增加其他事项段的情形包括:与使用者理解审计工作相关的情形;与使用者理解注册会计师的责任或审计报告相关的情形;对两套以上

财务报表出具审计报告的情形;限制审计报告分发和使用的情形,具体如表 9-8 所示。

表 9-8　需要增加其他事项段的情形

具体情形	应用说明
与使用者理解审计工作相关的情形	例如,在极少数情况下,即使由于管理层对审计范围施加的限制导致无法获取充分、适当的审计证据可能产生的影响具有广泛性,注册会计师也不能解除业务约定。在这种情况下,注册会计师可能认为有必要在审计报告中增加其他事项段,解释为何不能解除业务约定
与使用者理解注册会计师的责任或审计报告相关的情形	法律法规或得到广泛认可的惯例可能要求或允许注册会计师详细说明某些事项,以进一步解释注册会计师在财务报表审计中的责任或审计报告。在这种情况下,注册会计师可以使用一个或多个子标题来描述其他事项段的内容。但增加其他事项段不涉及以下两种情形:①除根据审计准则的规定有责任对财务报表出具审计报告,注册会计师还有其他报告责任;②注册会计师可能被要求实施额外的规定的程序并予以报告,或对特定事项发表意见
对两套以上财务报表出具审计报告的情形	被审计单位委托注册会计师同时对两套通用目的编制基础编制的两套财务报表出具审计报告,如果注册会计师已确定两个财务报告编制基础在各自情形下是可接受的,可以在审计报告中增加其他事项段,说明该被审计单位根据两套通用目的编制基础编制财务报表以及注册会计师对这些财务报表出具了审计报告
限制审计报告分发和使用的情形	为特定目的编制的财务报表可能按照通用目的编制基础编制,因为财务报表预期使用者已确定这种通用目的财务报表能够满足他们对财务信息的需求。由于审计报告旨在提供给特定使用者,注册会计师可能认为在这种情况下需要增加其他事项段,说明审计报告只是提供给财务报表预期使用者,不应被分发给其他机构或人员或者被其他机构或人员使用

四、审计报告中其他需要单独设置的段落

在适用的情况下,注册会计师还应当按照《中国注册会计师审计准则第 1324 号——持续经营》《中国注册会计师审计准则 1504 号——在审计报告中沟通关键审计事项》《中国注册会计师审计准则第 1521 号——注册会计师对其他信息的责任》的相关规定,在审计报告中对与持续经营相关的重大不确定性、关键审计事项、被审计单位年度报告中包含的财务报表和审计报告之外的其他信息进行报告。因此,审计报告中其他需要单独设置的段落包括"与持续经营相关的重大不确定性""其他信息""关键审计事项"。

如果运用持续经营假设是恰当的,但存在重大不确定性,并且财务报表对重大不确定性已作出充分披露,注册会计师应在审计报告中单独设置"与持续经营相关的重大不确定性"段落。该段落一般置于"形成审计意见的基础"段落之后。

在被审计单位年度报告中,除了包含财务报表和审计报告,还通常包括实体的发展、未来前景、风险和不确定事项及治理层声明等信息,这些财务信息和非财务信息称为其他信息,但财务信息初步公告与证券发行文件(包括招股说明书)不属于其它信息。注册会计师应当阅读和考虑其他信息,确定其他信息与财务报表或者与注册会计师在审计中了解到的情况是否存在重大不一致,当似乎存在重大不一致时,注册会计师应予以应对,以确定:①财务报表是否存在重大错报;②其他信息是否存在重大错报;③注册会计师对被审计单

位及其环境的了解是否需要更新。如果在审计报告日存在下列两种情况之一,审计报告应当包括一个单独部分,以"其他信息"为标题,说明管理层对其他信息的责任,注册会计师针对其他信息执行的工作以及得出的结论:①对于上市实体财务报表审计,注册会计师已获取或预期将获取其他信息。上市实体是指其股权、股票、债券在认可的股票交易所挂牌交易或按照认可的股票交易所或其他类似机构的规则流通的实体;②对于上市实体以外其他被审计单位的财务报表审计,注册会计师已获取部分或全部其他信息。"其他信息"段一般置于"关键审计事项"段之后。除非法律法规另有规定,注册会计师在发表无法表示意见审计报告时,不得在审计报告中包括其他信息部分。

关键审计事项是指注册会计师根据职业判断认为对当期财务报表审计最为重要的事项。对于上市实体整套通用目的财务报表审计,以及注册会计师决定或委托方要求或法律法规要求在审计报告中沟通关键审计事项的情形,审计报告中应当增加关键审计事项段,"关键审计事项"部分一般置于"审计意见"之后的位置(如果存在"与持续经营重大不确定性"的段落,则置于该段落之后)。关键审计事项的确定与披露将在本章第四节中详细阐述,这里不再赘述。

五、比较信息对审计意见的影响

(一)比较信息的概念

财务报表使用者为了确定在一段时期内被审计单位财务状况和经营成果的变化趋势,需要了解涉及一个或多个以前会计期间的比较信息。比较信息,是指包含于财务报表中的、符合适用的财务报告编制基础的、与一个或多个以前期间相关的金额和披露。比较信息包括对应数据与比较财务报表。

对应数据,是指作为本期财务报表组成部分的上期金额和相关披露,这些金额和披露只能与本期相关的金额和披露(称为"本期数据")联系起来阅读。对应数据列报的详细程度主要取决于其与本期数据的相关程度。

比较财务报表,是指为了与本期财务报表相比较而包含的上期金额和相关披露。比较财务报表包含信息的详细程度与本期财务报表包含信息的详细程度相似。如果上期金额和相关披露已经审计,则将在审计意见中提及。

(二)比较信息对审计意见的影响

1. 对应数据对审计意见的影响

(1)总体要求。注册会计师发表的审计意见是针对包括对应数据的本期财务报表整体。当财务报表中列报对应数据时,如果以前针对上期财务报表发表了非无保留意见,导致上期财务报表发表非无保留意见的事项已经解决,并且被审计单位已经按照适用的财务报告编制基础进行恰当的会计处理,或在财务报表中作出适当的披露,注册会计师可以针对本期财务报表发表无保留意见,且无须提及之前发表的非无保留意见。

（2）导致对上期财务报表发表非无保留意见的事项在本期仍未解决。如果事项仍未解决，在就未解决事项对本期财务报表的影响或可能产生的影响进行评价后，注册会计师应当对本期财务报表发表恰当的非无保留意见，审计意见可提及对应数据。①对上期财务报表发表了否定意见或无法表示意见，且仍未解决事项对本期财务报表的影响或可能产生的影响仍然重大且具有广泛性，注册会计师应当对本期财务报表发表否定意见或无法表示意见；如果这些未解决事项对本期财务报表的影响或可能产生的影响仍然重大，但影响不再具有广泛性，则注册会计师应当对本期财务报表发表保留意见。②对上期财务报表发表了保留意见，且事项仍未解决，注册会计师应当对本期财务报表发表非无保留意见。③对上期财务报表发表了非无保留意见，且仍未解决事项可能与本期数据无关。但是，由于未解决事项对本期数据和对应数据的可比性存在影响或可能存在影响，仍需要对本期财务报表发表非无保留意见。

（3）上期财务报表存在重大错报，而以前对该财务报表发表了无保留意见，且对应数据未经适当重述或恰当披露。在这种情况下，注册会计师应当就包括在财务报表中的对应数据，在审计报告中对本期财务报表发表保留意见或否定意见，并可提及对应数据。

如果存在错报的上期财务报表尚未更正，并且没有重新出具审计报告，但对应数据已在本期财务报表中得到适当重述或恰当披露。此时，注册会计师可以在审计报告中增加强调事项段，以描述这一情况，并提及详细描述该事项的相关披露在财务报表中位置。

（4）上期财务报表未经审计。如果上期财务报表未经审计，注册会计师应当在审计报告的其他事项段中说明对应数据未经审计。但这种说明并不减轻注册会计师获取充分、适当的审计证据，以确定初余额不含有对本期财务报表产生重大影响的错报的责任。

（5）上期财务报表已由前任注册会计师审计。如果上期财务报表已由前任注册会计师审计，注册会计师可以在审计报告的其他事项段中说明：①上期财务报表已由前任注册会计师审计；②前任注册会计师发表的意见的类型（如果是非无保留意见，还应当说明发表非无保留意见的理由）；③前任注册会计师出具的审计报告的日期。

2. 比较财务报表对审计意见的影响

（1）总体要求。当列报比较财务报表时，审计意见应当提及列报财务报表所属的各期，以及发表的审计意见涵盖的各期。

由于对比较财务报表出具的审计报告涵盖所列报的每期财务报表，注册会计师可以对一期或多期财务报表发表非无保留意见，或者在审计报告中增加强调事项段，而对其他期间的财务报表发表不同的审计意见。

（2）对上期财务报表发表的意见与以前发表的意见不同。当因本期审计而对上期财务报表发表审计意见时，如果对上期财务报表发表的意见与以前发表的意见不同，注册会计师应当在其他事项段中披露导致不同意见的实质性原因。

（3）上期财务报表已由前任注册会计师审计。如果上期财务报表已由前任注册会计师审计,除非前任注册会计师对上期财务报表出具的审计报告与财务报表一同对外提供,注册会计师除对本期财务报表发表意见外,还应当在其他事项段中说明,说明的内容同上文关于对应数据的上期财务报表已由前任审计的情形一致。

(4)存在影响上期财务报表的重大错报。如果认为存在影响上期财务报表的重大错报,而前任注册会计师以前出具了无保留意见的审计报告,注册会计师应当就此与适当层级的管理层沟通,并要求其告知前任注册会计师。注册会计师还应当与治理层进行沟通,除非治理层全部成员参与管理被审计单位。如果上期财务报表已经更正,且前任注册会计师同意对更正后的上期财务报表出具新的审计报告,注册会计师应当仅对本期财务报表出具审计报告。

前任注册会计师可能无法或不愿对上期财务报表重新出具审计报告。注册会计师可以在审计报告中增加其他事项段,指出前任注册会计师对更正前的上期财务报表出具了报告。

(5)上期财务报表未经审计。如果上期财务报表未经审计,注册会计师应当在其他事项段中说明比较财务报表未经审计。但这种说明并不减轻注册会计师获取充分、适当的审计证据,以确定期初余额不含有对本期财务报表产生重大影响的错报的责任。

 **案例分析**

保千里无法表示意见审计报告

江苏保千里视像科技集团股份有限公司(以下简称保千里)是一家以图像开发产品起家的公司。2015年2月,保千里通过借壳中达股份登录A股。2016年,保千里因债权违约和利息拖欠事件被证监会立案调查,证监会调查后认定保千里涉嫌通过虚假估值进行上市,并对保千里及其董事长庄某等人进行了行政处罚。保千里2017年、2018年、2019年连续3年期末净资产为负值,3年年报均被出具无法表示意见(2017年年报审计会计师事务所为立信,2018年和2019年年报审计会计师事务所均为中审华会计师事务所),最终触及财务类强制退市标准,于2020年5月被证监会勒令强制退市。2017—2019年保千里被出具无法表示意见的原因主要有三个方面:①持续经营存在重大不确定性,无法判断保千里基于持续经营基本假设编制的年度财务报表是否适当;②内控失效,无法实施有效的审计程序获取充分适当的审计证据;③无法判断重大或有负债或或有对价的影响。

2019年保千里审计报告中"二、形成无法表示意见的基础"具体内容如下:

(1)持续经营能力存在重大不确定性。保千里公司目前大部分银行账户、重要固定资产、对外投资股权等已被冻结,银行借款、公司债券、供应商货款均已逾期未付,近三年连续发生巨额亏损,归属于母公司股东的净资产连续为负数,财务状况已严重恶化,重整程序未能进入,终止上市很可能发生。以上情况表明,保千里公司持续经营能力存在重大不确定性。截至审计报告日,如财务报表附注二(二)所述,保千里公司就资产负债表日后12个月改善持续经营能力拟定了相关措施,但我们未能取得与评估持续经营能力相关的充分、适当的审计证据,因此我们无法确定保千里公司基于持续经营假设编制的财务报表是否恰当。

（2）无法确定前期问题对财务报表的影响。保千里公司前实际控制人、前董事长庄某前期主导的对外投资、付款、关联交易等问题,涉嫌舞弊,庄某失联至今,证监会于2017年12月因庄某涉嫌信息披露违规违法对其进行立案调查,截至审计报告日,尚无最终结果。由于前期问题对财务报表的影响延续至本期,我们无法实施全面有效的审计程序,以获取充分、适当的审计证据确定其对财务报表的影响。①如财务报表附注五（二）所述,应收账款期末余额原值26.20亿元,累计计提坏账准备25.91亿元,净额0.29亿元,应收账款坏账准备累计计提率98.89%;附注五（四）所述,其他应收款期末余额原值18.50亿元,累计计提坏账准备17.63亿元,净额0.87亿元,其他应收款累计坏账准备计提率95.35%;附注五（八）所述,长期股权投资期末余额原值30.36亿元,累计计提长期股权投资减值准备30.30亿元,净额0.06亿元,长期股权投资减值准备累计计提率99.80%;附注五（十三）所述,商誉期末余额原值6.92亿元,累计计提商誉减值准备6.92亿元,净额0.00亿元,商誉减值准备累计计提率100.00%。由于上述交易和事项与前期问题相关,我们无法确认相关报表项目的真实性以及减值准备计提的准确性。②2019年4月证监会《行政处罚及市场禁入事先告知书》指出,保千里公司于2015年至2017年9月期间未披露有关关联方及关联交易,未披露的关联方20家,未披露的关联交易销售收入共34.09亿元,相应利润共14.74亿元。由于有关关联主体失联,保千里公司未能提供充分、必要的资料证实上述关联关系的存在和关联交易的真实性、公允性,我们无法确认关联方和关联交易列报的恰当性。③由于前期问题的影响重大、广泛和持续,导致保千里公司保持财务报表可靠性的内部控制已经失效,我们认为除了上述事项,保千里公司财务报表可能还存在其他未被发现的错报。

讨论:
（1）分析注册会计师对保千里出具无法表示意见是否合理。
（2）分析保千里形成无法表示意见基础的各事项可能存在的商业实质。
（3）分析持续经营不确定性可能对审计意见产生的影响。

第四节　关键审计事项

一、关键审计事项的意义

关键审计事项是指注册会计师根据职业判断认为对本期财务报表审计最为重要的事项。根据《中国注册会计师审计准则第1504号——在审计报告中沟通关键审计事项》的规定,注册会计师应在上市实体整套通用目的财务报表审计报告中增加关键审计事项部分,用于沟通关键审计事项。除非法律法规另有规定,当对财务报表发表无法表示意见时,注册会计师不得在审计报告中包含关键审计事项部分。关键审计事项从注册会计师与治理层沟通过的事项中选取。

关键审计事项的意义可以概括为以下两个方面:①提高双向沟通的效率和透明度。按照《中国注册会计师审计准则第1151号——与治理层的沟通》的规定,注册会计师应当与治理层进行双向沟通。审计报告中沟通关键审计事项,可能有助于加强注册会计师与治理层就这些事项进行的沟通,同时还可能提高管理层和治理层对审计报告中提及的财务报表披露的关注程度。在注册会计师与治理层沟通的过程中,可能就某些事项进行的沟通最为充分,财务报表使用者对这些事项感兴趣,并且呼吁增加这些沟通的透明度。例如,使用者对了解注册会计师在对财务报表整体形成审计意见时作出的重大判断尤其感兴趣,因为这些判断通常与管理层在编制财务报表时作出的重大判断领域相关,关键审计事项是提高双向沟通过程透明度的重要措施。②提高审计报告的决策相关性和有用性。在审计报告中沟通关键审计事项,能够为财务报表使用者提供额外的信息,以帮助其了解被审计单位、已审计财务报表中涉及重大管理层判断的领域,以及注册会计师根据职业判断认为对当期财务报表审计最为重要的事项。关键审计事项的沟通能够为财务报表预期使用者就与被审计单位、已审计财务报表或已执行审计工作相关的事项进一步与管理层和治理层沟通提供基础,从而提高审计报告的决策相关性和有用性。

二、关键审计事项的确定

根据关键审计事项的定义,注册会计师在确定关键审计事项时,需要遵循以下决策框架。

(一) 以“与治理层沟通过的事项”为起点选择关键审计事项

《中国注册会计师审计准则第1151号——与治理层的沟通》要求注册会计师与被审计单位治理层沟通审计过程中的重大发现,包括注册会计师对被审计单位的重要会计政策、会计估计、财务报表披露等会计实务的看法,审计过程中遇到的重大困难,已与治理层讨论或需要书面沟通的重大事项等,以便治理层履行其监督财务报告过程的职责。对财务报表和审计报告使用者信息需求的调查结果表明,他们对这些事项感兴趣,并且呼吁增加这些沟通的透明度。因此,注册会计师应从与治理层沟通事项中选取关键审计事项。

根据审计准则的规定,注册会计师确定关键审计事项的决策过程,旨在从与治理层沟通过的事项中筛选出较少数量的事项,这基于注册会计师认为哪些事项对本期财务报表审计最为重要作出的判断。即使已审计财务报表包含比较财务报表(即审计意见涉及财务报表列报的每个期间),注册会计师确定的关键审计事项仅限于对本期财务报表审计最为重

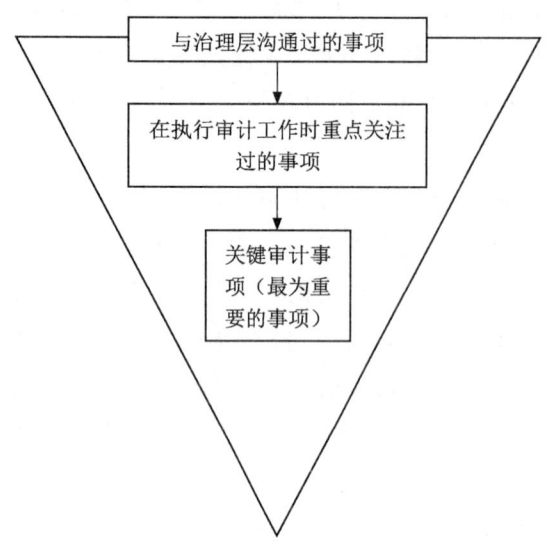

图 9-2　关键审计事项的决策框架

要的事项。关键审计事项的决策框架如图 9-2 所示。尽管注册会计师确定关键审计事项是为了本期财务报表审计,并且审计准则并不要求注册会计师更新上期审计报告中的关键审计事项,注册会计师考虑上期财务报表审计的关键审计事项对本期财务报表审计而言是否仍为关键审计事项可能是有用的。

(二)从"与治理层沟通过的事项"中选出"在执行审计工作时重点关注过的事项"

审计是风险导向的,注册会计师应当注重识别和评估财务报表重大错报风险,设计和实施应对这些风险的审计程序,获取充分、适当的审计证据,以作为形成审计意见的基础。对于特定账户余额、交易类别或披露,评估的认定层次重大错报风险越高,在计划和实施审计程序并评价审计程序的结果时通常涉及的判断就越多。在设计进一步审计程序时,注册会计师评估的风险越高,就需要获取越有说服力的审计证据。当由于评估的风险较高而需要获取更具说服力的审计证据时,注册会计师可能需要增加所需审计证据的数量,或者获取更具相关性或可靠性的证据,如更多地从第三方获取证据或从多个独立渠道获取互相印证的证据。因此,对注册会计师获取充分、适当的审计证据或对财务报表形成审计意见构成挑战的事项可能与注册会计师确定关键审计事项尤其相关。在审计实务中,注册会计师在确定哪些事项属于重点关注过的事项时,应当特别考虑下列方面:

(1)评估的重大错报风险较高的领域或识别出的特别风险。特别风险是指注册会计师识别和评估的、根据判断认为需要特别考虑的重大错报风险,通常与重大的非常规交易和判断事项有关,需要注册会计师在审计中投入更多的审计资源予以应对,通常是注册会计师重点关注过的事项。但需要注意的是,并非所有特别风险都属于需要注册会计师重点关注的领域。

(2)与财务报表中涉及重大管理层判断的领域相关的重大审计判断。财务报表中复杂、重大的管理层判断领域,通常涉及困难、复杂的审计判断,并且可能同时需要管理层的专家和注册会计师的专家的参与。因此,注册会计师在确定的重点关注过的事项时需要特别考虑该方面。

(3)本期重大交易或事项对审计的影响。这些重大交易或事项往往是管理层作出复杂判断的领域。例如,重大关联方交易或超出被审计单位正常经营过程之外的重大交易,经济、会计、法规、行业或其他方面的重大变化,通常对注册会计师的总体审计策略产生重大影响,影响注册会计师的总体审计方法,也可能被识别为特别风险。因此当期重大交易或事项也需要注册会计师重点关注。

（三）从"在执行审计工作时重点关注过的事项"中选出"最为重要的事项"构成关键审计事项

注册会计师可能已就需要重点关注的事项与治理层进行了较多的沟通。就这些事项与治理层进行沟通的性质和范围，通常能够表明哪些事项对审计而言最为重要。例如，对于较为困难和复杂的事项，注册会计师与治理层的互动可能更加深入、频繁或充分，这些事项（如重大会计政策的运用）构成重大的注册会计师判断或管理层判断的对象。

在确定某一与治理层沟通过的事项的相对重要程度以及该事项是否构成关键审计事项时，可能需要考虑下列方面的因素：

（1）该事项对预期使用者理解财务报表整体的重要程度，尤其是对财务报表的重要性。

（2）与该事项相关的会计政策的性质或者与同行业其他实体相比，管理层在选择适当的会计政策时涉及的复杂程度或主观程度。

（3）从定性和定量方面考虑，与该事项相关的由于舞弊或错误导致的已更正错报和累积未更正错报（如有）的性质和重要程度。

（4）为应对该事项所需要付出的审计努力的性质和程度，包括：①为应对该事项而实施审计程序或评价这些审计程序的结果（如有）在多大程度上需要特殊的知识或技能；②就该事项在项目组之外进行咨询的性质。

（5）在实施审计程序、评价实施审计程序的结果、获取相关和可靠的审计证据以作为发表审计意见的基础时，注册会计师遇到的困难的性质和严重程度，尤其是当注册会计师的判断变得更加主观时。

（6）识别出的与该事项相关的控制缺陷的严重程度。若识别出的该事项相关的控制缺陷属于重大缺陷，则该事项很可能成为关键审计事项。

（7）该事项是否涉及多项可区分但又相互关联的审计考虑。例如，长期合同可能在收入确认、诉讼或其他或有事项等方面需要重点关注，并且可能影响其他会计估计。

从需要重点关注的事项中，确定哪些事项以及多少事项对本期财务报表审计最为重要属于职业判断问题。"最为重要的事项"并不意味着只有一项。需要在审计报告中包含的关键审计事项的数量可能受被审计单位规模和复杂程度、业务和经营环境的性质，以及审计业务具体事实和情况的影响。总体来说，最初确定为关键审计事项的事项越多，注册会计师越需要重新考虑每一事项是否符合关键审计事项的定义。

三、关键审计事项的披露

为达到突出关键审计事项的目的，注册会计师应当在审计报告中单设一部分，以"关键审计事项"为标题，并在该部分使用恰当的子标题逐项描述关键审计事项。需要强调的是，导致非无保留意见的事项、可能导致对被审计单位持续经营能力产生重大疑虑的事项或情况存在重大不确定性等,虽然符合关键审计事项的定义,但这些事项应在审计报告中专门的部分披露,不在关键审计事项部分披露。进一步说,在关键审计事项部分披露的关键审计事项是已经得到满意解决的事项,即不存在审计范围受到限制,也不存在注册会计师与被审计单位管理层意见分歧的情况。注册会计师应当按照适用的审计准则的规定报告这些事项,并在关键审计事项部分提及形成保留(否定)意见的基础部分或与持续经营相关的重大不确定性部分。

(一)关键审计事项的引言部分

关键审计事项的引言部分应当说明下列事项:①关键审计事项是注册会计师根据职业判断,认为对本期财务报表审计最为重要的事项;②关键审计事项的应对以对财务报表整体进行审计并形成审计意见为背景,注册会计师对财务报表整体形成审计意见,而不对关键审计事项单独发表意见。

(二)关键审计事项的描述部分

1. 具体内容

根据审计准则的要求,在引言之后,注册会计师应当逐项描述每一关键审计事项,在该部分需要同时说明下列方面。

(1)该事项被认定为审计中最为重要的事项之一,因而被确定为关键审计事项的原因。

(2)该事项在审计中是如何应对的。注册会计师可以描述下列要素:①审计应对措施或审计方法中,与该事项最为相关或对评估的重大错报风险最有针对性的方面;②对已实施审计程序的简要概述;③实施审计程序的结果;④对该事项作出的主要看法。在描述时,注册会计师还应当分别索引至财务报表的相关披露(如有)以使预期使用者能够进一步了解管理层在编制财务报表时如何应对这些事项。

2. 注意事项

为使预期使用者能够理解关键审计事项在对财务报表整体进行审计的背景下的重要程度,以及关键审计事项和审计报告其他要素(包括审计意见)之间的关系,注册会计师可能需要注意用于描述关键审计事项的语言,满足下列要求:①不暗示注册会计师在对财务报表形成审计意见时尚未恰当解决该事项;②将该事项直接联系到被审计单位的具体情况,避免使用一般化或标准化的语言;③能够体现出对该事项在相关财务报表披露(如有)中如何应对的考虑;④不对财务报表单一要素单独发表意见,也不暗示是对财务报表单一要素单独发表意见。

需要特别强调的是,对某项关键审计事项的描述是否充分属于职业判断问题。对关键审计事项进行描述的目的在于提供一种简明、不偏颇的解释,以使预期使用者能够了解为何该事项是对审计最为重要的事项之一,以及这些事项是如何在审计中加以应对的。

在描述关键审计事项时,注册会计师需要避免不恰当地提供与被审计单位相关的、被审计单位尚未公布的原始信息。然而,如果注册会计师确定披露这些信息对关键审计事项的描述是必要的,除非法律法规禁止披露这些信息,注册会计师可以鼓励管理层或治理层进一步披露信息,而不是在审计报告中提供原始信息。

如果注册会计师认为有必要在审计报告中增加强调事项段或其他事项段,审计报告中的强调事项段或其他事项段需要与关键审计事项部分分开列示。如果某事项被确定为关键审计事项,则不能以强调事项或其他事项代替对关键审计事项的描述。

(三) 不在审计报告中沟通关键审计事项的情形

一般而言,在审计报告中沟通关键审计事项,通常有助于提高审计的透明度,是符合公众利益的。然而,在比较罕见的情况下,关键审计事项可能涉及某些"敏感信息",沟通这些信息可能给被审计单位带来较为严重的负面影响。在某些情况下,法律法规也可能禁止公开披露某事项。因此,除非法律法规禁止公开披露某事项,或者在比较罕见的情况下,如果合理预期在审计报告中沟通某事项造成的负面后果超过产生的公众利益方面的益处,注册会计师确定不应在审计报告中沟通该事项,则注册会计师应当在审计报告中逐项描述关键审计事项。另外,为避免误导财务报告使用者,注册会计师通常不在无法表示意见审计报告中沟通关键审计事项。

(四) 就关键审计事项与治理层沟通

治理层在监督财务报告过程中担当重要角色。就关键审计事项与治理层沟通,能够使治理层了解注册会计师就关键审计事项作出的审计决策的基础以及这些事项将如何在审计报告中作出描述,也能够使治理层考虑鉴于这些事项将在审计报告中沟通,作出新的披露或提高披露质量是否有用。因此,注册会计师应就相关事项与治理层沟通:

(1) 注册会计师确定的关键审计事项。

(2) 根据被审计单位和审计业务的具体情况,注册会计师确定不存在需要在审计报告中沟通的关键审计事项。

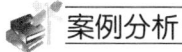 **案例分析**

普华永道对上海电气关键审计事项的判断存在什么问题

上海电气集团股份有限公司(以下简称上海电气)是一家在上交所和港交所两地上市的国有控股公司,其主营业务为设计、制造及销售多种电力设备、机电一体化设备、交通设备、环保系统等产品和提供相关服务。

2021 年 3 月 26 日,上海电气发布了 2020 年度年报,普华永道对其 2020 年度财务报表出具了无保留意见审计报告。年报显示,截至 2020 年年末,上海电气归属于上市公司股东的净资产为 664 亿元,总资产为 3 154 亿元。审计报告中披露的关键审计事项有三项,其中一项是"应收账款、合同资产、应收融资租赁款和发放贷款及垫款的减值准备计提"。针对应收账款,关键审计事项段事项描述部分披露,"截至 2020 年 12 月 31 日,上海电气集团的应收账款账面净额为人民币 32 799 102 千元,已计提减值准备为人民币 7 379 531 千元,合同资产账面净额为人民币 39 590 014 千元,已计提减值准备为人民币 1 114 855 千元"。在关键审计事项段审计应对部分,在描述了注册会计师对关键审计事项的应对措施后,得出结论:"基于以上实施的审计程序,已获取的审计证据能够支持管理层作出的与应收账款、合同资产、应收融资租赁款和发放贷款及垫款减值准备评估中所作出的判断。"

年报发布一个多月后,2021 年 5 月 31 日,上海电气即发布了重大风险提示公告,称纳入公司合并报表的子公司上海电气通讯技术有限公司(以下简称通讯公司)的应收账款普遍逾期,存在大额应收账款无法收回的风险。截至 2021 年 5 月 31 日,通讯公司应收账款余额为 86.72 亿元,账面存货余额为 22.30 亿元,通讯公司在商业银行的借款余额为 12.52 亿元,上海电气向通讯公司提供的股东借款金额合计为 77.66 亿元,均存在重大损失风险,这些事项将对上海电气本期利润或期后利润将产生重大不利影响。

讨论:

(1) 结合案例资料,分析普华永道对上海电气关键审计事项的判断是否恰当,为什么?

(2) 关键审计事项的判断与披露存在较大主观性,谈谈注册会计师在判断和披露关键审计事项时应注意的要点。

 课程思政

我国古代经典对事有始终的论述

先秦的《礼记·大学》提到:"物有本末,事有终始。知所先后,则近道矣。"这句话强调了事物都有本末、始终,明白这些先后次序,就接近事物发展的规律了。

讨论:

结合以上论述谈谈完成审计工作的意义。

第十章　内部控制评价与审计

学习目标

- 了解内部控制的产生与发展过程
- 理解内部控制规范体系与内部控制要素
- 熟悉内部控制评价的内容、内部控制缺陷认定及内部控制评价报告
- 掌握内部控制审计的含义、实施流程与内部控制审计报告

第一节　内部控制概述

一、内部控制的产生和发展

内部控制是社会经济发展的必然产物,随着社会环境的变化,市场竞争的不断加剧和企业内部管理需求的变化,内部控制也不断丰富和发展。整体来看,内部控制理论的发展大致经历了内部牵制、内部控制制度、内部控制结构、内部控制整合框架与企业风险管理框架五个阶段。

(一) 内部牵制阶段

20 世纪 40 年代以前,内部控制的发展处于初级形式,即内部牵制阶段。1912 年,美国著名审计学家蒙哥马利在其出版的《审计：理论与实践》①一书中指出,内部牵制是指一个人不能完全支配账户、另一个人也不能独立地加以控制的制度,即一名员工与另一名员工必须是相互牵制、相互稽核的。《柯勒会计辞典》提出,内部牵制是指用以提供有效的组织和经营,并防止错误和其他非法业务发生的业务流程设计,其主要特点是以任何个人或部门不能单独控制任何一项或一部分业务权力的方式进行组织上的责任分工,每项业务通过正常发挥其他个人或部门的功能进行交叉检查或交叉控制;设计有效的内部牵制使各项业

---

① 该书于 1949 年改名为《蒙哥马利审计学》,改名后的书名一直沿用至今。

务能完整正确地按照规定的程序处理,在这些规定的处理程序中,内部牵制永远是一个不可缺少的组成部分。

一般来说,内部牵制主要通过实物牵制、机械牵制、体制牵制、簿记牵制四种方式来实现。实物牵制强调两个以上人员共同掌管必要的实物工具,共同完成一定的程序;机械牵制强调只有按照正确的程序操作机械,才能实现操作目的;体制牵制基本要求是不相容职责分离,把不相容业务分别交由不同的部门或人员处理,防止发生错误和舞弊;簿记牵制是根据复式记账原理,利用原始凭证与记账凭证、会计凭证与账簿、总账与明细账、账簿与报表之间的勾稽关系进行的相互牵制。

(二) 内部控制制度阶段

20世纪40年代至20世纪70年代,内部控制发展真正进入内部控制制度阶段。内部控制制度思想认为内部控制应分为内部会计控制和内部管理控制两个部分,前者在于保护企业资产、检查会计数据的准确性和可靠性;后者在于提高经营效率、促使有关人员遵守既定的管理方针。1953年,美国注册会计师协会(AICPA)下属审计程序委员会(CAP)颁布第19号《审计程序说明》,将内部控制分为会计控制和管理控制,这种划分是为了明确注册会计师检查和评价企业内部控制的范围,缩小注册会计师的审计责任范围;1958年,CAP颁布第29号审计程序公告《独立审计人员检查内部控制的范围》,也将内部控制划分为内部会计控制和内部管理控制。这两个审计程序公告的发布正式形成了"制度两分法",在对财务报表进行审计时,审计人员需要评价的主要是内部会计控制,对内部管理控制则不需要过多关注。这种将内部控制局限于会计控制的观念看起来减轻了注册会计师的责任和工作量,实则增加了审计风险。1973年,AICPA下属的审计准则委员会(ASB)发布了《审计准则公告第1号——审计准则和程序汇编》,对内部会计控制和内部管理控制进行重新定义,内部会计控制包括但不限于组织计划以及与保护资产和保证财务资料可靠性有关的程序和记录;内部管理控制包括但不限于组织计划以及与管理部门授权办理经济业务的决策过程有关的程序及其记录。AICPA颁布的其他准则也对内部会计控制和内部管理控制的关系进行了重新界定,明确会计控制和管理控制并非完全独立,一些控制制度和记录可能既包括在会计控制中,也同时属于管理控制。

(三) 内部控制结构阶段

20世纪80年代至20世纪90年代初,内部控制发展进入内部控制结构阶段。西方学术界在对内部会计控制和内部管理控制的研究中,逐渐发现两者是密不可分、互相联系的,内部控制由偏重研究具体的控制程序和方法发展成为内部控制系统的研究。1988年,AICPA发布的《审计准则公告第55号——财务报表审计中对内部控制结构的考虑》(SASNo.55)中,以"内部控制结构"替代了"内部控制制度"的概念,不再区分内部会计控制和内部管理控制,并指出"内部控制结构由控制环境、会计系统和控制程序三个要素组成"。这一发展阶段的突破性成果主要体现在:一是将控制环境这一概念引入内部控制理论中,控制环境不再作为内部控制的外部因素,强调控制环境是内部控制体系建立和运行的基础和前提;二是对内部会计控制和内部管理控制不再作详细区分,而是以要素来表述内部控制,将内部控制看成一个完整的系统。内部控制三要素的具体内涵如表10-1所示。

表 10-1 内部控制结构三要素

三要素	内涵
控制环境	对建立、加强或削弱特定政策和程序的效率发生影响的各种因素,包括董事会、管理层、股东和其他人员对控制的态度和行为
会计系统	对各项经济业务进行确认、计量、记录和报告的方法
控制程序	企业为保证控制目标的实现而制定的政策和程序

(四)内部控制整合框架阶段

1992年,全美反舞弊性财务报告委员会发起组织(Committee of Sponsoring Organizations of the Treadway Commission,以下简称COSO委员会)发布的《内部控制:整合框架》(以下简称COSO报告),标志着内部控制发展进入内部控制整合框架阶段。COSO报告指出,内部控制是由企业董事会、管理层和其他员工实施的,旨在为财务报告的可靠性、经营活动的效率和效果、相关法律法规的遵循性等目标的实现提供合理保证的过程。COSO报告明确内部控制五个要素:控制环境、风险评估、控制活动、信息与沟通、监督。COSO报告是内部控制发展史上的一座重要里程碑,国际审计准则、美国审计准则和中国审计准则均全面采纳了COSO报告中的内部控制框架(中国审计准则中有关内部控制了解与测试的相关内容参见第六章第二节)。

(五)企业风险管理框架阶段

在1992年COSO报告的基础上,结合美国2002年颁布的《萨班斯—奥克斯利法案》(SOX法案)的相关要求,2004年,COSO委员会发布了《企业风险管理:整合框架》(以下简称ERM框架)。ERM框架提出,企业风险管理是一个过程,它由一个主体的董事会、管理当局和其他人员实施,应用于战略制定并贯穿于企业中,旨在识别可能会影响主体的潜在事项,管理风险以使其在该主体的风险容量之内,并为主体目标的实现提供合理保证。这一阶段的显著变化是将内部控制上升至全面风险管理的高度来认识。基于这一认识,COSO提出了战略目标、运营目标、报告目标和合规目标四类目标,并将内部控制要素进一步细化和充实,提出风险管理框架八要素,即内部环境、目标设定、事项识别、风险评估、风险应对、控制活动、信息与沟通、监督。此后,COSO委员会于2017年9月发布了更新版企业风险管理框架《企业风险管理——与战略和业绩的整合》。需要说明的是,企业风险管理框架不是也不可能完全取代内部控制整合框架,ERM框架的发布,标志着风险控制已经贯穿到企业管理的各个方面。

二、内部控制概念的演变

在内部控制不同发展阶段，关于内部控制概念的理解也在发展变化。

(一)国际内部控制概念的演变

内部控制概念的正式提出始于 1936 年，美国会计师协会(AIA)在《独立公共会计师对财务报表的审查》中将内部控制定义为，为了保护公司现金和其他资产的安全、检查账簿记录的正确性而在公司内部实施的各种手段和方法。

在内部控制制度阶段，1973 年，AICPA 对内部控制的会计控制和管理控制提出了具体定义，"内部会计控制是组织计划以及与保护资产和保证财务资料可靠性有关的程序和记录构成……内部管理控制包括但不限于组织计划以及与管理部门授权办理经济业务的决策过程有关的程序及其记录。"

在内部控制结构阶段，1988 年，AICPA 发布的审计准则公告第 55 号"财务报表审计中对内部控制结构的考虑"指出，企业的内部控制结构包括为合理保证企业特定目标的实现而建立的各种政策和程序。

在内部控制整合框架阶段，1992 年，COSO 报告将内部控制定义为，内部控制是由企业董事会、管理层和其他员工实施的，旨在为财务报告的可靠性、经营活动的效率和效果、相关法律法规的遵循性等目标的实现提供合理保证的过程。

(二)我国内部控制概念的演变

我国内部控制思想和实践起步较早，但由于各种复杂因素的影响，内部控制后期发展未能与现代内部控制发展历程相对接。内部控制概念的界定最早见于 1996 年，中国注册会计师协会发布的《独立审计具体准则第 9 号——内部控制与审计风险》，该准则指出，内部控制是指被审计单位为了保证业务活动的有效进行，保护资产的安全和完整，防止、发现、纠正错误与舞弊，保证会计资料的真实、合法、完整而制定和实施的政策与程序。2006 年，中注协对审计准则进行修订，审计准则中有关内部控制的概念与 COSO 报告对内部控制概念界定基本一致，根据《中国注册会计师审计准则第 1211 号——重大错报风险的识别和评估》的规定，内部控制是被审计单位为了合理保证财务报告的可靠性、经营的效率和效果及对法律法规的遵守，由治理层、管理层和其他人员设计和执行的政策和程序。

2008 年，中国财政部同证监会、审计署、银监会[①]制定的《企业内部控制基本规范》称，内部控制是由企业董事会、监事会、管理层和全体员工实施的、旨在实现控制目标的过程。内部控制的目标是合理保证企业经营管理合法合规、资产安全、财务报告及相关信息真实完整，提高经营效率和效果，促进企业实现发展战略。

---

① 2018 年 3 月，保监会与银监会合并为中国银行保险监督管理委员会，作为国务院直属事业单位。2023 年 3 月，我国在国务院机构改革过程中，在中国银行保险监督管理委员会基础上组建国家金融监督管理总局。不再保留中国银行保险监督管理委员会。

三、我国内部控制规范体系

我国内部控制规范体系的建设经历了循序渐进、逐步完善的发展过程,从早期的零散性规定逐渐发展为现在的系统化规范,目前已经形成以《企业内部控制基本规范》和《行政事业单位内部控制规范(试行)》为代表的完整的内部控制规范体系。

(一)企业内部控制规范

2006年,企业内部控制标准委员会成立,着手建立一套具有统一性、公认性和科学性的企业内部控制规范体系。2008年,财政部等五部委发布《企业内部控制基本规范》(以下简称《基本规范》),自2009年7月1日起在上市公司范围内执行,并且鼓励非上市的其他大中型企业执行。2010年,财政部等五部委发布《企业内部控制配套指引》(以下简称《配套指引》),包含18项《企业内部控制应用指引》(以下简称《应用指引》)、1项《企业内部控制评价指引》(以下简称《评价指引》)和1项《企业内部控制审计指引》(以下简称《审计指引》)。《配套指引》自2011年1月1日起首先对在境内外同时上市的公司施行,自2012年1月1日扩大到对在上交所和深交所主板上市的公司施行,鼓励非上市大中型企业提前执行。《基本规范》和《配套指引》的发布标志着我国企业内部控制规范体系已基本建成。

《基本规范》在企业内部控制规范体系的框架中处于最高层次,起着统驭作用,是制定《应用指引》《评价指引》《审计指引》及企业内部控制制度的基本依据,规定了内部控制的定义、目标、原则、要素等基本要求。

《应用指引》在《配套指引》乃至整个内部控制规范体系中居于主体地位,是对企业依照内部控制原则和内部控制五要素建立、健全本企业内部控制所提供的指引。《应用指引》具体由三大类指引组成,即内部环境类指引、控制活动类指引和控制手段类指引,涵盖了企业的资金流、实物流、人力流、信息流等各类业务和事项。

《评价指引》是为企业董事会或类似权力机构对本企业内部控制有效性进行自我评价提供的指引。在内部控制实务中,内部控制评价是极为重要的一环,它与企业的内部监督一起,共同构成了对内部控制制度本身的控制。

《审计指引》是注册会计师执行内部控制审计业务的执业标准。通过内部控制审计,既有利于促进企业建立健全内部控制体系,又能增强企业财务报告的可靠性。

总体来说,我国企业内部控制规范体系各组成部分之间既相互独立,又相互联系,形成一个有机整体。我国企业内部控制规范体系的框架如图10-1所示。

2023年12月,财政部会同中国证监会联合发布《关于强化上市公司及拟上市企业内部控制建设推进内部控制评价和审计的通知》(财会〔2023〕30号),将规范的主体从主板上市公司扩大到创业板、科创板及北交所全部上市公司以及拟上市企业,以进一步推动上市公司及拟上市企业加强内部控制建设,开展内部控制评价,聘请会计师事务所实施财务报告内部控制审计。

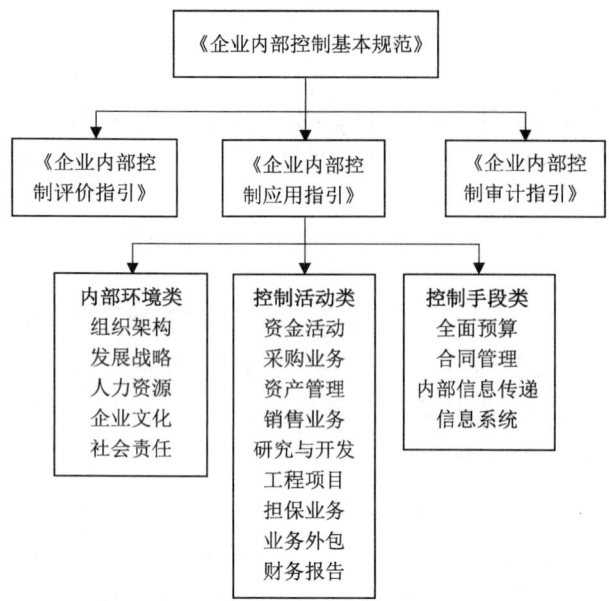

图 10-1　我国企业内部控制规范体系的框架

（二）行政事业单位内部控制规范

相对于企业内部控制的发展而言，行政事业单位内部控制建设成熟程度较低。为了提高行政事业单位内部管理水平，加强风险防控，2012 年 11 月，财政部印发《行政事业单位内部控制规范（试行）》（以下简称《单位内部控制规范》），要求行政事业单位编制内部控制自我评价报告，自 2014 年 1 月 1 日开始施行，标志着中国内部控制建设已经实现从企业到行政事业单位的全面覆盖。

《单位内部控制规范》总共包括 6 章内容，分别是：总则、风险评估和控制方法、单位层面内部控制、业务层面内部控制、评价与监督、附则，各章主要内容概括如表 10-2 所示。

表 10-2　《单位内部控制规范》的主要内容

框架结构	主要内容
总则	对规范进行了总体系统性的规定和解释，主要包括规范制定的目的和依据、适用范围，以及内部控制的定义、目标、原则，规定单位负责人对本单位内部控制的建立、健全和有效实施负责，明确指出单位应当建立并组织实施适合本单位实际情况的内部控制体系
风险评估和控制方法	对行政事业单位的风险评估与控制方法作出了具体要求与规范，特别强调了要建立风险评估机制，确定风险评估的频率，成立风险评估小组，编制风险评估报告，以及在风险评估时在单位层面和业务层面需要关注的重点。单位内部控制一般的控制方法包括不相容岗位相互分离、内部授权审批控制、归口管理、预算控制、财产保护控制、会计控制、单据控制和信息内部公开
单位层面内部控制	从行政事业单位管理的宏观角度具体阐述了对行政事业单位内部控制建设的要求
业务层面内部控制	分别对行政事业单位的预算业务、收支业务、政府采购业务、资产、建设项目、合同等控制作出了具体要求
评价与监督	要求行政事业单位建立、健全内部监督制度，分别就行政事业单位内部审计、内部监督检查的方法、内部控制的自我评价报告及上级财政部门对下级行政事业单位内部控制的监督和检查作出了具体要求
附则	要求行政事业单位自 2014 年 1 月 1 日起施行

《单位内部控制规范》改变了按照内控五要素提出内部控制建设要求的惯例，提出按照单位层面和业务层面这样两个层面建设内部控制体系的要求，将内控五要素视为一套方法，合理地解决了内控五要素与内部控制体系、单位管理制度的对接问题。

四、内部控制的目标和要素

内部控制的目标是企业建立和实施内部控制所要达到的目的和效果，内部控制要素是构成内部控制所必不可少的因素。内部控制的目标和要素均是内部控制系统的重要组成部分。在不同类型的内部控制规范中，内部控制的目标、原则和要素表述略有差异，以下根据《企业内部控制基本规范》的规定，对内部控制的目标和要素进行分析。

（一）内部控制的目标

根据《基本规范》的规定，内部控制是由企业董事会、监事会、管理层和全体员工实施的、旨在实现控制目标的过程，其目标是合理保证企业经营管理合法合规、资产安全、财务报告及相关信息真实完整、提高经营效率和效果、促进企业实现发展战略。内部控制目标及内涵如表 10-3 所示。

表 10-3　内部控制目标及内涵

目标	内涵
合法合规目标	合理保证企业经营管理合法合规。强调企业要在国家法律法规允许的范围内开展经营活动，严禁违法经营、非法获利。合法合规是内部控制应达到的最基本的目标，是实现其他内部控制目标的保证
资产安全目标	合理保证企业资产安全。资产安全完整是投资者、债权人和其他利益相关者普遍关注的重大问题，是单位可持续发展的物质基础。良好的内部控制，应当为资产安全提供扎实的制度保障
报告目标	合理保证企业财务报告及相关信息真实完整。一方面企业需要按照《企业会计准则》的要求如实核算经济业务、编制财务报告；另一方面企业需要采取不相容职务分离、授权审批、日常信息核对等控制活动，防止企业提供虚假的会计信息，抑制虚假交易的发生
经营目标	提高经营效率和效果。要求单位结合自身所处的特定的经营、行业和经济环境，通过健全有效的内部控制，不断提高经营活动的盈利能力和管理效率
战略目标	促进企业实现发展战略。发展战略是企业在对现实状况和未来趋势进行综合分析和科学预测的基础上，制定并实施的长远发展目标和战略规划。内部控制要合理保证促进企业实现发展战略，这是内部控制的终极目标

（二）内部控制的要素

内部控制的要素是指构成内部控制所必不可少的组成部分，决定着内部控制的基本框架。内部控制要素的内容及构成方式，决定着内部控制的内容与形式，直接影响着内部控制质量的高低。内部控制五要素的内涵如表 10-4 所示。

表 10-4　内部控制五要素的内涵

要素	内涵
内部环境	内部环境是企业实施内部控制的基础,一般包括治理结构、机构设置及权责分配、人力资源政策、企业文化等。内部环境直接影响内部控制的价值观念、风险偏好、组织形式和管理风格,是其他内部控制构成要素的基础,在内部控制建设中发挥着基础性的作用
风险评估	风险评估是企业及时识别、系统分析经营活动中与实现内部控制目标相关的风险,合理确定风险应对策略。风险评估主要包括目标设定、风险识别、风险分析、风险应对等环节
控制活动	控制活动是企业根据风险评估结果,采用相应的控制措施,将风险控制在可承受度之内。控制活动是实施内部控制的具体方式,常见的控制措施一般包括不相容职务分离、授权审批、财产保护、预算控制、绩效考评等
信息与沟通	信息与沟通是企业及时、准确地收集、传递与内部控制相关的信息,确保信息在企业内部、企业与外部之间进行有效沟通。信息与沟通是实施内部控制的重要条件,企业应当建立信息与沟通制度,明确内部控制相关信息的收集、处理和传递程序,确保信息及时沟通,促进内部控制有效运行
内部监督	内部监督是企业对内部控制建立与实施情况进行的监督检查,有助于评价内部控制的有效性,发现内部控制缺陷并及时加以改进。内部监督是实施内部控制的重要保证,企业应当在日常监督和专项监督的基础上,定期对内部控制的有效性进行自我评价,出具自我评价报告

 案例分析 ....

内控缺陷暴露出的财务舞弊案

一家提供运输服务的被审计单位在销售和收款的内部控制流程中,从业务部门收到客户对账单开始,通知财务人员开具发票给客户,然后收取款项。整个销售收入确认和应收账款收款的财务流程执行得很到位。表面看,它的内控做得很好。审计人员通过函证、检查回款等验证程序时也没有发现问题。

CPA 在了解被审计单位业务过程中,发现内控程序中的第一步"如何确认客户对账单的准确性"这一环节,被审计单位却表述得很含糊。经过仔细核实,企业无法提供具体的控制方法和控制过程。这可是内控程序中非常关键的一步。

一般来说,只有企业日常完整记录了应该确认的收入,才能和客户进行对账;而要完整记录应该确认的收入,就需要经过接单、核价、派车、确认客户收货、司机报酬计算等环节。这些环节因为不在财务系统里进行凭证记录,常常被审计人员忽略,但这些细节事项恰恰是业务真实性的有力证明。

被审计单位为什么无法提供这些业务的执行痕迹,内控制度对这个内容又没有明确规定,其中一定有问题。后经查证,企业虚构了重大的运输服务收入。

资料来源:

顾文贤:《审计漫行三十年》,立信会计出版社,2022 年版。

讨论：

（1）在内部控制五要素中，案例企业内部控制的哪个要素存在缺陷？

（2）谈谈内部控制五要素之间的关系。

第二节　内部控制评价

一、内部控制评价概述

根据《评价指引》，内部控制评价是指企业董事会或类似权力机构对内部控制的有效性进行全面评价、形成评价结论、出具评价报告的过程。企业应当结合实际情况，对战略目标、经营目标、报告目标、资产安全目标、合法合规目标等单个或整体控制目标的实现进行评价，并出具内部控制自我评价报告。

（一）内部控制评价的目标

企业内部控制评价的目标是通过对企业内部控制体系的健全性、合理性和有效性的评价，促使企业切实加强内部控制体系的建设并认真执行，并保证内部控制体系得以持续、有效的改进。每个企业的情况不同，设置的内部控制制度有所差异，企业应当根据《基本规范》和《评价指引》的规定，结合企业的实际情况，制定出内部控制评价办法，并明确内部控制评价的原则和内容、程序和方法，以及报告形式等相关内容，确保内部控制评价工作落到实处。企业主要负责人应当对内部控制评价结论的真实性负责。

（二）内部控制评价的内容

企业应当结合《基本规范》《应用指引》及本企业的内部控制制度，围绕内部控制五要素确定具体评价内容，对内部控制的设计与运行情况进行全面系统、有针对性的评价。

（1）内部环境的评价。企业应当以组织架构、发展战略、人力资源、企业文化、社会责任等应用指引为依据，结合本企业的内部控制制度，对内部环境的设计及实际运行情况进行认定和评价。

（2）风险评估的评价。企业应当对日常经营管理过程中的目标设定、风险识别、风险分析、应对策略等进行认定和评价，重点关注企业对抗风险的能力和风险管理的具体办法及效果。

（3）控制活动的评价。企业应当对各类业务控制措施的设计和运行情况进行认定和评价，重点关注对各类业务是否都设有适当的政策和程序，已设定的控制活动是否均被适当执行。

（4）信息与沟通的评价。企业应当对信息收集、处理和传递的及时性、反舞弊机制的健全性、财务报告的真实性、信息系统的安全性，以及利用信息系统实施内部控制的有效性等进行认定和评价。评价的重点包括：获取财务信息与非财务信息的能力、信息处理的及时性和适当性、信息传递渠道的便捷与畅通性、管理信息系统的安全可靠性。

（5）内部监督的评价。企业应当对内部监督机制的有效性进行认定和评价，重点关注监事会、审计委员会、内部审计机构等是否在内部控制设计和运行中有效发挥监督作用。对内部监督的评价包括日常监督评价、专项监督评价、缺陷报告评价等不同方式。

（三）内部控制评价的方法

内部控制评价工作组应当对被评价单位进行现场测试，综合运用个别访谈、调查问卷、穿行测试、抽样、实地查验、比较分析、专题讨论等方法，充分收集被评价单位内部控制设计和运行是否有效的证据，按照评价的具体内容，如实填写评价工作底稿，研究分析内部控制缺陷。内部控制不同评价方法的实施要求如表 10-5 所示。

表 10-5　内部控制不同评价方法的实施要求

方法	实施要点	注意事项或应用举例
个别访谈法	企业根据检查评价需要，对被检查单位员工进行单独访谈，以获取有关信息	通过找有关人员谈话，可以调查了解内部控制制度，还可以针对可疑账项或异常情况等向有关人员提出询问
调查问卷法	主要用于企业层面评价，企业设置问卷调查表，分别对不同层次的员工进行问卷调查，根据调查结果对相关项目作出评价	调查问卷应尽量扩大对象范围，包括企业各个层级员工，应注意事先保密性，题目尽量简单易答
穿行测试法	在内部控制流程中任意选取一笔交易作为样本，追踪该交易从最初起源直到最终在财务报表或其他经营管理报告中反映出来的过程，即该流程从起点到终点的全过程，以此了解控制措施设计的有效性，并识别出关键控制点	如在保险公司的内部控制评价中，选取一笔保险新单，追踪其从投保申请到财务入账的全过程
抽样法	分为随机抽样和其他抽样。随机抽样是指按随机原则从样本库中抽取一定数量的样本；其他抽样是指人工任意选取或按某一特定标准从样本库中抽取一定数量的样本	测试人员首先要确认样本库的完整性，其次要确定选取样本的充分性和适当性
实地查验法	主要针对业务层面控制，它通过使用统一的测试工作表，与实际的业务、财务单证进行核对的方法进行控制测试	如实地盘点某种存货
比较分析法	通过数据分析，识别评价关注点的方法	如将企业数据与历史数据、行业标准数据、行业最优数据等进行比较
专题讨论法	集合有关专业人员就内部控制执行情况或控制问题进行分析	既可以是控制评价的手段，也是形成缺陷整改方案的途径

此外，内部控制评价还可以使用观察、重新执行等方法，也可以利用信息系统开发检查方法，或利用实际工作和检查测试经验。对于企业通过系统采用自动控制、预防性控制的，应在评价方法上注意与人工控制、检查性控制的区别。

二、内部控制缺陷的认定

（一）内部控制缺陷的分类

企业开展内部控制评价，主要工作内容之一就是要找出内部控制缺陷并有针对性地进行整改。内部控制缺陷认定在一定程度上决定内部控制评价的成效，且具有一定难度，还需要运用职业判断。内部控制缺陷可以按照不同的标准进行分类，具体如表 10-6 所示。

表 10-6　内部控制缺陷的分类

分类标准	具体种类	内涵理解
按照内部控制缺陷成因或来源进行分类	设计缺陷	设计缺陷是指企业缺少为实现控制目标所必需的控制，或现存控制设计不适当，即使正常运行也难以实现控制目标
	运行缺陷	运行缺陷是指设计有效（合理且适当）的内部控制由于运行不当（包括由不恰当的人执行、未按设计的方式运行、运行的时间或频率不当、没有得到一贯有效运行等）而形成的内部控制缺陷
按照影响企业内部控制目标实现的严重程度进行分类	重大缺陷	重大缺陷是指一个或多个控制缺陷的组合，可能导致企业严重偏离控制目标。当存在任何一个或多个内部控制重大缺陷时，应当在内部控制评价报告中作出内部控制无效的结论
	重要缺陷	重要缺陷是指一个或多个控制缺陷的组合，其严重程度低于重大缺陷，但仍有可能导致企业偏离控制目标。重要缺陷的严重程度低于重大缺陷，不会严重危及内部控制的整体有效性，但也应当引起董事会、管理层的充分关注
	一般缺陷	一般缺陷是指除重大缺陷、重要缺陷以外的其他控制缺陷
按照影响内部控制目标的具体表现形式进行分类	财务报告缺陷	财务报告缺陷是指不能及时防止或发现并纠正财务报告错报的内部控制缺陷
	非财务报告缺陷	非财务报告缺陷是指与内部控制战略目标、经营目标、资产安全目标和合规目标相关的内部控制缺陷

（二）内部控制缺陷的认定标准

企业对内部控制缺陷的认定，应当以构成内部控制的内部监督要素中的日常监督和专项监督为基础，结合年度内部控制评价，由内部控制评价机构进行综合分析后提出认定意见，按照规定的权限和程序进行审核，由董事会予以最终确定。

1. 财务报告内部控制缺陷的认定标准

如前所述，财务报告内部控制缺陷是指不能及时防止或发现并纠正财务报告错报的内部控制缺陷，将财务报告内部控制的缺陷划分为重大缺陷、重要缺陷和一般缺陷，所采用的认定标准直接取决于由于该内部控制缺陷的存在可能导致的财务报告错报的重要程度。这种重要程度主要源于两个方面的因素：①该缺陷是否具备合理可能性导致内部控制不能及时防止或发现并纠正财务报告错报。合理可能性是指发生概率大于微小可能性（几乎不可能发生），确定是否具备合理可能性涉及评价人员的职业判断。②该缺陷单独或连同其他缺陷可能导致的潜在错报金额的大小。

一般而言,如果一项内部控制缺陷单独或连同其他缺陷具备合理可能性导致不能及时防止或发现并纠正财务报告中的重大错报,就应将该缺陷认定为重大缺陷,如果企业的财务报告内部控制存在一项或多项重大缺陷,就不能得出该企业的财务报告内部控制有效的结论。一项内部控制缺陷单独或连同其他缺陷具备合理可能性导致不能及时防止或发现并纠正财务报告中虽然未达到和超过重要性水平、但仍应引起董事会和管理层重视的错报,就应将该缺陷认定为重要缺陷。不构成重大缺陷和重要缺陷的内部控制缺陷,应认定为一般缺陷。

2. 非财务报告内部控制缺陷的认定标准

非财务报告内部控制缺陷认定具有涉及面广、认定难度大的特点。企业可以根据风险评估的各项工作,结合自身的实际情况、管理现状和发展要求,参照财务报告内部控制缺陷的认定标准,合理确定定性和定量的认定标准,根据其对内部控制目标实现的影响程度认定为一般缺陷、重要缺陷和重大缺陷。其中:定量标准,即涉及金额大小,既可以根据造成直接财产损失绝对金额制定,也可以根据其直接损失占本企业资产、销售收入及利润等的比率确定;定性标准,即涉及业务性质的严重程度,可根据其直接或潜在负面影响的性质、影响的范围等因素确定。

3. 内部控制存在重大缺陷的迹象

一些迹象通常表明财务报告内部控制和非财务报告内部控制可能存在重大缺陷,具体如表 10-7 所示。

表 10-7　内部控制存在重大缺陷的迹象

类型	重大缺陷迹象
财务报告内部控制	(1) 董事、监事和高级管理人员舞弊
	(2) 企业更正已公布的财务报告
	(3) 注册会计师发现当期财务报告存在重大错报,而内部控制在运行过程中未能发现该错报
	(4) 企业审计委员会和内部审计机构对内部控制的监督无效
非财务报告内部控制	(1) 国有企业缺乏民主决策程序,如缺乏"三重一大"决策程序
	(2) 企业决策程序不科学,如决策失误,导致并购不成功
	(3) 违反国家法律、法规,如环境污染
	(4) 管理人员或技术人员纷纷流失
	(5) 媒体负面新闻频现
	(6) 内部控制评价的结果特别是重大或重要缺陷未得到整改
	(7) 重要业务缺乏制度控制或制度系统性失效

(三) 内部控制缺陷的整改

企业通过内部控制评价发现内部控制的缺陷,应当建立内部控制缺陷整改机制,明确内部各管理层级和单位整改的职责分工,确保内部控制设计与运行中的主要问题和重大风险得到及时解决和有效控制。

三、内部控制评价报告

(一) 内部控制评价报告的内容

内部控制评价报告是内部控制评价的最终体现,按照编制主体、报送对象和时间,分为对内报告和对外报告。对外报告的内容、格式等强调符合披露要求时间,具有强制性;对内报告则主要以符合企业董事会(审计委员会)、管理层需要为主,编制主体层级更多、内容上更加详尽、格式更加多样,时间可以定期或不定期。

企业应当根据《基本规范》《应用指引》和《评价指引》,设计内部控制评价报告的种类、格式和内容,明确内部控制评价报告编制程序和要求,按照规定的权限报经批准后对外报出。内部控制评价报告应当分别对内部环境、风险评估、控制活动、信息与沟通、内部监督等要素进行设计,对内部控制评价过程、内部控制缺陷认定及整改情况、内部控制有效性的结论等相关内容作出披露。

根据《评价指引》的规定,内部控制评价报告至少应当披露下列内容:①董事会对内部控制报告真实性的声明;②内部控制评价工作的总体情况;③内部控制评价的依据;④内部控制评价的范围;⑤内部控制评价的程序和方法;⑥内部控制缺陷及其认定情况;⑦内部控制缺陷的整改情况及重大缺陷拟采取的整改措施;⑧内部控制有效性的结论。

(二) 内部控制评价报告的编制

根据《评价指引》的要求,企业应当根据年度内部控制评价结果,结合内部控制评价工作底稿和内部控制缺陷汇总表等资料,及时编制内部控制评价报告,并在报经董事会或类似权力机构批准后对外披露或报送相关部门。

1. 内部控制评价报告的编制时间

内部控制评价报告分为定期内部控制评价报告和非定期内部控制评价报告。①定期内部控制评价报告。企业至少应该每年进行一次内部控制评价并由董事会对外发布内部控制评价报告。年度内部控制评价报告应当以 12 月 31 日作为基准日。②非定期内部控制评价报告,可以是因特殊事项或原因(如企业因目标变化或提升)而对外发布的内部控制评价报告,也可以是企业针对发现的重大缺陷专项内部控制评价等向董事会(审计委员会)或管理层报送的内部报告(即内部控制缺陷报告)。

2. 内部控制评价报告的编制主体

编制主体包括单个企业和企业集团的母公司。单个企业内部控制评价报告指某一企业以自身经营业务和管理活动为辐射范围编制的内部控制评价报告;企业集团母公司内部控制评价报告是企业集团的母公司在汇总、复核、评价、分析后,以母公司及下属(或控股子公司)的经营业务和管理活动为辐射范围编制的内部控制评价报告,是对企业集团内部控制设计有效性和运行有效性的总体评价。

 **案例分析**

红太阳的内部控制缺陷

南京红太阳股份有限公司（证券代码：000525，以下简称红太阳或公司）成立于1991年，所属行业为化学原料和化学制品制造业，1993年10月上市。自2019年开始，公司经营受到气候异常、环保和全球经济对抗等诸多因素的影响，公司内部存在产业技术升级、产业产品链优化等诸多结构集中优化和新产品对接"滞后"等问题，公司的经营规模持续下降，营业收入持续下跌。2019年和2020年公司内部控制自我评价报告结论均为财务报告内部控制无效；2019年和2020年公司内部控制审计报告意见均为否定意见。

2019年公司内部控制自我评价报告披露的财务报告内部控制重大缺陷情况：①公司及其子公司2019年度通过关联方江苏劲力化肥有限责任公司、江苏科邦生态肥有限公司和江苏中邦制药有限公司的银行账户向公司的控股股东南京第一农药集团有限公司和红太阳集团有限公司支付资金累计467 929.09万元；公司直接向红太阳集团提供资金15 000万元。上述关联方交易没有按照相关规定履行审批程序和及时信息披露义务，与关联方交易相关的财务报告内部控制存在重大缺陷。②公司2019年度一部分支付款项形成的预付款项、其他应收款和财务费用缺乏合理的商业理由和依据，与资金支付相关的财务报告内部控制存在重大缺陷。

2020年公司内部控制自我评价报告披露的财务报告内部控制重大缺陷情况：①关联方非经营性资金占用。公司以前年度违规向关联方提供资金，导致形成大额关联方非经营性资金占用，且未及时进行充分披露。2020年12月31日，公司相关关联方非经营性资金占用余额为297 568.47万元，相关关联方分别为南京第一农药集团有限公司（控股股东）和红太阳集团有限公司。上述事项与关联方交易相关的财务报告内部控制存在重大缺陷。②预付款项与其他应收款缺乏合理的商业理由和依据。公司2020年度形成的部分预付款项和其他应收款缺乏合理的商业理由和依据，与资金支付相关的财务报告内部控制存在重大缺陷。

讨论：

（1）结合红太阳的案例资料，分析如何判断红太阳内部控制缺陷的严重程度。

（2）结合红太阳的案例资料，分析红太阳内部控制缺陷的原因，讨论应该采取哪些措施进行整改。

第三节　内部控制审计

一、内部控制审计概述

(一) 内部控制审计的必要性

21世纪初期,安然、世通等一系列舞弊事件发生后,人们认识到健全、有效的内部控制对预防此类事件的发生至关重要。各国政府监管机构、企业界和会计职业界对内部控制的重视程度也进一步提升,从注重财务报告本身可靠性转向注重对保证财务报告可靠性机制的建设,也就是通过过程的有效保证结果的有效的重要性。资本市场上的投资者甚至社会公众要求企业披露其与内部控制相关的信息,并要求经过注册会计师审计以增强信息的可靠性。在此背景下,内部控制审计应运而生,很多国家要求注册会计师对内部控制设计和运行的有效性进行审计或鉴证。例如,美国《SOX法案》404条款和日本《金融商品交易法》要求注册会计师对企业管理层对财务报告内部控制的评价进行审计;我国《基本规范》要求会计师事务所对企业内部控制的有效性进行审计,出具审计报告,并专门制定《审计指引》,规范内部控制审计工作。

(二) 内部控制审计的含义

根据《审计指引》的规定,内部控制审计是指会计师事务所接受委托,对特定基准日内部控制设计与运行的有效性进行审计。注册会计师基于基准日(如资产负债表日)内部控制的有效性发表意见,而不是对财务报表涵盖的整个期间(如一年)的内部控制的有效性发表意见。但这并不意味着注册会计师只关注企业基准日当天的内部控制,而是要考察企业一个时期内(足够长的一段时间)内部控制的设计和运行情况。注册会计师应当对财务报告内部控制的有效性发表审计意见,并对内部控制审计过程中注意到的非财务报告内部控制的重大缺陷,在内部控制审计报告中增加"非财务报告内部控制重大缺陷描述段"予以披露。

(三) 整合审计

强制要求进行内部控制审计的国家,有的要求必须将内部控制审计与年度财务报表审计整合进行(以下简称整合审计)。如美国和日本,美国要求由同一家会计师事务所将内部控制审计与财务报表审计整合进行,而日本则不仅如此,还要求由相同的注册会计师将两种审计作为一个整体进行,完成从计划审计到发表审计意见的整个过程。在中国,根据《审计指引》的要求,注册会计师可以单独进行内部控制审计,也可将内部控制审计与财务报表审计整合进行,但是在实务中大多数上市公司都选择整合审计。

这里需要明确的是,企业内部控制审计和财务报表审计存在诸多共性,整合审计是国际上普遍采用的做法,整合审计有利于提高审计效率,改善审计效果。但是,内部控制审计与财务报表审计是两种不同的审计业务,两者之间也存在很多的差异。内部控制审计和财务报表审计的共同点和差异体现在审计目标和审计范围的确定等不同方面,以及审计计划、审计实施、审计报告等不同阶段,概括如表 10-8 所示。

表 10-8　内部控制审计与财务报表审计的比较

项目		相同点	不同点
审计目标	内部控制审计	两者的终极目的一致。虽然各有侧重,但终极目的都是提高财务报表预期使用者对财务报表的信赖程度	直接目标:对内部控制的有效性发表意见,为财务报告内部控制不存在重大缺陷提供合理保证
	财务报表审计		直接目标:对财务报表是否在所有重大方面按照适用的财务报告编制基础编制发表审计意见,为财务报表不存在重大错报提供合理保证
审计范围	内部控制审计	都需要了解内部控制	审计的对象:特定基准日的内部控制制度 内部控制测试的必要性:必须测试内部控制
	财务报表审计		审计的对象:某一时点或某一会计期间的财务报表 内部控制测试的必要性:必要时测试内部控制
审计计划	内部控制审计	都包括总体审计策略和具体审计计划,两者运用的重要性水平相同	具体审计计划:包括了解内部控制、控制设计有效性测试和控制运行有效性测试的具体程序
	财务报表审计		具体审计计划:包括风险评估、进一步审计程序和其他审计程序的具体要求
审计实施	内部控制审计	都体现了风险导向审计方法的特点,要求在风险评估的基础上应对风险; 两者识别的重要账户、列报及其相关认定相同; 两者了解和测试内部控制设计和运行有效性的基本方法相同,都可能实施询问、观察、检查以及重新执行等程序	风险评估的要求: ① 目的是确定存在重大缺陷的高风险领域 ② 结果是确定重要的账户、列报和相关认定,选择拟进行测试的控制 风险应对的要求: ① 控制测试是必须实施的程序 ② 控制测试的对象是内部控制设计和运行的有效性 ③ 控制测试的目的是对内部控制发表审计意见
	财务报表审计		风险评估的要求: ① 目的是识别和评估财务报表的重大错报风险 ② 结果是为设计和实施进一步审计程序提供基础 风险应对的要求: ① 控制测试不是必须实施的程序 ② 控制测试的对象是控制运行的有效性 ③ 控制测试的目的是确定实质性程序的性质、时间和范围
审计报告	内部控制审计	注册会计师从审计范围和审计证据两个方面形成判断,发表审计意见	审计意见决策依据:《企业内部控制基本规范》和配套指引 审计意见类型:无保留意见、否定意见和无法表示意见
	财务报表审计		审计意见决策依据:《中国注册会计师审计准则》 审计意见类型:无保留意见、保留意见、否定意见和无法表示意见

二、内部控制审计主要流程

(一) 计划审计工作

1. 评估重要事项及其影响

在计划整合审计工作时,注册会计师需要评价下列事项对财务报表和内部控制是否有重要影响,以及这些重要事项将如何影响审计工作:①与企业相关的风险,包括在评价是否接受与保持客户和业务时,注册会计师了解的与企业相关的风险情况以及在执行其他业务时了解的情况;②相关法律法规和行业概况;③企业组织结构、经营特点、资本结构等相关重要事项;④企业内部控制最近发生变化的程度;⑤与企业沟通过的内部控制缺陷;⑥重要性、风险等与确定内部控制重大缺陷相关的因素;⑦对内部控制有效性的初步判断;⑧可获取的、与内部控制有效性相关的证据的类型和范围。此外,注册会计师还需要关注与评价财务报表发生重大错报的可能性和内部控制有效性相关的公开信息,以及企业经营活动的相对复杂程度。

2. 重视风险评估的作用

在内部控制审计中,注册会计师应当以风险评估为基础,确定重要账户、列报及其相关认定,选择拟测试的控制,以及确定针对所选定控制所需收集的证据。

风险评估的理念及思路应当贯穿于整合审计过程的始终。实施风险评估时,可以考虑固有风险及控制风险。在计划审计工作阶段,对内部控制的固有风险进行评估,作为编制审计计划的依据之一;根据对控制风险评估的结果,调整计划阶段对固有风险的判断,这是个持续的过程。内部控制特定领域存在重大缺陷的风险越高,给予该领域的审计关注就越多。内部控制不能防止或发现并纠正由于舞弊导致的错报风险。注册会计师应当更多地关注高风险领域,而没有必要测试那些即使有缺陷、也不可能导致财务报表重大错报的控制。

在进行风险评估以及确定审计程序时,企业的组织结构、业务流程或业务单元的复杂程度可能产生的重要影响均是注册会计师需要考虑的因素。

3. 制定总体审计策略和具体审计计划

内部控制审计计划分为总体审计策略和具体审计计划两个层次。总体审计策略用以确定审计的范围、时间和方向,并指导具体审计计划的制定。具体审计计划比总体审计策略更加详细,包括拟实施的审计程序的性质、时间安排和范围,这些审计程序,会随着具体审计计划的制定逐步深入,并贯穿于审计的整个过程。

内部控制审计计划中应体现的内容如表10-9所示。

表 10-9　内部控制审计计划

计划类型	具体内容
总体审计策略	(1) 确定审计业务的特征,以界定审计范围
	(2) 明确审计业务的报告目标,以计划审计的时间安排和所需沟通的性质
	(3) 根据职业判断,考虑用以指导项目组工作方向的重要因素
	(4) 考虑初步业务活动的结果,并考虑对被审计单位执行其他业务时获得的经验是否与内部控制审计业务相关
	(5) 确定执行业务所需资源的性质、时间安排和范围
具体审计计划	(1) 了解和识别内部控制的程序的性质、时间安排和范围
	(2) 测试控制设计有效性的程序的性质、时间安排和范围
	(3) 测试控制运行有效性的程序的性质、时间安排和范围

(二) 实施审计工作

注册会计师应当按照自上而下的方法实施审计工作。自上而下的方法是注册会计师识别风险、选择拟测试控制的基本思路。自上而下方法的执行思路如图 10-2 所示。

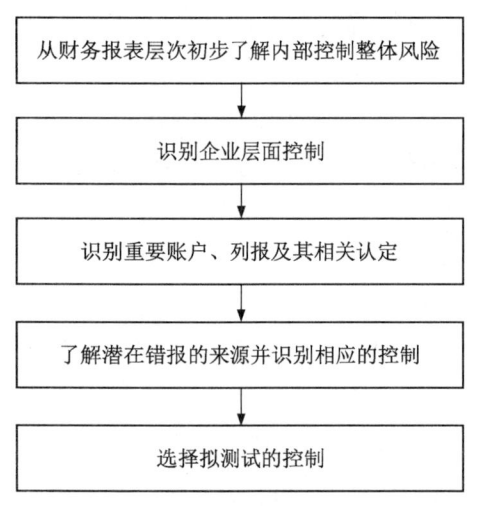

图 10-2　自上而下方法的执行思路

1. 从财务报表层次初步了解内部控制整体风险

在财务报告内部控制审计中,自上而下的方法始于财务报表层次,从注册会计师对财务报告内部控制整体风险的了解开始;然后,注册会计师将关注重点放在企业层面控制上,并将工作逐渐下移至重大账户、列报及相关的认定。这种方法引导注册会计师将注意力放在显示有可能导致财务报表及相关列报发生重大错报的账户、列报及认定上。之后,注册会计师验证其了解到的业务流程中存在的风险,并就已评估的每个相关认定的错报风险,选择足以应对这些风险的业务层面控制进行测试。在非财务报告内控审计中,自上而下的方法始于企业层面控制,并将审计测试工作逐步下移到业务层面控制。

2. 识别企业层面控制

1) 企业层面控制的内容

企业层面控制通常为应对企业财务报表整体层面的风险而设计,或作为其他控制运行的"基础设施",通常在比业务流程更高的层面上乃至整个企业范围内运行,其作用比较广泛,通常不局限于某个具体认定。企业层面控制通常包括下列内容:①与内部环境相关的控制；②针对治理层和管理层凌驾于控制之上的风险而设计的控制；③企业的风险评估过程；④对内部信息传递和财务报告流程的控制；⑤对控制有效性的内部监督和自我评价。此外，集中化的处理和控制（包括共享的服务环境）、监控经营成果的控制、针对重大经营控制以及风险管理实务而采取的政策也属于企业层面控制。

2）企业层面控制对其他控制及其测试的影响

不同的企业层面控制在性质和精确度上存在着差异，这些差异可能对其他控制及其测试产生影响。

（1）某些企业层面控制，对及时防止或发现并纠正相关认定的错报的可能性有重要影响。虽然这种影响是间接的，但这些控制仍然可能影响注册会计师拟测试的其他控制，以及测试程序的性质、时间安排和范围。

（2）某些企业层面控制旨在识别其他控制可能出现的失效情况，能够监督其他控制的有效性，但还不足以精确到及时防止或发现并纠正相关认定的错报。当这些控制运行有效时，注册会计师可以减少对其他控制的测试。

（3）某些企业层面控制本身能够精确到足以及时防止或发现并纠正相关认定的错报。如果一项企业层面控制足以应对已评估的错报风险，注册会计师就不必测试与该风险相关的其他控制。

3. 识别重要账户、列报及其相关认定

1）重要账户、列报及其相关认定的含义

注册会计师应当基于财务报表层次识别重要账户、列报及其相关认定。如果某账户或列报可能存在一个错报，该错报单独或连同其他错报将导致财务报表发生重大错报，则该账户或列报为重要账户或列报。

如果某财务报表认定可能存在一个或多个错报，这个或这些错报将导致财务报表发生重大错报，则该认定为相关认定。

2）识别重要账户、列报及其相关认定的关注点

在识别重要账户、列报及其相关认定时，注册会计师应当从定性和定量两个方面作出评价，包括考虑舞弊的影响。

（1）从定量方面看，超过财务报表整体重要性的账户，无论是在内部控制审计还是财务报表审计中，通常情况下被认定为重要账户。但是，一个账户或列报的金额超过财务报表整体重要性，并不必然表明其属于重要账户或列报，因为注册会计师还需要考虑定性的因素。

（2）从定性方面看，注册会计师可能因为某账户或列报受固有风险或舞弊风险的影响而将其确定为重要账户或列报，因为即使该账户或列报从金额上看并不重大，但这些固有风险或舞弊风险很有可能导致重大错报。

注册会计师不仅应当在重要账户或列报层面考虑风险，而且应当深入账户或列报的成

分(例如,固定资产账户由机器设备、房屋建筑物等部分组成),如果某账户或列报的各成分存在的风险差异较大,被审计单位可能需要采用不同的控制以应对这些风险,注册会计师应当分别予以考虑,并针对各自的风险设计审计程序。

在识别重要账户、列报及其相关认定时,注册会计师不应考虑控制的影响,因为内部控制审计的目标本身就是评价控制的有效性。

在确定某账户、列报是否重要和某认定是否相关时,注册会计师应当将所有可获得的信息加以综合考虑。例如,在识别重要账户、列报及其相关认定时,注册会计师还应当确定重大错报的可能来源。

4. 了解潜在错报的来源并识别相应的控制

注册会计师应当实施程序了解被审计单位流程中可能导致潜在错报的来源,识别管理层为应对这些潜在错报风险而执行的控制。

1) 了解潜在错报的来源

注册会计师应当实现下列目标,以进一步了解潜在错报的来源,并为选择拟测试的控制奠定基础:①了解与相关认定有关的交易的处理流程,包括这些交易如何生成、批准、处理及记录;②验证注册会计师识别出的业务流程中可能发生重大错报(包括由于舞弊导致的错报)的环节;③识别被审计单位用于应对这些错报或潜在错报的控制;④识别被审计单位用于及时防止或发现并纠正未经授权的、导致重大错报的资产取得、使用或处置的控制。

2) 穿行测试

穿行测试是指追踪某笔交易从发生到最终被反映在财务报表中的整个处理过程。在内部控制审计中,注册会计师应当实施程序以了解被审计单位流程中可能导致潜在错报的来源和识别管理层为应对这些潜在错报风险而执行的控制。

在某些特定情况下,注册会计师一般会实施穿行测试,这些情况包括:①存在较高固有风险的复杂领域;②以前年度审计中识别出的缺陷(需要考虑缺陷的严重程度);③由于引入新的人员、新的系统、收购和采取新的会计政策而导致流程发生重大变化。如果注册会计师首次接受委托执行内部控制审计,通常预期注册会计师会对重要流程实施穿行测试。

穿行测试涵盖交易生成、授权、记录、处理和报告整个过程,以及识别出的重要流程中的控制,包括针对舞弊风险的控制。注册会计师在实施穿行测试时往往综合运用询问、观察、检查相关文件记录和重新执行。

5. 选择拟测试的控制

注册会计师在选取拟测试的控制时,通常不会选取整个流程中的所有控制,而是选择关键控制,即能够为一个或多个重要账户或列报的一个或多个相关认定提供最有效果或最有效率的证据的控制。每个重要账户、认定和重大错报风险至少应当有一个对应的关键控制。

选取关键控制需要注册会计师作出职业判断,注册会计师无须测试那些即使有缺陷也合理预期不会导致财务报表重大错报的控制。一般来说,在选择关键控制时,注册会计师要考虑:①哪些控制是不可缺少的。②哪些控制直接针对相关认定。③哪些控制可以应对错误或舞弊导致的重大错报风险。④控制的运行是否足够精确。

(三)评价控制缺陷

1. 内部控制缺陷的认定

内部控制缺陷按其成因分为设计缺陷和运行缺陷;按其影响程度分为重大缺陷、重要缺陷和一般缺陷。注册会计师应当评价其识别的各项控制缺陷的严重程度,以确定这些缺陷单独或组合起来,是否构成重大缺陷。但是,在计划和实施审计工作时,不要求注册会计师寻找单独或组合起来不构成重大缺陷的控制缺陷。

2. 评价财务报告内部控制缺陷严重程度

财务报告内部控制缺陷的严重程度取决于:①控制缺陷导致账户余额或列报错报的可能性;②因一个或多个控制缺陷的组合导致潜在错报的金额大小。

控制缺陷的严重程度与账户余额或列报是否发生错报无必然对应关系,而取决于控制缺陷是否可能导致错报。在评价一项控制缺陷或多项控制缺陷的组合是否可能导致账户或列报发生错报时,注册会计师应当考虑的风险因素包括:①所涉及的账户、列报及其相关认定的性质;②相关资产或负债易于发生损失或舞弊的可能性;③确定相关金额时所需判断的主观程度、复杂程度和范围;④该项控制与其他控制的相互作用或关系;⑤控制缺陷之间的相互作用;⑥控制缺陷在未来可能产生的影响。

评价控制缺陷时,注册会计师需要根据财务报表审计中确定的重要性水平,支持对财务报告控制缺陷重要性的评价。注册会计师需要运用职业判断,考虑并衡量定量和定性因素。同时要对整个思考判断过程进行记录,尤其是详细记录关键判断和得出结论的理由。而且,对于"可能性"和"重大错报"的判断,在评价控制缺陷严重性的记录中,注册会计师需要给予明确地考量和陈述。

三、出具审计报告

(一)形成审计意见

注册会计师应当评价从各种来源获取的审计证据,包括对控制的测试结果、财务报表审计中发现的错报及已识别的所有控制缺陷,形成对内部控制有效性的意见。在评价审计证据时,注册会计师应当查阅本年度涉及内部控制的内部审计报告或类似报告,并评价这些报告中指出的控制缺陷。

只有在审计范围没有受到限制时,注册会计师才能对内部控制的有效性形成意见。如果审计范围受到限制,注册会计师需要解除业务约定或出具无法表示意见的内部控制审计报告。

（二）审计报告类型

根据《审计指引》的规定，内部控制审计意见包括无保留意见和非无保留意见，非无保留意见又具体包括否定意见和无法表示意见。同时，注册会计师在出具审计报告时还应考虑在出具无保留意见内部控制审计报告时是否需要增加强调事项段，以及是否需要增加非财务报告内部控制重大缺陷描述段。

1. 无保留意见内部控制审计报告

如果符合下列所有条件，注册会计师应当对内部控制出具无保留意见的内部控制审计报告：①在基准日，被审计单位按照适用的内部控制标准的要求，在所有重大方面保持了有效的内部控制；②注册会计师已经按照《审计指引》的要求计划和实施审计工作，在审计过程中未受到限制。

内部控制审计报告的要素如表 10-10 所示。

表 10-10　内部控制审计报告的要素

要素	具体内容
（1）标题	统一规范为"内部控制审计报告"
（2）收件人	一般是指审计业务的委托人，需要载明收件人的全称
（3）引言段	说明企业的名称和内部控制已经过审计
（4）企业对内部控制的责任段	说明企业已按照《企业内部控制基本规范》等规定建立健全和有效实施内部控制，并评价其有效性是企业董事会的责任
（5）注册会计师的责任段	说明在实施审计工作的基础上，对财务报告内部控制的有效性发表审计意见，并对注意到的非财务报告内部控制的重大缺陷进行披露是注册会计师的责任
（6）内部控制固有局限性的说明段	内部控制无论如何有效，都只能为企业实现控制目标提供合理保证，内部控制固有局限性体现在：在决策时人为判断可能出现错误和因人为失误而导致内部控制失效；控制的运行也可能无效；控制可能由于两个或更多的人员进行串通舞弊或管理层不当地凌驾于内部控制之上而被规避；在设计和执行控制时，如果存在选择执行的控制以及选择承担的风险，管理层在确定控制的性质和范围时需要作出主观判断。因此，注册会计师需要在内部控制固有局限性的说明段说明，内部控制具有固有局限性，存在不能防止和发现错报的可能性。此外，由于情况的变化可能导致内部控制变得不恰当，或对控制政策和程序遵循的程度降低，根据内部控制审计结果推测未来内部控制的有效性具有一定风险
（7）财务报告内部控制审计意见段	应当说明企业是否按照《企业内部控制基本规范》和相关规定在所有重大方面保持了有效的财务报告内部控制
（8）签名和盖章	包括：注册会计师的签名和盖章；会计师事务所的名称、地址及盖章
（9）报告日期	审计报告的日期不应早于注册会计师获取充分、适当的审计证据（包括董事会认可对内部控制及评价报告的责任且已批准评价报告的证据），并在此基础上对内部控制的有效性形成审计意见的日期。如果内部控制审计和财务报表审计整合进行，注册会计师对内部控制审计报告和财务报表审计报告需要签署相同的日期

2. 非无保留意见的内部控制审计报告

1）否定意见内部控制审计报告

如果认为内部控制存在一项或多项重大缺陷，除非审计范围受到限制，注册会计师应当对内部控制发表否定意见。否定意见的内部控制审计报告还应当包括重大缺陷的定义、重大缺陷的性质及其对内部控制的影响程度。

如果重大缺陷尚未包含在企业内部控制评价报告中，注册会计师应当在内部控制审计报告中说明重大缺陷已经识别、但没有包含在企业内部控制评价报告中。如果企业内部控制评价报告中包含了重大缺陷，但注册会计师认为这些重大缺陷未在所有重大方面得到公允反映，注册会计师应当在内部控制审计报告中说明这一结论，并公允表达有关重大缺陷的必要信息。此外，注册会计师还应当就这些情况以书面形式与治理层沟通。

如果对内部控制的有效性发表否定意见，在财务报表审计中，注册会计师不应依赖存在重大缺陷的控制，需要实施实质性程序确定与该控制相关的账户是否存在重大错报。如果实施实质性程序的结果表明该账户不存在重大错报，注册会计师可以对财务报表发表无保留意见。在这种情况下，注册会计师应当确定该意见对财务报表审计意见的影响，并在内部控制审计报告中予以说明。

如果对财务报表发表的审计意见未受影响，注册会计师应当在内部控制审计报告的导致否定意见的事项段中增加以下类似说明："在××公司××年财务报表审计中，我们已经考虑了上述重大缺陷对审计程序的性质、时间安排和范围的影响。本报告并未对我们在××年×月×日对××公司××年财务报表出具的审计报告产生影响。"这一说明对于保证审计报告使用者理解注册会计师为何对财务报表发表无保留意见非常重要。

如果对财务报表发表的审计意见受到影响，注册会计师应当在内部控制审计报告导致否定意见的事项段中增加以下类似说明："在××公司××年财务报表审计中，我们已经考虑了上述重大缺陷对审计程序的性质、时间安排和范围的影响。"

2）无法表示意见内部控制审计报告

如果审计范围受到限制，注册会计师应当解除业务约定或出具无法表示意见的内部控制审计报告。

在出具无法表示意见的内部控制审计报告时，注册会计师应当在内部控制审计报告中指明审计范围受到限制，无法对内部控制的有效性发表意见，并单设段落说明无法表示意见的实质性理由。注册会计师不应在内部控制审计报告中指明所执行的程序，也不应描述内部控制审计的特征，以避免报告使用者对无法表示意见的误解。如果在已执行的有限程序中发现内部控制存在重大缺陷，注册会计师应当在内部控制审计报告中对重大缺陷作出详细说明。

3. 带强调事项段的无保留意见内部控制审计报告

如果注册会计师认为内部控制虽然不存在重大缺陷,但仍有一项或多项重大事项需要提请内部控制审计报告使用者注意,注册会计师应当在内部控制审计报告中增加强调事项段予以说明。注册会计师应当在强调事项段中指明,该段内容仅用于提醒内部控制审计报告使用者关注,并不影响对内部控制发表的审计意见。

如果存在下列情况,注册会计师应当考虑在内部控制审计报告中增加强调事项段:①如果确定企业内部控制评价报告对要素的列报不完整或不恰当,注册会计师应当在内部控制审计报告中增加强调事项段,说明这一情况并解释得出该结论的理由。②如果注册会计师知悉在基准日并不存在、但在期后期间发生的事项,且这类期后事项对内部控制有重大影响,注册会计师应当在内部控制审计报告中增加强调事项段,描述该事项及其影响,或提醒内部控制审计报告使用者关注企业内部控制评价报告中披露的该事项及其影响。

4. 增加非财务报告内部控制重大缺陷描述段

对于审计过程中注意到的非财务报告内部控制缺陷,如果发现某项或某些控制对企业发展战略、法规遵循、经营的效率效果等控制目标的实现有重大不利影响,确定该项非财务报告内部控制缺陷为重大缺陷的,注册会计师应当以书面形式与企业董事会和管理层沟通,提醒企业加以改进;同时在内部控制审计报告中增加非财务报告内部控制重大缺陷描述段,对重大缺陷的性质及其对实现相关控制目标的影响程度进行披露,提示内部控制审计报告使用者注意相关风险,但无须对其发表审计意见。

案例分析

华钰矿业 2020 年度内部控制审计意见

华钰矿业(601020)2021 年 4 月 28 日公告称"华钰矿业更名为 ST 华钰……立信会计师事务所(特殊普通合伙)出具了否定意见的《2020 年度内部控制审计报告》,认为华钰矿业按照规范和指引建立并实施了企业内部控制,但 2019 年度、2020 年度日常关联交易因公司管理层对关联关系缺乏专业准确判断,导致公司未能及时识别关联关系并履行审议程序及披露义务,上述情况导致华钰矿业的关联交易授权与批准的内部控制存在重大缺陷。根据《上市规则》第 1391 条规定,公司股票及其衍生品种将于 2021 年 4 月 29 日停牌 1 天"。

同日,公司公布了 2020 年年度报告、补充确认日常关联交易、续聘立信会计师事务所为其 2021 年审计机构等一系列公告。

华钰矿业 2020 年年报披露的当年营业收入为 23.79 亿元,归属于上市公司股东净利润为 7 238 万元,期末归属上市公司股东净资产为 25.16 亿元,总资产为 49.15 亿元。华钰矿业补充确认日常关联交易如表 10-11 所示。

表 10-11　华钰矿业补充确认关联交易

单位：万元(人民币)

关联方	关联交易 (销售)内容	2019 年 发生额	2019 年年末 应收账款余额	2020 年 发生额	2020 年年末 应收账款余额	补充确认关联 交易的原因
西藏开恒	矿产品 销售	12 939.91	11 903.30	6 577.91	3 586.61	公司与西藏开恒、西藏诚康之间发生的关联交易系公司正常生产经营业务,交易价格公允。因公司管理层对关联关系缺乏专业准判断,导致公司未能及时识别关联关系并履行审议程序及披露义务,现对此关联交易进行补充披露
西藏诚康	矿产品 销售	8 442.12	9 554.75	3 957.72	3 596.11	
合计	—	21 382.03	21 458.05	10 535.63	7 182.72	

立信会计师事务所对华钰矿业出具的《2020 年度内部控制审计报告》中"导致否定意见的事项"具体内容如下：

"华钰矿业 2020 年 12 月 31 日的财务报告内部控制存在如下重大缺陷：

未严格按照公司《关联交易管理制度》执行相关内部控制程序,导致无法保证关联方及关联方交易被及时识别或防范资金被违规占用、关联方交易没有履行相关的审批和恰当的披露,存在控股股东及关联方违规占用的情况。

有效的内部控制能够为财务报告及相关信息的真实完整提供合理保证,而上述重大缺陷使华钰矿业公司内部控制失去这一功能。

华钰矿业公司管理层已识别出上述重大缺陷,并将其包含在企业内部控制评价报告中。上述缺陷在所有重大方面得到公允反映。在华钰矿业公司 2020 年财务报表审计中,我们已经考虑了上述重大缺陷对审计程序的性质、时间安排和范围的影响。本报告并未对我们在 2020 年 12 月 31 日对华钰矿业公司 2020 年财务报表出具的审计报告产生影响。"

讨论：

(1) 结合案例资料,谈谈内部控制否定审计意见的原因。

(2) 结合案例资料,谈谈关联交易内部控制的关键控制点。

课程思政

马克思的系统观与发展观

马克思主义唯物辩证法认为万事万物是相互联系、相互依存的。只有用普遍联系的、全面系统的、发展变化的观点观察事物,才能把握事物发展规律。

讨论：

马克思主义的系统观与发展观对内部控制设计的指导意义。

第十一章　政府审计专题

学习目标

● 理解政府审计的功能与目标及政府审计组织
● 了解政府审计与民间审计的区别与联系
● 熟悉我国政府审计规范
● 了解我国政府审计业务

第一节　政府审计概述

政府审计是指政府审计机关独立检查会计账表、凭证以及相关资料，评价内部控制制度，查证财政财务活动，监督财政财务收支真实、合法、效益的行为，其实质是对受托经济责任履行情况进行独立的监督。

关于中外政府审计的产生与发展，在第一章已有阐述，这里不再赘述。本节首先简要介绍政府审计的功能与目标以及政府审计组织体系，再通过政府审计与注册会计师审计的比较，进一步阐述政府审计的特点。

一、政府审计功能

审计功能是由审计本质决定的。审计功能是指审计在经济社会运行中所表现出来的能力和功效。对政府审计本质的不同理解会产生对政府审计功能的不同观点。表11-1梳理了审计发展过程中关于政府审计本质及其功能的观点。

随着人们对国家治理认识的深化，当前我国对政府审计的本质的主流观点是国家治理论，该理论认为政府审计是国家治理体系的重要组成部分，是依法监督制约权力的一项制度安排。随着经济社会的发展，政府审计职能与范围的拓展对于推动民主法治、促进国家经济社会健康运行、保障人民的根本利益并最终实现国家良治具有重要的意义。

国家治理的核心问题是公共权力的配置与运行问题，主要内容无非是公权运行中的决策、执行与监督控制三大问题。其中决策问题主要关注政府或其他公共权力部门是否"作正确的决策",即政府决策是否科学、合理、合法,是否有理有据,是否符合政府的战略初衷和民众的根本利益;执行问题主要关注政府或其他公共权力部门是否"正确地做事",即能否将正确的决策予以执行,实现预期目标与效果,并在此过程中兼顾效率与效果的统一。

表 11-1 关于政府审计本质及其功能的观点

阶段	本质	功能
传统观点	查账论	防止账目中错弊以及代理人贪污、偷盗资产的发生
	方法过程论	通过系统过程确认经济活动及其认定与标准之间的吻合,促进报告者按标准报告经济活动
	财政监督论	监督财政资金,使其能够得到合法、有效地使用
	经济监督论	促进受托管理国家财政资金的受托者忠实履行经济管理责任
	受托责任论	所有权与经营权分离、多层次经营体制下,维护委托者利益,并确认、解脱受托者的责任
现代观点	民主法治与政府治理工具论	促进民主法治,完善政府治理
	"看门狗"和经济卫士论	保障公共财产的安全、有效使用
	"免疫系统"论	揭示代理人履责情况、抵御与预防损害国家、集体与人民利益的行为
	国家治理论	在国家治理中揭示问题、预防隐患、抵御风险隐患

但是,为了缓解公共权力运行中各级、各部门关于可能存在的代理问题,保护公民利益,实现国家良治,国家必须引入监督控制系统,以合理保证公共权力运行中决策系统和执行系统的合法合理运行。虽然从包括我国在内的世界各国的政府审计实践看,政府审计机构也是公共权力的受托责任代理人,无法实现超然的独立,但通过对政府审计组织的权责界定与利益隔离,政府审计可相对独立地监督政府或其他公共权力机构的决策与执行问题,因而政府审计实质上构成了国家治理体系的监督控制系统的重要组成部分。

将政府审计的本质界定为国家治理论,则政府审计的功能可以被认为是人体"免疫系统"所具有的功能,即政府审计在国家治理体系中具有揭示功能、预防功能和抵御功能。

揭示功能是指政府审计机关执行审计业务后能够客观、如实地反映被审计单位的真实情况和揭示存在的问题,以促进相关责任单位及其人员的整改、实现国家治理的纠偏;预防功能是指政府审计机关通过执行审计能够起到预防和预警风险隐患、降低不利影响的作用,以实现国家治理的前移;抵御功能是指政府审计通过促进健全制度、规范机制、起到抑制和抵御各种风险隐患的作用,进而提高国家治理的绩效。

全过程人民民主是新时代我们党领导人民推进社会主义政治建设取得的重大理论和实践创新成果,全过程人民民主是全链条、全方位、全覆盖的民主。国家治理现代化与全过程人民民主都内含着民主、参与、协商、合作、法治等元素。只有通过两者在社会主义建设实践中相互融嵌、彼此赋能,才能保证国家治理的民主化和人民民主的真实性,才能实现民主的最大化和治理的现代化。

政府审计与国家治理的逻辑关系如图 11-1 所示。

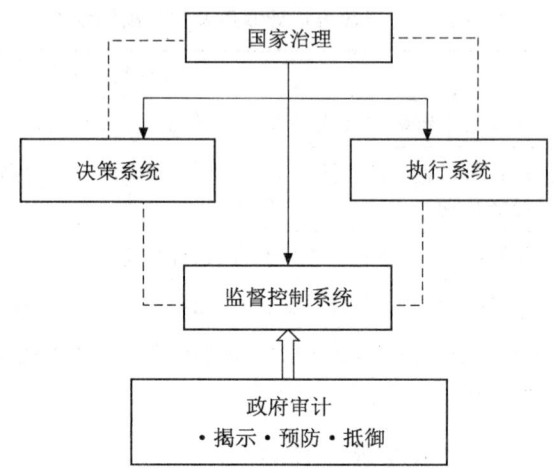

图 11-1 政府审计与国家治理的逻辑关系

二、政府审计目标

政府审计目标就是审计机关开展审计工作所要达到的境界或目的。政府审计目标与政府审计目的基本是一致的,因此,这里的"政府审计目标"也是"政府审计目的"的概念。按照层次不同,我国政府审计目标可以划分为根本目标、现实目标和直接目标。其中,我国政府审计的根本目标是维护人民群众的根本利益,现实目标是推进法治、维护民生、推动改革、促进发展,直接目标是监督和评价被审计单位财政财务收支的真实、合法和效益。三者相互联系,相互依存。根本目标是最高层次的目标,是审计工作的最终目的,是确定审计工作在一定时期的现实目标和直接目标的前提和基础。现实目标和直接目标是根本目标在一定时间和空间内的具体化。现实目标既是根本目标在现阶段的具体体现,又是直接目标在一定时期的方向和指引。

相对于内部审计与注册会计师审计,政府审计的目标具有其自身的特点。主要包括:(1)政府审计目标的公共性。政府审计的本质与功能决定了政府审计目标必须从维护公共利益的角度来确定,围绕监督公共权力履行、公共政策制定、公共服务提供、公平秩序构建等,促进体现公共意志、维护公共利益。(2)政府审计目标的层次性。政府审计的目标不是单一的,而是具有多个层次。总体看,政府审计目标包括根本目标、现实目标与直接目标,而政府审计的首要任务和工作重点则是落实这些目标的具体体现。(3)政府审计目标的动态性。在不同时期,经济社会发展的环境和条件不同,政府审计工作面临的需求也不同。

为了适应经济社会发展环境和条件的变化,更好地满足其需求,政府审计目标特别是现实目标要据以做出相应的调整。审计目标的动态性要求审计机关时刻关注经济社会发展趋势,并根据经济社会发展需求,适时调整审计任务和工作重点。(4)政府审计目标的国别性。由于不同国家的社会制度、国家性质、政治体制等可能存在本质的差别,各国政府审计目标可能存在不同程度的差异。

三、政府审计组织

(一) 政府审计组织模式

从政府审计机关的隶属关系看,政府审计组织的主要模式有立法模式、司法模式、独立模式和行政模式四种。

1. 立法模式

审计机关隶属于立法机关,直接对立法机构负责并报告工作,独立于政府,依法实施审计监督权。

2. 司法模式

审计机关隶属于国家司法机关,除了拥有审计监督权,还拥有一定的司法权,即能够直接对违反财经法规、制度的事项和个人进行处罚。

3. 独立模式

审计机关独立于立法、司法和行政部门,单独形成一个国家政权的分支,履行监督权,对法律负责或者作为顾问为立法部门和政府部门提供帮助,对审计中发现的问题没有处理权,需交有关部门处理。

4. 行政模式

审计机关隶属于政府行政部门或政府某一部门,是国家行政机构的一部分,依法对政府各部门、各单位的财政预算和收支活动等进行审计,并对政府负责,以保证政府财经政策、法令、计划和预算等的正常实施。

世界上一些国家的政府审计组织模式的比较如表 11-2 所示(张庆龙、沈征,2017[①])。

表 11-2　各国审计组织模式比较

组织模式	隶属关系	审计职权	审计经费	代表国家
立法型	议会、国会	检查、建议、报告	议会支付、独立核算	英国、美国
司法型	司法机关	检查、调查、报告、处理、裁决、建议	议会拨付、独立核算	法国、意大利
独立型	独立	检查、调查、报告、建议、处理、审计立法权	独立核算	德国、日本
行政型	国务院、总统	检查、调查、处理、建议、报告、裁决	独立核算、财政部拨付	中国、泰国

---

① 张庆龙,沈征. 政府审计学[M]. 北京:中国人民大学出版社,2017.

(二) 政府审计机关领导体制

政府审计机关领导体制主要指审计机关的隶属关系和权力划分等方面的制度和体系的总称,即审计机关受哪个国家机关领导,以及上下级审计机关之间的领导关系。纵观世界各国,政府审计机关的领导体制主要分为以下三种。

1. 分级领导体制

中央或联邦审计机关和地方审计机关各自独立,没有任何领导关系,如美国、法国、德国、日本等国家采用的就是分级领导体制。例如,美国地方审计机关主要对当地的立法机关负责,其在实现各自的审计职能和向各州和地方议会报告方面所起的作用与审计总署基本相同,但并不接受中央审计机关的领导。各州和地方政府审计局直接对各州和地方议会负责,有权对该州政府和地方政府的任何官方事务或与政府有关的事务进行审查和监察。审计总署与各州或地方审计局之间没有上下级的隶属关系,它们之间不存在任何领导或指导的关系。美国联邦审计总署 2004 年已更名为政府问责署(Government Accountability Office,GAO)。

2. 垂直领导体制

垂直领导体制下中央或联邦审计机关对地方审计机关实行垂直的领导和管理,如印度和菲律宾等国家。在垂直领导体制下,审计机关与地方审计机构可以分别专门负责中央与地方的财政资金的监督,各司其职,强化监督力度。同时,地方审计机构又在业务上接受审计机关的领导。这样,有利于对中央、地方两级财政资金的监督;有利于审计系统内部加强业务建设,在全国形成一个有机的整体;也有利于加强中央对地方的控制,使最高领导机关的决定能够贯彻执行。

3. 双重领导体制

双重领导体制是指某一机关由两个上级领导机关同时进行领导的体制。世界上只有少数国家采用这种体制,我国是其中之一。我国 2021 年修订的《审计法》(以下简称"新《审计法》")规定,省、自治区、直辖市、设区的市、自治州、县、自治县、不设区的市、市辖区的人民政府的审计机关,分别在省长、自治区主席、市长、州长、县长、区长和上一级审计机关的领导下,负责本行政区域内的审计工作。地方各级审计机关对本级人民政府和上一级审计机关负责并报告工作,审计业务以上级审计机关领导为主。地方各级审计机关负责人的任免,应当事先征求上一级审计机关的意见。

(三) 我国政府审计组织

1. 我国政府审计组织体系

经过多年实践探索,我国形成了特色鲜明、层次分明、职能齐全的政府审计组织体系。我国政府审计的基本组织体系由中央审计委员会、审计署及地方审计机构构成。其中,审计署及各地方审计机构是政府审计的执行主体,受中央审计委员会和国务院双重领导;审计署除了内设司局,还有外派的派驻审计局和特派员办事处。

中央审计委员会作为党中央决策议事协调机构,成立目的在于落实党中央对审计工作的部署要求,加强全国审计工作统筹,优化审计资源配置,更好地发挥审计在党和国家监督体系中的重要作用。中央审计委员会办公室设在审计署。审计署是国务院组成部门之一,在国务院总理领导下,主管全国的审计工作。审计长是审计署的行政首长。

2021 年 10 月 23 日,全国人大通过的现行《审计法》明确我国审计监督体系是:在中国共产党领导下,构建集中统一、全面覆盖、权威高效的审计监督体系。我国政府审计组织体系是保障我国审计监督体系得以实现的组织保障。

我国审计组织架构如图 11-2 所示。

2. 我国政府审计机关的权限

(1) 要求报送资料权。现行《审计法》第三十四条规定:"审计机关有权要求被审计单位按照审计机关的规定提供财务、会计资料以及与财政收支、财务收支有关的业务、管理等资料,包括电子数据和有关文档。被审计单位不得拒绝、拖延、谎报。""被审计单位负责人应当对本单位提供资料的及时性、真实性和完整性负责。""审计机关对取得的电子数据等资料进行综合分析,需要向被审计单位核实有关情况的,被审计单位应当予以配合。"第三十五条规定:"国家政务信息系统和数据共享平台应当按照规定向审计机关开放。""审计机关通过政务信息系统和数据共享平台取得的电子数据等资料能够满足需要的,不得要求被审计单位重复提供。"

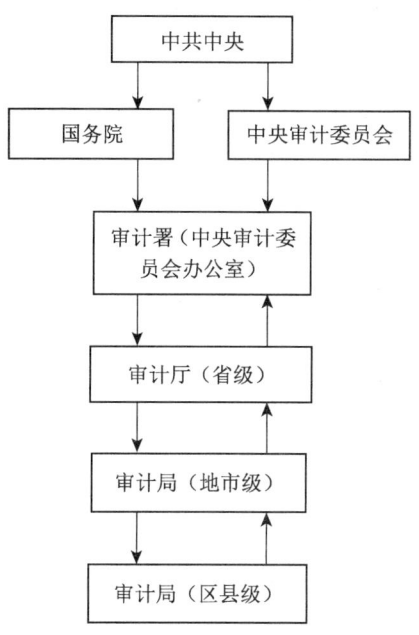

图 11-2　我国审计组织架构

(2) 检查权。现行《审计法》第三十六条规定:"审计机关进行审计时,有权检查被审计单位的财务、会计资料以及与财政收支、财务收支有关的业务、管理等资料和资产,有权检查被审计单位信息系统的安全性、可靠性、经济性,被审计单位不得拒绝。"

(3) 向外单位调查权。新《审计法》第三十七条规定:"审计机关进行审计时,有权就审计事项的有关问题向有关单位和个人进行调查,并取得有关证明材料。有关单位和个人应当支持、协助审计机关工作,如实向审计机关反映情况,提供有关证明材料。""审计机关经县级以上人民政府审计机关负责人批准,有权查询被审计单位在金融机构的账户。""审计机关有证据证明被审计单位违反国家规定将公款转入其他单位、个人在金融机构账户的,经县级以上人民政府审计机关主要负责人批准,有权查询有关单位、个人在金融机构与审计事项相关的存款。"

(4) 制止被审计单位违法行为的权力。现行《审计法》第三十八条规定:"审计机关进行审计时,被审计单位不得转移、隐匿、篡改、毁弃财务、会计资料以及与财政收支、财务收支有关的业务、管理等资料,不得转移、隐匿、故意毁损所持有的违反国家规定取得的资产。审计机关对被审计单位违反前款规定的行为,有权予以制止;必要时,经县级以上人民政府审计机关负责人批准,有权封存有关资料和违反国家规定取得关存款,需要予以冻结的,应当向人民法院提出申请。""审计机关对被审计单位正在进行的违反国家规定的财政收支、财务收支行为,有权予以制止;制止无效的,经县级以上人民政府审计机关负责人批准,通知财政部门和有关主管机关、单位暂停拨付与违反国家规定的财政收支、财务收支行为直接有关的款项,已经拨付的,暂停使用。""审计机关采取前两款规定的措施不得影响被审计单位合法的业务活动和生产经营活动。"

(5) 建议有关单位纠正违规违法行为的权力。新《审计法》第三十九条规定:"审计机关认为被审计单位所执行的上级主管机关、单位有关财政收支、财务收支的规定与法律、行政法规相抵触的,应当建议有关主管机关、单位纠正;有关主管机关、单位不予纠正的,审计机关应当提请有权处理的机关、单位依法处理。"

(6) 通报或公布审计结果权。新《审计法》第四十条规定:"审计机关可以向政府有关部门通报或者向社会公布审计结果。""审计机关通报或者公布审计结果,应当保守国家秘密、工作秘密、商业秘密、个人隐私和个人信息,遵守法律、行政法规和国务院的有关规定。"

(7) 提请有关部门协助权。新《审计法》第四十一条规定:"审计机关履行审计监督职责,可以提请公安、财政、自然资源、生态环境、海关、税务、市场监督管理等机关予以协助。有关机关应当依法予以配合。"

3. 政府审计机关与审计人员的工作要求及其法律责任

新《审计法》在赋予政府审计机关和审计人员较大权限的同时,也对审计机关和审计人员提出了更高的工作要求及相关法律责任,具体包括以下方面。

(1) 对审计机关在队伍建设方面的要求。新《审计法》第十二条规定:"审计机关应当建设信念坚定、为民服务、业务精通、作风务实、敢于担当、清正廉洁的高素质专业化审计队伍。""审计机关应当加强对审计人员遵守法律和执行职务情况的监督,督促审计人员依法履职尽责。""审计机关和审计人员应当依法接受监督。"

(2) 对审计人员专业胜任能力方面的要求。新《审计法》第十三条规定:"审计人员应当具备与其从事的审计工作相适应的专业知识和业务能力。"

(3) 对审计独立与保守秘密方面的要求。新《审计法》第六条规定:"审计机关和审计人员办理审计事项,应当客观公正,实事求是,廉洁奉公,保守秘密。"第十四条规定:"审计机关和审计人员不得参加可能影响其依法独立履行审计监督职责的活动,不得干预、插手被审计单位及其相关单位的正常生产经营和管理活动。"第十六条规定:"审计机关和审计人员对在执行职务中知悉的国家秘密、工作秘密、商业秘密、个人隐私和个人信息,应当予以保密,不得泄露或者向他人非法提供。"

(4) 关于审计法律责任的规定。新《审计法》第五十七条规定:"审计人员滥用职权、徇私舞弊、玩忽职守或者泄露、向他人非法提供所知悉的国家秘密、工作秘密、商业秘密、个人隐私和个人信息的,依法给予处分;构成犯罪的,依法追究刑事责任。"

四、政府审计与注册会计师审计的区别与联系

(一) 政府审计与注册会计师审计的区别

政府审计主体是政府审计机关,注册会计师审计主体是会计师事务所及其注册会计师和其他审计人员。除了审计主体不同,两者在审计对象、审计目标、审计方式、审计性质、处理权限、审计收费、独立性、审计标准等方面都存在较大的区别。实务中不同的政府审计业务与注册会计师审计具有程度不同的差异,例如,政府审计机构实施的财经法纪审计、绩效审计与注册会计师审计存在的差异更大。

这里要强调的是政府审计的性质,政府审计性质侧重于监督与评价职能,政府审计的性质具有研究型的特点。由于政府审计在国家治理体系中是具有揭示、预防和抵御功能的"免疫系统",国家审计要更好地服务于国家治理,就要研究国家治理的目标,研究党和国家重大方针政策出台的背景、战略意图和改革目标,从历史与现实、体制与机制、宏观与微观等方面分析审计发现的问题,提出能够提高治理效能的对策与建议。总之,政府审计应从研究的视角、用研究的思维和方法开展审计工作。

政府审计与注册会计师审计的区别如表 11-3 所示。

表 11-3 政府审计与注册会计师审计的区别

区别方面	政府审计	注册会计师审计
审计对象	主要是财政和其他公共资金审计	一切营利与非营利单位
审计目标	侧重于财政、财务收支真实性、合法性和效益性审计	财务报表审计对财务报表所有重大方面编制的合法性和公允性(若存在)进行鉴证;内部控制审计对特定基准日内部控制的设计与运行有效性进行鉴证
审计方式	强制审计	受托审计
审计性质	侧重监督与评价职能、研究型审计	发表独立的鉴证意见
处理权限	具有处理权和依法处罚权,要求整改或进行复审等权力	没有处理与处罚权
审计收费	政府行为,无偿审计	商业行为,有偿审计
独立性	我国政府审计是单向独立(仅与被审计单位独立,接受上级政府、审计机关和本级政府的领导)	双向独立(与委托者和被审计单位都保持独立)
审计标准	国家审计准则	独立审计准则

(二) 政府审计与注册会计师审计的联系

我国政府审计应充分发挥宏观监督、惩治腐败、保护国有资产、公共资金安全完整的职

能,从微观入手,宏观着眼,通过对微观经济单位带有普遍性、倾向性的问题进行综合分析,提出改进宏观调控的建议,为政府宏观决策提供参考依据;加大对重大违法违规问题和经济犯罪案件的查处力度,为惩治腐败服务;注意发现查处由于决策失误和管理不善造成国有资产流失的问题,维护国有资产安全有效,防止国有资产流失。

尽管政府审计与注册会计师审计之间存在许多本质差别,但政府审计机关可以不断与注册会计师审计进行相互交流,共同在审计人才、审计技术和方法上进行交流,相互学习,不断提高双方的审计技术与方法。另外,在国有企业及其公共资金审计中,政府审计和注册会计师审计存在整合审计资源,可以相互利用审计成果,促进两者协调发展。这点在我国尤为重要,因为我国国有企业资产和公共资金庞大,我国政府审计资源与其审计任务之间存在较大的矛盾,整合审计资源,有效利用注册会计师审计更为重要。对企业一般的财务收支问题,可以有选择地利用注册会计师审计的审计成果或将部分政府审计项目或项目中的部分内容直接通过外包方式委托给会计师事务所审计。新《审计法》第十三条规定:"审计机关根据工作需要,可以聘请具有与审计事项相关专业知识的人员参加审计工作。"注册会计师审计也可利用政府审计的审计成果,通过政府审计发现的问题分析被审计单位内部控制存在的薄弱环节和经营倾向,确定重要的会计问题和重点审计领域。

在我国政府审计、注册会计师审计、内部审计的监督体系中,政府审计处于统御地位。我国新《审计法》第三十三条规定:"社会审计机构审计的单位依法属于被审计单位的,审计机关按照国务院的规定,有权对该社会审计机构出具的相关审计报告进行核查。"

案例分析

延伸阅读与讨论

中国石油天然气集团有限公司所属企业涉嫌倒卖进口原油问题

审计发现,2015 年至 2020 年,中国石油天然气集团有限公司所属企业涉嫌倒卖进口原油。2021 年 4 月,审计署将此问题线索上报党中央、国务院。国务院联合调查组进行了核查调查并公开通报,至 2022 年 1 月,按照党中央、国务院决定,有关部门对中国石油倒卖进口原油问题依规依纪依法进行了严肃处理,对违法违规获利予以追缴。

……

中国东方资产管理股份有限公司原党委委员、副总裁胡某涉嫌违规决策造成国有资产损失问题

审计发现,2015 年至 2016 年,胡小钢涉嫌违规决策低价处置不良资产造成国有资产损失,并通过亲属收受钱款。2019 年 7 月,审计署将此问题线索移送中央纪委国家监委调查。2022 年 1 月,胡某被开除党籍、开除公职,收缴违纪违法所得,并移送司法机关。

……

资料来源：

摘自审计署"2022 年第 2 号公告：审计署移送违纪违法问题线索查处情况"。

讨论：

结合案例，谈谈我国政府审计在国家治理体系中的揭示功能、预防功能和抵御功能。

第二节　政府审计规范

政府审计规范是政府审计监督制度建立的法律依据和政府审计机关及其审计人员在审计工作中应当遵循的各种审计法规、制度、准则等的总称。政府审计规范中的核心内容是政府审计准则（或称国家审计准则）。世界上第一个政府审计准则是美国审计总署于1972 年颁布的《政府机构、计划项目、活动和职能的审计准则》，各国政府审计准则存在形式和政府审计准则框架及内容存在较大差异，甚至有的政府对制定政府审计准则持否定态度。由世界各国最高一级政府审计机关所组成的国际性组织——世界最高审计机关国际组织（INTOSAI）于 2012 年发布了一系列新的审计准则，从而形成了现行的最高审计机关国际准则框架：第一层，基础性原则；第二层，最高审计机关行使职能的前提条件；第三层，审计基本准则；第四层，一般审计指南（财务审计、经营审计、合规审计三种业务的指南）和特殊事项指南。本节重点介绍我国政府审计规范的内容。

一、政府审计规范体系

我国政府审计规范体系包括相关法律规范、职业道德准则和国家审计准则三部分。其中政府审计法律规范包括三个层次：第一层，国家法律规范，如《宪法》《审计法》；第二层，行政法规；第三层，部门规章及规范性文件等。

我国政府审计规范体系如图 11-3 所示。

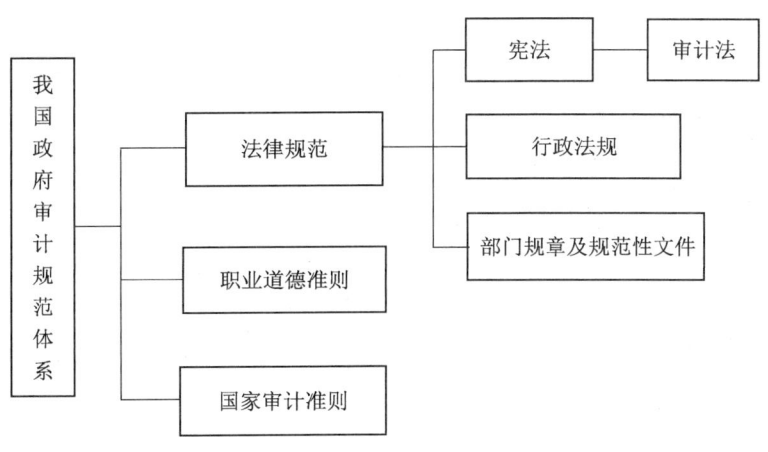

图 11-3　我国政府审计规范体系

1. 法律规范

《宪法》第九十一条规定:"国务院设立审计机关,对国务院各部门和地方各级政府的财政收支,对国家的财政金融机构和企业事业组织的财务收支,进行审计监督。"

《审计法》对审计机关和审计人员、审计机关职责、审计机关权限、审计程序、法律责任等内容进行了规范。新审计法的修改情况以下将进一步阐述。

行政法规包括《国务院关于加强审计工作的意见》《关于完善审计制度若干重大问题的框架意见》《党政主要领导干部和国有企事业单位主要领导人员经济责任审计规定》等。

部门规章及规范性文件有《审计署公告审计结果办法》《政府投资项目审计规定》《关于进一步加大审计力度促进稳增长等政策措施落实的意见》等。

2. 职业道德准则

在职业道德准则体系下,审计人员职业道德是指审计机关审计人员的职业品德、职业纪律、职业胜任能力和职业责任,审计人员应遵守的职业道德基本原则包括客观公正、实事求是、合理谨慎、职业胜任、保守秘密、廉洁奉公、恪尽职守。此外,准则还规定了审计人员在执业过程中、继续教育与培训、保密等方面的具体要求。

3. 国家审计准则

国家审计准则是审计机关和审计人员履行法定审计职责的行为规范,是执行审计业务的职业标准,是评价审计质量的基本尺度。由于国家审计准则是政府的执业标准,涉及政府审计实务,体现了政府审计与民间审计实务的差异,因此,以下介绍国家审计准则内容,且重点介绍涉及国家审计实务特有内容的条款。

二、我国国家审计准则

2010 年修订后的《国家审计准则》分七章,包括总则、审计机关和审计人员、审计计划、审计实施、审计报告、审计质量控制和责任、附则,共计 200 条。

我国《国家审计准则》内容如图 11-4 所示。

1. 总则

总则中明确审计机关的主要工作目标是通过监督被审计单位财政收支、财务收支,以及有关经济活动的真实性、合法性、效益性,维护国家经济安全,推进民主法治,促进廉政建设,保障国家经济和社会健康发展。

审计机关依法对预算管理或者国有资产管理使用等与国家财政收支关的特定事项向有关地方、部门、单位进行专项审计调查。审计机关进行专项审计调查时,也应当适用政府审计准则。

审计机关和审计人员执行审计业务,应当依据年度审计项目计划,编制审计实施方案,获取审计证据,得出审计结论。

另外,总则中强调了国家审计准则中使用"应当""不得"词汇的条款为约束性条款,是

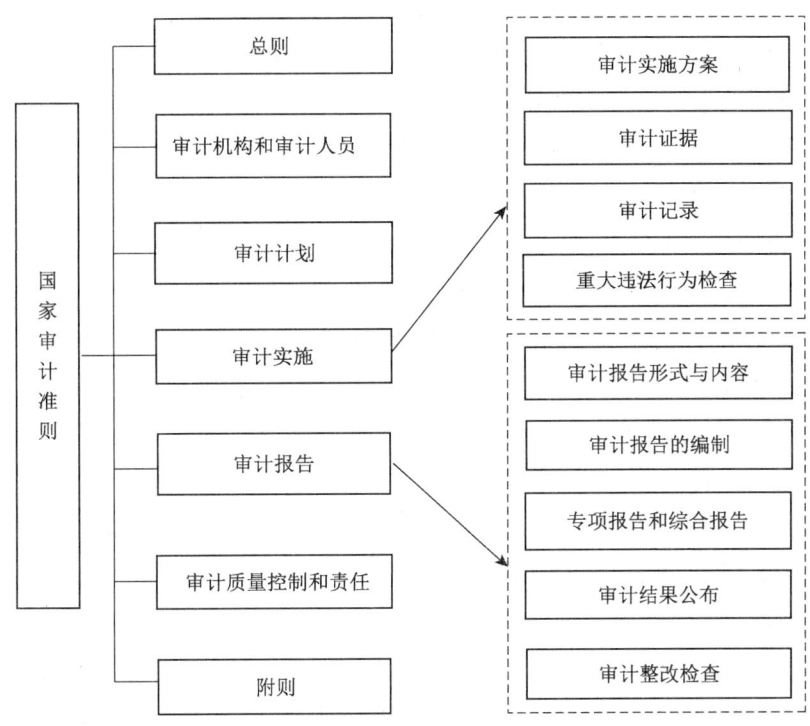

图 11-4　我国《国家审计准则》内容

审计机关和审计人员执行审计业务必须遵守的职业要求。使用"可以"词汇的条款为指导性条款,是对良好审计实务的推介。审计机关和审计人员未遵守政府审计准则中的约束性条款的,应当说明原因。

2. 审计机构和审计人员

该部分对审计机关和审计人员的资格条件、职业道德要求、专业胜任能力,以及执业过程中合理运用职业判断、保持职业谨慎、审慎评价审计证据等进行了规范。

3. 审计计划

政府审计计划是指年度项目审计计划。审计机关应当根据法定的审计职责和审计管辖范围,编制年度审计项目计划。编制年度审计项目计划应当服务大局,围绕政府工作中心,突出审计工作重点,合理安排审计资源,防止不必要的重复审计。

审计机关按照下列步骤编制年度审计项目计划:①调查审计需求,初步选择审计项目;②对初选审计项目进行可行性研究,确定备选审计项目及其优先顺序;③评估审计机关可用审计资源,确定审计项目,编制年度审计项目计划。

下列审计项目应当作为必选审计项目:①法律法规规定每年应当审计的项目;②本级政府行政首长和相关领导机关要求审计的项目;③上级审计机关安排或者授权的审计项目。

上级审计机关直接审计下级审计机关审计管辖范围内的重大审计事项,应当列入上级审计机关年度审计项目计划,并及时通知下级审计机关。上级审计机关可以将依其审计管辖范围内的审计事项,授权下级审计机关进行审计。对于上级审计机关管辖范围内的审计事项,下级审计机关也可以提出授权申请,报有管辖权的上级审计机关审批。获得授权的审计机关应当将授权的审计事项列入年度审计项目计划。

4. 审计实施

审计实施部分主要就审计实施方案、审计过程与取证程序、审计判断、审计记录等审计实施过程进行了规范。其中审计实施方案的主要内容包括:①审计目标;②审计范围;③审计内容与重点;④审计工作组织安排;⑤审计工作要求。

关于审计程序,新《审计法》第四十三条规定:"审计人员通过审查财务、会计资料,查阅与审计事项有关的文件、资料,检查现金、实物、有价证券和信息系统,向有关单位和个人进行调查时,审计人员应当不少于二人,并出示其工作证件和审计通知书副本。"

另外,我国政府审计侧重于财经法纪的审计监督,所以国家审计准则对重大违法行为检查的内容、职业判断、审计措施等进行了规范与指导。

5. 审计报告

审计报告包括审计机关进行审计后出具的审计报告以及专项审计调查后出具的专项审计调查报告。新《审计法》第四十五条规定:"审计机关按照审计署规定的程序对审计组的审计报告进行审议,并对被审计单位对审计组的审计报告提出的意见一并研究后,出具审计机关的审计报告。对违反国家规定的财政收支、财务收支行为,依法应当给予处理、处罚的,审计机关在法定职权范围内作出审计决定;需要移送有关主管机关、单位处理、处罚的,审计机关应当依法移送。"

审计报告应当内容完整、事实清楚、结论正确、用词恰当、格式规范。审计机关的审计报告(审计组的审计报告)包括下列基本要素:①标题;②文号(审计组的审计报告不含此项);③被审计单位名称;④审计项目名称;⑤内容;⑥审计机关名称(审计组名称及审计组组长签名);⑦签发日期(审计组向审计机关提交报告的日期)。经济责任审计报告还包括被审计人员姓名及所担任职务。

专项审计调查报告除了符合审计报告的要素和内容要求,还应当根据专项审计调查目标重点分析宏观性、普遍性、政策性或者体制、机制问题并提出改进建议。

审计机关依法实行公告制度。审计机关的审计结果、审计调查结果依法向社会公布。

6. 审计质量控制和责任

审计机关应当建立审计质量控制制度,以保证实现下列目标:①遵守法律法规和本准则;②作出恰当的审计结论;③依法进行处理处罚。

审计机关应当针对下列要素建立审计质量控制制度:①审计质量责任;②审计职业道德;③审计人力资源;④审计业务执行;⑤审计质量监控。

审计机关实行审计组成员、审计组主审、审计组组长、审计机关业务部门、审理机构、总注册会计师和审计机关负责人对审计业务的分级质量控制。

审计组成员的工作职责包括：①遵守国家审计准则，保持审计独立性；②按照分工完成审计任务，获取审计证据；③如实记录实施的审计工作并报告工作结果；④完成分配的其他工作。

7. 附则

附则对该准则不适用情况、准则解释权、准则生效日期等进行了补充说明。

政府审计和社会审计同属审计业务，原理相似、逻辑相通，我国国家审计准则在一定程度上借鉴了社会审计的审计准则。我国政府审计准则与美国政府审计准则相比具有以下两方面差异：第一，在借鉴社会审计的执业准则方面，美国政府审计准则的借鉴更为充分和彻底。第二，规定了政府审计业务的共同准则要求，美国的政府审计准则更为细致。美国的政府审计准则涵盖财务审计、绩效审计、其他审计和财务报表审阅四大类业务活动，而我国并未作如此详细区分并制定具体准则。我国这一特点的优势在于逻辑清晰且一致，针对性稍显不足。

综上，以上两方面差异与我国行政事业单位的财务报告和内部控制制度建设进程及发展现状相适应的。一方面，各行政事业单位并未普遍形成完整的财务报告，与财务报告相关的会计制度也尚处于初步建设与发展阶段，整体水平有待提高，另一方面，根据对被审计单位内部控制有效性的评估结果决定实质性审计程序性质、时间与范围的可行性较低，因此不适宜全面借鉴注册会计师执业准则的具体内容。

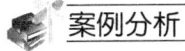 案例分析

如何查出执法车租赁与油款可能存在的贪腐？

某市 A 区审计局根据政府审计计划对下属镇领导进行经济责任审计。根据调查情况，拟将镇土地局作为一个审计重点，且由于实行了公车改革，拟对镇土地局租用的执法车进行审计。审计人员发现，2020 年 8 月 1 日至 2022 年 7 月 31 日该土地局从一民营电子公司租用一辆新购的桑塔纳车用于执法公务，一次性支付两年租金 13 万元（每年 6.5 万元），另支付油钱 2 万元（每年 1 万元）。土地局负责人称他们每年从该电子公司领回加油票 1 万元，由执法人员直接领取油票加油。审计人员根据情况，决定对租车与油款的真实性、合法性与效益性进行审计。

讨论：如何对土地局租车的真实性与效益性进行审计，对加油票可能存在的贪污问题如何进行取证？

第三节　政府审计业务

政府审计的本源是监督财政资金的收支。现代国内外政府审计的主要业务还是围绕

着财政资金、公共机构与公营企业的资金进行审计监督,自 20 世纪 70 年代开始,政府绩效审计成为政府审计的主要趋势,包括对政府政策绩效的审计。

新《审计法》第二条规定:"国务院各部门和地方各级人民政府及其各部门的财政收支,国有的金融机构和企业事业组织的财务收支,以及其他依照本法规定应当接受审计的财政收支、财务收支,依照本法规定接受审计监督。审计机关对前款所列财政收支或者财务收支的真实、合法和效益,依法进行审计监督。"

2014 年,党的十八届四中全会审议通过的《中共中央关于全面推进依法治国若干重大问题的决定》,首次将审计监督纳入党和国家监督体系,明确了国家审计的重要地位,提出了"对公共资金、国有资产、国有资源和领导干部履行经济责任情况实行审计全覆盖"的总体要求。审计全覆盖要求做到"应审尽审、凡审必严、严肃问责"。全覆盖并不意味着审计不分重点、只顾"面"不顾"质"地实施审计,而是要有重点、有深度、有成效地实施审计全覆盖。

我国政府审计的具体业务大体可分为以下八大类。

一、财政审计

财政审计的对象是国家财政收支,即国务院各部门和地方各级人民政府及其所属各部门的财政收支。政府的税收和非税收入、政府债务收入,以及社会保障基金、住房公积金等政府负责管理的资金都是政府应该管的资金,其形成的收支都是政府财政的范畴。

财政预算审计是财政审计的主要内容。新《审计法》第十八条规定:"审计机关对本级各部门(含直属单位)和下级政府预算的执行情况和决算以及其他财政收支情况,进行审计监督。"第十九条规定:"审计署在国务院总理领导下,对中央预算执行情况、决算草案以及其他财政收支情况进行审计监督,向国务院总理提出审计结果报告。""地方各级审计机关分别在省长、自治区主席、市长、州长、县长、区长和上一级审计机关的领导下,对本级预算执行情况、决算草案以及其他财政收支情况进行审计监督,向本级人民政府和上一级审计机关提出审计结果报告。"

新《审计法》第二十四条规定:"审计机关对国有资源、国有资产,进行审计监督。审计机关对政府部门管理的和其他单位受政府委托管理的社会保险基金、全国社会保障基金、社会捐赠资金以及其他公共资金的财务收支,进行审计监督。"

关于基建审计,新《审计法》第二十三条规定"审计机关对政府投资和以政府投资为主的建设项目的预算执行情况和决算,对其他关系国家利益和公共利益的重大公共工程项目的资金管理使用和建设运营情况,进行审计监督。"

二、金融审计

金融审计是由政府审计机关和人员依法对金融机构的各项业务及财务收支活动的合

法性、合规性、真实性、效益性等进行审查与评价,以加强金融宏观调控和管理,促进金融事业健康发展的经济监督管理活动。它包括中央银行审计、商业银行审计及非银行金融机构审计。金融审计在国家金融监督体系中处于非常重要的地位,在维护金融安全、防范金融风险、强化金融管理、打击金融领域的违法犯罪活动等方面发挥着重要的作用。

由于金融风险具有系统性和传染性,政府审计机关实施金融审计时,如需要,审计可延伸至国有金融机构以外单位。新《审计法》第二十二条规定:"审计机关对国有企业、国有金融机构和国有资本占控股地位或者主导地位的企业、金融机构的资产、负债、损益以及其他财务收支情况,进行审计监督。遇有涉及国家财政金融重大利益情形,为维护国家经济安全,经国务院批准,审计署可以对前款规定以外的金融机构进行专项审计调查或者审计。"

三、国有企业与事业单位的审计

审计机关对国有企业和国有资本占控股地位或者主导地位的企业的资产、负债、损益及其他财务收支情况,进行审计监督。一般而言,政府审计中的国有企业审计主要包括两个方面:一是针对企业财务收支(资产、负债、损益等)的真实、合法、效益审计;二是针对国有企业及国有控股企业领导人员的任期经济责任审计。

对于使用财政资金的事业单位,新《审计法》第二十一条规定:"审计机关对国家的事业组织和使用财政资金的其他事业组织的财务收支,进行审计监督。"

四、外资审计

外资审计是国家审计机关依法对我国政府利用国外资金建设的投资项目和其他经济活动,以及这些资金的管理和潜在风险进行审计的行为。

外资审计对象分为狭义概念和广义概念。狭义概念的外资审计对象是指对我国政府向国际组织、外国政府及金融机构的直接借款和担保借款,以及使用上述资金的项目和其他经济活动等进行的审计。从广义概念理解,所有政府部门、国有金融机构和企事业单位利用外资直接或间接投资的投资项目和其他经济活动都是外资审计的对象。目前政府审计部门开展的外资审计,主要是狭义概念上的外资审计。新《审计法》第二十五条规定:"审计机关对国际组织和外国政府援助、贷款项目的财务收支,进行审计监督。"

五、绩效审计

《牛津现代高级英汉双解词典》对"绩效(performance)"的释义为"执行、履行、表现、成绩"。关于绩效,管理学上三种观点:①绩效是结果;②绩效是行为;③绩效是个人素质。第三种观点突破了传统绩效观念仅仅"追溯过去""评估历史"的局限,将视角拓展至未来,从而更加符合知识型员工的特性以及绩效管理的真正目标——长远、持续的绩效提高。通常"绩效"应是综合结果、行为与素质的表现。

政府绩效审计是指国家审计机关及其审计人员通过综合运用各种审计技术和方法，依据一定的标准，对财政财务收支的经济性、效率性、效果性（即"3E"）进行审计，有时还包括公平性与环保性审计（即"5E"审计），并在发现问题、找出问题的基础上提出有效的建议，以进一步审核与评价有关部门针对改进建议的落实情况，目的在于促进各个部门受托责任特别是绩效责任的有效履行。我国政府审计机关对被审计单位财政财务收支的真实性、合法性和效益性进行审计，强调了"效益性"审计。显然，绩效审计是我国政府审计的重要内容。

经济性，是指在适当考虑质量前提下尽量减少获得或使用资源的成本（简而言之，少支出）；效率性，是指商品、服务和其他结果及其所用资源之间的关系。商品、服务、或其他结果在多大程度上达到政策目标、经营目标以及其他预期效果（简而言之，支出得当）；效果性，是指目标的实现程度；公平性强调服务、产出和结果分配过程要体现平等性，主要关注资源分配问题和社会发展中的差异问题，包括制定的经济政策的公平性；环保性就是追求对自然资源的有效利用和生态环境的有效维护，主要关注环境污染和环境保护问题。以下说明"5E"之间的关系。

总体来说，经济性、效率性、效果性、公平性和环保性之间相互联系、相辅相成，在一定程度上，效率性包含了经济性，经济性和效率性是效果性的前提条件，而公平性和环保性又常常体现在效果性之中。其中，经济性、效率性和效果性是政府绩效审计的核心内容。概言之，经济性是成本减至最低、效率性是达到最佳的投入产出比、效果性是实际结果相对于预计结果的实现程度。其中三者之间的具体关系表现为：

第一，追求经济性可能会影响效率性。由于很多政府管理行为提高效率是以追加成本或牺牲资源为代价的，因此在政府管理行为中，单纯追求经济性，注重经济性指标的评价，考虑成本和节约，则会影响管理效率的提高。

第二，经济性和效率性共同作用于效果性。通常当效果性成为一种良好态势的状况时，相关的经济性、效率性也相应呈一种良性状态。但是追求效果、取得目标时，可能会造成不计成本、不惜任何代价、不考虑效率，将最终导致公共资源的浪费和不足。

第三，效果性是统筹效率性和经济性发展的方向，如果不考虑效果性，而一味追求节约、效率，则会导致政府机构偏离自己的目标。

第四，环保性和公平性是效果性的补充。环保性与公平性要求效果性要兼顾环保与社会公平。

绩效审计是高层次的审计，财政财务的真实性与合法性审计通常是绩效审计的基础。政府绩效审计主要对财政支出、公共资金支出、资源利用、社会经济政策等方面的绩效实施审计。除了一些专项绩效审计，政府绩效审计经常融于财政支出审计、公共建设项目投资审计及政策制定及其执行审计中。

绩效审计相对于财务审计和财经法纪审计，其审计证据的获取、绩效评价指标体系及各指标的权重、绩效评价标准等方面都存在较大的难度和主观性，有效实施绩效审计的关键是建立科学合理的评价指标体系与指标权重及评价标准。由于存在着长期绩效与短期绩效、宏观绩效与微观绩效、经济绩效与社会绩效等矛盾,绩效评价时应摒弃短期经济绩效唯一化的倾向,采用定性与定量相结合的评价体系。

六、经济责任审计

经济责任审计是我国特有的政府审计业务,经济责任审计是审计机关通过对党政领导干部或国有企业、国有控股企业领导人员所在地区、部门、单位财政财务收支及相关经济活动的审计,以监督、评价和鉴证党政领导干部或企业领导人员经济责任履行情况的行为。经济责任审计多是针对领导干部离任时对其任期内经济责任履行情况的审计。

经济责任审计的特点是:①经济责任审计监督与干部监督管理的结合;②经济责任审计的基础是对财政财务收支的审计;③经济责任审计是审计机关与纪委、监察委、组织、人事、国有资产监督管理部门的共同工作;④审计评价与责任追究侧重于对领导干部本人。⑤经济责任审计的对象不仅包括财务信息和业务信息,还包括领导人履行各种经济管理决策行为的审计,尤其要重点审计领导人对"三重一大"(重大事项决策、重要干部任命、重大投资项目、大额资金)的决策行为。

经济责任审计主要分为两大类,一类是针对党政领导干部的经济责任,另一类是针对国有企业和事业单位的负责人的经济责任。根据中共中央办公厅、国务院办公厅2019年印发的《党政主要领导干部和国有企事业单位主要领导人员经济责任审计规定》,国有企业单位负责人的经济责任审计内容包括:

（1）贯彻执行党和国家经济方针政策、决策部署情况;

（2）企业发展战略规划的制定、执行和效果情况;

（3）重大经济事项的决策、执行和效果情况;

（4）企业法人治理结构的建立、健全和运行情况,内部控制制度的制定和执行情况;

（5）企业财务的真实合法效益情况,风险管控情况,境外资产管理情况,生态环境保护情况;

（6）在经济活动中落实有关党风廉政建设责任和遵守廉洁从业规定情况;

（7）以往审计发现问题的整改情况;

（8）其他需要审计的内容。

地方各级党委和政府主要领导干部经济责任审计的内容包括:

（1）贯彻执行党和国家经济方针政策、决策部署情况。

（2）本地区经济社会发展规划和政策措施的制定、执行和效果情况。

（3）重大经济事项的决策、执行和效果情况。

（4）财政财务管理和经济风险防范情况民生保障和改善情况,生态文明建设项目、资金等管理使用和效益情况,以及在预算管理中执行机构编制管理规定情况。

（5）在经济活动中落实有关党风廉政建设责任和遵守廉洁从政规定情况。

（6）以往审计发现问题的整改情况。

（7）其他需要审计的内容。

关于党政工作部门、纪检监察机关、法院、检察院、事业单位和人民团体等单位主要领导干部经济责任审计的内容和党委与政府领导人经济责任审计内容相类似，这里不再赘述。

随着环境资源问题日益突出，当前党政领导自然资源的经济责任审计日益重要。如何实施包含自然资源的经济责任审计，是当前政府审计理论与实务中需要进一步探讨的问题。

七、国家重大政策措施落实情况跟踪审计

国家重大政策措施落实情况跟踪审计是对包括中央各有关部门、各级地方政府和国有企业（含金融机构）等对党和国家重大政策措施落实情况的审计监督，必要时可延伸审计相关单位、社会组织等对党和国家重大政策措施的落实情况，简称"政策跟踪审计"。

政策跟踪审计的主要内容包括：评价贯彻落实的总体情况；揭示政策落实过程中存在的主要问题；总结经验，总结反映各地区、各部门在贯彻落实党和国家重大政策措施过程中，取得的好经验好做法；收集分析研究政策建议；反映整改情况。

政府审计机关可以对被审计单位贯彻落实国家重大经济社会政策措施情况进行跟踪审计。新《审计法》第二十六条规定："根据经批准的审计项目计划安排，审计机关可以对被审计单位贯彻落实国家重大经济社会政策措施情况进行审计监督。"

八、领导干部自然资源资产离任审计

领导干部自然资源资产离任审计，是指审计机关依法依规对主要领导干部任职期间履行自然资源资产管理和生态环境保护责任情况进行的审计。其目的是加快推进生态文明建设，践行绿色发展理念，促进自然资源资产节约集约利用和生态环境安全，推动领导干部切实履行自然资源资产管理和生态环境保护责任。

自然资源资产管理和生态环境保护责任是指主要领导干部任职期间依法依规对本地区、本部门（单位）以及主管业务领域的以下工作应当履行的责任：土地、水、森林、草原、矿产、海洋等自然资源资产的管理开发利用；大气、水、土壤等环境保护和环境改善；森林、草原、荒漠、河流、湖泊、湿地、海洋等生态系统的保护和修复；其他与自然资源资产管理和生态环境保护相关的事项。

领导干部自然资源资产离任审计对象包括：（1）地方各级党委和政府主要领导干部；（2）各级发展改革、国土资源、环境保护、水利、农业、林业、能源、海洋等承担自然资源资产管理和生态环境保护工作部门（单位）的主要领导干部。

领导干部自然资源资产离任审计内容主要包括：①贯彻执行中央生态文明建设方针政策和决策部署情况；②遵守自然资源资产管理和生态环境保护法律法规情况；③自然资源

资产管理和生态环境保护重大决策情况;④完成自然资源资产管理和生态环境保护目标情况;⑤履行自然资源资产管理和生态环境保护监督责任情况;⑥组织自然资源资产和生态环境保护相关资金征管用和项目建设运行情况;⑦履行其他相关责任情况。

以上各类审计业务的不少内容存在交叉重复的问题,所以,政府审计机关要编制合理的中长期审计规划和年度审计计划,避免重复审计与漏审现象。例如,实务中,领导干部资源资产离任审计与针对领导干部的经济责任审计整合在一起审计,可以避免审计的重复,提高审计效率。

 **案例分析**

公共投资绩效审计案例分析

A公司为某市属国有独资企业,主营业务是生产与销售自主品牌家用汽车。该企业职工人数近万人。自2000年成立以来,随着我国汽车行业的快速发展,该企业除了为当地商业银行提供了可观的贷款利息,还为该市财政贡献了持续大量的税收与国有资本利润。但自2017年开始,随着市场竞争的加剧,该企业经营每况愈下,税利贡献大幅下滑,净资产收益率甚至低于商业存款利率。国资委负责人向市领导建议将该企业关闭,并将土地出让给房地产开发商,获取一次性土地收入。现市政府要求市审计局对该企业继续存留或关闭的决策进行绩效审计。

讨论:

若你作为审计项目组负责人,建议对该企业继续存留,请你构建企业继续留存选项的绩效评价指标,为提高该企业的市场竞争力及其绩效,谈谈如何对该项目实施研究型审计。

课程思政

我国环保治国思想

中国古代的环保立法,可以追溯到上古夏代大禹执政时期。《逸周书·大聚篇》记载,大禹在任时曾颁发了一条禁令:"春三月,山林不登斧,以成草木之长。夏三月,川泽不入纲罟,以成鱼鳖之长。"

党的二十届三中全会提出,中国式现代化是人与自然和谐共生的现代化。必须完善生态文明制度体系,协同推进降碳、减污、扩绿、增长,积极应对气候变化,加快完善落实绿水青山就是金山银山理念的体制机制。要完善生态文明基础体制,健全生态环境治理体系,健全绿色低碳发展机制。

讨论:

结合资料,谈谈领导干部资源资产离任审计的重要意义,如何实施领导干部资源资产离任审计。

第十二章　内部审计专题

第一节　内部审计概述

一、内部审计的内涵

（一）内部审计的定义

国际内部审计师协会（IIA）2024 年修订的《国际内部审计专业实务框架》（International Professional Practices Framework，IPPF）中，有关内部审计的定义如下：内部审计是一种独立、客观的确认和咨询活动，旨在增加价值和改善组织的运营。它通过应用系统的、规范的方法，评价并改善治理、风险管理和控制过程的有效性，帮助组织实现其目标。该概念与 2017 年 IIA 对内部审计的界定基本一致。

中国内部审计协会（China Institute of Internal Audit，CIIA）2023 年发布修订后的《第 1101 号——内部审计基本准则》中，有关内部审计的定义如下：内部审计是一种独立、客观的确认和咨询活动，它通过运用系统、规范的方法，审查和评价组织的业务活动、内部控制和风险管理的适当性和有效性，以促进组织完善治理、增加价值和实现目标。

IIA 和 CIIA 对内部审计的定义都是从内部审计的目标、内部审计的职能、内部审计的特性、内部审计的方法、内部审计的对象这几个方面界定的，两者既有相同点，也有不同之处。

（1）从内部审计目标上看，IIA 强调内部审计的目标旨在增加价值和改善组织的运营，最终实现与组织目标相一致。CIIA 强调内部审计旨在实现促进组织完善治理、增加价值和实现目标。CIIA 将完善治理作为内部审计的首要目标,而 IIA 则将完善治理作为内部审计实现组织目标的措施。

(2)从内部审计的职能上看,IIA 和 CIIA 都将内部审计界定为确认和咨询活动。确认是指通过监督检查,对被审计的事项予以鉴证,并在此基础上提出独立的评价意见;咨询是指根据组织的要求对具体事项提出专业的评估与改进意见,帮助组织改善经营管理。

(3)从内部审计的特性上看,IIA 和 CIIA 都强调独立和客观是内部审计的工作要求。独立指内部审计部门公正地履行职责时免受任何威胁其履职能力的情况影响,首席审计执行官或内部审计机构负责人需要直接且不受限制地与高级管理层和董事会接触。客观指不偏不倚的心态,要求内部审计人员对审计事项作出判断时不屈从于其他因素。

(4)从内部审计方法上看,IIA 和 CIIA 都强调系统的、规范的方法,体现了内部审计的专业技术特征,说明内部审计职业的科学性和规范性。

(5)从内部审计的对象上看,IIA 强调内部审计评价并改善治理、风险管理和控制过程的效果,CIIA 强调内部审计审查和评价组织的业务活动、内部控制和风险管理的适当性和有效性。CIIA 将 IIA 内部审计对象中的治理替换为业务活动,并且将业务活动作为内部审计首要对象;同时在具体表述上也存在差异,IIA 强调评价并改善,而 CIIA 强调审查和评价。

(二)内部审计与外部审计的区别

内部审计是相对于外部审计的一种审计活动,两者最大的区别在于审计主体不同。内部审计是由企业、行政事业单位内部审计机构或专职审计人员实施的审计;外部审计是指由被审计单位以外的独立机构或人员所进行的审计活动,外部审计包括注册会计师审计和政府审计。注册会计师审计是由独立的会计师事务所实施的,主要职责是判断企业财务报表是否合法、公允,对财务报表发表审计意见。政府审计是由政府审计机关实施的,主要职责是对各级政府、部门及其所属单位财政财务收支的真实、合法、效益进行审计监督。

无论是审计对象,还是审计流程和方法,内部审计与外部审计具有很多的一致性,但是也存在一定的区别,体现在审计对象和目标、审计独立性、审计方式、审计标准与审计程序、审计职责、审计报告方面。

1. 审计对象和目标

内部审计主要是对内部控制的有效性、财务信息的真实性和完整性,以及经营活动的效率和效果开展的一种评价活动,其目标是出于管理目的,提高组织的运行效率;注册会计师审计主要对被审计单位财务报表的合法性和公允性进行审计,其目标是对企业财务报表的合法性、公允性提供合理保证;政府审计是对单位的财政收支或者财务收支的真实、合法和效益依法进行的审计。

2. 审计独立性

内部审计机构受所在单位的直接领导,独立性受到一定的限制,其独立性只是相对于本单位其他职能部门而言的;而注册会计师审计是由与被审计单位完全无关的第三方进行的,具有较强的独立性;政府审计的实施主体是国家审计机构,审计工作不受被审计单位的干涉,其独立性也更强。

3. 审计方式

内部审计是单位根据自身经营管理的需要安排进行的,通常采用定期或不定期的审计方式,时间安排比较灵活;注册会计师审计则是接受委托进行的,通常以定期审计为主,如年度财务报表审计;政府审计主要是指政府审计机关依法对政府部门、国有金融机构和企事业组织的财务收支进行的强制性的审计监督。

4. 审计标准与审计程序

内部审计可以根据所执行业务的目的和需要选择并实施必要的程序,遵循的是内部审计准则;注册会计师审计则需要严格遵循执业准则的规定程序进行;政府审计遵循的是国家审计准则,其审计程序也根据业务目的与需要设置,具有较强的灵活性。

5. 审计职责

内部审计只对本单位负责,其审计质量基本与外界无直接关系;注册会计师审计不仅对被审计单位负责,而且对社会负责,其审计质量对广大财务信息使用者作出相关决策有直接影响;政府审计对委托审计的相关政府负责,其审计质量直接影响着被审计者和政府审计的预期效果。

6. 审计报告

从审计报告的格式和内容看,相对来说,注册会计师审计报告的格式具有较为严格的要求,内部审计报告和政府审计报告格式较为灵活一些。从审计报告的作用看,内部审计报告一般只作为本单位进行经营管理的参考,对外没有鉴证作用,并对外保密;注册会计师审计结论则要对外公开并发挥鉴证作用;政府审计因不同国家、不同的审计业务而具有不同的作用,政府审计可以起到鉴证、评价或建议的作用,并根据国家保密需要或其他影响因素选择不公开、公开或部分公开。

二、内部审计的作用

根据 IIA 对内部审计的定义,内部审计的目的是评价并改善治理、风险管理和控制过程的效果,帮助组织实现其目标。内部审计既能够通过提供确认服务,通过监督与检查,提出独立的评价意见;也能够通过咨询服务,通过评估与改进,帮助组织改善经营管理。

(一) 内部审计在公司治理中的作用

1. 公司治理概述

现代企业制度最显著的特征是所有权和经营权的分离。具有所有权的股东(投资者)将资产委托给公司管理者经营,两者之间存在委托代理关系。但是,股东与管理者之间的利益目标并不一致,所有者和管理者之间产生了委托代理关系,需要建立必要的制度解决委托代理问题,公司治理应运而生。公司治理通过建立一系列内部和外部的规范机制来明确对公司董事会和管理层的责任要求,对他们履行责任的情况实施监督,防范管理者的不良行为,保障股东及其他利益相关者的利益。具体来看,公司治理可以分为外部治理机制和内部治理机制,前者如资本市场、公司监管、外部审计等,后者如股东会、董事会制度。

内部审计与公司治理本质上是一致的,两者都源于受托责任制。受托责任制是审计产生和发展的前提和基础,内部审计起着对受托经济责任履行情况监督与评价的作用;公司治理的实质也是防止管理者对所有者利益的背离,解决代理问题。从公司内部组织结构设置上看,内部审计如归属董事会或其所属的审计委员会领导,可视为公司治理中的有机组成部分。内部审计将公司治理工具和企业内部管理手段有机结合,既是公司治理发挥作用的有效手段,也有利于促进公司治理的完善,最终实现企业目标。

2. 内部审计在公司治理中的确认和咨询作用

1) 内部审计在公司治理中的确认作用

首先,内部审计通过履行监督职能发挥确认作用。监督职能是内部审计最基本的职能,内部审计通过对公司组织体系实施连续的监督审查,及时查错纠弊,发现管理漏洞并遏制风险,保证公司的各项经济活动在符合国家的法律法规以及公司内部各项政策、制度的正常轨道上运行,维护所有者的利益。同时,作为组织内部常态化、规范化的检查机制,内部审计还能够发挥威慑警示作用,提高经营管理合规意识,促进组织营造合规经营的组织文化。

其次,内部审计通过履行评价职能发挥确认作用。内部审计通过独立的核查程序,对实施方案可行性、经济性、效益性等方面进行评价,从而判断管理者受托管理责任的履行情况。内部审计通过定期和不定期评价,推动组织不断完善公司治理,从而规避风险、优化流程,促进形成良好的激励与约束机制。

2) 内部审计在公司治理中的咨询作用

随着公司治理的发展,内部审计的职能提升为帮助组织增加价值并改善经营。通过相对独立的视角,内部审计帮助管理层客观分析经营管理中存在的问题,有利于管理层更加深入地了解问题成因,提高决策的科学性。在此基础上,内部审计针对公司治理的薄弱或缺失环节向管理层提出咨询建议和改进措施,使其经济活动在遵纪守法的前提下健康有序地进行;通过咨询工作,普及、宣传国家的法律法规及政策知识,助推组织不断完善内部治理机制,从而促进实现组织的目标。

(二) 内部审计在内部控制中的作用

1. 内部审计在内部控制中的角色

内部审计与内部控制关系非常密切,内部审计与内部控制五要素的关系具体表现在:①内部环境是内部审计的重要影响因素,内部审计又反作用于内部环境。良好的内部环境能够保证内部审计机构和人员的独立性,提高内部审计工作的适当性;适当的内部审计工作也为构建良好的内部环境提供了保障。②内部审计是企业风险评估的主要执行者和控制活动的重要方式。一方面,内部审计机构和人员在企业相关权力机构的授权下开展内部审计工作,及时识别、科学分析各类风险并采取有效策略予以应对;另一方面,内部审计本身也是保证内部控制各项目标得以实现的重要控制政策和程序。③内部审计是企业信息收集与沟通的重要参与方。信息与沟通是有效实施内部控制的重要条件,内部审计的审查、调查过程实际上是对企业内外部有关信息进行收集的过程,内部审计向管理层和治理层提交各种审计报告、内部控制评价报告等,向外部审计提供有关信息,这些都是信息沟通的重要方面。④内部审计是企业内部控制的重要监督检查力量。内部监督是由适当的内部人员对内部控制的设计和运行情况进行评估,督促企业自我完善内部控制的过程。作为内部控制的重要监督检查主体,内部审计机构和人员是内部控制监督检查的主要执行者。

2. 内部审计在内部控制中的确认和咨询作用

1) 内部审计在内部控制中的确认作用

根据《第 2201 号内部审计具体准则——内部控制审计》,内部控制审计是指内部审计机构对组织内部控制设计和运行的有效性进行的审查和评价活动。毫无疑问,内部审计在内部控制中发挥着重要的监督评价作用。内部审计通过审查内部环境、风险评估、控制活动、信息与沟通、内部监督等要素,对组织层面内部控制的设计与运行情况进行审查和评价,进而出具客观、公正的审计报告,促进组织改善内部控制。

2) 内部审计在内部控制中的咨询作用

在内部控制制度尚未建立的阶段,内部审计能够发挥的作用主要是咨询。其主要工作内容为:①对内部控制制度设计提供建议。需要注意的是,为了维护内部审计独立性,内部审计人员不能直接设计内部控制体系。一旦内部审计人员承担了内部控制建设的责任,就会对其独立性和客观性造成损害。②提供风险和控制知识的培训。内部审计人员作为风险和控制方面的专家,可通过培训促进内部控制体系建设。

在内部控制制度已经完成建立的阶段,内部审计在发挥确认作用的同时也在发挥咨询作用,对内部控制制度健全完善提供建议。但是需要注意不能损害内部审计人员的客观性。例如,应安排不同的审计人员分别提供内部控制咨询服务和内部控制审计服务。

(三) 内部审计在风险管理中的作用

1. 风险管理概述

根据 COSO 委员会 2004 年发布的 ERM 框架,风险管理是一个受实体董事会、管理层及其他人员影响的过程,应用于战略设定并贯穿整个实体,这个过程旨在识别可能影响该实体的潜在事件,并在其风险偏好内管理风险,可对实体目标的实现提供合理的保证。风险管理要素包括内部环境、目标设定、事项识别、风险评估、风险应对、控制活动、信息与沟通、监督。风险管理要素是内部控制五要素的拓展,虽然内部控制五要素包含了风险评估,但是风险管理框架更加关注企业的外部风险。

2. 内部审计在风险管理中的确认和咨询作用

1）内部审计在风险管理中的确认作用

内部审计人员参与风险管理的确认作用体现为评估风险管理的有效性。内部审计人员通过实施必要的审计程序，对风险管理过程进行审查，重点关注组织面临的内外部风险是否已得到充分、适当的确认，评价风险发生的可能性以及风险对组织目标的实现产生影响的严重程度。一般来说，风险管理的审查和评价结果应反映在内部控制审计报告中，必要时应出具专项审计报告。

2）内部审计在风险管理中的咨询作用

与内部审计在内部控制中的咨询作用类似，内部审计在风险管理中发挥的咨询作用也与风险管理建立的阶段有关。

在风险管理流程尚未建立阶段，内部审计主要发挥咨询功能，通过召集研讨会，提出风险管理的构想，推动风险管理在企业内部的建立，让公司内部人员了解和应对与企业经营目标相关的风险，提醒管理层建立恰当的系统或流程以确保有条不紊地应对风险。

在风险管理流程已经完成建立的阶段，内部审计在发挥确认作用的同时也在发挥咨询作用，例如，内部审计人员在识别风险和评价风险后，进一步拟定实施风险管理的办法；再如，内部审计人员根据对风险管理审计的结果，对风险管理中的不足提出完善建议。同样要注意的是，在考虑发挥内部审计的确认作用和咨询作用时，不能损害内部审计人员的独立性和客观性。

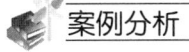 案例分析 ··

中国银行原油宝事件

2020年受公共卫生事件、疫情、地缘政治、短期经济冲击等综合因素影响，国际商品市场波动剧烈。美国时间2020年4月20日，WTI原油5月期货合约CME官方结算价－37.63美元/桶为有效价格，客户和中国银行都蒙受损失，由此触发"中国银行原油宝"事件。2020年4月21日，中国银行原油宝产品"美油/美元""美油/人民币"两张美国原油合约暂停交易一天，英国原油合约正常交易。

中国银行2020年4月24日晚针对"中国银行原油宝"相关事件，发布了情况说明如下。

（一）关于原油宝产品

中国银行于2018年1月开办"原油宝"产品，为境内个人客户提供挂钩境外原油期货的交易服务，客户自主进行交易决策。其中，美国原油品种挂钩CME的WTI原油期货首行合约。个人客户办理"原油宝"需提交100％保证金，不允许杠杆交易。

（二）关于原油宝产品到期处理

原油宝产品挂钩境外原油期货，类似于期货交易的操作，按照协议约定，合约到期时会在合约到期处理日,依照客户事先指定的方式,进行移仓或到期轧差处理。其中,移仓是指平仓客户持有的全部当期合约,同时开仓下期合约;轧差是指仅平仓客户持有的全部当期合约。

（三）关于结算价

按照协议约定,在进行上述第二条所提"移仓和轧差"操作时,合约结算价由中行公布,参考期货交易所公布的相应期货合约当日结算价。期货交易所按照北京时间凌晨2点28分至2点30分的均价计算当日结算价。

（四）关于WTI原油期货5月合约处理

根据协议约定并提前公告,4月20日为原油宝美国原油5月合约当月的最后交易日,交易截止时间为北京时间22点。北京时间4月21日凌晨WTI原油期货5月合约价格急剧下挫,下跌至史无前例的最低-40美元附近。当日公布的结算价为-37.63美元,出现了芝加哥商品交易所集团WTI原油期货合约上市以来第一个负值结算价。

为排除当日结算价为负值是由于交易所系统故障等非正常原因造成错价的情况,中行积极与芝加哥商品交易所及市场参与者联系求证,因此暂停挂钩美油合约的原油宝产品交易一天,未影响客户权益。

目前,主要参与者仍将根据交易所规则参考该结算价进行结算。中国银行已依据事先约定完成5月合约的到期处理。

（五）关于强制平仓

对于原油宝产品,市场价格不为负值时,多头头寸不会触发强制平仓。对于已确定进入移仓或到期轧差处理的,将按结算价为客户完成到期处理,不再盯市、强平。

2020年4月29日晚间,中国银行再次发布关于"原油宝"产品情况的说明,中国银行正在全面梳理审视产品设计、业务策略和风险管控等环节和流程,深入查找存在的问题隐患。中国银行表示,本着法治化、市场化和实事求是、客观公正的原则,其正在积极研究并争取尽快拿出回应客户合理诉求的意见。与此同时,中国银行继续和客户保持诚挚沟通协商,始终和客户站在一起,尽最大努力保护客户的合法权益,切实承担社会责任。中国银行已经委托律师正式向CME发函,敦促其调查4月21日原油期货市场价格异常波动的原因。

2020年5月11日,中国银行App推出原油宝线上和解协议。对比线上协议和纸质协议,其主要条款和补偿比例并没有差异,均包含中行承担负价亏损、归还扣划保证金、补偿20%持仓本金的内容。相比纸质协议,线上协议删除了保密条款、协调不成的争议条款等内容。

讨论:

（1）中国银行"原油宝事件"暴露了中国银行在风险管理和内部审计上存在哪些问题?

（2）谈谈内部审计如何参与商业银行的风险管理,实现增值审计?

第二节 内部审计规范

一、内部审计规范构成与制定机构

(一) 内部审计规范制定机构

1. 国际内部审计师协会

国际内部审计师协会(IIA)成立于1941年,其前身是美国的内部审计师协会。1941年后,英国、加拿大、澳大利亚、法国、日本等国家的内部审计师先后加入,使该组织逐渐成为世界性的组织。IIA总部位于美国佛罗里达州。1987年12月,中国内部审计学会加入了IIA,成为IIA的国家分会。IIA是内部审计职业的全球代言人,协会会员从事内部审计、风险管理、治理、内部控制、信息技术审计、教育、安全等方面工作。

2. 中国内部审计协会

中国内部审计协会(CIIA),其前身是1987年4月成立的中国内部审计学会,2002年更名为中国内部审计协会,是由具有一定内部审计力量的企事业单位、社会团体和从事内部审计相关工作的人员自愿结成的全国性、专业性、非营利性社会组织。中国内部审计协会的宗旨是服务、管理、宣传、交流,即以内部审计职业化建设为主线,通过向会员提供优质服务、实行职业自律管理、加强内部审计宣传、开展国内外交流,不断提升协会的职业代表性和社会影响力,充分发挥现代内部审计理念引领者、职业代言人、实践推动者、智力支撑者的作用,以推动我国内部审计事业的科学发展。

(二) 内部审计规范构成

1. 国际内部审计规范

IIA多年来一直致力于通过提供相关的研究和教育成果,提高全球内部审计专业水平。2009年,IIA按照全新的框架体系发布了《国际内部审计专业实务框架》(IPPF),阐述专业实务框架的内容及其对全球内部审计职业的重要性,为全球范围内的内部审计师及有关各方提供了统一、权威的内部审计专业标准体系。IIA定期对标准体系进行全面审核,并适时作出调整或更新,确保与内部审计职业有关的重要事项,包括组织经营环境及外部法律法规的变化等,能够及时在标准中得以体现和反映。IPPF最近两次修订分别发布于2017年和2024年①,2024年版的IPPF框架包括《全球内部审计准则》《专项要求》和《全球指南》三个部分,其中,《全球内部审计准则》和《专项要求》属于强制性指南,《全球指南》属于补充性指南,包括《全球实务指南》和《全球技术审计指南》两个部分。2024年版的IPPF框架具体

---

① 2024年版IPPF发布于2024年1月9日,生效时间为2025年1月9日。

如表 12-1① 所示。

表 12-1　国际内部审计专业实务框架(2024 年)

组成部分	内容
全球内部审计准则	《全球内部审计准则》旨在指导全球内部审计专业实务,并作为评价和提升内部审计质量的依据,其核心是 15 项指导性原则,用于帮助实现内部审计工作的有效性。每项原则都包括若干标准,每项标准又由要求、执行标准的考虑因素和证明遵循性的示例组成。这些内容共同帮助内部审计人员遵循原则和践行内部审计的宗旨
专项要求	《专项要求》旨在提升与特定领域或事项相关的内部审计服务的一致性和质量,并为在这些风险领域开展业务的内部审计人员提供支持。当项目范围包括了特定领域或事项时,内部审计人员须遵循相关要求。 《专项要求》增强了内部审计在应对各个行业和领域不断变化的风险环境方面的持续相关性
全球指南	《全球指南》为开展内部审计工作提供非强制性的信息、建议和最佳实务,从而促进对《全球内部审计准则》的有效遵循。《全球指南》由 IIA 通过正式的审核和批准程序予以认可。 其中,《全球实务指南》就以下内容提供了详细的方法、具体的程序和示例:确认和咨询服务;项目计划、实施和沟通;金融服务;舞弊和其他普遍存在的风险;内部审计职能的战略和管理;公共部门;可持续性。 《全球技术审计指南》为审计人员提供了有关组织信息技术和信息安全风险及控制确认和咨询服务方面的知识

2. 中国内部审计规范

CIIA 于 2003 年颁布中国内部审计准则体系,具体包括了内部审计职业道德规范和内部审计准则。2013 年针对现有准则中存在的内容交叉、重复现象,以及个别准则不适应内部审计最新发展等问题,中国内部审计协会对准则体系结构进行了调整。其后在 2016 年、2019 年、2021 年、2022 年和 2023 年,中国内部审计协会又陆续对内部审计准则体系进行了修订完善。目前最新修订后的内部审计准则体系由 1 项内部审计职业道德规范、1 项内部审计基本准则、23 项内部审计具体准则及 6 项实务指南构成,具体如表 12-2 所示。

表 12-2　中国内部审计规范

组成部分	内容
内部审计人员职业道德规范	明确内部审计人员在开展内部审计工作中应当具有的职业品德、应当遵守的职业纪律和应当承担的职业责任。其包括四项原则:诚信正直;客观性;专业胜任能力;保密
内部审计基本准则	明确内部审计的定义以及内部审计机构和内部审计人员的责任。其包括三类准则:一般准则;作业准则;报告准则

---

① 国际内部注册会计师协会. 全球审计准则[EB/OL]. http://www.theiia.org.

（续表）

组成部分		内容
内部审计具体准则	作业类准则	对内部审计程序和技术方法进行规范。该准则涵盖的内容包括：审计计划；审计通知书；审计证据；审计工作底稿；结果沟通；审计报告；后续审计；审计抽样；分析程序
	业务类准则	对内部审计不同业务类型进行规范。该准则涵盖的内容包括：内部控制审计；绩效审计；信息系统审计；对舞弊行为进行检查和报告；经济责任审计
	管理类准则	对内部审计管理进行规范。该准则涵盖的内容包括：内部审计机构的管理；与董事会或者最高管理层的关系；内部审计与外部审计的协调；利用外部专家服务；人际关系；内部审计质量控制；评价外部审计工作质量；审计档案工作；内部审计业务外包管理
实务指南		向内部审计机构和人员提供操作性的指导意见，不具有法定约束力和强制性，由内部审计机构和人员在进行内部审计时参照执行。目前颁布的实务指南包括审计报告、建设项目审计、物资采购审计、高校内部审计、经济责任审计、信息系统审计

二、内部审计职业道德规范

（一）国际内部审计职业道德规范

在 2024 年 IIA 发布的 IPPF 框架中,内部审计职业道德规范内容被纳入《全球内部审计准则》的"职业道德和职业素养"领域,包括五个原则和十三个标准,具体如表 12-3 所示。

表 12-3　国际内部审计职业道德原则和标准

原则	原则简要释义	标准	
原则1　彰显诚信标准	内部审计人员在工作及其行为中彰显诚信。诚信是以遵守道德和伦理原则为特征的行为,包括彰显诚实和根据相关事实采取行动的勇气,即使面对压力或者这样做可能会对个人或组织造成潜在的不利影响也不例外	标准1.1 标准1.2 标准1.3	诚实和职业勇气 组织对职业道德的期望 合法和职业道德行为
原则2　保持客观性	内部审计人员实施内部审计业务和做出职业判断时应保持公正、不偏不倚的态度。客观性指一种不偏不倚的心态,使得内部审计人员能够在不妥协的情况下做出职业判断、履行职责和践行内部审计的宗旨	标准2.1 标准2.2 标准2.3	个人的客观性 保障客观性 披露对客观性的损害
原则3　展现胜任能力	内部审计人员运用知识、技能和能力成功履行其职责。展现胜任能力需要构建和应用提供内部审计服务所需的知识、技能和能力。内部审计人员提供的服务多种多样,因此每个内部审计人员所需的胜任能力各不相同。除了拥有或获得提供服务所需的能力外,内部审计人员还要通过追求职业发展提高服务的效果和质量	标准3.1 标准3.2	胜任能力 持续职业发展
原则4　履行应有的职业审慎	内部审计人员在计划和开展内部审计服务时应保持应有的职业审慎。应有的职业审慎要求以谨慎和称职的内部审计人员所具备的勤勉、判断力和职业怀疑态度,计划和开展内部审计服务	标准4.1 标准4.2 标准4.3	遵循《全球内部审计准则》 应有的职业审慎 职业怀疑

（续表）

原则	原则简要释义	标准
原则5 保密	**内部审计人员适当使用和保护信息。**内部审计人员可以不受限制地访问完成内部审计工作所需的数据、记录和其他信息，这些信息通常是保密的、专有的和/或个人身份的信息，包括实物和数字形式的信息，以及通过口头沟通（如正式或非正式的会议讨论）获得的信息	标准5.1 信息的使用 标准5.2 信息保护

根据 IIA 内部审计职业道德规范的规定，所有内部审计人员必须遵循职业道德和职业素养的相关标准。如果内部审计人员需要遵守其他道德规范、行为或行为准则，如组织的职业道德规范，则内部审计人员仍应当遵循职业道德和职业素养的相关原则及标准。同时，首席审计执行官应通过提供培训和指导的机会，支持和促进内部审计人员遵循职业道德和职业素养的相关原则及标准。

（二）中国内部审计职业道德规范

2013 年，中国内部审计协会颁布《第 1201 号——内部审计人员职业道德规范》（简称《1201 号职业道德规范》），要求内部审计人员从事内部审计活动时遵守该规范，认真履行职责，不得损害国家利益、组织利益和内部审计职业声誉。内部审计职业道德是内部审计人员在开展内部审计工作中应当具有的职业品德、应当遵守的职业纪律和应当承担的职业责任的总称。与国际内部审计职业道德规范相似，《1201 号职业道德规范》也包括一般原则和行为规则两个部分，具体如表 12-4 所示。

表 12-4 中国职业道德规范原则和行为规则

原则	原则释义	行为规则具体要求
诚信正直	内部审计人员在从事内部审计活动时，应当保持诚信正直	内部审计人员在实施内部审计业务时，应当诚实、守信，不应有下列行为：①歪曲事实；②隐瞒审计发现的问题；③进行缺少证据支持的判断；④作误导性的或者含糊的陈述 内部审计人员在实施内部审计业务时，应当廉洁、正直，不应有下列行为：①利用职权牟取私利；②屈从于外部压力，违反原则
客观性	内部审计人员应当遵循客观性原则，公正、不偏不倚地作出审计职业判断	内部审计机构负责人应当采取下列措施保障内部审计的客观性：①提高内部审计人员的职业道德水准；②选派适当的内部审计人员参加审计项目，并进行适当分工；③采用工作轮换的方式安排审计项目及审计组；④建立适当、有效的激励机制；⑤制定并实施系统、有效的内部审计质量控制制度、程序和方法；⑥当内部审计人员的客观性受到严重影响，且无法采取适当措施降低影响时，停止实施有关业务，并及时向董事会或者最高管理层报告
专业胜任能力	内部审计人员应当保持并提高专业胜任能力，按照规定参加后续教育	内部审计人员应当具备下列履行职责所需的专业知识、职业技能和实践经验：①审计、会计、财务、税务、经济、金融、统计、管理、内部控制、风险管理、法律、信息技术等专业知识，以及与组织业务活动相关的专业知识；②语言文字表达、问题分析、审计技术应用、人际沟通、组织管理等职业技能；③必要的实践经验及相关职业经历

（续表）

原则	原则释义	行为规则具体要求
保密	内部审计人员应当遵循保密原则，按照规定使用其在履行职责时所获取的信息	内部审计人员应当对实施内部审计业务所获取的信息保密，非因有效授权、法律规定或其他合法事由不得披露。内部审计人员在社会交往中，应当履行保密义务，警惕非故意泄密的可能性。内部审计人员不得利用其在实施内部审计业务时获取的信息牟取不正当利益，或者以有悖于法律法规、组织规定及职业道德的方式使用信息

除了《1201 号职业道德规范》以外，2018 年，《审计署关于内部审计工作的规定》（审计署令第 11 号）中第五条和第七条涉及对内部审计职业道德的要求。具体内容分别为：第五条，"内部审计机构和内部审计人员从事内部审计工作，应当严格遵守有关法律法规、本规定和内部审计职业规范，忠于职守，做到独立、客观、公正、保密。内部审计机构和内部审计人员不得参与可能影响独立、客观履行审计职责的工作"。第七条，"内部审计人员应当具备从事审计工作所需要的专业能力。单位应当严格内部审计人员录用标准，支持和保障内部审计机构通过多种途径开展继续教育，提高内部审计人员的职业胜任能力。内部审计机构负责人应当具备审计、会计、经济、法律或者管理等工作背景"。

三、内部审计准则

（一）全球内部审计准则

国际内部审计师协会颁布的《全球内部审计准则》（以下简称《准则》）用于指导全球内部审计的专业实务，并作为评价和提升内部审计职能工作质量的基础。《准则》的核心是 15 项指导性原则，用于帮助实现内部审计的有效性。每项指导性原则都包括若干标准，每项标准又由要求、执行标准的考虑因素和证明遵循性的示例组成。上述这些内容共同帮助内部审计人员遵循原则和践行内部审计的宗旨。《准则》主要分为五个领域：内部审计的宗旨；职业道德和职业素养；内部审计治理；内部审计管理；实施内部审计业务。五个领域 15 项原则的具体构成如表 12-5 所示[①]

表 12-5　全球内部审计准则构成

五个领域	15 个原则
领域一：内部审计的宗旨	
领域二：职业道德和职业素养	原则 1　彰显诚信 原则 2　保持客观性 原则 3　展现胜任能力 原则 4　履行应有的职业审慎 原则 5　保密

---

① IIA. 全球内部审计准则［S］. 2024.

(续表)

五个领域	15 个原则
领域三：内部审计治理	原则 6　获得董事会的授权 原则 7　独立地位 原则 8　接受董事会监督
领域四：内部审计管理	原则 9　制定战略规划 原则 10　管理资源 原则 11　有效沟通 原则 12　强化质量
领域五：实施内部审计业务	原则 13　有效计划项目 原则 14　实施项目 原则 15　沟通项目结果和监督行动计划的执行情况

（二）中国内部审计准则体系

中国内部审计准则体系由内部审计基本准则、内部审计具体准则、内部审计实务指南三部分构成，具体内容如表 12-6 所示。

表 12-6　中国内部审计准则体系

准则类型		准则名称
基本准则		第 1101 号——内部审计基本准则
具体准则	作业类准则	第 2101 号内部审计具体准则——审计计划
		第 2102 号内部审计具体准则——审计通知书
		第 2103 号内部审计具体准则——审计证据
		第 2104 号内部审计具体准则——审计工作底稿
		第 2105 号内部审计具体准则——结果沟通
		第 2106 号内部审计具体准则——审计报告
		第 2107 号内部审计具体准则——后续审计
		第 2108 号内部审计具体准则——审计抽样
		第 2109 号内部审计具体准则——分析程序
	业务类准则	第 2201 号内部审计具体准则——内部控制审计
		第 2202 号内部审计具体准则——绩效审计
		第 2203 号内部审计具体准则——信息系统审计
		第 2204 号内部审计具体准则——对舞弊行为进行检查和报告
		第 2205 号内部审计具体准则——经济责任审计

（续表）

准则类型		准则名称
具体准则	管理类准则	第 2301 号内部审计具体准则——内部审计机构的管理
		第 2302 号内部审计具体准则——与董事会或者最高管理层的关系
		第 2303 号内部审计具体准则——内部审计与外部审计的协调
		第 2304 号内部审计具体准则——利用外部专家服务
		第 2305 号内部审计具体准则——人际关系
		第 2306 号内部审计具体准则——内部审计质量控制
		第 2307 号内部审计具体准则——评价外部审计工作质量
		第 2308 号内部审计具体准则——审计档案工作
		第 2309 号内部审计具体准则——内部审计业务外包管理
实务指南		第 3101 号内部审计实务指南——审计报告
		第 3201 号内部审计实务指南——建设项目审计
		第 3202 号内部审计实务指南——物资采购审计
		第 3203 号内部审计实务指南——高校内部审计
		第 3204 号内部审计实务指南——经济责任审计
		第 3205 号内部审计实务指南——信息系统审计

　　内部审计基本准则属于内部审计准则体系的第一层次。内部审计基本准则是内部审计准则的总纲，是内部审计机构和人员进行内部审计时应当遵循的基本规范，也是制定内部审计具体准则、内部审计实务指南的基本依据。内部审计基本准则具有最高的权威性和法定约束力。

　　内部审计具体准则属于内部审计准则体系的第二层次。内部审计具体准则是依据内部审计基本准则制定的，是内部审计机构和人员在进行内部审计时应当遵循的具体规范，具体分为作业类、业务类和管理类三大类准则。内部审计具体准则的权威性低于基本准则，高于实务指南，具有法定约束力。

　　内部审计实务指南属于内部审计准则体系的第三层次。内部审计实务指南是依据内部审计基本准则、内部审计具体准则制定的，为内部审计机构和人员进行内部审计提供的具有可操作性的指导意见。内部审计实务指南不具有法定约束力和强制性，内部审计机构和人员在进行内部审计时应当参照执行。

案例分析

农业银行审计局上海分局原副局长贪污受贿案

　　2020 年 1 月 14 日，上海市第一中级人民法院公开开庭审理中国农业银行股份有限公司审计局上海分局(以下简称农行审计局上海分局)原副局长马某受贿、贪污一案。上海市人民检察院第一分院派员出庭支持公诉,被告人马某及其辩护人到庭参加诉讼。

上海市人民检察院第一分院指控:

(1)受贿事实。2007—2017年,被告人马某利用其担任审计署驻上海特派员办事处正处级审计员、农行审计局上海分局副局长等职务形成的便利条件,通过其他国家工作人员职务上的行为,为相关单位和个人在案件办理、采矿许可证申请、人员招聘等事项上提供帮助,牟取不正当利益。2004—2019年,马某索取、非法收受上述单位和个人给予的钱款共计人民币1 185万元(以下币种均为人民币)。

(2)贪污事实。2010年2月至2011年9月,被告人马某利用其担任农行审计局上海分局副局长的职务便利,授意下属采取虚列会务费、虚增物业费等方式套取资金,并从中侵吞公款共计16.51万元,用于支付其亲友招待费、因私差旅费等费用。2010年4月至2011年10月,马某利用上述职务上的便利,违反《中国农业银行干部交流管理办法》关于提供住宿条件的规定,虚构在外租房的事实,以报销房屋租赁费名义侵吞公款15.6万元。案发后,被告人马某在被调查期间,主动交代监察机关未掌握的受贿犯罪事实,如实供述了贪污犯罪事实,认罪态度较好,并积极退缴赃款。

庭审中,检察机关出示了相关证据,控辩双方对事实、证据、罪名等充分发表了意见,被告人马某进行了最后陈述,当庭表示认罪悔罪,接受法律处罚。

讨论:

(1)根据案例,谈谈内部审计领导应该具有哪些职业道德和个人品质?

(2)根据案例,分析马某作为农行审计局上海分局副局长时,其行为会对内部审计形成哪些不利影响?

第三节 内部审计工作流程与业务

一、内部审计工作流程

(一)审计计划阶段

内部审计计划是指内部审计机构和内部审计人员为完成审计业务,达到预期的审计目的,对审计工作或具体审计项目作出的安排。审计计划一般包括年度审计计划和项目审计方案。

1. 年度审计计划

年度审计计划是对年度预期要完成的审计任务的工作安排,是组织年度工作计划的重要组成部分。内部审计机构负责人负责年度审计计划的编制工作。内部审计机构应当在本年度编制下年度审计计划,并报经组织董事会或者最高管理层批准。编制年度审计计划应当结合内部审计中长期规划,在对组织风险进行评估的基础上,根据组织的风险状况、管理需要和审计资源的配置情况,确定具体审计项目及时间安排。

2. 项目审计方案

项目审计方案是对实施具体审计项目所需要的审计内容、审计程序、人员分工、审计时间等作出的安排。审计项目负责人应当在审计项目实施前编制项目审计方案,并报经内部审计机构负责人批准。内部审计机构应当根据年度审计计划确定的审计项目和时间安排,选派内部审计人员开展审计工作。

年度审计计划和项目审计方案应当包括的基本内容如表 12-7 所示。

表 12-7　年度审计计划和项目审计方案的基本内容

审计计划类型	基本内容
年度审计计划	年度审计工作目标
	具体审计项目及实施时间
	各审计项目需要的审计资源
	后续审计安排
项目审计方案	被审计单位、项目的名称
	审计目标和范围
	审计内容和重点
	审计程序和方法
	审计组成员的组成及分工
	审计起止日期
	对专家和外部审计工作结果的利用
	其他有关内容

(二)审计实施阶段

在制定完成项目方案以后,内部审计人员应当采取适当的审计方法,获取充分适当的审计证据,形成审计结论,并提出有针对性的审计建议。获取、处理和评价证据是审计实施阶段的核心,内部审计人员对收集和评价审计证据的各项审计技术的运用贯穿整个审计过程的始终。

1. 审计证据

审计证据是指内部审计人员在实施内部审计业务中,通过实施审计程序所获取的,用以证实审计事项,支持审计结论、意见和建议的各种事实依据。审计证据类型主要包括:①书面证据;②实物证据;③视听证据;④电子证据;⑤口头证据;⑥环境证据。

内部审计人员获取的审计证据应当具备相关性、可靠性和充分性。相关性和可靠性是对审计证据质量的衡量,其中相关性是指审计证据与审计事项及具体审计目标之间具有实质性联系,可靠性是指审计证据真实、可信。充分性是指审计证据在数量上足以支持审计结论、意见和建议。审计项目的各级复核人员应当在各自职责范围内对审计证据的相关性、可靠性和充分性予以复核。

2. 审计程序

内部审计人员向有关单位和个人获取审计证据时,可以采用(但不限于)审核、观察、监盘、访谈、调查、函证、计算、分析程序等方法。内部审计程序的具体应用如表 12-8 所示。

表 12-8　内部审计程序

类型	含义	证据	注意事项
审核	对书面资料的审阅和复核,包括会计资料和非会计资料,如计划预算、统计资料、董事会会议纪要等	书面证据	内部审计人员应当注意书面资料的真实性、完整性以及合法性
观察	实地察看被审计单位的经营场所、实物资产和有关经营活动或内部控制的执行情况	环境证据/实物证据	仅限于观察发生的时点,观察可以单独使用,但主要还是与审核、监盘、访谈等其他取证方法结合使用
监盘	在盘点现场监督和观察被审计单位相关人员的盘点过程	实物证据	监盘可以获取实物证据,但是不能保证被审计单位对该实物资产拥有所有权,也不一定能证明资产的质量、价值和完整性
访谈	以口头询问的方式面对面地向被审计单位内部有关人员询问有关情况	口头证据	由于被访谈人员在回答问题时可能带有很大的主观倾向性,或存在有意隐瞒等行为,内部审计人员应当对访谈的结果认真甄别
调查	对被审计单位的经济活动及其活动资料以内或以外的某些客观事实进行内查外调,以判断真相、查找线索或取得证据	书面证据/口头证据/环境证据	调查方法往往不单独使用,而是需要与其他方法结合起来使用
函证	通过发函给有关的单位或个人,证实与被审计单位有关的书面资料和经济活动的真实性	书面证据	内部审计人员应恰当地设计函证信,并对函证过程进行严密的控制。函证信一般应当以被审计单位的名义发出,但函证的回函必须要求直接寄送给内部审计人员
计算	为核实数字的正确性而对被审计单位经济业务凭证或会计记录中的数据进行验算或重新计算	书面证据	内部审计人员在执行计算程序时,应当结合数据计量的内容来评价输出结果的合理性
分析程序	内部审计人员分析和比较信息之间的关系或计算相关的比率,以确定审计重点、获取审计证据和支持审计结论的一种审计方法	书面证据	运用分析程序的前提是数据之间存在相关性

(三) 审计报告

内部审计报告是指内部审计人员根据审计计划对被审计单位实施必要的审计程序后,就被审计事项作出审计结论,提出审计意见和审计建议的书面文件。内部审计人员应当在审计实施结束后,以经过核实的审计证据为依据,形成审计结论、意见和建议,出具审计报告。

1. 内部审计报告的质量要求

内部审计报告的编制应当符合下列要求:①实事求是、不偏不倚地反映被审计事项的事实;②要素齐全、格式规范,完整反映审计中发现的重要问题;③逻辑清晰、用词准确、简明扼要、易于理解;④充分考虑审计项目的重要性和风险水平,对于重要事项应当重点说明;⑤针对被审计单位业务活动、内部控制和风险管理中存在的主要问题或者缺陷提出可行的改进建议,以促进组织实现目标。

2. 内部审计报告的要素和内容

内部审计报告主要包括下列要素:①标题;②收件人;③正文;④附件;⑤签章;⑥报告日期;⑦其他。审计报告要素及具体释义如表 12-9 所示。

表 12-9　内部审计报告要素及释义

要素	具体释义
(1) 标题	标题应当能够反映审计项目的性质,通常包括被审计单位的名称、审计事项、审计期间和审计报告字样
(2) 收件人	收件人应当是对审计项目负有管理和监督责任的机构或人员,往往可能是被审计单位的适当管理层、董事会或其下设的审计委员会
(3) 正文	正文是内部审计报告的核心,主要包括下列内容:①审计概况,包括审计目标、审计范围、审计内容及重点、审计方法、审计程序及审计时间等;②审计依据,即实施审计所依据的相关法律法规、内部审计准则等规定;③审计发现,即对被审计单位的业务活动、内部控制和风险管理实施审计过程中所发现的主要问题的事实;④审计结论,即根据已查明的事实,对被审计单位业务活动、内部控制和风险管理所作的评价;⑤审计意见,即针对审计发现的主要问题提出的处理意见;⑥审计建议,即针对审计发现的主要问题,提出的改善业务活动、内部控制和风险管理的建议
(4) 附件	附件是对审计报告正文进行补充说明的文字和数字资料,应当包括针对审计过程、审计中发现问题所作出的具体说明,以及被审计单位的反馈意见等内容
(5) 签章	内部审计报告应当由内部审计机构签章,并由审计机构负责人、审计项目负责人及其他经授权的人员签字
(6) 报告日期	内部审计报告的日期一般是指内部审计机构负责人批准送出日
(7) 其他	内部审计报告应当声明内部审计是按照内部审计准则的规定实施的,若存在未遵循的情形,应当作出解释性说明

3. 内部审计报告的编制、复核与报送

内部审计报告的编制是一项严格细致的工作。在实施必要的审计程序后,内部审计人员应当及时编制审计报告,并与被审计单位进行沟通,征求被审计单位的意见。被审计单位对审计报告有异议的,审计项目负责人及相关人员应当核实,必要时应当修改审计报告。经过必要的修改后,审计报告连同被审计单位的反馈意见应当及时报送内部审计机构负责人复核。

内部审计机构应当建立审计报告分级复核制度,明确规定各级复核人员的要求和责任。一般来说,内部审计报告复核的内容包括:①审计程序和方法是否适当、是否有效;②审计证据是否充分可靠,审计判断是否准确;③审计结论是否恰当,审计建议是否明确;④审计报告整体是否适当。

内部审计机构负责人或者其他指定的人员审阅并批准审计报告后,应当确定审计报告的适当报送对象。报送对象一般包括被审计单位、组织适当管理层和董事会。内部审计人员应当要求被审计单位在规定的期限内落实纠正措施。同时,内部审计机构应当根据具体情况,决定是否将内部审计报告送交组织外部机构和人员。如果已经出具的审计报告存在重大错误或者遗漏,内部审计机构应当及时更正,并将更正后的审计报告提交给原审计报告接收者。

审计报告是重要的审计资料,内部审计机构应当将审计报告及时归入审计档案,并按照审计档案管理制度加以妥善保管。

(四) 后续审计

1. 后续审计的内涵

后续审计是指内部审计机构为跟踪检查被审计单位针对审计发现的问题所采取的纠正措施及其改进效果,而进行的审查和评价活动。由于内部审计的职能定位并不仅限于发现组织在经营管理和内部控制中存在的问题,更重要的职能是促进组织改进和完善经营管理和内部控制,故后续审计是内部审计必不可少的重要环节,也是内部审计的一大特色和优势。

需要明确的是,虽然后续审计的目的是促进被审计单位采取纠正措施,提高改进效果,但是对审计中发现的问题采取纠正措施本身是被审计单位管理层的责任,内部审计人员的责任则是评价被审计单位管理层所采取的纠正措施是否及时、合理、有效。

2. 后续审计方案

审计项目负责人应当编制后续审计方案,对后续审计作出安排。对于已采取纠正措施的事项,内部审计人员应当判断是否需要深入检查,必要时可以提出应在下次审计中予以关注,以作为制订下次审计项目计划时需要考虑的因素。

内部审计人员应当根据后续审计的实施过程和结果编制后续审计报告,重点说明被审计单位针对问题所采取的纠正措施的及时性和有效性,所存在的问题是否已经得到解决,或者尚未解决的原因及其影响等。

二、内部审计业务

与注册会计师审计相比较,内部审计对象范围广,业务种类多。除了传统财务审计,内部审计业务还包括绩效审计、内部控制审计、信息系统审计、舞弊审计、经济责任审计等。内部控制审计可以参考第十章第二节内部控制评价的内容,信息系统审计将在第十三章第二节重点阐述。本部分重点介绍内部审计业务中的绩效审计、舞弊审计和经济责任审计。

（一）绩效审计

1. 绩效审计的含义

根据我国《第2202号内部审计具体准则——绩效审计》的规定，绩效审计是指内部审计机构和内部审计人员对本组织经营管理活动的经济性、效率性和效果性进行的审查和评价。经济性，是指组织经营管理过程中获得一定数量和质量的产品或者服务及其他成果时所耗费的资源最少；效率性，是指组织经营管理过程中投入资源与产出成果之间的对比关系；效果性，是指组织经营管理目标的实现程度。

2. 绩效审计的内容

根据实际情况和需要，绩效审计可以同时对组织经营管理活动的经济性、效率性和效果性进行审查和评价，也可以只侧重某一方面进行审查和评价。一般来说，绩效审计主要审查和评价下列内容：①有关经营管理活动经济性、效率性和效果性的信息是否真实、可靠；②相关经营管理活动的人、财、物、信息、技术等资源取得、配置和使用的合法性、合理性、恰当性和节约性；③经营管理活动既定目标的适当性、相关性、可行性和实现程度，以及未能实现既定目标的情况及其原因；④研发、财务、采购、生产、销售等主要业务活动的效率；⑤计划、决策、指挥、控制及协调等主要管理活动的效率；⑥经营管理活动预期的经济效益和社会效益等的实现情况；⑦组织为评价、报告和监督特定业务或者项目的经济性、效率性和效果性所建立的内部控制及风险管理体系的健全性及其运行的有效性。

3. 绩效审计的方法

内部审计机构和内部审计人员应当依据重要性、审计风险和审计成本，选择与审计对象、审计目标及审计评价标准相适应的绩效审计方法，以获取相关、可靠和充分的审计证据。绩效审计的基本方法与常规审计方法一样，但在具体应用时，可以根据绩效审计的对象和目标灵活应用。

（1）计算和分析程序在绩效审计中的灵活应用。绩效审计涉及大量关于绩效数据的衡量和评价，因此计算和分析程序在绩效审计的应用较为灵活广泛。具体包括：①数量分析法，即对经营管理活动相关数据进行计算分析，并运用抽样技术对抽样结果进行评价的方法；②比较分析法，即通过分析、比较数据间的关系、趋势或者比率获取审计证据的方法；③因素分析法，即查找产生影响的因素，并分析各个因素的影响方向和影响程度的方法；④量本利分析法，即分析一定期间内的业务量、成本和利润三者之间变量关系的方法；⑤成本效益（效果）分析法，即通过分析成本和效益（效果）之间的关系，以每单位效益（效果）所消耗的成本来评价项目效益（效果）的方法；⑥数据包络分析法，即以相对效率概念为基础，以凸分析和线性规划为工具，应用数学规划模型计算比较决策单元之间的相对效率，对评价对象作出评价的方法。

（2）访谈和调查方法在绩效审计中的灵活应用。与传统财务审计相比，绩效审计往往会遇到很多开放性问题。因此在获取证据时，往往会根据绩效审计的特点，灵活应用访谈、调查方法获取有效证据。具体包括：①专题讨论会法，即通过召集组织相关管理人员，就经营管理活动特定项目或者业务的具体问题进行讨论的方法；②调查法，即凭借一定的手段和方式（如访谈、问卷），对某种或者某几种现象、事实进行考察，通过对搜集到的各种资料进行分析处理，进而得出结论的方法；③公众评价法，即通过专家评估、公众问卷及抽样调查等方式，获取具有重要参考价值的证据信息，评价目标实现程度的方法。

（3）观察和检查方法在绩效审计中的灵活应用。在绩效审计过程中，除了了解分析被审计单位经营管理活动，还要将组织实现的目标与同行业较高水平进行比较，从而形成绩效审计的专有审计方法——标杆法，即对经营管理活动的状况进行观察和检查，与组织内外部相同或者相似经营管理活动的最佳实务进行比较，从而找出差距，寻找不断改进的路径。

（4）综合评价方法。绩效审计最终要实现对组织绩效的综合评价，将组织的绩效与组织设定的目标进行比较，从而形成绩效审计的专有审计方法——目标成果法，即根据实际产出成果评价被审计单位或者项目的目标是否实现，将产出成果与事先确定的目标和需求进行对比，从而确定目标实现程度。

4. 绩效审计的评价标准

内部审计机构和内部审计人员在确定绩效审计评价标准时，应与组织管理层进行沟通，在双方认可的基础上确定适当的绩效审计评价标准。绩效审计评价标准应当具有可靠性、客观性和可比性。绩效审计评价标准的来源主要包括：①有关法律法规、方针、政策、规章制度等；②国家部门、行业组织公布的行业指标；③组织制定的目标、计划、预算、定额等；④同类指标的历史数据和国际数据；⑤同行业的实践标准、经验和做法。

（二）舞弊审计

1. 舞弊的内涵

1）舞弊的概念

根据我国《第 2204 号内部审计具体准则——对舞弊行为进行检查和报告》的规定，舞弊是指组织内、外人员采用欺骗等违法违规手段，损害或者牟取组织利益，同时可能为个人带来不正当利益的行为。组织管理层应当对舞弊行为的发生承担责任，建立、健全并有效实施内部控制。预防、发现及纠正舞弊行为是组织管理层的责任。

2）舞弊的分类

按照舞弊行为对组织的影响，舞弊可以分为损害组织经济利益的舞弊和牟取组织经济利益的舞弊，具体如表 12-10 所示。

表 12-10　舞弊的类型及具体情形

舞弊类型	含义	具体情形
损害组织经济利益的舞弊	组织内、外人员为牟取自身利益,采用欺骗等违法违规手段使组织经济利益遭受损害的不正当行为	① 收受贿赂或者回扣 ② 将正常情况下可以使组织获利的交易事项转移给他人 ③ 贪污、挪用、盗窃组织资产 ④ 使组织为虚假的交易事项支付款项 ⑤ 故意隐瞒、错报交易事项 ⑥ 泄露组织的商业秘密 ⑦ 其他损害组织经济利益的舞弊行为
谋取组织经济利益的舞弊	组织内部人员为使本组织获得不当经济利益而其自身也可能获得相关利益,采用欺骗等违法违规手段,损害国家和其他组织或者个人利益的不正当行为	① 支付贿赂或者回扣 ② 出售不存在或者不真实的资产 ③ 故意错报交易事项、记录虚假的交易事项,使财务报表使用者误解而作出不适当的投融资决策 ④ 隐瞒或者删除应当对外披露的重要信息 ⑤ 从事违法违规的经营活动 ⑥ 偷逃税款 ⑦ 其他谋取组织经济利益的舞弊行为

2. 舞弊审计的内涵

关于舞弊审计,我国内部审计准则和国际审计实务标准都没有作出明确的定义。美、加两国专家杰克和罗伯特合著的《美加两国查处舞弊技巧与案例》一书中指出,舞弊审计是一种通过辨别舞弊寻找舞弊证据的审计,其目的是查处舞弊行为。我国内部审计准则规定,内部审计机构和内部审计人员应当保持应有的职业谨慎,在实施的审计活动中应关注可能发生的舞弊行为,并对舞弊行为进行检查和报告。舞弊的检查是指实施必要的检查程序,以确定舞弊迹象所显示的舞弊行为是否已经发生。舞弊的报告是指内部审计人员以书面或者口头形式向组织适当管理层或者董事会报告舞弊检查情况及结果。

由于舞弊行为的隐蔽性以及审计固有的局限性,内部审计也并非专为检查舞弊而进行,因此我国内部审计准则在对内部审计人员进行舞弊检查作出要求的同时,也进一步指出,即使审计人员以应有的职业谨慎执行了必要的审计程序,也不能保证发现所有的舞弊行为。

以上是从内部审计角度对舞弊审计的定义,实务中对舞弊审计具有不同层面的理解,具体概括如表 12-11 所示。

表 12-11　对舞弊审计内涵的理解

类型	审计主体	审计目的
舞弊审计	内部审计人员	查处舞弊；检查和报告舞弊
舞弊关注审计	注册会计师	在对财务报表公允性、合法性鉴证的同时关注导致财务报表重大错报的舞弊
舞弊专项审计	舞弊审核师或其他专门负责舞弊审计组织及人员	集舞弊的风险评估、发现、调查、处理与预警防范等于一体的系统性舞弊审计

3. 舞弊的检查和报告

内部审计机构和内部审计人员在检查和报告舞弊行为时，应当保持应有的职业谨慎，合理识别舞弊风险，评估舞弊发生的可能性；运用适当的审计职业判断，确定审计范围和审计程序。

（1）识别舞弊风险。在实施审计项目时，内部审计人员应当警惕可能存在的舞弊风险，并根据被审计事项的重要性、复杂性及审计成本效益，评估舞弊发生的可能性。具体来说，内部审计人员在审查和评价业务活动、内部控制和风险管理时，应当从以下方面对舞弊发生的可能性进行评估：①组织目标的可行性；②控制意识和态度的科学性；③员工行为规范的合理性和有效性；④业务活动授权审批制度的有效性；⑤内部控制和风险管理机制的有效性；⑥信息系统运行的有效性。

除了上述与内部控制固有局限相关的问题，内部审计人员还应当考虑下列可能导致舞弊发生的情况：①管理人员品质不佳；②管理人员遭受异常压力；③业务活动中存在异常交易事项；④组织内部个人利益、局部利益和整体利益存在较大冲突。

（2）舞弊检查。内部审计人员应当运用适当的审计职业判断，确定审计范围和审计程序，发现舞弊行为。具体来说，内部审计人员进行舞弊检查时，应当根据下列要求进行：①评估舞弊涉及的范围及复杂程度，避免向可能涉及舞弊的人员提供信息或者被其所提供的信息误导；②设计适当的舞弊检查程序，以确定舞弊者、舞弊程度、舞弊手段及舞弊原因；③在舞弊检查过程中，与组织适当管理层、专业舞弊调查人员、法律顾问及其他专家保持必要的沟通；④保持应有的职业谨慎，以避免损害相关组织或者人员的合法权益。

（3）舞弊报告。首先，在舞弊检查过程中，出现下列情况时，内部审计人员应当及时向组织适当管理层报告：①可以合理确信舞弊已经发生，并需要深入调查；②舞弊行为已经导致对外披露的财务报表严重失实；③发现犯罪线索，并获得了应当移送司法机关处理的证据。其次，内部审计人员在完成必要的舞弊检查程序后，应当从舞弊行为的性质和金额两方面考虑其严重程度，并出具相应的审计报告。审计报告的内容主要包括舞弊行为的性质、涉及人员、舞弊手段及原因、检查结论、处理意见、提出的建议及纠正措施。

（三）经济责任审计

1. 经济责任审计的内涵

《第2205号内部审计具体准则——经济责任审计》规定,经济责任是指领导干部在本单位任职期间,对其管辖范围内贯彻执行党和国家经济方针政策、决策部署,推动本单位事业发展,管理公共资金、国有资产、国有资源,防控经济风险等有关经济活动应当履行的职责。这些职责具体体现为经济政策执行、经营决策、经营管理、经济监督等多方面。

经济责任审计是指内部审计机构、内部审计人员对本单位所管理的领导干部在任职期间的经济责任履行情况的监督、评价和建议活动。具体而言,经济责任审计是在财务审计的基础上,将关注点集中于领导干部的职责履行情况,监督和评价领导干部任职期间在管理状况、内部控制、经营绩效等方面经济责任的履行情况。

2. 经济责任审计的内容

内部审计机构应当根据被审计领导干部的职责权限和任职期间履行经济责任情况,结合被审计领导干部监督管理需要、履职特点、审计资源及其任职期间所在单位的实际情况,依规依法确定审计内容。

一般来说,经济责任审计的主要内容包括：①贯彻执行党和国家经济方针政策和决策部署,推动单位可持续发展情况;②发展战略的制定、执行和效果情况;③治理结构的建立、健全和运行情况;④管理制度的健全和完善,特别是内部控制和风险管理制度的制定和执行情况,以及对下属单位的监管情况;⑤有关目标责任制完成情况;⑥重大经济事项决策程序的执行情况及其效果;⑦重要经济项目的投资、建设、管理及效益情况;⑧财政、财务收支的真实、合法和效益情况;⑨资产的管理及保值增值情况;⑩自然资源资产管理和生态环境保护责任的履行情况;⑪境外机构、境外资产和境外经济活动的真实、合法和效益情况;⑫在经济活动中落实有关党风廉政建设责任和遵守廉洁从业规定情况;⑬以往审计发现问题的整改情况;⑭其他需要审计的内容。

3. 经济责任审计的评价方法和依据

《第2205号内部审计具体准则——经济责任审计》规定,内部审计人员应当考虑审计目标、审计重要性、审计风险、审计成本等因素,综合运用审核、观察、监盘、访谈、调查、函证、计算、分析程序等审计方法,充分运用信息化手段和大数据分析,获取相关、可靠和充分的审计证据。可以看出,经济责任审计除了常规审计方法,还需要对经济责任进行计算分析评价。按照评价指标的属性来划分,经济责任审计评价方法包括了定量比较评价法和定性比较评价法。

（1）定量比较评价法,即内部审计人员运用能够反映企业领导干部履行经济责任情况的相关经济指标,进行量化对比,总结相关经济责任的方法。定量比较评价法具体又可以分为横向比较法和纵向比较法,横向比较法是将相关评价指标与同行业平均水平进行比较;纵向比较法是先确定比较基期,再将比较期与之对比的方法,如将领导干部上任时与离任时的评价指标进行比较。

（2）定性比较评价法，即内部审计人员以审计结果为基础，对被审计单位财务收支和有关经济活动的真实性、合法性、有效性等进行评价的方法。真实性主要评价被审计单位的会计处理是否遵循相关财经法规的规定，以及会计信息与被审计单位实际情况的相符程度；合法性主要评价被审计单位财务收支和有关经济活动符合相关法律法规等的程度；有效性主要评价被审计单位财务收支和有关经济活动中内部控制制度的健全程度和执行的有效程度。

需要明确的是，在应用不同方法对领导干部经济责任进行审计评价时，都需要确定审计评价的依据。一般来说，审计评价的依据包括：①党和国家有关经济方针政策和决策部署；②党内法规、法律、法规、规章、规范性文件；③国家和行业的有关标准；④单位的内部管理制度、发展战略、规划和目标；⑤有关领导的职责分工文件，有关会议记录、纪要、决议和决定，有关预算、决算和合同，有关内部管理制度；⑥有关主管部门、职能管理部门发布或者认可的统计数据、考核结果和评价意见；⑦专业机构的意见和公认的业务惯例或者良好实务；⑧其他依据。

 **案例分析**

A上市公司子公司财务负责人挪用资金案

A上市公司2015年6月3日发布公告称，《第一财经日报》报道称公司控股53%的子公司（B公司）原财务经理梁某涉嫌侵占该公司款项一事属实。

B公司为中外合资经营企业，外资股东持股47%。2011年初，其董事会决定聘请职业经理人负责经营管理。2013年7月，公司审计室对B公司原常务副总经理王某进行离任审计，发现财务经理梁某个人银行卡内有较大金额的资金进出情况，涉嫌挪用该公司资金。进一步调查表明，梁某利用公司大量现金收入和自己对资金收支完全掌控的机会，在2011—2013年里循环挪用回笼货款，即将收回的部分应收账款存入自己卡里牟取利息和理财收益，再用以后回笼的货款冲抵已被挪用的客户应收账款，营造应收账款回笼正常的假象，以迷惑审计人员。挪用款项在这三年的外部年报审计和内部审计中都未被发现，直到这次离任审计才被发现。而且梁某挪用资金额达近亿元，事发时仍有500多万元在梁某卡里。B公司董事会决定免除梁某财务经理职务，并向公安部门报案。2014年11月7日，B公司所在市公安局H分局出具《立案告知单》，决定对梁某涉嫌挪用资金立案。

A公司公告确认，上述情况对公司2011年以来的财务报告均不构成重大影响。对照信息披露规则，公司不存在应披露而未披露的信息。

另外，A公司《内部控制手册》中关于反舞弊的条款仅有一条："公司设立反舞弊举报电话和专职联系人员，对舞弊问题一经查实，严厉处理。"

讨论：

（1）案例暴露了A公司内部控制上可能存在哪些问题？

（2）指出案例公司反舞弊存在的问题，谈谈如何防范雇员侵占公司资产的舞弊行为？

第四节　内部审计管理

一、内部审计机构管理

我国《第1101号——内部审计基本准则》提出，"组织应当设置与其目标、性质、规模、治理结构等相适应的内部审计机构，并配备具有相应资格的内部审计人员"。内部审计机构是为了实现审计目标而设置的机构、配备的人员和授予的职责权限的有机整体，是组织内部从事审计业务的专门组织，由所在组织授权，代表组织的利益开展审计业务。根据我国《第2301号内部审计具体准则——内部审计机构的管理》的规定，"内部审计机构的管理是指内部审计机构对内部审计人员和内部审计活动实施的计划、组织、领导、控制和协调工作"。做好内部审计机构的管理工作，其目的主要包括：①达成内部审计目标；②促使内部审计资源得到充分和有效的利用；③提高内部审计质量，更好地履行内部审计职责；④促使内部审计活动符合内部审计准则的要求。

（一）内部审计机构设置

1. 内部审计机构领导模式

内部审计机构设置有不同类型的领导模式，包括财务部门领导模式、总经理领导模式、监事会领导模式、董事会或董事会下设的审计委员会领导模式等。不同领导模式各有不同的特点和优缺点，概括如表12-12所示。

表12-12　内部审计机构设置不同领导模式的特点与优缺点

模式类型	特点	优点	缺点
财务部门领导模式	内部审计机构在公司治理框架内层级较低，其地位与财务部平行。内部审计只能开展部分日常性的财务审计或与财务相关的专项审计工作，审计结果向财务部门负责人汇报	内部审计直接受企业财务部门领导，财务部门领导对内部财务方面的情况比较了解，内部审计提出的财务问题能够得到较为及时的解决	独立性差，权威性不足，客观性会受到影响。内部审计更多的是履行财务监督检查功能，并未涉及内部审计咨询活动
总经理领导模式	内部审计机构隶属于总经理，向总经理汇报工作，间接服务于董事会。内部审计的内容从财务审计转向经营审计，形成以内部控制监督为核心的审计模式，并尝试通过建议的形式提供咨询服务	内部审计机构直接隶属于总经理，可以将审计工作与日常控制管理相结合，促使企业加强并改善日常经营管理，并且也有利于协调内部审计部门同其他业务部门的关系	审计的独立性和权威性会受到一定影响，尤其是当管理层与董事会的利益发生冲突时，内部审计机构的独立性和客观性将大打折扣

（续表）

模式类型	特点	优点	缺点
董事会或董事会下设的审计委员会领导模式	以美国、英国、加拿大等国的公司为代表。股东大会是最高权力机构，董事会向股东会负责，董事会内部设立审计委员会，代表董事会监督管理层和内部审计机构，内部审计机构围绕董事会的决策从事审计活动	内部审计部门能够保持较高的独立性、权威性和组织地位，有利于内部审计的评价、鉴证和咨询功能的发挥	董事会只是负责企业的重大决策，并不参与公司日常生产和经营管理。内部审计部门只针对内部管理工作作出评价并提出改进建议，但是否采纳建议，决定权在管理部门
监事会领导模式	以德国公司为代表。股东会是最高权力机构，监事会对股东会负责，董事会对监事会负责。内部审计部门隶属于监事会，向监事会负责，但同时要接受总经理和董事会的工作指导	内部审计机构能够保持比较高的独立性和权威性，有利于增强监事会的监督力度，使监事会的职责和权力落到实处	内部审计活动很难真正深入企业的日常经营管理，难以通过内部审计改善经营管理、提高经济效益，从而难以实现内部审计的增值功能

《第 2301 号内部审计具体准则——内部审计机构的管理》规定，内部审计机构应当接受组织董事会或者最高管理层的领导和监督，内部审计机构负责人应当对内部审计机构管理的适当性和有效性负主要责任。目前我国许多大型国有企业及上市公司采用董事会或董事会下设的审计委员会领导模式。

2. 内部审计机构管理办法

内部审计机构应当建立合理、有效的组织结构，多层级组织的内部审计机构可以实行集中管理或者分级管理。实行集中管理的内部审计机构可以对下级组织实行内部审计派驻制或者委派制。实行分级管理的内部审计机构应当通过适当的组织形式和方式对下级内部审计机构进行指导和监督。

（二）内部审计机构管理的内容

内部审计机构的管理可以分为部门管理和项目管理。部门管理主要包括内部审计机构运行过程中的一般性行政管理；项目管理主要包括内部审计机构对审计项目业务工作的管理与控制。

1. 部门管理

内部审计机构的正常运行需要人力、财力等资源的有效投入，应加强质量复核，并与组织其他机构和外部审计保持沟通。内部审计机构应当根据组织的性质、规模和特点，编制内部审计工作手册，以指导内部审计人员的工作。具体来说，需要做好人力资源、财务预算、质量控制、协调沟通方面的管理工作，各项管理工作的重点概括如表 12-13 所示。

表 12-13　部门管理具体工作的重点内容

部门管理具体工作	重点内容
人力资源管理 （核心工作）	①内部审计人员的聘用；②内部审计人员的培训；③内部审计人员的工作任务安排；④内部审计人员专业胜任能力分析；⑤内部审计人员的业绩考核与激励机制
财务预算管理 （经济保障）	①保证正常运行必需的财务支出；②保证不要浪费组织财力
质量控制管理 （质量保障）	①制定内部审计质量控制制度；②实施督导与分级复核；③审计质量内部评估与外部评估
沟通协调 （工作成效保障）	①接受董事会或者最高管理层的领导和监督；②与董事会或者最高管理层保持日常工作中的有效沟通；③向董事会或者最高管理层定期提交工作报告，适时提交审计报告；④与组织其他机构和外部审计保持沟通协调

2. 项目管理

项目管理主要包括内部审计机构对审计项目业务工作的管理与控制，是指与执行某一具体审计项目有关的管理措施。审计人员的安排与合理分工非常关键，应通过适当的人员安排，实现有效的项目管理，包括审计工作过程的指导与监督、审计结果的复核、审计项目的总结与评价等。具体而言，项目管理涉及的审计人员包括内部审计机构负责人、审计项目负责人和审计项目组成员，不同的人员都负有相应的职责。概括来说，内部审计机构负责人要做好全局把控的工作；作为直接参与具体项目的审计人员，审计项目负责人和项目组成员都应当符合职业道德规范的要求，在审计过程中保持独立性，做到客观公正，同时审计人员还应当具备履行具体项目所必需的专业胜任能力。在具体职责分工方面，审计项目负责人和审计项目组成员存在明显的差异。审计项目负责人的工作重点是加强对审计项目全过程的管理，而审计项目组成员的工作重点在实际的审计执行环节，其可能会部分参与审计准备工作，也会在审计计划的制定以及审计评价方面发挥少量作用。不同人员的工作重点及具体职责如表 12-14 所示。

表 12-14　审计人员安排、工作重点及具体职责

审计人员安排	工作重点	具体职责
内部审计机构负责人	做好全局把控的工作	① 选派审计项目负责人并对其进行有效的授权
		② 审定项目审计方案
		③ 督导审计项目的实施
		④ 协调、沟通审计过程中发现的重大问题
		⑤ 审定审计报告
		⑥ 督促被审计单位对审计发现问题的整改

（续表）

审计人员安排	工作重点	具体职责
审计项目负责人	重点是加强对审计项目全过程的管理	① 编制项目审计方案
		② 组织审计项目的实施
		③ 对项目审计工作进行现场督导
		④ 向内部审计机构负责人及时汇报审计进展及重大审计发现
		⑤ 组织编制审计报告
		⑥ 组织实施后续审计
审计项目组成员	工作重点在实际的审计执行环节，可能会部分参与审计准备工作，也会在审计计划的制定以及审计评价方面发挥少量作用	① 协助项目负责人拟定审计计划
		② 参与现场调查
		③ 测试内部控制的健全性和有效性
		④ 执行审计程序
		⑤ 参与审计报告初稿的编写
		⑥ 参与与被审计单位进行沟通的会议，协助修改审计报告终稿
		⑦ 执行后续审计程序
		⑧ 参与审计工作的评价

在项目管理过程中，内部审计机构一般还需要采取下列辅助管理工具，以完善和改进项目管理工作，保证审计项目管理与控制的有效性：①审计工作授权表；②审计任务清单；③审计工作底稿检查表；④审计文书跟踪表；⑤其他辅助管理工具。

二、内部审计人际关系管理

（一）人际关系管理概述

1. 人际关系的类型

人际关系，是指内部审计人员与组织内外相关机构和人员之间的相互交往与联系。根据内部审计的职能、工作内容及性质，内部审计中的人际关系主要包括以下几种类型：

（1）与组织适当管理层和相关人员的人际关系。内部审计应当接受董事会或者高级管理层的领导，保持与董事会或高级管理层的良好关系，发挥内部审计在公司治理中的作用。

（2）与被审计单位和相关人员的人际关系。内部审计与被审计单位的关系是最主要、最直接的人际关系，内部审计人员需要以谨慎、客观的态度处理与被审计单位的人际关系，更好地履行职责。

（3）与组织内部各职能部门和相关人员的人际关系。内部审计与组织内部各职能部门在工作过程中是相互协作的关系，组织内部各职能部门既是内部审计的信息来源，也可能是内部审计咨询服务的对象。

（4）与组织外部相关机构和人员的人际关系。内部审计需要协调的组织外部机构和人员主要是外部审计机构和人员。内部审计与外部审计应当就审计程序、审计发现等进行相互沟通，实现信息共享；根据实际需要，内部审计还可以利用外部专家服务提供审计证据，保证审计质量。

（5）与内部审计机构中的其他成员的人际关系。内部审计项目是由内部审计人员组成的团队协作完成的，内部审计部门成员直接存在领导、监督关系，也存在相互协作和学习关系。

2. 人际关系管理的目的

概括来说，内部审计人员与组织内外相关机构和人员进行必要的沟通，保持良好的人际关系，主要是为了实现下列目的：①在内部审计工作中与相关机构和人员建立相互信任的关系，促进彼此的交流与沟通；②在内部审计工作中取得相关机构和人员的理解和配合，及时获得相关、可靠和充分的信息，提高内部审计效率；③保证内部审计意见得到有效落实，实现内部审计目标。

（二）人际关系的沟通

1. 沟通的类型和方式

内部审计人员在处理人际关系时，应当主动、及时、有效地进行沟通，以保证信息的快捷传递和充分交流。

内部审计人员处理人际关系时采用的沟通类型包括：①人员沟通，即内部审计人员与相关人员之间的沟通；②组织沟通，即内部审计机构在特定组织环境下的沟通，主要包括与上下级部门之间的信息交流，与组织内各平行部门之间的信息交流，以及信息在非平行、非隶属部门之间的交流。

内部审计人员处理人际关系时采用的主要沟通方式有口头沟通和书面沟通两种：①口头沟通，即内部审计人员利用口头语言进行信息交流；②书面沟通，即内部审计人员利用书面语言进行信息交流。

2. 沟通管理

针对不同的沟通对象，内部审计人员采取不同的沟通途径。

（1）在与对内部审计工作负有领导责任的组织适当管理层进行沟通时，内部审计人员应当积极主动。内部审计人员可以采取的沟通途径主要包括：①与组织适当管理层就审计计划进行沟通，以达成共识；②咨询组织适当管理层，了解内部控制环境；③根据审计发现的问题和作出的审计结论，及时向组织适当管理层提出审计意见和建议；④出具书面审计报告之前，利用各种沟通方式征求组织适当管理层对审计结论、意见和建议的相关意见。

（2）在与被审计单位进行沟通时，内部审计人员重点需要获得被审计单位的理解、配合和支持。内部审计人员可以采取的沟通途径主要包括：①在了解被审计单位基本情况时，应当进行及时、有效的沟通和协调；②通过询问、会谈、会议、问卷调查等沟通方式，了解被审计单位业务活动、内部控制和风险管理的情况;③通过口头方式或者其他非正式方式,与被审计单位交流审计中发现的问题;④在审计报告提交之前,以书面方式与被审计单位进行结果沟通。

（3）内部审计人员也应当与组织内其他职能部门建立并保持良好的人际关系,确保在下列方面得到支持与配合:①了解组织及相关职能部门的情况;②寻求审计中发现问题的解决方法;③落实审计结论、意见和建议;④有效利用审计成果;⑤其他。

（4）内部审计人员还应当与组织外部相关机构和人员之间建立并保持良好的人际关系,以获得更多的认同、支持及协助。

（5）内部审计人员应当重视内部审计机构其他成员间的人际关系,相互协作,相互包容。

（三）人际关系冲突的管理

1. 冲突的原因

内部审计人员人际关系冲突的原因主要包括:①缺乏必要、及时的信息沟通;②对同一事物的认识存在分歧,导致不同的评价;③各自的价值观、利益观不一致;④职业道德信念的差异。

2. 冲突管理的方法

内部审计人员应当及时、妥善地化解人际冲突,可以采取的方法主要包括:①暂时回避,寻找适当的时机再进行协调;②说服、劝导;③适当的妥协;④互相协作;⑤向适当管理层报告,寻求协调;⑥其他。

三、内部审计质量控制

（一）内部审计质量控制的目标

内部审计质量控制,是指内部审计机构为保证其审计质量符合内部审计准则的要求而制定和执行的制度、程序和方法。内部审计机构负责人对制定并实施系统、有效的质量控制制度与程序负主要责任。内部审计质量控制分为内部审计机构质量控制和内部审计项目质量控制。

内部审计质量控制主要包括下列目标:①保证内部审计活动遵循内部审计准则和本组织内部审计工作手册的要求;②保证内部审计活动的效率和效果达到既定要求;③保证内部审计活动能够增加组织的价值,促进组织实现目标。

（二）内部审计机构质量控制

内部审计机构负责人对内部审计机构质量负责,通过督导、分级复核、质量评估等方式对内部审计机构质量进行控制。

内部审计机构质量控制主要包括下列措施:①确保内部审计人员遵守职业道德规范;②保持并不断提升内部审计人员的专业胜任能力;③依据内部审计准则制定内部审计工作手

册;④编制年度审计计划及项目审计方案;⑤合理配置内部审计资源;⑥建立审计项目督导和复核机制;⑦开展审计质量评估;⑧评估审计报告的使用效果;⑨对审计质量进行考核与评价。

（三）内部审计项目质量控制

内部审计项目负责人对审计项目质量负责,通过督导、分级复核、质量评估等方式对内部审计项目质量进行控制,主要措施包括指导内部审计人员执行项目审计方案、监督审计实施过程和检查已实施的审计工作,各项措施的具体内容概括如表 12-15 所示。

表 12-15　内部审计项目质量控制措施及具体内容

内部审计项目质量控制措施	具体内容
指导项目审计方案的执行	① 项目组成员各自的责任
	② 被审计项目或者业务的性质
	③ 与风险相关的事项
	④ 可能出现的问题
监督审计实施过程	① 追踪业务的过程
	② 解决审计过程中出现的重大问题,根据需要修改原项目审计方案
	③ 识别在审计过程中需要咨询的事项
检查已实施的审计工作	① 审计工作是否已按照审计准则和职业道德规范的规定执行
	② 审计证据是否相关、可靠和充分
	③ 审计工作是否实现了审计目标

四、内部审计业务外包管理

（一）内部审计业务外包管理概述

内部审计业务外包管理,是指组织及其内部审计机构将业务委托给本组织外部具有一定资质的中介机构,而实施的相关管理活动。

内部审计业务外包通常包括业务全部外包和业务部分外包两种形式。业务全部外包,是指内部审计机构将一个或多个审计项目委托中介机构实施,并由中介机构编制审计项目的审计报告。业务部分外包,是指在一个审计项目中,内部审计机构将部分业务委托给中介机构实施,内部审计机构根据情况,利用中介机构的业务成果,编制审计项目的审计报告。

（二）内部审计业务外包管理的关键流程

内部审计业务外包管理的关键环节一般包括:选择中介机构、签订业务外包合同(业务约定书)、评价中介机构的工作质量。

1. 选择中介机构

内部审计机构应当根据外包业务的要求,通过一定的方式,按照一定的标准,遴选一定数量的中介机构,建立中介机构备选库。内部审计机构确定纳入备选库的中介机构时,应当重点考虑以下条件：①依法设立，合法经营，无违法、违规记录；②具备国家承认的相应专业资质；③从业人员具备相应的专业胜任能力；④拥有良好的职业声誉。内部审计机构应当根据实际情况和业务外包需求，以及对中介机构工作质量的评价结果，定期对备选库进行更新。

内部审计机构可以根据审计项目需要和实际情况，提出对选择中介机构的具体要求。相关部门按照公开、公正、公平的原则，采取公开招标、邀请招标、询价、定向谈判等形式，确定具体实施审计项目的中介机构。

2. 签订业务外包合同（业务约定书）

按照组织合同管理的权限和程序，内部审计机构可以负责起草或者参与起草业务外包合同。组织应当与选择确定的中介机构签订书面的业务外包合同，主要内容应当包括：①工作目标；②工作内容；③工作质量要求；④成果形式和提交时间；⑤报酬及支付方式；⑥双方的权利与义务；⑦违约责任和争议解决方式；⑧保密事项；⑨双方的签字盖章。如业务外包过程中涉及主合同之外其他特殊权利义务的，组织也可以与中介机构签订单独的补充协议进行约定。

3. 评价中介机构的工作质量

内部审计机构可以针对具体的审计项目对中介机构的工作质量进行评价，也可以针对中介机构一定时期的工作质量进行总体评价。

内部审计机构对中介机构工作质量的评价一般包括：①履行业务外包合同承诺的情况；②审计项目的质量；③专业胜任能力和职业道德；④归档资料的完整性；⑤其他方面。内部审计机构可以采用定性、定量或者定性定量相结合的方式对中介机构的工作质量进行评价。

内部审计机构应当对中介机构开展的受托业务进行指导、监督、检查和评价，并对采用的审计结果负责。

（三）审计项目外包的质量控制

内部审计机构应当对审计项目外包全过程实施质量控制。

1. 审计方案的质量控制

内部审计机构应当充分参与、了解中介机构编制的项目审计方案的详细内容，明确审计目标、审计范围、审计内容、审计程序及方法，确保项目审计方案的科学性。

2. 审计项目实施过程的质量控制

在审计项目实施过程中，内部审计机构应当定期或不定期听取中介机构的工作汇报，询问审计项目的实施情况，帮助解决中介机构工作中遇到的问题，确保中介机构业务实施过程的顺利。

3. 审计报告环节的质量控制

内部审计机构应当对中介机构提交的审计报告初稿进行复核并提出意见，确保审计报告的质量。

在中介机构完成审计项目工作后,内部审计机构应当督促其按照审计档案管理相关规定汇总整理并及时提交审计项目的档案资料。

4. 对于中介机构未尽履责事宜的处理

中介机构未能全面有效履行外包合同规定的义务,有下列情形之一的,内部审计机构可以向组织建议终止合同,拒付或酌情扣减审计费用:①未按合同的要求实施审计,随意简化审计程序;②审计程序不规范,审计报告严重失实,审计结论不准确,同时拒绝进行重新审计或纠正;③存在应披露而未披露的重大事项等重大错漏;④违反职业道德,弄虚作假、串通作弊、泄露被审计单位秘密;⑤擅自将受托审计业务委托给第三方;⑥其他损害委托方或被审计单位的行为。

五、内部审计绩效管理

(一)绩效管理概述

绩效管理是指组织为了提高内部审计管理的有效性,引导内部审计部门健康持续发展,采用科学规范的程序,并依据预先确定的一系列标准,定期或不定期对内部审计部门进行考核评价的过程。绩效管理中最核心的环节是绩效评价,内部审计通过绩效评价衡量自身的审计质量并提出改进意见,从而实现组织的目标。概括来说,绩效管理对于内部审计自身或者整个组织来说都具有非常重要的意义。

第一,通过绩效管理规范内部审计部门的工作。规范内部审计部门的工作是建立内部审计绩效管理的首要目的。根据IIA《标准12.2绩效评价》的规定,首席审计执行官必须制定评价内部审计职能绩效的目标,必须制定绩效评价方法体系,以评估实现职能目标的进展情况,并促进内部审计职能的持续改进。

第二,通过绩效管理确保内部审计部门目标与企业整体战略目标一致。按照组织目标完成内部审计部门的工作是实现内部审计增值功能的客观要求,通过绩效评价,可以将企业整体战略目标分解到不同部门和员工,及时纠正部门和员工行为与企业战略的偏离情况,保证不同部门与组织战略目标的一致性。

第三,绩效管理还能够优化审计队伍,提高内部审计部门在组织中的地位。通过绩效评价,可及时发现内部审计人员的不足。针对内部审计人员的不足之处进行改进和培训,可提高内部审计技术,优化内部审计队伍。绩效评价可以衡量内部审计部门是否发挥了重要作用以及为企业创造了多少价值,有助于提高内部审计部门在组织中的地位。

(二)内部审计绩效评价方法

内部审计绩效评价方法离不开企业绩效评价的一般方法。绩效评价的发展从最初以多部门的公司预算为核心的管理体系,发展到基于经济增加值的管理模式,此后又产生了全面质量管理、平衡计分卡,以及超越平衡计分卡的绩效评价方式,如作业管理绩效评价法。每一种模式都提出了独特的绩效测量观点,都为管理者提供了一套不同的体系,也都具有各自的优势和缺陷。在内部审计具体实践中,可以基于不同企业的实际情况,选取适当的方法,对内部审计绩效进行科学评价。

1. 目标管理法

目标管理的概念最早由美国管理学大师彼得·德鲁克(Peter Drucker)于 20 世纪 50 年代提出,是一种运用目标激励的方法。目标管理的基本思想是企业首先根据其发展制定一段时期内的总目标,将总目标层层分解,得到各层级部门和员工个体的阶段目标。目标管理是指由下级与上司共同决定具体的绩效目标,并且定期检查完成目标进展情况的一种管理方式,把完成目标的情况作为评价员工绩效的主要依据。目标管理法属于结果导向型的考评方法之一,以实际产出为基础,考评的重点是员工工作的成效和劳动的结果。目标管理法认为,企业员工在目标明确的基础上能够对自己的行为负责,强调自我约束和上级的监督检查。目标管理法的优点在于明确各项活动的目的,改进组织结构和职责分工,激发员工的积极性,改进管理;缺点在于没有在不同部门、不同员工之间设立统一目标,因此难以对员工和不同部门之间的工作绩效进行横向比较,不能为以后的晋升决策提供依据。

2. 经济增加值法

经济增加值法是指以经济增加值(economic value added,EVA)为核心,建立绩效指标体系,引导企业注重价值创造,并据此进行绩效管理的方法。EVA 是指从税后净营业利润中扣除包括股权和债务的全部投入资本成本后的所得,其核心是资本投入是有成本的,企业的盈利只有高于资本总成本时才会为股东创造价值。EVA 是对真正经济利润的评价,在计算 EVA 的过程中,需要对传统会计的稳健性原则所导致的会计数据不合理现象进行一系列调整,从而消除会计运作产生的异常状况;此外,应使 EVA 尽量与经济真实状况相吻合,更能反映企业的真实业绩,以评价企业经营者有效使用资本和为股东创造价值的能力,促使管理层作出更明智的经济决策。但是 EVA 指标主要用于评价企业的当期经营情况,采用的指标都是短期财务指标,无法对企业的营运效率与效果进行综合评价,也无法衡量企业长远发展战略的价值创造情况。

3. 全面质量管理法

20 世纪 60 年代初,美国著名专家阿曼德·费根堡姆(Armand Feigenbaum)提出全面质量管理理念,即在企业所有要素的全面推动下,所有部门、组织和人员都以产品质量为核心,将专业技术、管理技术、数理统计技术等集合在一起,建立起一套科学、严密、高效的质量保证体系,控制生产过程中影响质量的因素,以优质的工作、最经济的办法提供满足用户需要的产品。该方法的主导思想是"顾客的满意和认同是长期赢得市场、创造价值的关键",以顾客为中心,关注产品质量,但是忽视了其他的利益相关者以及企业的其他能力。

4. 平衡计分卡法

平衡计分卡(balanced score card,BSC)是由哈佛大学教授罗伯特·卡普兰(Robert

Kaplan)和戴维·诺顿(David Norton)于 20 世纪 90 年代初提出的企业绩效评价体系,是 20 世纪 90 年代最重要的管理会计创新之一。BSC 以企业的战略和愿景为中心,从财务、客户、内部运营、学习与成长四个维度将组织的战略落实为可操作的衡量指标和目标值,在目标和指标间建立因果联系。BSC 是一个科学的、集公司战略管理控制与战略管理的绩效评估于一体的管理系统。BSC 确定的四个维度代表了企业股东、顾客、员工三个主要的利益相关者,有效克服了传统的财务评估方法较为滞后,偏重短期利益和内部利益及忽视无形资产收益等诸多缺陷。实施 BSC 有助于提高组织整体管理水平,实现组织长远发展。但是在 BSC 应用中非财务指标往往很难建立,且当组织战略或结构变更的时候,BSC 也应当随之重新调整。保持 BSC 随时更新与有效,需要耗费大量的时间和资源。

5. 作业管理绩效评价法

作业管理是 20 世纪 90 年代中期由美国学者爱德华·弗尔斯特(Edward Forrest)提出的,适用于现代企业的生产经营管理。作业管理的思想内核源于卡普兰的作业成本法。作业成本法将企业看作是为最终满足顾客需要而设计的一系列作业的集合体,从而形成一个由此及彼、由内到外的作业链。每完成一项作业要消耗一定的资源,而作业的产出又形成一定的价值,转移到下一个作业,按此逐步推移,直到最终把产品提供给企业外部的顾客,以满足他们的需求。"最终产品"作为企业内部一系列作业的集合体,凝聚了在各个作业上形成的最终转移给顾客的价值。作业管理绩效评价聚焦于内部流程,将前端客户单位与后端职能单位的作业联系起来。这种模式需要时刻关注客户交易系统,需要职业分析人员对数据进行分析,成本较高。

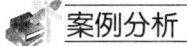 案例分析

内部审计绩效该如何考核?

A 公司是民营集团公司,下属 5 个子公司,分别经营房地产、环保、制药、农产品、工程建设等业务。集团公司直接经营业务仅是一工业园的租赁活动,没有其他业务活动。集团公司主要负责整个集团公司的战略,重大投资决策,对子公司负责人的选聘、考核,以及内部控制、风险管理等制度建设。集团公司审计部负责对集团本部和所有子公司的财务审计、内部控制审计、其他制度审计、经济责任审计等,并对子公司内部审计部负有业务领导及监督职责,同时,参与整个集团经营管理制度的建设。

李某是 A 集团公司董事长,也是 A 公司的实际控制人。李某是大学工程专业出身,他只看到财务部承担核算、监督和财务管理的职责,认为财务部很重要,但对内部审计工作理解不深,看不到企业内部审计的价值增值功能,总觉得内部审计可有可无。在一次集团公司部门经理会议上,李某说"以后不仅要考核子公司领导,而且也要对子公司的所有管理部门进行绩效考核。你们审计部要拿出考核各子公司内部审计部门的办法,最好以子公司内部审计查出多少浪费,甚至贪腐金额为主要考核指标"。集团审计部负责人邱某当场表示

为难,他说:"内部审计主要是监督内部控制与风险管理制度的执行,保证公司正常运营,防范风险,为经营管理提出合理化建议,很难用经济效益来考核。如果主要以查出浪费和贪腐金额作为考核指标,可能会导致内部审计工作舍本求末,不利于内部审计人员把精力放到完善管理、防患未然的本职工作上,好的医生是'治未病',而不是'治已病。'"

讨论:

(1)评价李某和邱某对内部审计绩效考核的观点。

(2)结合 A 公司基本情况,为邱某拿出一套合理的内部审计绩效考核办法。

 课程思政

审计审出"铁军"来

新四军军部在皖南事变重新组建后,部队和根据地的审计工作即走向制度化、正规化、规范化,充分发挥了审计工作在廉政建设中的监督职能,对新四军和华中根据地发展经济、保障供给和发扬艰苦奋斗、清正廉洁优良作风起到了重要作用,有力地保障了新四军的"铁军"建设,使新四军成为毛泽东所说的"成了华中人民的长城,成了华中人民血肉不可分离的一部分"。审计监督对于新四军"铁军"建设的重要作用,值得我们今天在党所领导的反腐倡廉建设中,认真研究,传承发扬。(赵连军."审计审出'铁军'来——以新四军第四师和淮北抗日根据地为例"[EB/OL].(2004-11-06)[2025-05-10]. https://baijiahao.baidu.com/s? id=18149315363786672938&wfr=spider&for=pc)

讨论:

谈谈内部审计对新四军发展的重要意义。

第十三章　信息系统审计专题

第一节　信息系统审计概述

一、信息系统审计的产生与发展

20 世纪 60 年代,以电子计算机为代表的新技术在美国企业中迅速普及,信息技术带来的巨大改变不断冲击着企业管理者的思维方式和管理方法,传统手工会计转变为电算化会计,手工凭证和纸质报表转化成电子数据。在会计电算化环境下,审计对象和方法也在发生变化,审计过程从传统会计信息检查扩展到对电子数据的产生、记录、存储、处理等全过程进行分析,审计证据收集和抽样检查等工作也需要借助电子计算机来实现。这个时期的审计被称为电子数据处理审计(electronic data processing audit,EDPA),是随着传统审计业务的扩展发展起来的。这一阶段是由传统审计向信息系统审计的过渡时期,是信息系统审计的萌芽阶段。

到了 20 世纪 70 年代,随着信息技术的不断发展,计算机在企业中的大量普及,以及互联网的出现,使得企业管理信息系统得到了快速的发展。这一时期,SAP、Oracle 等软件产品在企业中得以广泛应用,企业信息系统得到了快速普及。然而,信息技术普及在提升企业经营管理效率的同时,也带来了安全性风险。为了有效控制风险,美国注册会计师协会(AICPA)在 1974 年发表了《内部控制制度的调查与评价对 EDP 的影响》,成为这一时期信息系统审计工作的执行标准。1974 年,日本通商产业省设立日本信息处理开发中心(Japan

Information Processing Development Center，JIPDEC），开始了一系列的研究，为日本信息系统审计工作奠定了基础。美国内部审计师协会于 1977 年发表《系统可审计性及控制制度的研究》，提出了多种新审计技术，以用于计算机审计工作。

20 世纪 80 年代以后，信息技术的发展进入网络和通信时代，计算机辅助审计技术在企业审计工作中得到普及，利用计算机及网络技术进行犯罪的案例也逐渐增多，引起了社会各方面对信息系统安全性的担忧。为了推进信息系统审计工作，美国电子数据处理审计师协会（Electronic Data Processing Auditors Association，EDPAA）于 1981 年推出国际信息系统审计师（Certified Information System Auditor，CISA）考试与资格认证工作。CISA 考试涵盖信息系统审计、控制与安全等专业领域知识，是信息系统审计领域的唯一的全球性认证体系。这一时期，日本诸多团体在信息系统审计领域取得了丰硕的成果。为了规范信息系统审计工作，1985 年，日本通商产业省公开发表《IT 审计标准》，开始培养从事 IT 审计的人才队伍。

20 世纪 90 年代以后，随着互联网在全球普及，信息系统在全世界的组织和企业中得到广泛应用，信息系统审计的需求成倍增长，大多数发达国家普遍实施了信息系统审计。1994 年，美国 EDPAA 协会更名为国际信息系统审计协会（Information Systems Audit and Control Association，ISACA），负责制定和颁布信息系统审计准则、实务指南等专业标准来规范和指导信息系统审计师的工作。ISACA 于 1996 年发布了《信息及相关技术控制目标》（COBIT）。通过不断的优化改善，ISACA 于 2013 年推出了 COBIT 5.0 版，于 2019 年发布了 COBIT 2019 框架。COBIT 是国际上公认的信息技术管理与控制框架，已深入运用于 100 多个国家（地区）的各大组织、企业中，以帮助这些组织和企业有效地利用信息资源，控制与信息相关的风险。

国际内部审计师协会 IIA 在信息系统审计准则制定方面开展了诸多工作，早在 1947 年，IIA 发布《内部审计职责说明》，以及 1972 年采用的通用知识体系、1973 年推出的 CIA 考试等，这些为信息系统审计准则的制定提供了理念基础和人才标准基础。1978 年批准的《国际内部审计专业实务标准》为信息系统审计在整体内部审计框架中确立了基本准则方向；1999 年，IIA 批准新的专业实务框架（IPPF），信息系统审计准则开始围绕风险管理和治理等范畴进行构建，为信息系统审计准则的具体内容和方向提供了新的框架指引。21 世纪以来，随着信息技术的飞速发展，信息系统审计的重要性日益凸显，IIA 持续发布和更新信息系统审计相关准则和指南，不断细化和完善信息系统审计准则的具体内容，为审计人员在不同信息技术环境和业务场景下开展信息系统审计工作提供详细的操作指南和规范。

二、信息系统审计的内涵

（一）信息系统审计的定义

到目前为止，关于信息系统审计的概念还没有统一的界定。国际上比较代表性的信息系统审计定义有以下几种。

JIPDEC 将信息系统审计定义为，为了信息系统的安全、可靠与有效，由独立于审计对象的信息技术注册会计师,以第三方的客观立场对以计算机为核心的信息系统进行综合的检查与评价,向审计对象的最高领导提出问题与建议的一连串活动。

ISACA 提出,信息系统审计是一个获取并评价证据,以判断计算机系统是否能够保证资产的安全、数据的完整,以及有效率地利用组织资源并有效果地实现组织目标的过程。信息系统审计可能会关注信息系统的真实性、安全性、信息系统绩效等。

根据我国《第 2203 号内部审计具体准则——信息系统审计》的规定,信息系统审计是指内部审计机构和内部审计人员对组织的信息系统及其相关的信息技术内部控制和流程所进行的审查与评价活动。其目的是通过实施信息系统审计工作,对组织是否实现信息技术管理目标进行审查和评价,并基于评价意见提出管理建议,协助组织信息技术管理人员有效地履行职责。

(二) 信息系统审计的目标

一般来说,信息系统审计的目标主要包括以下几个方面。

1. 提高信息系统的安全性

信息系统包括组成硬件、软件、数据、系统文件及备份等,也包括负责运行和维护信息系统的人力资源。其中,硬件可能会被人为破坏,软件、数据、系统文件及备份可能被窃取、篡改、破坏或非法访问,相关人员可能会利用职权之便舞弊。因此,信息系统审计可以帮助组织完善其信息系统的内部控制,保障其安全。

2. 提高信息系统的可靠性

信息系统的广泛应用使得人们越来越关注其可靠性。通过信息系统处理生成的信息是否准确、是否全面、是否适当等方面都需要信息系统审计进行审查并证实。

3. 提高信息系统运行的效果和效率

信息系统运行的效果是指其是否能通过运行达到既定的目标,效率是指其是否能利用既定的资源获得最大的效果。通过分析信息系统审计结论,可对信息系统进行改进,从而提高信息系统的有效性。

4. 提高信息系统的合法合规性

信息系统开发、更新、维护等过程中都必须符合相关法律、法规的规定。信息系统审计可及时发现信息系统存在的违规问题,有效遏制犯罪,避免给组织和国家带来损失。

三、信息系统审计规范

(一) 国际信息系统审计准则

1. IIA 信息系统审计指南

IIA 信息系统审计指南由通用指南(General)、基于风险的信息系统控制评价指南(guide to the assessment of IT risks,GAIT)和全球信息系统审计指南(global technology audit guide,GTAG)三部分组成,为信息系统审计师的工作提供了多层次的指引。其中GTAG 用于指导首席审计执行官和审计主管人员解决有关信息技术管理、控制或安全方面的问题。IIA 信息系统审计指南体系具体如表 13-1 所示。

表 13-1　IIA 信息系统审计指南

组成部分	性质	具体构成
通用指南	通用指南是信息系统审计师在工作中需要遵守的最基本的规范,规定了审计过程中需要达到的基本要求	通用指南涉及的内容广泛,包括如何处理审计与舞弊、外部审计和内部审计的关系,如何发表审计意见,如何进行风险评估,内审人员如何与董事会进行沟通等。目前已发布的通用指南共有31 项
基于风险的信息系统控制评价指南	评价指南描述了商业风险、商业活动中关键控制和其他自动控制或信息系统控制之间的关系	目前已发布的评价指南共 3 项:方法论、信息系统一般控制缺陷的评估、商业和信息系统风险
全球信息系统审计指南	规定了信息系统审计的内容、信息系统审计程序和方法、信息系统审计质量控制与管理	目前共出台了 19 项信息系统审计指南,具体包括:信息技术风险与控制,信息变更与补丁管理控制(组织成功的关键),持续审计(协调持续审计和监控以提供持续保证),信息系统审计管理,信息技术外包,应用控制审计,身份识别和访问管理,业务持续性管理,制定信息系统审计计划,信息系统项目审计,自动化环境下的舞弊预防和检查,审计用户开发的应用系统,信息安全治理;数据分析技术,审计信息治理,了解和审计大数据,信息系统项目审计,评估网络安全风险:三种防线的作用,审计内部威胁项目

2. ISACA 信息系统审计准则体系

ISACA 信息系统审计准则体系是由 ISACA 制定并向全球发布的信息系统审计规范,由信息系统审计准则、信息系统审计指南、信息系统审计工具和技术三个层次组成,为信息系统审计师执业提供了多层次指引,具体如表 13-2 所示。

表 13-2　ISACA 信息系统审计准则体系

组成部分	性质	具体构成
信息系统审计准则	定义了信息系统审计和报告的强制性要求,是整个信息系统审计准则体系的总纲。规定了信息系统审计师执业时应达到的最低职业道德规范、管理层和其他利益相关方对信息系统审计师工作的期待以及信息系统审计师未能遵守准则时可能会被 ISACA 进行的调查处分等	目前共发布了 17 项信息系统审计准则,具体包括:审计章程;组织独立性;专业独立性;合理预期;应有的职业谨慎;业务熟练;认定;衡量标准;项目规划;规划中的风险评估;执行和监督;重要性;证据;利用其他专家的成果;违规和非法行为;报告;后续活动
信息系统审计准则指南	为应用信息系统审计准则提供了指导,是信息系统审计准则的具体化。信息系统审计师在确定如何达到上述准则时应考虑这些指南,运用准则体系的过程中也要进行职业判断,并要证明对准则的偏离是正当的	信息系统审计指南共有 18 项,其中 17 项与信息系统审计准则一一对应,另外 1 项是审计抽样

组成部分	性质	具体构成
信息系统审计工具和技术	依据信息系统审计准则和信息系统审计指南制定，其目标是为遵守信息系统审计准则和指南提供一些通用审计程序，但这些程序只是信息系统审计师在审计时能满足审计准则要求的通常做法，并不要求强制执行	为信息系统审计师提供工作范例，主要是执行一般审计业务的程序和步骤，尤其是审计计划和审计实施阶段业务的程序

（二）国内信息系统审计规范

1. 政府审计准则相关规定

《中华人民共和国国家审计准则》（2010 年）即政府审计准则，分别从专业胜任能力、可行性研究、调查了解、重要性判断、审计应对措施、获取审计证据、作出审计结论、出具审计报告等方面对信息系统审计作出了规定，相关条款如表 13-3 所示。

表 13-3　政府审计准则中有关信息系统审计的相关条款

类型	相关条款
专业胜任能力	第二十三条　……被审计单位的信息技术对实现审计目标有重大影响的，审计组的整体胜任能力应当包括信息技术方面的胜任能力
可行性研究	第二十九条　……进行可行性研究重点调查研究下列内容：……（四）相关的信息系统及其电子数据情况……
调查了解	第六十条　审计人员可以从下列方面调查了解被审计单位及其相关情况：……（七）相关信息系统及其电子数据情况……
	第六十二条　审计人员可以从下列方面调查了解被审计单位信息系统控制情况：（一）一般控制，即保障信息系统正常运行的稳定性、有效性、安全性等方面的控制；（二）应用控制，即保障信息系统产生的数据的真实性、完整性、可靠性等方面的控制
	第六十三条　审计人员可以采取下列方法调查了解被审计单位及其相关情况：……（二）检查有关文件、报告、内部管理手册、信息系统的技术文档和操作手册……
重要性判断	第六十九条　审计人员判断重要性时，可以关注下列因素：……（六）是否属于信息系统设计缺陷……
审计应对措施	第七十三条　审计组针对审计事项确定的审计应对措施包括：……（二）评估对信息系统的依赖程度，确定是否及如何检查相关信息系统的有效性、安全性……
获取审计证据	第七十六条　审计人员认为存在下列情形之一的，应当检查相关信息系统的有效性、安全性：（一）仅审计电子数据不足以为发现重要问题提供适当、充分的审计证据；（二）电子数据中频繁出现某类差异 审计人员在检查被审计单位相关信息系统时，可以利用被审计单位信息系统的现有功能或者采用其他计算机技术和工具，检查中应当避免对被审计单位相关信息系统及其电子数据造成不良影响
	第八十七条　审计人员获取的电子审计证据包括与信息系统控制相关的配置参数、反映交易记录的电子数据等 采集被审计单位电子数据作为审计证据的，审计人员应当记录电子数据的采集和处理过程

（续表）

类型	相关条款
作出审计结论	第一百三十五条　审计组对审计发现的问题提出处理处罚意见时,应当关注下列因素:(一)法律法规的规定;(二)审计职权范围:属于审计职权范围的,直接提出处理处罚意见,不属于审计职权范围的,提出移送处理意见;(三)问题的性质、金额、情节、原因和后果;(四)对同类问题处理处罚的一致性;(五)需要关注的其他因素。审计发现被审计单位信息系统存在重大漏洞或者不符合国家规定的,应当责成被审计单位在规定期限内整改
出具审计报告	第一百五十一条　审计机关在审计中发现的下列事项,可以采用专题报告、审计信息等方式向本级政府、上一级审计机关报告:……(四)关系国家信息安全的重大问题……

2. 内部审计准则相关规定

为了规范内部审计机构及人员开展信息系统审计活动,保证审计质量,中国内部审计协会制定了《第 2203 号内部审计具体准则——信息系统审计》。该准则对信息系统审计的一般原则、信息系统审计计划、信息技术风险评估、信息系统审计的内容、信息系统审计的方法 5 个方面的内容进行了规范。为了进一步实施信息系统审计准则的要求,《第 3205 号内部审计实务指南——信息系统审计》还专门对信息系统审计提出了具体要求。《第 2203 号内部审计具体准则——信息系统审计》的主要框架如表 13-4 所示。

表 13-4　《第 2203 号内部审计具体准则——信息系统审计》的主要框架

类型	主要内容
一般原则	对信息系统审计的目的进行了界定,对信息技术管理人员的责任与信息系统审计人员的责任进行了区分,提出信息技术审计人员应当具备的专业知识、技能和经验
信息系统审计计划	对内部审计人员制定信息系统审计计划的基本要求以及在编制信息系统审计方案时应当考虑的因素进行了规范
信息技术风险评估	界定了信息技术风险的类型,具体包括组织层面与一般性控制层面的信息技术风险以及业务流程层面的技术风险,对内部审计如何识别信息技术风险进行了规范
信息系统审计的内容	提出信息系统审计的内容包括对组织层面信息技术控制、信息技术一般性控制及业务流程层面相关应用控制的审查和评价
信息系统审计的方法	信息系统审计除了常规审计方法如询问、观察、穿行测试等,还需要利用计算机辅助审计工具和技术进行数据验证与系统测试

除了上述提到的 2203 号内部审计具体准则和 3205 号内部审计实务指南,在 1101 号、2201 号、2204 号内部审计具体准则以及 3101 号、3201 号内部审计实务指南中也都涉及对信息系统审计相关内容的规范。

3. 注册会计师审计准则相关规定

1999 年,为了规范注册会计师在计算机信息系统环境下执行会计报表审计业务,明确工作要求,保证执业质量,中注协制定了《独立审计具体准则第 20 号——计算机信息系统环境下的审计》,对注册会计师在计算机信息系统环境下执行财务报表审计的行为进行了规范。2006 年准则全面修订后,目前注册会计师审计准则体系未对信息系统审计专门设置独立的准则进行规范,但是《中国注册会计师审计准则第 1633 号——电子商务对财务报表审计的影响》(2022 年修订)围绕知识和技能的要求、对被审计单位电子商务的了解、识别风险、对内部控制的考虑,以及电子记录对审计证据的影响等方面就注册会计师如何考虑信息技术的影响作出了规定。同时,有关信息系统审计的要求在其他准则的具体内容中也有体现,涵盖了风险评估和风险应对等诸多方面,相关条款如表 13-5 所示。

表 13-5　注册会计师审计准则中有关信息系统审计的相关条款

审计准则	类型	相关条款
《中国注册会计师审计准则第 1633 号——电子商务对财务报表审计的影响》	知识和技能的要求	第六条　当电子商务对被审计单位的业务活动具有重大影响时,注册会计师应当具备适当水平的信息技术和互联网商务知识,以实现下列目的:(一)了解开展电子商务对财务报表的影响;(二)确定审计程序的性质、时间和范围,评价审计证据;(三)考虑被审计单位依赖电子商务的程度对持续经营能力的影响
	对内部控制的考虑	第二十六条　注册会计师应当考虑交易完备性控制,包括被审计单位会计处理所依据信息的完整性、准确性、及时性及是否经过授权
		第二十七条　注册会计师针对会计系统中与电子商务交易相关的信息完备性所实施的审计程序,主要涉及评估用于采集和处理此类信息的系统的可靠性。在针对复杂电子商务实施审计程序时,注册会计师应当重点考虑在交易信息的采集和即时自动化处理中与交易完备性相关的自动化控制
	电子记录对审计证据的影响	第三十二条　注册会计师应当考虑被审计单位实施的信息安全政策和安全控制措施,是否足以防止未经授权修改会计系统或会计记录,或修改向会计系统提供数据的系统
		第三十三条　在考虑电子证据的充分性和适当性时,注册会计师可能需要测试自动化控制(如记录完备性检查、电子日戳、数字签章和版本控制),并根据对这些控制的评价结论,考虑是否需要实施追加的审计程序,如向第三方函证交易细节或账户余额
《中国注册会计师审计准则第 1211 号——重大错报风险的识别和评估》	风险评估	第三十条　注册会计师应当从下列方面了解与财务报表编制相关的信息与沟通,应当实施以下风险评估程序:(一)了解被审计单位的信息处理活动(包括数据和信息),在这些活动中使用的资源,针对相关交易类别、账户余额和披露的信息处理活动的政策。(二)了解被审计单位如何沟通与财务报表编制相关的重大事项,以及信息系统和内部控制体系其他要素中的相关报告责任。……
		第三十一条　注册会计师为了解控制活动,应当实施以下风险评估程序:(一)识别用于应对认定层次重大错报风险的控制……(二)识别哪些信息技术应用程序及信息技术环境的其他方面,可能面临运用信息技术导致的风险……

（续表）

审计准则	类型	相关条款
《中国注册会计师审计准则第 1231 号——针对评估的重大错报风险采取的应对措施》	风险应对	第十三条　在确定利用以前审计获取的有关控制运行有效性的审计证据是否适当，以及再次测试控制的时间间隔时，注册会计师应当考虑下列因素……（二）控制特征（人工控制还是自动化控制）产生的风险；（三）信息技术一般控制的有效性……

延伸阅读与讨论 ....

人工智能技术发展对传统审计的影响

美国证券交易委员会前主席亚瑟·利维特曾经说过，"今天，竞争、技术与全球化的力量势不可挡地汇集在一起，激发出伟大的创造；我们每天都能看到新概念、新发明、新规则在不可思议地重塑着我们的世界"。2016 年 3 月，德勤会计师事务所与 Kira Systems 公司达成合作，正式在工作中使用人工智能。2017 年，德勤推出人工智能产品——德勤财务机器人。随后，"四大"中其他会计师事务所也相继推出人工智能。2017 年 5 月下旬，普华永道推出自己的财务机器人方案；同年 6 月，安永也加快推出了财务机器人；毕马威也与 IBM 公司合作使用沃森认知计算技术，开展会计审计工作。在智能化软件技术和电子发票使用的前提下，证、账、表基本可以实现自动生成。例如，德勤财务机器人可以替代财务工作中高重复的手工流程，具体包括录入信息、合并汇总数据、部分审计工作实现"全查"而非抽查、24 小时不间断工作等。

国内诸如金蝶、用友等软件公司也紧随其后，发布"云服务财务机器人"，将人工智能引入核算、监督等工作。2016 年 7 月，由我国自行研发的"芸豆会计"正式上线试用。芸豆会计是一款云端人工智能会计软件，其区别于传统记账模式，更加智能化。芸豆会计采用 IT 技术研发的智能记账模式，将传统的财务记账流程变得更标准，利用 OCR 技术及纠错机制完成了财务记账工作从人工到人工智能的转变。

人工智能在财务、会计等领域的应用已是大势所趋。人工智能在数据的识别、收集、处理，以及帮助管理层决策等方面提供了可靠的技术支持，也给审计带来了颠覆性的影响。2016 年，德勤 CEO 在纽约的一次公开演讲中指出，预计未来 5～6 年，审计行业将会出现重大创新，包括机器人、无人机等人工智能产品将被运用到审计领域。

讨论：

（1）结合延伸阅读资料，讨论人工智能发展对审计可能产生的影响有哪些？

（2）结合延伸阅读资料，讨论人工智能技术如何与传统审计相互补充，助力审计改革发展？

（3）思考人工智能技术给审计实务发展带来的机会和提出的挑战。

第二节 信息系统审计的内容

信息系统审计是以信息系统为审计对象的审计业务,因此,信息系统的所有组成部分都是信息系统审计的对象,包括组织层面管理制度、计算机操作系统、主机、网络、数据库、应用软件、电子数据等。可以看出,信息系统审计的对象非常广泛,既与信息技术管理制度有关,也与计算机软硬件系统有关,同时还与信息系统运行的数据结果有关。因此本节将从信息系统一般控制审计、信息系统应用控制审计和电子数据审计三个方面介绍信息系统审计的内容。

一、信息系统一般控制审计

信息系统一般控制是指与网络、操作系统、数据库、应用系统及其相关人员有关的信息技术政策和措施。一般控制适用于被审计单位的所有应用系统,支持应用控制的有效性,其目标是确认应用系统恰当开发或实施,防止系统被非法入侵,确保信息系统持续稳定运行,确保程序与数据文件的完整性。

根据信息系统一般控制的主要内容与目标,一般控制审计的主要内容一般包括信息系统开发与测试审计、信息系统运行与维护审计、信息系统安全审计、业务持续性管理审计。

(一) 信息系统开发与测试审计

良好的系统开发管理是信息系统稳健运行的必要前提,充分的测试是保障信息系统正常稳定运行的重要环节。加强信息系统开发的管理工作,保证充分的系统测试,对保障信息系统的稳定性和可靠性、防范系统风险具有重要意义。为了保障信息系统开发与测试的有效性,审计人员需要对其进行审计。

在开展信息系统开发与测试审计时,审计人员可以重点关注以下内容。

(1) 开发可行性研究的审计:识别判断系统需求的必要程度;审查项目开发成本收益的真实性;核查项目开发可行性研究相关文档的合理性;判断解决方案的合理性和可行性。

(2) 需求分析的审计:判断各类需求文档的规范性;审查项目发起和成本是否得到适当授权批准;审查并判断系统设计是否符合用户的需求;了解各类业务的处理流程,为后期开展应用控制审计和各种系统测试作准备。

(3) 软件获取的审计:判断购买方案决策是否适当;审查招标建议书是否涵盖了用户的需求;通过审查发给软件供应商的各种文件,判断是否对供应商选择存在倾向性;审查与供应商签订的合同是否存在遗漏。

(4) 系统设计和编码过程的审计:审查系统流程图是否符合总体设计;审查系统设计的输入、处理及输出控制是否适当;评估审计软件是否能够充分跟踪系统事务处理;确认关键计算及处理程序的正确性;确认系统能识别错误的数据并能适当处理。

（5）系统测试的审计：检查用户参与测试的数据，考虑重新运行关键测试；检查错误报告，判断报告对错误资料的识别及解释能力；审查系统和终端用户文档，判断其完整性和正确性；审查并行测试结果的正确性。

（6）系统安装阶段的审计：审查所有系统文档，判断其完整性及所有最近在测试阶段所作的更新均能反映在文档中；在系统投入正常作业前确认所有数据的转换，保证其准确性和完整性。

（7）系统安装后的审计：审查系统中各种资源的利用率；审查系统内部控制机制是否按设计要求运作；审查输入和输出的金额并进行报告，判断系统是否准确地处理了数据；指出系统改进和扩展的方向。

（二）信息系统运行管理与维护审计

在信息系统上线以后，信息系统运行管理与维护均是非常重要的工作。其中，信息系统运行管理是指在信息系统上线后，对上线系统的日常运作进行管理。信息系统维护即对信息系统的运行进行控制，记录其运行的状态，进行必要修改和扩充，以使信息系统在其生命周期内保持良好的可运行状态，保证其功能的发挥，从而满足单位的需要。

为了确保信息系统运行管理与维护的有效性，审计人员需要对其进行审计，概括来说，信息系统运行管理与维护审计的主要内容有以下几项。

（1）信息系统操作控制的审计：审查是否有足够的控制，以确保信息系统操作的合规性和效率性；审查信息管理层的监督是否足够以及数据的正确性和安全性；审查网络操作系统控制的有效性。

（2）变更管理审计：审查变更需求是否有授权、优先排序及跟踪的机制；审查变更计划制订和实施的有效性；评估系统变更测试程序的适当性。

（3）问题管理审计：审查信息系统部门人员是否按照管理层的要求，在得到授权的情况下及时记录、分析和解决问题；审查问题管理机制的适当性；审查问题管理系统产生的管理报告，判断管理部门是否作出适当的审查。

（三）信息系统安全审计

信息系统安全是指通过维护信息系统中信息的机密性、完整性和可用性，来管理和保护一个单位所有的信息资产。信息系统安全涉及管理、人员、技术等各个方面，主要包含了管理安全（如安全管理制度与管理组织）、人员安全、技术安全（如计算机机房、操作系统、数据库系统、网络通信、软硬件等）等方面。信息系统安全审计是指对被审计单位的信息系统安全控制体系进行全面审查和评价，确认其健全有效，确保其安全运行。其目标在于审查安全控制体系设计的有效性，以及安全控制措施执行的有效性。

在开展信息系统安全审计时，审计人员可以重点关注以下内容。

（1）管理安全控制审计。审查组织是否从整体业务风险的角度建立并严格执行安全管理制度；审查组织是否建立安全管理职能部门并设置安全管理岗位。

（2）人员安全控制审计。审查组织是否重视提高员工的安全意识，加强信息系统安全重要性教育；审查组织如何在岗位设置和人员安排方面通过职责分离加强人员安全控制。

（3）技术安全控制审计。审查组织为保证技术安全而设计和实施的主要控制措施的有效性，包括物理环境安全、网络安全、操作系统安全、数据库安全等方面。

（四）业务持续性管理审计

业务持续性管理是指为了防止业务活动中断，保护关键业务流程不受信息系统失效或自然灾害的影响，将意外事件或灾难对业务的影响降低到最低水平。业务持续性管理包括识别和降低风险、制订持续性计划、建立应对意外事件或灾难的响应与恢复机制、测试和检查业务持续性计划的有效性与合规性、维护业务持续性计划。

在开展业务持续性管理审计时，审计人员可以重点关注以下内容：①了解并评价组织的业务持续性策略与组织业务目标的一致性；②评价业务持续性计划的充分性和时效性，包括恢复点目标、恢复时间目标等；③审核信息系统及终端用户以前演练的结果，验证业务持续性计划的有效性；④审核异地存储设施及其内容、安全和环境控制，评估异地存储站点的适当性；⑤审核应急措施、员工培训、测试结果，评估信息系统及其终端用户在紧急情况下的有效反应能力。

二、信息系统应用控制审计

（一）信息系统应用控制概述

应用控制是指在业务流程层面为了合理保证应用系统准确、完整、及时完成业务数据的生成、记录、处理、报告等功能而设计、执行的信息技术控制。概括来说，数据处理过程一般由输入、处理和输出三个阶段构成，应用控制也可以划分为输入控制、处理控制和输出控制。同时，为了保证数据处理完整和正确，还需要保证不相容职务相互分离以及不同系统之间数据传输存在有效接口，因此，信息系统应用控制还需要考虑职责分离控制和接口控制。

信息系统应用控制主要内容可以概括为：①输入控制。输入控制是与数据输入相关的控制，其目的主要是保证输入应用中的数据真实、准确、完整、及时。②处理控制。处理控制主要是通过计算机程序的控制方法对数据处理过程进行控制，其目的主要是保证数据处理准确，数据没有丢失、增加或修改。③输出控制。输出控制是与信息输出环节相关的控制，其目的是保证输出资料的准确、可靠，并能按要求及时送到指定的人员手中，未经批准的人不能接触系统的输出资料。④系统访问权限和职责分离控制。系统访问权限和职责分离控制的目的是保证只有经授权的人员才可以访问系统数据或执行授权范围内的程序功能，不同权限的用户只能操作不同应用程序模块，不相容的职责由不同权限的用户执行。⑤接口控制。接口是指为实现企业整体控制目标，而在不同系统之间进行数据、业务交换的系统通道，接口控制是确保不同系统之间信息传递完整和准确的重要措施。有效的接口控制可以协调源系统和目标系统之间的控制信息,充分保证接口数据的及时、完整、准确和安全,防止数据处理过程中发生增加、丢失和改变。

(二)信息系统应用控制审计主要内容

信息系统应用控制审计是对被审计单位信息系统的应用控制情况进行全面审查和评价,以确定其是否能够充分保障系统业务处理的完整性和合规性。在开展信息系统开发与测试审计时,审计人员可以重点关注以下内容。

(1)输入控制审计。输入控制审计通过审查输入权限、输入格式、输入范围和自动处理等系列输入控制措施,判断系统是否对输入数据的完整性、准确性和唯一性进行了适当的控制,分析数据输入是否符合规定流程并且经过合理授权,从而对系统输入控制情况作出评价。

(2)处理控制审计。处理控制审计是应用控制审计的核心和难点,目的是通过对系列处理控制措施进行审查,判断控制措施是否能够确保系统完整准确地处理数据,保证业务的正常运行,从而对应用控制的有效性作出审查评价。

(3)输出控制审计。输出控制审计是指通过审查被审计单位采取的系列输出控制措施,分析数据控制能否保证输出信息被及时正确发布、合理授权使用、安全备份存储,从而对输出控制在保证输出结果完整、准确、机密等方面的效果作出评价。

(4)系统访问权限和职责分离控制审计。在对系统访问权限和职责分离控制进行审计时,应主要关注:被审计单位应用系统是否只有经过授权的人员才可以访问,并且只能执行授权范围内的程序功能,只能处理授权范围内的数据;系统敏感数据的录入、修改与审核的职责是否正确分离;应用系统是否合理记录用户登录时间、操作内容等,从而确保操作的可追溯性。

(5)接口控制审计。接口控制审计是通过核查系统间接口数据提取、转换和加载的控制活动和措施,评价系统是否实施了有效的接口处理程序,从而发现系统接口控制存在的风险。

三、电子数据审计

(一)电子数据审计概述

电子数据是以电子形式进行存储与传输的信息,涵盖文本、图像、音频、视频等多种形式。在信息技术飞速发展的当下,电子数据已成为现代社会运转的关键要素,它是信息系统处理后产生的多样化成果,广泛存在于人们生活与工作的各个方面,从日常使用的手机通讯录,到企业运营的商业数据,再到医疗领域的电子病历、教育领域的在线学习资料,都属于电子数据的范畴。

电子数据审计是一种直接针对系统数据展开的审计方式,将被审计单位的计算机信息系统及其所处理的电子数据作为直接的审计对象,通过对这些电子数据的深入分析,审计人员能够判断被审系统在合法性、真实性和有效性方面的状况,进而确定被审计单位经济业务活动的合法性、真实性与有效性。

(二)传统财务审计与电子数据审计的比较

1. 审计对象比较

传统财务审计以财务数据为核心关注点。在审查企业财务状况时,重点聚焦财务报表的真实性与准确性,以及财务活动是否严格遵循相关法规和会计准则。虽说在审计过程中也会涉及部分非财务信息,但其作用仅是辅助理解和验证财务数据,例如,在审计企业收入时,查看销售合同(非财务信息)只是为了确认收入的真实性和入账时间,这些非财务信息处于从属地位,围绕财务数据展开。而且传统财务审计的数据来源主要是企业内部财务部门和相关业务部门提供的纸质或电子文档,来源相对单一。

电子数据审计的对象范畴更为广泛且深入,财务信息与非财务信息在电子数据审计中地位同等重要,二者相互关联、相互印证。审计过程中,会全面收集和分析企业运营数据、管理数据、客户数据等各类非财务信息,深度挖掘这些数据与财务数据间的潜在联系。此外,电子数据审计的数据来源极为多元化,不仅涵盖企业内部各个信息系统的数据,还可能包括外部数据,如行业数据、市场数据等,有助于从更宏观的视角对企业进行审计分析。

2. 审计方法比较

传统财务审计方法经历了从详细检查到抽样测试的发展历程。尽管计算机数据处理能力的提升降低了抽样测试和详细检查的执行难度,但面对信息系统带来的诸如数据安全、系统漏洞等新风险,传统审计方法稍显力不从心。

数据分析方法是电子数据审计的核心。电子数据审计借助先进的信息技术手段,直接针对数据库中的底层数据进行操作。通过对这些底层数据进行深度挖掘和多维度分析,能够生成满足不同审计目标的多种类型信息,为审计工作提供更全面、深入的依据,从而有效发现传统财务审计难以察觉的信息关联和潜在风险,更好地应对信息系统带来的新风险。

综上所述,传统财务审计和电子数据审计在审计对象和审计方法上各有特点。随着信息技术的不断发展,电子数据审计凭借其独特优势,在现代审计中发挥着越来越重要的作用,为保障企业财务信息的真实性和合规性发挥作用。

(三)电子数据审计主要流程

1. 审前调查

在开展电子数据审计前,全面且深入的审前调查至关重要。审计人员需对被审计单位信息系统的整体应用状况展开详细调查,精准确定需要重点深入调查的子系统。其中涵盖软硬件系统的配置与运行情况,如硬件设备的型号、性能,软件系统的版本、更新记录等;应用系统的开发历程,包括开发团队、开发周期、采用的技术架构等;系统的各项功能模块及其对应的业务流程,以及管理员的配置情况,涉及管理员的职责权限划分、操作日志记录等。同时,要着重了解系统数据情况,包含数据的存储结构、数据量大小、数据更新频率等。通过细致的调查,审计人员能够对信息系统中与审计相关的数据形成全面、详尽且准确的认知,从而依据审计目标和要求,提出切实可行、满足审计需求的数据需求,明确数据采集的具体对象以及适宜的数据采集方式。

2. 审计数据采集

在被审计单位积极配合与大力支持的前提下,审计人员须运用切实可行的技术手段开展数据采集工作。常见的数据采集方式包括直接复制,适用于数据量较小且存储介质易于访问的场景;通过中间文件采集,先将数据导出为特定格式的中间文件,再进行后续处理;以及利用开放数据库连接(ODBC)采集,借助标准化的数据库接口,实现与被审计单位信息系统的数据交互,确保及时、完整地获取所需的被审计单位信息系统中的数据。

3. 审计数据预处理

由于采集到的数据来源广泛且复杂,数据格式存在多样性,同时被审计单位可能存在隐瞒、篡改数据的风险,导致采集到的数据可能出现失真情况。因此,审计人员必须对采集到的数据进行全面的预处理工作。这一过程主要包括①数据清理,去除重复数据、错误数据以及缺失值;②数据转换,将不同格式的数据统一转换为便于审计分析的格式;③数据验证,通过多种方式验证数据的准确性和完整性,如数据一致性校验、逻辑关系检查等,使数据能够满足审计分析的要求,为后续审计工作奠定坚实基础。

4. 审计数据分析

对于经过预处理的审计数据,审计人员运用科学有效的数据分析方法,深入挖掘数据价值。通过统计分析,如计算均值、标准差、频率分布等,对数据的总体特征进行把握;数值分析,利用数学模型和算法对数据进行运算和分析,从而精准锁定审计重点,筛选出合适的审计突破口,发现潜在的问题线索,并在此基础上形成条理清晰、内容翔实的数据分析报告,为后续审计工作提供有力的决策依据。

5. 审计延伸取证

在完成数据分析报告后,注册会计师依据报告中揭示的审计线索,展开延伸取证工作。通过实地走访、查阅相关文件、与被审计单位人员沟通等方式,获取被审计单位的相关证据,进一步核实问题的真实性和严重性,为财务审计、工程项目审计等工作提供有力的证据支持,确保审计工作的全面性和准确性。

📠 **案例分析** ....

孟加拉银行信息系统黑客侵袭

2016年的2月,孟加拉银行被黑客入侵。事实上,早在一个月前,黑客就通过植入木马的方式入侵了银行的网络系统。2月4日就是黑客认为的入侵时机。

早在一个月前,黑客运用计算机木马程序攻击Windows系统,伪装成Word和Excel,以邮件方式发给银行职员。职员打开文档后,木马程序便成功植入系统。事实上,黑客的真实目标是SWIFT系统,即环球银行金融电信协会系统(一个国际非营利组织,该系统是国际间银行的标准化、自动化结算系统)。事实上,孟加拉银行的网络安全系统非常糟糕,不仅没有安装网络防火墙,而且连服务器也是廉价的二手机,根本不能在国际互联网和国内网络之间进行有效的隔离。黑客很快在这台电脑上窃取到了 SWIFT 系统的账号和密码以及登录凭证(密钥)。但黑客们并没有急于动手,而是继续观察了一段时间。

2月4日晚上,黑客使用该银行的凭证进入 SWIFT 系统,并且向该银行在美联储银行的账户发送了 35 笔转账请求,总额高达 9.51 亿美金。这 35 笔转账中有 30 笔因为美联储系统检测异常而未经批准;5 笔成功执行,总额达到 1.01 亿美元。

第二天白天,有美联储人员试图联系孟加拉银行交流 35 笔转账的情况,但孟加拉国的周末是周五和周六,因此没有立刻取得联系。整个周五,都没有人发现这些非法转账。当时孟加拉国央行董事去了一次银行总部,他每天都要去银行看一次银行的交易清单。但是不巧的是,银行的打印机无法工作。因为这种情况经常发生,所以他也没有当回事(实际上这次是木马程序导致打印机无法正常运行)。

2月6日,孟加拉银行联席董事和几名人员去查看情况,才发现银行内部系统无法运行。修好打印机后,他们才收到美联储的确认信息。

孟加拉银行立刻联系了纽约联储银行。但是不巧的是,这天又是星期六,美联储不上班。到了 2 月 7 日,这天是星期天,孟加拉国央行又尝试联系美联储,但是美联储星期天不上班,没人跟进这件事。

在通过认证的 5 笔交易里,有 4 笔转账成功转出,剩下一笔 2 000 万美金的订单没有成功转出。可能是由于黑客当时太兴奋,在转入收款信息的时候打错了一个字母。黑客本来是想转到斯里兰卡一家非政府机构的。泛亚银行工作人员发现这笔交易异常,但是他们发现的所谓异常,并不是发现了收款方信息错误,而是他们认为这笔 2 000 万美金的交易金额对他们来说太大了。于是他们把这笔交易转给了德意志银行处理。德意志银行发现了这个微小的拼音书写错误并停止了交易,致使这笔交易没有成功到达指定的账号。但是除去这笔 2 000 万美金的交易,剩下的 4 笔交易成功转入了菲律宾的 RCBC 银行,总金额高达 8 100 万美金。

2月8日,这天是星期一,美联储和孟加拉国央行都是上班的。两家终于联系上了。紧接着,孟加拉国央行通过各种办法联系菲律宾的 RCBC 银行,想要 RCBC 拦截这 4 笔交易。但是,又不巧的是,虽然这一天是星期一,但又是菲律宾的法定节假日,所有 RCBC 银行的员工都放假回家过年去了,没有人跟进这个事情。就这样,这 4 笔转账成功地转入了 RCBC 银行。

2月11日,菲律宾那边的银行员工放假回来正式上班。孟加拉国银行随即联系菲律宾方面,发出冻结这 4 笔交易的请求,但是时间过去已经一周,黑客已经完成了所有的交易,一切都为时已晚。那么,最后这 8 100 万美金的钱去了哪里呢?

菲律宾有关机构通过调查发现,这 8 100 万美金已被转入 RCBC 银行所属的 4 个账户下。这4个账户全部都是用假身份开户的,并且都是在同一天开设。这8 100万美元被汇入这4个账户后,再被一家名为Film的汇款公司兑换成了菲律宾比索,然后流到了赌场。这样做的目的自然是洗钱。如此一来,这笔赃款就被洗白了,变成了合法收入,更重要的是,钱款的后续流向无法追踪。

讨论:

(1) 孟加拉银行信息系统及其控制存在哪些问题?

(2) 从信息系统审计角度谈谈如何防范此类事件?

第三节 信息系统审计的方法

一、一般要求

(一) 政府审计准则的要求

《中华人民共和国国家审计准则》第六十三条规定,审计人员可以采取下列方法调查了解被审计单位及其相关情况:书面或者口头询问被审计单位内部和外部相关人员;检查有关文件、报告、内部管理手册、信息系统的技术文档和操作手册;观察有关业务活动及其场所、设施和有关内部控制的执行情况;追踪有关业务的处理过程;分析相关数据。

(二) 内部审计准则的要求

我国《第2203号内部审计具体准则——信息系统审计》第二十三条规定,"内部审计人员在进行信息系统审计时,可以单独或者综合运用下列审计方法获取相关、可靠和充分的审计证据,以评估信息系统内部控制的设计合理性和运行有效性:(一)询问相关控制人员;(二)观察特定控制的运用;(三)审阅文件和报告及计算机文档或者日志;(四)根据信息系统的特性进行穿行测试,追踪交易在信息系统中的处理过程;(五)验证系统控制和计算逻辑;(六)登录信息系统进行系统查询;(七)利用计算机辅助审计工具和技术;(八)利用其他专业机构的审计结果或者组织对信息技术内部控制的自我评估结果;(九)其他"。第二十四条进一步规定,"信息系统审计人员可以根据实际需要利用计算机辅助审计工具和技术进行数据的验证、关键系统控制/计算的逻辑验证、审计样本选取等;内部审计人员在充分考虑安全的前提下,可以利用可靠的信息安全侦测工具进行渗透性测试等"。

(三) 注册会计师审计准则的要求

《中国注册会计师审计准则第1633号——电子商务对财务报表审计的影响》规定,注册会计师应当按照《中国注册会计师审计准则第1211号——重大错报风险的识别和评估》和《中国注册会计师审计准则第1231号——针对评估的重大错报风险实施的程序》的规定,考虑被审计单位在电子商务中运用的与审计相关的内部控制。在某些情况下,仅依靠实施实质性程序不足以将审计风险降至可接受的低水平,注册会计师应当实施控制测试,并考虑使用计算机辅助审计技术。这些情况主要包括:电子商务系统高度自动化;交易量过大;未保留包含审计轨迹的电子证据。

可以看出,信息系统审计中除了使用与常规审计类似的方法,如询问、检查、观察等等以外,还需要考虑信息系统的特性和电子数据的特点,采用有效的方法收集并分析数据,利用计算机辅助审计技术(computer-assisted audit techniques,CAAT)实现审计目标。本节第二部分将重点介绍几种有代表性的计算机辅助审计技术、电子数据审计技术和人工智能审计技术的最新发展。

二、信息系统审计的方法

(一)计算机辅助审计技术

随着计算机技术的发展和审计理论与实践水平的提高,信息系统审计的技术也在不断丰富和发展,国内外出现了很多种计算机辅助审计技术。具体来说,CAAT 包括基于程序分析的计算机辅助审计技术和基于数据分析的计算机辅助审计技术。基于程序分析的计算机辅助审计技术聚焦于被审计单位信息系统在开发、运行和维护等不同阶段核心业务流程与关键控制节点的查证,其目的在于确保信息系统的稳定性、安全性以及数据处理的准确性,主要技术有测试数据法(test data)、集成测试法(integrated test facility,ITF)、平行模拟法(parallel simulation,PS)等。基于数据分析的计算机辅助审计技术,核心在于从海量的电子数据中提取有价值的信息,并运用数据分析工具和方法挖掘数据背后隐藏的审计线索和风险点分析,主要技术有嵌入审计程序法(embedded audit module,EAM)、系统控制审计复核文件法(system control audit review file,SCARF)等。下面将重点介绍三种主要的 CAAT:集成测试法、平行模拟法、嵌入审计程序法。

1. 集成测试法

集成测试法又称综合测试法。它是指在被审系统正常处理业务时,用测试数据对系统进行检测。这种方法要在应用系统数据库中建立一个虚拟实体,例如,应用系统是工资系统,可在其数据库中建立一个虚拟的职员。在正常的操作中,测试数据和正常产生的业务数据被一同输入应用系统进行处理,ITF 将应用系统对测试数据处理的结果同预期结果进行比较,可确定应用系统的处理和控制功能是否恰当、可靠。

ITF 应用范围很广泛,既适用于在线实时系统,也适用于批处理系统。由于其是在系统实际业务处理过程中进行的,如果未能及时、恰当地处理输入其中的模拟测试数据,可能会对被审计单位实际业务交易和汇总信息造成破坏性的影响,因此在使用 ITF 时,应通过修改应用系统的部分程序或输入冲销业务来消除这些影响。

在应用 ITF 时,有两种方法输入测试数据,分别是标记事务法和模拟数据法。使用标记事务法时,审计人员需要对被选中的事务做标记,同时,被审系统中必须有特定的计算机程序能够识别出带标记的事务;使用模拟数据法时,既可将实际业务事务数据作为测试数据,也可以将模拟数据与实际业务数据混合作为测试数据。具体来看,标记事务法和模拟数据法两种方法各有优缺点:标记事务法是对信息系统实际事务处理能力的测试,其优点是简单易用;缺点是由于运用实际事务数据,测试覆盖率较低,在应用系统中用于识别被标记事务以及进行特殊处理的外来程序可能影响系统的正常运行。模拟数据法需要精心设计数据,优点是数据覆盖面广,能对系统进行较全面的审计,也不必为了满足标记和特殊处理测试数据去改动应用系统;缺点在于测试数据的设计和生产费时费力。

模拟测试数据与实际数据并用的 ITF 方法测试流程如图 13-1 所示。

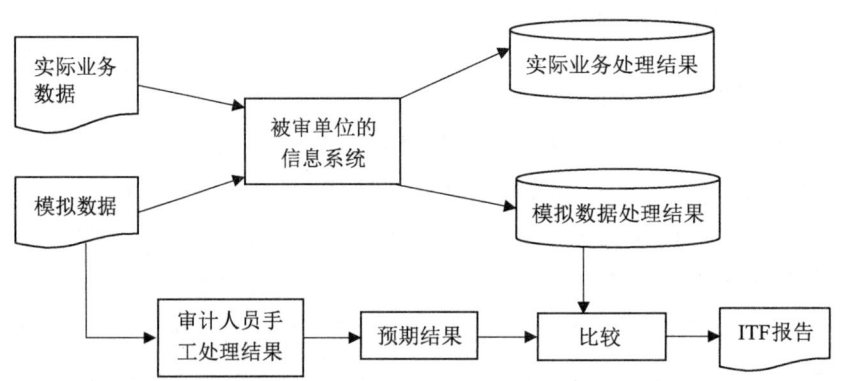

图 13-1 模拟测试数据与实际数据并用的 ITF 方法测试流程

(1) 根据被审计系统的处理和控制功能以及信息系统审计的目标,审计人员在系统中建立一个虚拟实体,并为虚拟实体设置测试业务和测试数据。

(2) 审计人员通过手工或计算机工具获得测试业务处理正确的预期结果。

(3) 在被审计系统正常运行时,把虚拟实体的测试数据和实际业务数据一起输入系统进行处理,以获得系统对虚拟实体测试数据的处理结果。

(4) 把被审计系统对虚拟实体测试数据的处理结果和预期结果进行比较,进而判断系统处理功能的正确性和控制功能的完备性。

(5) 删除虚拟实体的测试数据,或者抵消各测试数据对被审计系统处理、输出等方面的影响。

2. 平行模拟法

平行模拟法是指审计人员自己或请计算机专业人员编写和被审计程序具有相同处理控制功能的模拟程序;审计人员用这种程序重新处理以前已经由被审计程序处理过的各种交易,并将处理结果与被审程序处理的结果进行比较,进而评价被审计程序是否可靠的方法。这里模拟程序已被验证是正确的,如果被审计程序和模拟程序的结果存在差异,则需要进一步审查不一致的原因。平行模拟法既可以用于控制测试例如对信息系统程序进行检查,也可以用于实质性程序测试,如对数据文件进行检查。平行模拟法的工作原理如图 13-2 表示。

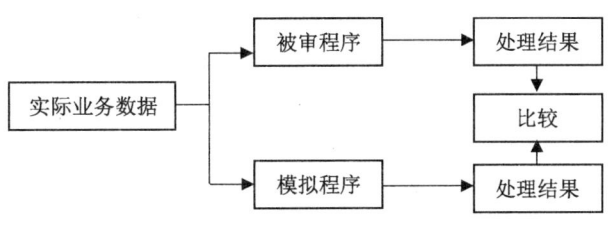

图 13-2 平行模拟法工作原理

平行模拟法的优点是一旦建立了模拟程序,则可以随时对被审计系统进行抽查,而且不会破坏被审计单位的数据文件和正常业务处理;也可以用模拟系统重新处理全部的真实业务数据,进行比较全面的审查。与抽查相比,平行模拟法可以进行更彻底的测试。平行模拟法的主要缺点在于模拟系统的开发通常需要花费较长的时间,开发或购买费用都较高;如果被审计的系统更新,模拟系统也要随之更新,相应的费用要增加。

3. 嵌入审计程序法

嵌入审计程序法又称为嵌入式审计模块法,是指在被审单位信息系统开发设计阶段,在该被审系统程序中嵌入为执行特定审计功能而专门设计的应用程序的方法。嵌入审计程序法的工作原理如图 13-3 所示[1]。

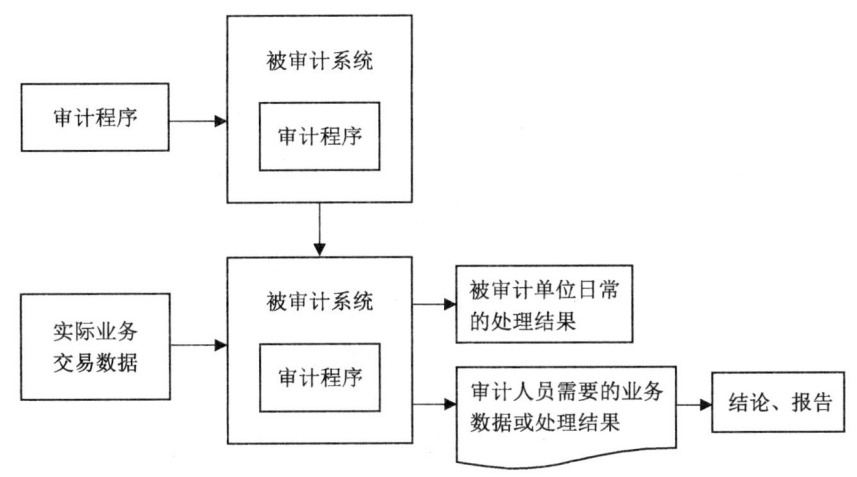

图 13-3 嵌入审计程序法工作原理

嵌入在被审系统中的审计程序一般可以分为两类:①在特定时点上对系统的处理进行实时监控的程序。只要被审系统一启动,这类审计程序就在特定的处理环节对系统进行连续监控。②只有当审计人员调用时才启动的程序。

嵌入审计程序法的优点主要有:①由于嵌入审计模块本身具有隐蔽性、安全性和稳定性的特点,非审计人员难以看到这些审计模块和自动形成的审计数据。所以,审计人员能

---

① 张庆龙.内部审计学[M].2 版.北京:中国人民大学出版社,2020.

够通过这些审计模块客观地取得对被审系统测试的结果。②在被审计单位处理业务数据的同时获取审计证据,可保证审计数据真实来自被审计单位实际应用系统,可以弥补数据处理后进行的审计测试中难以确信被审程序是否就是被审单位实际应用系统的缺陷。③可以获得充足的审计数据。只要被审程序开始运行,审计程序模块就处于监控状态,可以实时搜集充足的审计线索。嵌入审计程序法的缺点主要有:①会降低系统性能。审计模块与被审程序并行运行,会增加系统的开销。②嵌入的审计模块本身的安全性、完整性问题。③被审计单位出于隐私保护以及系统安全性的考虑,一般不愿意让审计人员在其应用系统中嵌入审计模块,要取得被审计单位的积极配合存在一定难度。

嵌入审计程序既可以作为实质性程序的测试技术,也可以用来实时监督信息系统控制程序的日常运作。但是这种方法要求审计人员在系统开发之初就参与系统的分析与设计,完成审计模块的嵌入,这种方法更多地为内部审计所使用。

(二)电子数据审计技术

注册会计师除了需要利用计算机辅助审计技术实现审计目标,在面对海量信息的电子数据时,还需要运用有效的技术采集数据、分析数据、查找审计线索。下面介绍三种常用的电子数据审计技术:多维数据分析审计技术、数据挖掘审计技术和文本挖掘技术。

1. 多维数据分析审计技术

多维数据分析技术也称为联机分析处理(online analytical processing,OLAP)技术,是利用信息技术,在企业数字化的平台上,把企业的各类原始数据从多种角度转化为能够真正为用户所理解的、真实反映企业特性的信息,从而使分析人员、管理人员和执行人员能够更深入地了解数据的一类软件技术。多维数据分析的目标是满足多维环境特定的查询和审计需求。信息技术的发展与应用是多维分析技术应用的前提。随着企业信息化进程的加快,多维分析技术被越来越多地应用于企业的数字化审计。通过多维数据分析,审计人员可以从不同的角度,快速灵活地对数据库中的数据进行多角度查询和分析,并以直观易懂的形式将查询和分析结果展现给审计人员。

概括来说,审计多维数据分析的过程主要是:①获取行业审计数据源。获取的数据分为财务数据和业务数据。从被审计单位直接采集过来的数据可能是凌乱的,无法直接应用的。原始的数据源数据难免有各种错误,可能不完整或不一致。数据预处理技术可以大大提高数据的质量,从而提升之后挖掘过程的精度和性能。②构建用于多维分析的数据仓库。通过了解被审计单位提供的数据字典,了解基础数据中各表中存储数据的内容、各字段的含义及各表之间的关联关系,然后从与某业务类别相关的基础数据表中选择反映该业务类别主要信息的字段,组织这些字段,以构建数据仓库模型。③创建多维数据集。多维数据集是OLAP中的主要对象,是一个数据集合,通常从数据仓库的子集构造,并组织和汇总成一个由一组维度和度量值定义的多维结构。④利用 Excel 数据透视表进行 OLAP 外部数据展示和分析。

2. 数据挖掘审计技术

数据挖掘技术是用数据产生模型,再用数据检验模型。模型的构造是从特殊到一般的归纳过程,从而摆脱了前提假设的束缚和主观因素的干扰,使得结果更加真实、客观。对于被审计数据存在的质量缺陷,审计工作的核心是发现问题、寻找证据,利用数据挖掘发现明确的、高频的潜在问题征兆。针对某一领域特定的数据库,数据挖掘技术能够将数据从执行系统中筛选出来,减少冗余,完成一系列的转换、结构改变及聚集处理,使审计人员能从庞大的信息流中分辨、整理、挖掘出有用的信息。其有助于使审计人员发现经济业务中存在的异常现象,从而实现有效的审计证据收集,完成审计的目标。

数据挖掘是一个完整的过程,该过程从大型数据库中挖掘先前未知的、有效的、可用的信息,并使用这些信息作出决策。数据挖掘一般需要经历确定业务对象、数据准备、建立模型、数据挖掘、结果分析与应用等几个阶段。在实际工作中,数据挖掘技术在审计中的实施过程如图 13-4 所示[①]。

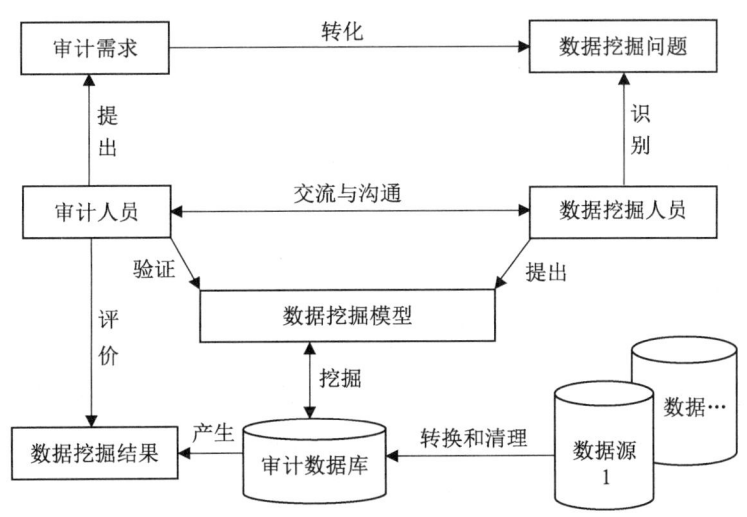

图 13-4　数据挖掘技术在审计中的实施过程

3. 文本挖掘技术

随着文本型信息源的迅速增加,特别是互联网的发展,文本信息已经成为一种重要的知识来源。文本挖掘是指利用数据挖掘技术,从大量无结构的文本信息中发现潜在的、可能的数据模式、内在联系、规律、发展趋势等,抽取有效、新颖、有用、可理解、散布在文本文件中的有价值的知识,并利用这些知识更好地组织信息的过程。常见的文本挖掘包括文本结构分析、文本摘要、分类、聚类、关联、数据演变分析等,涉及信息抽取、信息检索、自然语言处理、知识发现和数据挖掘技术。目前国外开发的文本挖掘工具主要有:①IBM 的文本

---

① 王会金,陈丹萍.高级审计技术方法[M].北京:中国时代经济出版社,2013.

智能挖掘机。其由 IBM 公司开发，允许从文本信息中获取有价值的客户信息，文本数据源可以是 Web 页面、传真、电子邮件、Lotus Notes 数据库、协定和专利库。②VantagePoint，是由美国佐治亚州技术学院与智能信息服务公司共同开发的一种基于文本挖掘的技术监测工具。

（三）人工智能审计技术

随着机器学习、专家系统、计算机视觉、语音识别、认知计算、神经网络等人工智能技术在众多行业的深度应用，区块链技术和大数据分析技术的不断成熟，对会计和审计领域产生了颠覆性的影响。这些信息技术对审计查证能力和审计分析能力的赋能越来越强，对人的替代性越来越强，最终达到最高层级——智能审计。在智能审计中，审计人员可以利用自动化审计程序拓展审计取证范围，提供更高保证程度的审计意见；通过对审计过程中海量数据的深度挖掘分析，与自身发展以及同行业企业发展的对标比对，为管理层提供更有价值和更具洞察力的咨询建议。

人工智能可以理解为用机器不断感知、模拟人类思维的过程，使机器达到甚至超越人类的智能。通常认为，人工智能应用具有自学习、自适应、自行动的特点，有近似生物智能的效果。

1. 基于光学字符识别技术实现智能审计数据采集

光学字符识别（optical character recognition，OCR）技术就是通过光学技术和计算机技术对纸质材料上的文字和字符进行识别，并将文字和字符内容转换为计算机能够接受、可编辑的电子文本格式。

审计人员使用 OCR 技术可以实现纸质材料的智能审计数据采集。通过 OCR 综合使用图像处理、计算机视觉、自然语言处理和深度学习等技术，准确全面地识别扫描件和图片中的文字，并通过语义分析理解抽取出业务所需的关键要素，在识别的同时实现文档的电子化和结构化处理。表 13-6 列举了基于 OCR 技术审计数据采集的应用。

表 13-6　基于 OCR 技术审计数据采集的应用

类型	主要内容
纸质票据类材料智能采集	发票智能识别、火车票智能识别、出租车票识别、汽车票识别、行程单识别、通行费发票识别、机动车销售发票识别、保单识别、通用票据识别
纸质证件类材料智能采集	身份证识别、护照识别、户口本识别、营业执照识别、银行卡识别、名片识别
其他纸质类材料智能采集	通用表单识别、通用文档

2. 机器学习辅助审计

机器学习（machine learning，ML）指的是从数据中识别出规律并以此完成预测、分类及聚类等任务的算法总称。机器学习是实现人工智能的手段和算法基础。审计人员可以应用机器学习算法和大数据去训练不同的审计模型，让审计方法变得更加智能化。机器学习有多种学习方法,常见的有监督学习、非监督学习、强化学习和迁移学习等。

监督学习预先对计算机要学习的训练数据进行分类,训练数据中既有特征又有标签,通过训练,让计算机可以找到特征和标签之间的联系,在此基础上,当告诉计算机要分析的新数据的特征时,计算机自己可以判断出该数据标签。例如,审计人员想教计算机如何识别一条财务数据是不是违反廉洁从业规定的数据。审计人员先拿出几十万条财务数据,凡是违反廉洁从业规定的数据,就告诉计算机是违反廉洁从业规定的数据;凡是没有违反廉洁从业规定的,就告诉计算机没有违反廉洁从业规定。经过一段监督学习的过程之后,如果审计人员再给计算机分析审计数据,它就能识别出该数据是不是违反廉洁从业规定的数据。

非监督学习没有预先对计算机要学习的训练数据进行分类,没有监督计算机的学习过程。例如,审计人员想教计算机区分正常的财务数据和违反廉洁从业规定的财务数据,审计人员先拿出几十万条正常的财务数据和违反廉洁从业规定的财务数据,审计人员并不告诉计算机哪些是正常的财务数据,哪些是违反廉洁从业规定的财务数据。经过一段非监督学习的过程之后,计算机就能把输入的数据按照相似性分成两个大类(正常的财务数据和违反廉洁从业规定的财务数据),这就区分了正常的财务数据和违反廉洁从业规定的财务数据。计算机进行分类是按照财务数据特征进行的分类。

强化学习即智能系统从环境到行为映射的学习,以使奖励信号(强化信号)函数值大,由于外部给出的信息很少,强化学习系统必须依靠自身的经历进行自我学习。例如,审计人员想教计算机去识别财务数据是不是廉洁从业规定的数据,一开始,计算机不知道怎么去查找,只是随机乱找。但是,一旦计算机准确(错误)识别出被审计财务数据中的一条违反廉洁从业规定的数据,审计人员就给计算机一个奖励(惩罚),经过大量训练之后,计算机便学会了如何识别财务数据是不是违反廉洁从业规定的数据。

迁移学习能够将适用于大数据的模型迁移到小数据上,作为小数据模型的训练起点,节约训练神经网络需要的大量计算和时间资源。例如,审计人员让计算机学会了识别财务数据是不是违反廉洁从业规定的数据之后,又教它识别类似的业务。这个时候,审计人员不需要让计算机从零开始重新学,计算机可以将之前学到的动作迁移过来。

例如,德勤(Deloitte)的 Argus 是一种机器学习工具,Argus 学习编程算法使其可以读取租赁、衍生品合同和销售合同等文件,并能够识别关键合同条款以及趋势和异常值,而审计师则专注于解释文件的关键特征,特别关注内在风险最高的合同,从而提高审计的效率和质量。普华永道(PwC)基于机器学习技术开发的 Halo,可以分析日记账并能够有效识别潜在的问题领域,例如带有可疑性质的关键词的条目,来自未经授权的条目,或异常多的日记账金额刚好接近授权的限额。Halo 允许审计人员测试公司一年内的每一笔分录。通过对所有分录进行测试,只关注风险最高的异常值,极大地提高了测试程序的效率和质量。安永(EY)成功开发了两款全球化的数字平台——EY Canvas 和 EYHelix,综合应用机器学习和自然语言处理技术,通过交互式视觉分析将调查人员与世界一流的机器学习无缝连接,旨在让用户降低法律风险并尽可能地收集调查需要的信息。交互式的视觉分析将非结构性数据中的关键内容用图表的形式进行呈现。调查人员可以通过改变图表的设置,快速定位与调查相关的文件。自然语言处理可以对所有文件进行分析并产生概念集群。调查人员通过标注关键文件,机器学习将对剩余文件与关键文件的关联性进行预判并给出预判分。调查人员可以根据文件的关联性预判分,有选择地对剩余文件进行审阅。毕马威(KPMG)建立了自己的人工智能工具组合 KPMGlgnite,旨在加强数字平台上得到业务决策和流程,包括多项人工智能工具。例如,呼叫中心分析引擎,利用自然语言处理设计模型来预测未来的事件,可以将客户来电转为非结构化文本,并将其精简找出关键字,用来预测客户的情绪;文件合规评估引擎,使用人工智能来阅读完整文件合同、租赁和投资协议,并产生重要相关信息。

3. RPA 审计机器人

根据电气和电子工程师协会 IEEE(IEEE Corporate Advisory Group)在 2017 年下的定义,RPA(Robotic Process Automation)是"一种预先配置的软件,它能使用业务规则和预定义的活动设计,来自动执行完成一个或多个不相关软件系统中的流程、活动、事务和任务的组合。人可以参与管理其中某些异常结果或服务"。RPA 是通过用户界面使用和理解企业已有的应用,根据预先设定的业务处理规则和操作行为,模拟、增强和拓展用户与计算机系统的交互过程,自动完成一系列特定的工作流程和预期任务,有效实现人、业务和信息系统一体化集成的智能化软件。

当软件机器人被编程为程序模块以完成特定审计任务时,就会形成审计机器人。审计机器人是以 RPA 技术为主导,同时结合一系列其他技术(如大数据、物联网等)来代替传统人工的审计数字化应用技术,审计机器人可以与原来的审计平台链接并自动完成分审计业务流程,进而辅助审计人员完成有着明确定义和流程的大量重复性审计工作,如审计证据持续采集、审计工作底稿初步填写、审计项目管理、文档初步审阅等。因此,RPA 审计机器人是一类遵循既定的程序和步骤,将审计领域发生的各项业务梳理加工,经 RPA 技术转换到审计业务流程自动化系统中,辅助审计人员高效地完成重复、机械、易于标准化的结构化审计任务,能够实现审计人员、审计业务和信息系统一体化有效集成的自动化软件。

 延伸阅读与分析

金审工程在行动

金审工程是中国国家审计信息化建设项目(government audit information system, GAIS),被列为国家电子政务重点启动的 12 个重要业务系统之一。金审工程自 2002 年开始,分期建设,目前已经完成一期和二期建设,2018 年进入"金审工程"三期建设阶段。金审工程的目标是,建成对财政、银行、税务、海关等部门和重点国有企业事业单位的财务信息系统及相关电子数据进行密切跟踪,对财政收支或者财务收支的真实、合法和效益实施有效审计监督的信息化系统。GAIS的建设要求是,融入世界审计职业组织的IT审计潮流,融入国家电子政务系统,全国各级审计机关和审计人员融入GAIS。系统建成标志为"六个一",即:一个满足现场、联网审计需要的审计实施系统;一个满足业务、管理要求和支持领导决策相融合的审计管理系统;一个满足审计业务管理需要的数据中心;一个满足各级审计机关信息资源共享的网络系统;一个确保对内对外的安全系统;一个确保系统运行和不断完善的服务系统。

全审工程在以下五方面都进行了规划与探索。

（一）应用系统

根据审计业务和管理的需要,规划审计管理和审计实施两大系统。审计管理系统是审计机关管理审计业务和行政办公的信息系统(office automation,OA系统)。审计管理系统具有审计业务支撑、审计办公管理、领导决策支持、审计信息共享等管理内容和技术功能,以审计计划项目信息为先导,对审计项目收集信息、结果反馈、业务指导、公文流转、审计决策等各环节进行全面管理和技术支持,形成审计业务、管理、决策的一体化。

审计实施系统是审计机关利用计算机技术开展审计项目的信息系统。根据审计实施方式的不同,审计实施系统规划为现场审计实施系统和联网审计实施系统两大部分。

现场审计实施系统是审计人员实施就地审计方式的信息系统(auditor office,AO系统)。现场审计实施系统的业务功能规划为可以提供对财政、行政事业、固定资产投资、农业与资源环保、社会保障、外资运用、金融、企业和领导干部经济责任等审计项目的专业审计功能技术支持和扩展。其技术功能规划为可对数据采集、数据转换、审计抽样、审计分析、审计取证、审计工作底稿编制、审计报告和统计汇总、审计项目质量控制、审计信息交互共享等技术功能支持和扩展。现场审计实施系统基于对各行业审计数据采集转换的向导和模板,基于审计准则和专业审计指南的向导和模板,基于注册会计师经验的总结提炼并编制成系统可以识别和执行的计算机审计方法,基于审计抽样理论和实务向导,基于审计中间表和审计分析模型等构建技术的支持,并辅以相应的专业审计功能,实现对各专业审计项目的业务支持和知识共享。

联网审计实施系统是审计机关实施联网审计的信息系统(on-line auditing,OLA系统)。联网审计是指对需要经常性审计且关系国计民生的重要部门和行业实施"预算跟踪＋联网核查"模式的计算机审计。联网审计以确定的采集周期在线获取对方系统中审计所需数据,进行实时的审计处理,及时发现问题并及时反馈,督促被审计单位及时规范管理,采用动态、远程审计的方式,达到事中审计的效果和效益,并对积累的历史数据进行趋势分析和预测评价,提出审计评价意见和审计建议。

（二）信息资源

为满足审计业务和管理尤其是联网审计实施的需要,规划建设审计署数据中心,建立审计信息资源目录体系、信息交换标准体系,加强审计业务和管理的数据建设。

（三）网络系统

按照国家电子政务网络规划要求,规划审计内网、审计专网和审计机关门户网。完成审计署特派办局域网改造,实现审计署机关与派出审计局的城域连接,与京外特派办和部分省级审计机关的广域连接,与国务院办公厅、中办机要局的密级网络通信系统连接。

（四）安全系统

根据国家保密和国家电子政务安全规划的要求,结合审计系统实际,确定审计内网运行涉及国家秘密和机密信息,审计专网运行审计工作内部信息,审计机关门户网运行公开披露信息。规划建设中央审计机关和省级地方审计机关的审计内网和审计专网,地市级和县级审计机关的审计专网。

（五）运行服务体系

建立金审工程运行维护服务体系,建立"金审工程服务网站"和呼叫中心,受理各级审计机关的运行服务需求。

资料来源：

作者根据审计署网站金审工程相关资料整理。

讨论：

（1）结合金审工程案例,谈谈计算机辅助审计技术方法与电子数据审计方法在其中的应用。

（2）结合金审工程案例,分析有效实施电子数据审计的审计环境,并谈谈电子数据审计的特点以及优势与劣势。

📚 **课程思政** ....

中国审计师高质量完成联合国信息系统审计工作

联合国自2008年开始筹划建设一套全新的信息管理系统——"团结"系统,旨在以一体化新系统整合替代原有碎片化的旧系统,集中高效管理人、财、物等资源,促进强化业务管控和以数据驱动的各项改革。

2020年7月,审计署审计长侯凯履任联合国审计委员会委员,并从2023年1月1日起,担任联合国审计委员会主席。根据审计委员会的任务分工,由中国审计署对"团结"系统建设进展情况实施审计,同时根据联合国立法机构的要求,对该系统的整体建设情况进行独立审计评估。"团结"系统是联合国有史以来最大规模的信息化建设项目,就其集成度和复杂性来说,被认为是国际组织信息系统建设领域的"顶配"。对该系统进行审计,对中国审计师来说,无疑是一项极为艰巨又充满挑战的任务。

2023年4月18日,联合国审计委员会关于联合国信息系统的审计报告顺利通过联合国大会审议。4月27日联大最终发布的决议指出：认可审计报告所提出的建议,认可行政和预算问题咨询委员会的审议报告所得出的结论和提出的建议。这意味着,由中国审计师"挑大梁"的联合国信息系统项目审计,在历经两年多艰辛工作后圆满"收官",获得联大的充分肯定。

（资料来源：齐志明. 中国审计师高质量完成联合国信息系统审计工作［EB/OL］.（2023-05-10）［2025-05-20］. https：//m. gmw. cn/2023-05/10/content_1303368876. ht.）

讨论：

根据资料讨论"四个自信"对我国信息系统审计发展的意义。

参 考 文 献

[1] 鲍国明,刘力云. 现代内部审计(修订版)[M]. 北京:中国时代经济出版社有限公司,2021.

[2] 陈汉文,韩洪灵. 实证审计理论[M]. 北京:中国人民大学出版社,2012.

[3] 陈汉文. 审计[M]. 北京:中国人民大学出版社,2020.

[4] 陈汉文,韩洪灵. 审计理论与实务[M]. 北京:中国人民大学出版社,2019.

[5] 陈汉文,廖义刚,张玲. 审计[M]. 北京:中国人民大学出版社,2016.

[6] 陈建明. 独立审计规范论[M]. 大连:东北财经大学出版社,1999.

[7] 陈伟. 智能审计[M]. 北京:机械工业出版社,2021.

[8] 董大胜. 中国政府审计[M]. 北京:中国时代经济出版社,2007.

[9] 付君. 内部控制学[M]. 上海:立信会计出版社,2015.

[10] 郭华强. 中国审计理论体系发展研究[M]. 北京:经济管理出版社,2007.

[11] 国际内部审计师协会. 国际内部审计专业实务框架[M]. 中国内部审计协会,译. 北京:中国财政经济出版社,2017.

[12] 李华,王素梅. 舞弊审计学[M]. 北京:中国时代经济出版社,2018.

[13] 李若山. 注册会计师:经济警察吗?[M]. 北京:中国财政经济出版社,2003.

[14] 李万福. 内部控制审计理论与实务[M]. 北京:北京大学出版社,2021.

[15] 李晓慧. 风险管理框架下审计理论与流程的研究[M]. 大连:东北财经大学出版社,2009.

[16] 李晓慧. 高级审计理论与实务[M]. 北京:北京大学出版社,2021.

[17] 刘家义. 中国特色社会主义审计理论研究[M]. 北京:商务印书馆,2015.

[18] 刘汝焯. 计算机审计技术和方法[M]. 北京:清华大学出版社,2004.

[19] 刘汝焯. 审计分析模型算法[M]. 2版. 北京:清华大出版社,2016.

[20] 刘明辉. 高级审计研究[M]. 3版. 大连:东北财经大学出版社,2018.

[21] 孟焰. 西方审计学[M]. 上海:立信会计出版社,1996.

[22] 企业内部控制编委委员会. 企业内部控制基本规范及配套指引案例讲解[M]. 上海:立信会计出版社,2017.

[23] 祁敦芳,等. 政府绩效审计[M]. 北京:中国时代经济出版社,2009.

[24] 秦荣生. 企业内部控制与风险管理[M]. 北京:中国财经出版社,2011.

[25] 秦荣生. 数据导向审计体系构建:风险模型、方法体系与实现路径[J]. 审计研究,2023(5):3-10.

[26] 王会金,陈丹萍. 高级审计技术方法[M]. 北京:中国时代经济出版社,2013.

[27] 王守华,穆荣平. 论我国注册会计师的法律责任[M]. 北京:知识产权出版社,2010.

[28] 文硕. 世界审计史[M]. 上海:立信会计出版社,2018.

[29] 吴桂英. 信息系统审计理论与实务[M]. 北京：清华大学出版社, 2012.

[30] 谢荣. 高级审计理论与实务[M]. 北京：经济科学出版社, 2011.

[31] 谢晓燕. 审计学[M]. 北京：高等教育出版社, 2017.

[32] 徐国平, 刘永鑫. 案说审计[M]. 上海：立信会计出版社, 2012.

[33] 徐政旦, 谢荣, 朱荣恩, 等. 审计研究前沿[M]. 2版. 上海：上海财经大学出版社, 2011.

[34] 尤家荣. 审计规范论[M]. 上海：上海三联书店, 2002.

[35] 张庆龙. 内部审计学[M]. 2版. 北京：中国人民大学出版社, 2020.

[36] 张庆龙, 沈征. 政府审计学[M]. 北京：中国人民大学出版社, 2017.

[37] 张庆龙, 沈征. 内部审计理论与方法：基于2013内部审计准则的解释[M]. 北京：中国财政经济出版社, 2014.

[38] 赵保卿, 谢志华. 注册会计师审计法律责任[M]. 北京：中国财政经济出版社, 2014.

[39] 郑石桥. 绩效审计方法[M]. 2版. 大连：东北财经大学出版社有限责任公司, 2017.

[40] 郑石桥, 刘世林. 审计理论[M]. 北京：中国时代经济出版社, 2014.

[41] 中国注册会计师协会. 审计[M]. 北京：中国财政经济出版社, 2025.

[42] 中国注册会计师协会. 中国注册会计师执业准则应用指南[M]. 北京：中国财政经济出版社, 2023.

[43] 中国注册会计师协会. 中国注册会计师职业道德守则[M]. 北京：中国财政经济出版社, 2022.

[44] IFAC. 实现高质量的审计[R]. 中国注册会计师协会, 译. 2021.

[45] 毕秀玲, 陈帅. 科技新时代下的"审计智能＋"建设[J]. 审计研究, 2019(6)：13-21.

[46] 陈汉文, 韩洪灵. 注册会计师职业道德准则之变迁：基于公共合约观的描述与分析[J]. 审计研究, 2005, 179(3)：10-17.

[47] 程铖, 李睿. 电子数据审计取证模式研究[J]. 审计研究, 2016(5)：8-13.

[48] 范经华. 基于平衡计分卡的内部审计质量控制评价指标体系探讨[J]. 审计研究, 2013(2)：82-89.

[49] 高前善. 政府党政领导经济责任审计评价指标框架的构建[J]. 财经问题研究, 2010, 325(12)：124-128.

[50] 高前善, 何芹. 基于结果导向与过程导向的内部控制绩效评价指标体系[J]. 中国注册会计师, 2019, 244(9)：104-106.

[51] 何芹. 内部控制与财务报表整合审计的再思考：兼谈财务报表审计准则与内部控制审计指引的比较[J]. 中国注册会计师, 2012(4)：85-90.

[52] 何芹, 高前善, 袁琳. 会计师事务所质量管理体系的内涵创新与风险定位[J]. 中国注册会计师, 2022(8)：24-29.

[53] 韩洪灵, 陈汉文. 会计职业道德之性质与实施：契约理论视角的解说[J]. 当代财经, 2007, 267(2)：111-117.

[54] 胡继荣. 论审计期望差距的构成要素[J]. 审计研究, 2001(1)：39-41.

[55] 黄世忠. 审计期望差距的成因与弥合[J]. 中国注册会计师, 2021(5)：68-75.

[56] 李官森. 国际内部审计专业实务标准变化趋势及对人民银行内审工作的启示[J]. 金融发展研究, 2018(10)：83-85.

[57] 厉国威, 励雯翔. 中央审计委员会的成立与我国国家审计体制转型[J]. 财会通讯, 2021, 875(15)：

14-18.

[58] 李越冬.内部审计职能研究：国内外文献综述[J].审计研究,2010(3)：42-47.

[59] 柳木华.哪些因素决定了会计职业道德守则的变迁：以 AICPA 职业行为守则 502 规则为例[J].审计研究,2009(2)：84-90.

[60] 慕峰.中概股迎史上最严监管！这些突击赴美上市公司如何威胁了国家安全[J].中国经济周刊,2021,810(13)：66-68.

[61] 期刊简讯.IESBA 发布新修订的国际会计师职业道德守[J].中国注册会计师,2018(6)：43.

[62] 秦荣生."互联网＋"时代的审计发展趋势研究[J].中国注册会计师,2016,200(1)：84-88.

[63] 《审计研究》编辑部.研究信息参考：可持续发展[J].审计研究,2020,217(5)：123-128.

[64] 唐建华.国际审计与鉴证准则理事会审计报告改革评析[J].审计研究,2015(1)：60-66.

[65] 汪德华,侯思捷,张彬斌.中国共产党领导的国家审计：百年历程与发展启示[J].财贸经济,2021,42(7)：15-31.

[66] 王爱国,腾晓东,段勇.智能审计[M].北京：高等教育出版社,2023.

[67] 王兵,刘力云,张立民.中国内部审计近 30 年发展：历程回顾与启示[J].会计研究,2013(10)：83-88.

[68] 王光远,瞿曲.公司治理中的内部审计：受托责任视角的内部治理机制观[J].审计研究,2006(2)：29-37.

[69] 王光远,严晖.中国内部审计准则与国际内部审计准则的比较与借鉴[J].审计研究,2015(1)：37-41.

[70] 王海彬.马克思主义哲学视域下的国家审计理论体系构建研究[J].现代审计与会计,2022,394(1)：4-6.

[71] 王鹏程,黄世忠.净化审计环境推动良法善治：修改《注册会计师法》的十大建议[J].财会月刊,2022,921(5)：3-10.

[72] 吴传俭,陈羽.国家审计促进权力规范运行研究[J].中国审计评论,2021,第 15 辑：33-42.

[73] 谢志华,程恺之.新技术与审计方法的变革[J].审计研究,2023(1)：3-11.

[74] 许莉.国家审计本质认识论及其实践规律[J].审计与经济研究,2021,199(5)：20-23.

[75] 叶陈刚,程新生.公司内部审计机制的比较与选择：基于公司治理视角的分析[J].审计研究,2006(6)：79-85.

[76] 赵丽芳.审计期望差距、差距弥合与治理基础审计：审计责任的历史还原或重塑[J].审计研究,2007(2)：69-74.

[77] 朱谱熠,商泽民.信息系统审计[M].北京：电子工业出版社,2022.

[78] 阿伦斯,等.审计学：一种整合方法[M].16 版.李璐,张龙平,译.北京：中国人民大学出版社,2024.

[79] 贝利,格拉姆林,拉姆蒂.内部审计思想[M].王光远,译.北京：中国时代经济出版社,2006.

[80] Ｃ Ｗ 尚德尔.审计理论[M].汤云为,吴云飞,译.北京：中国财政经济出版,1992.

[81] 道格拉斯 R 卡迈克尔,约翰 J 威林翰,卡罗 A 沙勒.审计概念与方法[M].刘明辉,胡英坤,译.大连：东北财经大学出版社,1999.

[82] 罗伯特 K 莫茨,侯赛因 A 夏拉夫.审计理论结构[M].杨树滋,文硕,译.北京：中国商业出版社,1990.

[83] 罗纳德 H 科斯,等.财产权利与制度变迁：产权学派与新制度学派译文集[M].刘守英,等译.上海：

格致出版社 & 上海三联出版社 & 上海人民出版社,2014.

[84] 迈克尔·查特菲尔德. 会计思想史[M]. 文硕,董晓柏,王骥,等译. 北京：中国商业出版社,1989.

[85] 汤姆·李. 企业审计[M]. 徐宝权,张立民,译. 天津：天津大学出版社,1991.

[86] 小威廉 F 梅西尔. 审计与保证服务：一种系统的方法[M]. 3 版. 刘明辉,译. 北京：经济科学出版社,2008.

[87] W 罗伯特克涅科,史蒂文 E 索尔特里奥,布莱恩巴卢审计：增信服务与风险[M]. 3 版. 刘霄仑,李晓慧,刘凤芝,译. 大连：东北财经大学出版社,2001.

[88] 文森特 M 奥赖利,巴里 N 威诺格拉德,詹姆斯 S 格尔森,等. 蒙哥马利审计学[M]. 12 版. 刘宵仑,陈关亭,译. 北京：中信出版社,2007.

[89] 晏维龙,庄尚文. 试论研究型审计的国家治理效能[J]. 审计研究. 2022(1)：13-19.

[90] 乌玛·塞克拉,罗杰·鲍吉. 企业研究方法[M]. 毛薇,王引,译. 北京：清华大学出版社,2020.

[91] 詹姆斯 M 布坎南. 宪政的经济学阐释[M]. 贾文华,任洪生,译. 北京：中国社会科学出版社,2012.

[92] 迈克尔 C 克纳普. 当代审计学真实的问题与案例[M]. 5 版. 孟焰,曾铁兵,译. 北京：经济科学出版社,2006.

[93] BEDARD J C, et al. Risk Monitoring and Control Audit Firms：a Research Synthesis[J]. Auditing：a Journal of Practice & Theory, 2008(27)：187-218.

[94] CHOI S K, et al. The Effects of Qualified Audit Opinion on Earnings Response Coefficients[J]. Journal of Accounting and Economics, 1992(15)：229-247.

[95] DEANGELO L E. Auditor Size and Audit Quality[J]. Journal of Accounting and Economics, 1981, 3：183-199.

[96] DHALIWAL D, et al. Internal Control Disclosures, Monitoring, and the Cost of Debt[J]. The Accounting Review, 2011, 86(4)：1131-1156.

[97] DYE R A. Auditing Standards, Legal Liability and Auditor Wealth[J]. Journal of Political Economy, 1993(5)：887-914.

[98] FIRTH M. Qualified Audit Reports：their Impact on Investment Decisions[J]. The Accounting Review, 1978(3)：642-650.

[99] GOH B W, et al. Auditor Reporting under Section 404：the Association between the Internal Control and Going Concern Audit Opinions[J]. Contemporary Accounting Research, 2013, 30(3)：970-995.

[100] HART O. Firm, Contracts and Financial Structure [M]. New York：Oxford University Press, 1995.

[101] IAASB. A Framework for Audit Quality：Key Elements that Create an Environment for Audit Quality[EB/OL]. http：//www. ifac. org/auditing-assurance, 2014.

[102] IAASB. Handbook of International Quality Control, Auditing, Review, other Assurance, and Related Services Pronouncements[S]. 2020.

[103] IESBA. Handbooks of the International Code of Ethics for Professional Accountants[S]. 2021.

[104] IIA. International Standards for the Professional Practice of Internal Auditing[S]. 2017.

[105] KNECHEL W R, et al. Audit quality：Insights from the Academic Literature[J]. Auditing：a

Journal of Practice & Theory, 2013, 32(Supplement 1): 385-421.

[106] MOORE G W. Auditor's, Legal Liability, Collusion with Management and Investor's Loss[J]. Contemporary Accounting Research, 1992(30): 1-23.

[107] MUZATKO S R, et al. An Empirical Investigation of IPO Underpricing and the Change to the LLP Organization of Audit Firms[J]. Auditing: a Journal of Practice & Theory, 2004, 23(1): 53-67.

[108] MYERS J N, et al. Exploring the Term of the Auditor and Client Relationship and the Quality of Earnings: a Case for Mandatory Auditor Rotation[J]. The Accounting Review, 2003(3): 779-799.

[109] RAGHUNANDAN K, et al. SOX Section 404 Material Weakness Disclosures and Audit Fees[J]. Auditing: a Journal of Practice & Theory, 2016, 25(1): 99-114.

[110] RICK H, et al. Principles of Auditing[M]. Second Edition London: Pearson Education United, 2005(6): 424-430.

[111] WATTS R L, et al. Agency Problems, Auditing, and the Theory of the Firm: some Evidence[J]. The Journal of Law and Economics, 1983(3): 613-633.